中华射道

李军阳　著

广东高等教育出版社
Guangdong Higher Education Press

· 广州 ·

图书在版编目（CIP）数据

中华射道/李军阳著. —广州：广东高等教育出版社，2024.2
ISBN 978－7－5361－7327－9

Ⅰ．①中…　Ⅱ．①李…　　Ⅲ．①射箭—礼仪—文化研究—中国
Ⅳ．①K892.98

中国版本图书馆 CIP 数据核字（2022）第 182752 号

责任编辑　邱丽芳
责任校对　李　莹　张艳芳
封面设计　李若溙

中华射道
ZHONGHUA SHEDA

出版发行	广东高等教育出版社
	地址：广州市天河区林和西横路
	邮政编码：510500　电话：（020）87554153
	http://www.gdgjs.com.cn
印　　刷	广东鹏腾宇文化创新有限公司
开　　本	890 毫米×1 240 毫米　1/16
印　　张	21.75
字　　数	584 千
版　　次	2024 年 2 月第 1 版　2024 年 2 月第 1 次印刷
定　　价	128.00 元

前　言

　　从 2007 年开始，笔者全身心投入到射道文化的学习与研究中来。当时，必须面对"三大难得"的问题：第一是，可供参考的资料难得。在电脑上输入"传统射箭"几个关键字，可供参考的图文资料少之又少，必须托人在海外购买，或者花高价钱在国内的大图书馆复印部分古籍图文。第二是，可用的传统弓箭等器具难得。只能到处打听，或订做，或购买二手，或自己动手学习制作。第三是，可学的明师难得。唯有自己多读书、看录像、考察观摩以及踏实演练，知道一法就练习一法，得到一器就试验一器，然后反复斟酌，并用图文的方式把所学所习的心得记录下来，如此坚定地踏上自学实践的"不归路"。

　　实践决定认识，这是辩证唯物论的实践观点。在实践中，当我们没有现成的东西或者失去这现成的东西时，才会真的感觉到这种东西的存在，并用心去深思其存在的种种可能与面相。笔者从事这么冷门的文化研究，当时的条件可谓一穷二白，但因为内心一直有种难以抑制的不由自主的生命情感，反而觉得这种"穷学"的日子十分充实。当下的弓箭就是弓箭，箭靶就是箭靶，射术就是射术，学习就是学习，单纯而直接。引用毛泽东主席在《实践论》的话来说就是："原来人在实践过程中，开始只是看到过程中各个事物的现象方面，看到各个事物的片面，看到各个事物之间的外部联系。……这叫做认识的感性阶段，就是感觉和印象的阶段。……在这个阶段中，人们还不能造成深刻的概念，作出合乎论理（即合乎逻辑）的结论。"①

　　继而又读书如饥，思考如痴，制作似迷，勤练似魔，又学不厌，教不倦。如是这般的勤操持、长涵养，并有幸在北京师范大学－香港浸会大学联合国际学院（Beijing Normal University－Hong Kong Baptist University United International College，英文简称 UIC）这个独特的教育平台实践射道文化的教学，如今小有所成，在场地、器具、技术、服饰、礼乐以及道学等等方面均有所确立。这又认证了毛主席在《实践论》中说的："社会实践的继续，使人们在实践中引起感觉和印象的东西反复了多次，于是在人们的脑子里生起了一个认识过程中的突变（即飞跃），产生了概念。概念这种东西已经不是事物的现象，不是事物的各个片面，不是它们的外部联系，而是抓着了事物的本质，事物的全体，事物的内部联系了。概念同感觉，不但是数量上的差别，而且有了性质上的差别。循此继进，使用判断和推理的方法，就可产生出合乎论理的结论来。……这个概念、判断和推理的阶段，在人们对于一个事物的整个认识过程中是更重要的阶段，也就是理性认识的阶段。"②

　　毛泽东主席还说："认识过程中两个阶段的特性，在低级阶段，认识表现为感性的，在高级阶

---

① 毛泽东《毛泽东选集》第一卷，北京：人民出版社，1966 年，第 261－262 页。
② 毛泽东《毛泽东选集》第一卷，北京：人民出版社，1966 年，第 262 页。

1

段，认识表现为论理的，但任何阶段，都是统一的认识过程中的阶段。感性和理性二者的性质不同，但又不是互相分离的，它们在实践的基础上统一起来了。我们的实践证明：<u>感觉到了的东西，我们不能立刻理解它，只有理解了的东西才更深刻地感觉它。感觉只解决现象问题，理论才能解决本质问题。这些问题的解决，一点也不能离开实践。无论何人要认识什么事物，除了同那个事物接触，即生活于（实践于）那个事物的环境中，是没有法子解决的。</u>"[①] 这十多年以来，笔者确实是生活于射道文化的环境之中，本书涉及的所有都是一路实践中的生命体认的呈现，虽然说不上完备，但切实可行，并具有鲜明的中华射道文化的特征。自己充实和美之时，深感天时、地利、人和之难遇，我今遇！岂能不报众恩？所以，从 2016 年开始着手写书，尝试汇通古今，对传统射箭之道做一次较为全面的梳理。原本以为一年的时间就可以完成的，怎料一发不可收拾，越写感悟越多，时常推倒重来，几易书稿。现在，终于把书稿确定下来了，书名为《中华射道》，总算了却心中一片赤忱，以报众恩于万一。本书由"器、艺、礼、乐、道、传"等六篇构成，合共 60 万多字，各式插图 400 多张（其中大部分的图片，包括手绘图、电脑合成设计图、照片等都由笔者亲自完成）。兹简述内容如下：

◇ 器　篇

孔子说："工欲善其事，必先利其器。"工匠要有效地制作一件用品，必先准备好合适的工具，然后才开始动工，射箭这件事亦然。荀子说："弓矢不调，则羿不能以中微。"《射经》说："夫调之云者，矢量其弓，弓量其力。"即是说，要做好射箭这件事之前，必先要讲求人、弓、箭之间的匹配才行，而要做到匹配，则必先充分认识和了解弓箭等器具。因此，立《器篇》为首。

弓箭的形体结构看似简单，但其中涉及材料学、力学、空气动力学、工艺学等学科技术和知识，故特以《弓学》《箭学》两章来开篇。

《弓学》的主要内容有：（1）把弓体各主要部位的名称规范起来，便于说明相关的原理；（2）从"侧面形态""弓弰形态""弓弝长短""弓臂结构与形态"等方面来说明弓体形制特点对其性能表现的影响；（3）以图示的方式，将《周礼·弓人》中记载的有关弓体形制的内容直观表现出来；（4）从"弓弦重量""拉伸度""弦高"等方面来说明其对弓的性能表现的影响；（5）介绍安上弓弦、卸下弓弦的方法，并提出"横看正斜，竖看曲直"的审弓习惯。

《箭学》的主要内容是：（1）概述箭体结构及其作用；（2）以明代和清代的箭式来介绍传统箭的形制特点；（3）详细分解传统箭的主要部件，其中涉及形体结构、安装方式、材质的物理性能、制作与加工方法等；（4）以图示的方式，将《周礼·矢人》中记载的有关箭体形制的内容直观表现出来；（5）从"压力中心""重心""挠度"等方面说明箭体的物理性能要素；（6）从"重力""阻力""升力""偏向推力""旋转力"等角度来说明箭体飞行时的受力状态；（7）从"飞行轨道""飞行稳定""飞行速度""风对飞行的影响"等方面来分析箭体的飞行状态。

古语有云："软弓长箭，快马轻刀。"所谓的"软弓"，并不是指弓的软硬，所谓的"轻刀"，也并不是指刀的轻重，而是相对于人力而言，人力胜弓故软，人力胜刀故轻。所谓的"长箭"，是指箭的长度与手臂的长度相称有余故长，所谓的"快马"，是指人马相称有余故快。可见，人要

---

① 毛泽东《毛泽东选集》第一卷，北京：人民出版社，1966 年，第 263 页。

"善其事"，除了"利其器"之外，还必须"称其器"才行。所以，接着就要谈《人弓矢相称》的问题了。本书的主要内容有：（1）从"弓的有效拉距与臂长匹配""弓力强弱与人力匹配"两大方面说明人与弓要如何相称，以及初学者如何选择合适的弓；（2）结合开弓技术的"骨节彀"原则来说明人与箭如何相称；（3）引用《武经射学正宗》的相关论述以及古人有关"权衡"之理来说明弓与箭要如何相称；（4）最后，依据《弓学》《箭学》和上述的学理知识，归纳出一些如何进行弓箭调配的经验方法，供习射者参考。

开弓时，如果直接用手指去拉动紧绷的弓弦，不但令手指疼痛难忍，影响开弓用力的效果，还会损伤手指的皮肉，故必须在手指上佩戴一种辅助器具，以保护手指，使拉弦变得从容有力，还可以使撒放动作更加轻快便捷。古代把这种拉弦的辅助器具称作"韘"，又称"决"，取其决断敏捷之意。明代的射书中皆称作"指机"。清代至今唤作"扳指"，似有助指扳弦之意，形制虽异，作用相同。笔者认为"指机"这个名称也更为传神达意：戴在手指上用来拉弦发射之"机"，"机"字耐人寻味。因此，在《人弓矢相称》之后，特设一章《指机》，主要内容包括材质、形制、穿戴与使用方法等。

除了上述弓箭和指机等器具之外，射箭运动必不可缺的就是箭靶了，所谓"有的放矢"是也。然而，在中国独有的礼乐文化氛围中，看似平凡的物质性的箭靶又被赋予了人文的意义，故值得把《箭靶》大书特书一番。本章内容主要涉及：（1）箭靶的古称与人文意义；（2）古代"侯"靶的材质与形制；（3）近代"的"靶；（4）射道专用箭靶。

◇ 艺 篇

《器篇》较为全面地介绍了有关射箭器具方面的图文知识，属于"明器"的学问。接下来，就应该大谈特谈"用器"的学问了，即《艺篇》。

《艺篇》以立射为基础来阐述如何确立射箭之正法，而入门的技术则是"射法八节"。射法八节是"立""搭""扣""注""举""开""发""收"等八个动作环节，具体来说就是"立身""搭箭""扣弦""注的""举弓""开弓""发矢""收心"，是将射箭的动作过程分解成八个规范的环节，作为学习射箭的筑基方法。"节"有三层含义：一是发展义，如竹之生长节节高；二是节制义，环环控制，节节相应；三是节奏义，动作与呼吸协调，身心和谐律动，可谓"无声之节射"。在一射之中学习过程管理，于一射之间审视身心状态，每一箭都是如此的循环调节，直至练成自觉自律。"射法八节"简述如下：

（一）立身。因为没有身体的对抗，而且动作幅度小和节奏慢，所以，射箭容易被认为是静态的运动。其实，并不存在静态的运动，所有运动都是讲求动态平衡的，只有方式和程度的差别而已，射箭的动态平衡的基础首先在"站立"。

（二）搭箭。站立稳定后，就可以开始搭箭。射道采用胸前竖弓搭箭的方法，其优点有：只让双手和头部做相应的配合动作，并且所有的动作都在身体的中心对称进行，确保身体正直平衡的结构维持不动，减少对身体稳定结构的影响；另外，双手在胸前平举并与肩平，视线自然清晰，弓、箭、手三者的关系明确，是否中正平直，一目了然。

（三）扣弦。扣弦包括两个动作过程，一是将弓弦扣入箭尾凹槽内，二是将弓弦扣入指机凹槽内，是在前一"搭箭"环节完成后才开始的动作。扣弦动作看似简单，但其实扣法的完成质量会直接影响之后的动作质量以及箭体的飞行质量。扣法有两个关键作用：第一，将弓弦扣入箭尾凹槽内，以确定弓臂动能传递给箭体的接触基准点；第二，将弓弦扣入指机凹槽内，以确定射手拉弦开弓的接触基准点。射手与弓只有两个接触点，通过弓弦扣住弓，通过弓弝握住弓，这两个接触点就是开弓时的着力点，因此扣法十分重要。

（四）注的。"注"法的动作简单，只是在"扣"法完成之后，慢慢转头看目标，看似只有头部的动作，其实，在这短暂转头的一刻，已经涉及"心与神"的重要作用，从全神贯注目标的一刻开始，贯穿之后的"举、开、发、收"等动作环节，这些环节都是在"注"法的作用之下进行的。也就是说，"注"法动作虽然简单而短暂，但射手的心神却因此而贯注始终，直接关系到之后的射箭质量，切莫等闲视之。"注"的动作过程有三个关键：慢慢转头，同时徐徐呼气，双眼视线渐渐凝注在目标中心点，所谓"眼注、气注、神注，三注而一"是也。

（五）举弓。举弓的动作过程有几个关键点：（1）双手慢慢上举；（2）同时徐徐吸气至下腹部；（3）动作节奏与吸气协调一致；（4）双眼始终专注在目标中心；（5）举弓后，全身保持适度的紧张，并让本体感觉去保持身体的正直，为接下来的开弓做好准备。

（六）开弓。开弓是射箭运动的核心环节，是发射的前提。在短暂的过程之中却包含了四大核心技术：第一是"靠"，第二是"彀"，第三是"审"，第四是"固"。

所谓"靠"就是"靠箭"，是在"张弓"的同时，将箭杆一直靠向嘴角的颌骨一侧，这是眼下内凹的部位，处于主视眼视线的正下方，因此便于审视箭杆与目标的关系。

在完成"靠箭"动作的同时，也就进入到"彀"的阶段了。"彀"是指"彀弓"，"靠"与"彀"两者的关系可以说是一靠即彀，即靠即彀。所谓"彀弓"，不仅是指弓体张满的状态，还指人体的骨骼和关节极尽直线支撑的结构，即"人尽其力"的状态。

所谓"审"就是"审的"，是在"靠箭""彀弓"的同时，双眼视线以靶心为"准的"，来判断靠在颌骨位置的箭杆是否直线正对靶心，以及箭头与靶心之间的视觉距离的长短，必要时稍微做些修正，这就是"审的"，是射道的瞄准法。

所谓"固"就是"持固"，是将全副的精神与力量都集中在肩背持续加力之上，以维持"彀弓"和"审的"状态的稳固。

（七）发矢。开弓审固之后就是发矢了，虽然只是一瞬间的事，却是决定得与失的一瞬，故其中的学问很重要。《射说》："射学至撒放，功夫尽矣，为诸法之总汇，如画龙之点睛"[1]，现代射箭则认为"撒放是射手与弓保持联系的决定性的最后一刻"[2]，决定了中靶与否的最后努力，否则功亏一篑。

（八）收心。《礼记·射义》说："发而不中，则不怨胜己者，反求诸己而已矣。"射中而喜，不中则怨，这是一般人的近似本能的情绪反应，无论是"喜"还是"怨"都是自心被得失所牵引而"外放"了，于射无益亦无补，所以，应该反其道而行之——即"不怨"而"反求"。孟子说："学问之道无他，求其放心而已。"故特设最后一节名为"收心"，以明"有放心而知求"之义。这一节

---

① 顾镐《射说》，见唐豪《清代射艺丛书》，上海：上海市国术协进会，1940年，第21页。

② "The release, described only as the string slipping out and around the fingers, is the critical last moment when the archer remains in contact with the bow." KiSik Lee and Tyler Benner. 2009. Total Archery—Inside the Archer. CA：Astra LLC, p164.

的动作非常简单，只有将双手收回腰间的"收手"和把头转正的"正首"而已，但重点在"收心反求"。"收心"是上一射的终点，又是下一射的始点，工夫全在"反求诸己"，为全新的下一射做好身心的准备。

在《射法八节》之后，特设《射式活用》一章，介绍立射式之外的跪射、弓步射、马步射等射式以及射道的"跪射礼"，让学射者明白：无论是哪种射式，都要遵循同样的正直原则，即射式可以因地制宜而灵活运用，但是开弓的结构必须以正直为本。

◇ 礼　篇

《礼记·射义》说："射者进退周还必中礼。"那么，如何在射箭的过程之中体现呢？本篇引用《仪礼·乡射礼》的相关记载来说明古代射礼程式及其意义。

古代举办一次"乡射礼"的完整过程，笔者概括为 51 个程序，其中的三番射礼就有 29 个。第一番射礼只是让射礼的参与者熟习射礼的过程，并不计算成绩；第二番射礼就要讲求进退合乎礼仪和发射中的了，否则不计算成绩；第三番射礼则更进一步，进退合乎礼仪和发射中的之外，举止必须应和诗乐的节奏，要求同时做到"中礼""中节"和"中的"才算成绩。概言之，就是讲求"其容体比于礼，其节比于乐，而中多者"（《礼记·射义》），古代射礼之不易可见一斑。

中国古代射礼除了"三番射礼"和"诗乐节射"的特征之外，还有一个非常独特而有意义的程序——饮不胜者礼。射礼比赛后，不是举行颁奖礼去褒奖胜方，反而是举行独特的"饮酒礼"，看起来像是惩罚负方饮酒，但是参与者和观众对其实质的用意都是心领神会的。通过这种特殊仪式，委婉地告诫和鞭策大家要注重身心的修养。

射礼的整个过程有头有尾，礼敬的精神贯彻始终，体现"善始善终"的精神，其中的三番射礼对德行与技能的要求不断递进，蕴含"进德修业"之义，加上比赛后的"饮不胜者礼"，不但有调养身心的作用，更是彰显"君子之争"的精神，故孔子说："君子无所争，必也射乎。揖让而升下，而饮，其争也君子。"（《礼记·射义》）君子不是与世无争，只是不妄争而已。在射礼的过程中，无论是升堂射箭，还是射毕下堂，大家都要作揖和礼让。比赛后举行的"饮不胜者礼"，也是揖让而升堂，揖让而下堂的。射箭原本是一种竞技性、功利性都很强的运动，射手水平的高低在瞬间见分晓，无从隐藏，无可推卸，得失之间甚至只有毫厘之差，故表面沉静的射箭，其实隐藏着最为强烈的"争胜"之心，最容易蒙蔽人。然而，在这最为危险的瞬间，恰恰就是切实下手去做"克己复礼"工夫的最佳时机。有鉴于此，古代圣贤在射箭比赛的过程中，融入礼乐的精神和仪式，将"射箭"转变成"射礼"，将"争胜"转化为"争道"，将"小人之争"升华至"君子之争"。所以说，君子不是无所争，在讲求"其争也君子"的射礼之中，君子见义而勇为，当仁而不让，故曰"必也射乎"。

笔者倡导的射道，其文化源头是古代的射礼，但不是复古，而是继承其"郑重其事、谨慎而行和善始善终"的精神，然后借鉴其中可以直观表达出这些精神的过程与仪式，使射箭的过程升华为修身的工夫过程。因此，学习射道礼仪时要特别注意这些仪式所要表达的精神，比如：行躬身敬礼时，是由"诚意"去躬身的，即要躬出个"诚意"来；进退行走时，是由"慎意"去行走的，即要行出个"慎意"来。射道礼仪的主要内容有：（1）礼服寓意；（2）礼服穿法；（3）束带系法；（4）躬身敬礼；（5）搭箭敬礼；（6）执弓敬礼；（7）步行礼；（8）自修射礼；（9）同修射礼；（10）射礼路线图。

◇ 乐　篇

射礼进行到第三番射的时候，就有"不鼓不释"①的要求，就是说必须配合诗乐的节奏来射箭，并且射中了才能算数，这是中国古代射礼的一大特色。射礼中为何要加入诗乐唱奏？为何又要循声而发呢？这就需要说一说我们古代的"乐教"了，本篇摘引《礼记·乐记》的相关内容以阐明"声音之道，通政道，通伦理，通德行"。

笔者参考古代节射法，将无声而节射的"射法八节"与"射道节射歌"融合一体，经过教学实践的检验，摸索出适合"自修射礼"和"同修射礼"的射道歌节射法。此节射法的特点是同时节制所有射手的动作，具体来说就是用歌词与鼓节来节制所有射手的"射法八节"的动作，使"射法八节"的动作节奏协调一致。

"射道歌节射法"是在打好扎实的"射法八节"的基础上，以及熟习"自修射礼"程序的前提下才开始练习的。"射法八节"本身就是节射的方式，是一种无声的节射法。加上"射道节射歌"来训练节射，一来可以使"射法八节"的动作节奏更协调一致；二来训练射手高度专注在当下的身心之上，掌握一心多用而不妄动的能力。故孔子说："射者何以射？何以听？循声而发，发而不失正鹄者，其唯贤者乎！若夫不肖之人，则彼将安能以中？"

◇ 道　篇

《易经·系辞》："形而上者谓之道，形而下者谓之器。"《道德经》说："道可道，非常道。"道难以言说，只可体认。虽然难以言传，但体证之工夫还是可以说的。

一

本篇以"《礼记·射义》导读"来开篇，对古代射礼文化之大义做一个通释，以资大家对《射义》有一个整体的把握。《射义》全文 1 008 个字，却记载了古代射礼文化的精义，比如："射者，仁之道也。射求正诸己，己正而后发。发而不中，则不怨胜己者，反求诸己而已矣。"又如："射者进退周还必中礼，内志正，外体直，然后持弓矢审固，持弓矢审固，然后可以言中，此可以观德行矣。"文中所表达的正是儒家的仁道精神，并且是结合射箭、礼仪以及诗乐唱奏这些具象的身体运动形式所体现的仁道精神，实属难能可贵。就像《射义》中所说的："事之尽礼乐而可数为，以立德行者，莫若射，故圣王务焉。"可惜，后世学者一直不予重视，虽然历代不乏注解者，却都是在注解《礼记》的大背景之中一并考虑的。

《射义》的主旨是：射以尽仁道。具体来说就是：习礼乐，立德行，安天下。其内容涉及个人和社会两个层面，个人的层面是明志，立德，观德行；社会的层面有习礼乐，安天下，观盛德。但是，原文只是把射礼文化相关的资料整理并罗列介绍而已，陈述没有主次，并没有将"射之大义"完整而清晰地表述出来。因此，结合多年的教学实践和学习心得，特从《大学》"修身、齐家、治国、平天下"的角度，尝试将原文的内容重新编排，即把原始的资料做了特别的裁剪和拼接，合成一篇全新的文章，姑且称作《射义别裁》，作为课程教学的参考。比如，笔者将第一章的内容编辑如下：

---

① 《仪礼·乡射礼》："司射遂适阶间，堂下北面命曰：'不鼓不释！'上射揖，司射反位。"见杨天宇《仪礼译注》，《十三经译注》本，上海：上海古籍出版社，2004 年（2005 年 5 月重印），第 123 页。

> 射者，仁之道也。射求正诸己，己正而后发。发而不中，则不怨胜己者，反求诸己而
> 已矣。孔子曰："君子无所争，必也射乎。揖让而升下，而饮，其争也君子。"故射者进退
> 周还必中礼，内志正，外体直，然后持弓矢审固，持弓矢审固，然后可以言中。此可以观
> 德行矣。

在《射义》的原文中，"射者，仁之道也"这一句是放在整篇文章的倒数第二段落的。其实，这句话才是整篇《射义》的点睛之笔，点评出射箭之大义所在，故笔者将其放在首章的第一句，以开宗明义。这句话的意思是"射箭是体证仁道的实践工夫"。

道必体而后见，必学而后明。继"射者，仁之道也"之后，接着概述体证仁道的工夫原则，总原则是"射求正诸己"，包括三大方面：第一是"己正而后发"，第二是"不怨"，第三是"反求诸己"。这里的"正"字包括身、心和技术等方面的内容。简而言之，"正而后发"就是做好身、心和技术的整体状态，然后再发射；发而不中，就在身、心和技术的整体状态上来反省，修正后再发射，工夫全在"正"与"反求而正"上落实，都由自己做主，所以不用怨天尤人。

"射求中"是射箭时的本能反应，但《射义》却说"射求正"，难道君子真的是"无所争"吗？孔子说，君子追求与天地万物为一体感通的仁者境界，所以，君子不是无所争，而是与世无妄争，在当仁不让的射礼之中，必定要尽心尽力去竞争的。举行射礼的时候，大家揖让而升堂射箭，揖让而下堂复位；到举行"饮不胜者礼"的时候，也一样揖让而升堂与下堂，这是见义而勇为之争，是当仁而不让之争，是君子之争。

"射求正诸己，己正而后发"是概述以射箭体证仁道的工夫原则，而具体的落实处则在于"内志正，外体直，然后持弓矢审固"。简要而言，就是内心要"正"，外体要"直"，技术要做到"审"和"固"。

从"中礼"，到"志正"，到"体直"，到"审固"，这些都是"射求正诸己"的具体工夫，做到这些要求后再发射，才叫作"己正而后发"。"发而不中，则不怨"这句话的言外之意就是：虽然做到"正直审固"了，但不能保证一定射中。所以，"持弓矢审固"的后面接着说"然后可以言中"，而不是说"可以必中"，这才是实事求是的说法。

心"正"，体"直"，的"审"，身"固"，而后发射，则可以言中；心虽"正"，但体不"直"，则的难"审"，身难"固"，不可以言中；心虽"正"，体虽"直"，身虽"固"，但的不"审"，亦不可以言中；心虽"正"，体虽"直"，的虽"审"，但身不"固"，亦不可以言中；体虽"直"，的虽"审"，身虽"固"，但心不"正"，终亦不可以言中。由以上的关系可以看出，"正直审固"为射中目标的四大变量。其中，"直"是发力做功的基础结构变量，"审"是观察、判断与修正的技术变量，"固"是躯干核心力量运用的技术变量，而"正"则是根本的变量。因为"正"是根本的变量，故以"射求正诸己"来概括射之大道。

一方面，"射求正"不等于只求"正"，甚至为"正"而"正"，求"正"的工夫并不是悬空地去求一个抽象的"正"的状态，而是要落实在"中"的结果上。另一方面，"射求中"不等于只求"中"，甚至为"中"而"中"，求"中"的结果要以求"正"的工夫为前提。因此，"射求正诸己，己正而后发"这句话蕴含深意："中"以"正"为前提，"正"以"中"为依归。

"正直审固"不仅是发射前的具体的"求正"工夫，还是发射后的"反求诸己"的具体工夫，即可以具体地反求：是否心"正"？是否体"直"？是否的"审"？是否身"固"？如此习射，以养成"正己而后发""反求而后正"的一个良性循环的为学工夫的习惯。学习射道，就是要在这"正直审固"的四大变量之中切实地做工夫，一丝不能忽略，一毫不能放过。如此，则"射者，仁之道也"不是一句抽象的话，而是可以在射箭之中具体付诸实践，可以在一射之中体证的；如此，则明白为何本来是"杀生之射艺"，竟然可以升华至"一体生生之仁道"。

"射者进退周还必中礼，内志正，外体直，然后持弓矢审固，持弓矢审固，然后可以言中，此可以观德行矣。"前面短短的几句话就把射道的精髓——道出，而最后一句话则点出"观德行"的重要理念。"此"就是指"中礼、正心、直体、审固"，从"此"反观到自己的德行修养，也可以从"此"观察到别人的德行修养水平的高低。就是说，当射者自己习射时，"观德行"的观字则强调"反观"自身的一面；当观看别人习射时，则强调"观察"别人的一面，然后"择其善者而从之，其不善者而改之"（《论语·述而第七》）。如此，则无论是"反观"还是"观察"，"观德行"都是为学的工夫。

二

笔者还引述了孔子的"克己复礼"、孟子的"反身而诚"，以及阳明先生的"致良知"等求仁工夫，以证明射道"反求而正"的工夫是孔门的一贯之道。名称说法虽异，但工夫实同。"克己复礼"的重点在"礼"，在"礼而后行"；"反身而诚"的重点在"诚"，在"诚而后行"；"致良知"的重点在"知"，在"知而后行"，在"知行合一"；"反求而正"的重点在"正"，在"正而后行"。"礼"的核心精神是"诚"，诚必先明乎善，明辨善恶是非即"知"，致知而后意诚，意诚而后心正，故"礼""诚""知""正"，名虽有异，其实则一。因此，射道"反求而正"的工夫也可以是"反求复礼""反求而诚""反求致知"等多种说法，即融会贯通后，自然横说竖说，核心的还是那个工夫而已。从《中庸》"诚者自成也，而道自道也"的角度来论射道，则"射道没有射箭者，只有射箭本身"；从《中庸》"诚者，物之终始，不诚无物"的观点来说射道，则"射道不诚无射，不正无射"。一旦有利害得失的人欲参与其中，则射箭本然之天理不在，心不在焉；心不存焉，故射而不正，不正不中。

学习射道，就是要在"正直审固"的四大变量之中切实地做工夫，而根本的工夫则是"正"，一丝不能忽略，一毫不能放过，如孔子说的"君子无终食之间违仁，造次必于是，颠沛必于是"（《论语·里仁第四》）。也如《射说》所说"文章但能熟读古人著作，运用于胸中，便可自成一家，或数月不展卷，而出笔亦不至荒谬。若性理之学，非正心诚意，身体力行，动定坐卧，毫无违间，断不能造乎精微。射之一道，德所备焉，实与性理之学同源，名居六艺之科，圣贤亦数言其理，是射固不可与文章同年而语也"[1]。如此，则"射者，仁之道也"不是一句抽象的话，而是可以在射箭之中具体付诸实践，可以在"正直审固"这个"一射工夫"之中体证的，诚如徐复观先生说的"为仁的工夫之所在，即仁之所在"[2]。

总而言之，"己正而后发，反求而后正"是射之正道，是在成就射箭技艺的过程之中，践行正

---

[1] 唐豪《清代射艺》，上海：上海市国术协进会，1940年，第26–27页。
[2] 徐复观《徐复观全集·中国思想史论集续篇》，北京：九州出版社，2014年，第405页。

心修身的工夫，使人心在日常发挥作用的同时，不容自己地复归"正位"，从而不断地呈现出天赋的、与天地万物"一体感通"的仁性。这就是"射者，仁之道也"的立论依据。

三

《道篇》第三章以孔子说的"性相近也，习相远也"为主题，强调人生应该积极主动地"志道""好学"并"时习"，即李颙先生在《四书反身录》中说："性因习远，诚反其所习而习善，相远者可使之复近。习之不已，相远者可知之如初。是习能移性，亦能复性。《书》曰：'习与性成，惟圣罔念作狂，惟狂克念作圣。'亶其然乎？习字则字成，习文则文成，以至百工技艺，莫不由习而成，况善为吾性所本有，岂习之而不成者乎？成善斯成性，成性斯成人矣。"① 有人问"习之"之实，李先生说："亲善人，读善书，讲善端，熏陶渐染，惟善是资，存善念，言善言，行善行，动静食息，惟善是依，始也勉强，久则自然。"②

第四章则以"射求正而中在其中"为主题来探讨"求的智慧"。孟子说："求则得之，舍则失之，是求有益于得也，求在我者也；求之有道，得之有命，是求无益于得也，求在外者也。""射求正"是"求则得之，求在我者也"，"射求中"则是"求之有道，得之有命，求在外者也"。虽然"射求正"不一定必中，但"正"犹树根，"中"如枝叶花果，工夫只在根上做，只管浇灌得根本得当，枝叶花果自然发生，故射的工夫只管在"正"上求，而"中"在其中——工夫娴熟时，自然不勉而中。"正"与"中"的关系是：正是中的前提，中是正的依归。总之，"求的智慧"在积极去"求应然的"，而且是"求之有道"。然后，引述明代射学大家高颖先生之习射讲道的经验来说明如何落实"射求正"。

第五章是"《乡射礼疏》释义"，此疏文是明代学者李之藻先生所撰写的《頖宫礼乐疏》中的一篇。文章虽然不长，但所引述的内容丰富而重要，是对古代射礼文化进行整体性的梳理，并以《乡射礼》为例，简明扼要地说明射礼的主要程式以及其中蕴含的深义，甚至发前人所未发，点出圣人制定射礼文化的良苦用心。比如："比耦而释获，不以一人胜，不以一人负，胜者无所露其矜能长傲之念，而不胜者不至于独露其短，然而内愧自反，亦不得掩其拙于侪耦。"这一句发前人所未发，指出"比耦"射箭来比胜负的深义所在：获胜也只是胜于同耦的一个人而已，告负也只是负于同耦的一个人而已，所以，不以胜于一人为胜，不以负于一人为负，使胜方不得骄傲，负方不必气馁，同时还可以让双方反观自察，以自强不息。《乡射礼疏》是学习和理解《射义》的珍贵资料，所以，笔者增补了相应的插图，并分段加以详细的释义。

虽然"书不尽言，言不尽意"③，但信豪杰之士自可"深造之以道，欲其自得之也"（《孟子·离娄章句下》）。究其实，《道篇》所言之大义不出《射义别裁》第一章的内容，总而言之，则归于"射义"两字，"射"虽一事也，一象也，其有大"义"存焉。受"射义"一词的启示，笔者引申而发明"象义"和"义象"两词，尝试对《射义别裁》第一章文义做一番新的解说，进而引述孟子的"集义"与"由义"工夫，说明所谓"射者仁之道也"就是"居仁由义"之道，是在射箭的

---

① 李颙《李颙集》，张波编校，西安：西北大学出版社，2014 年，第 476 – 477 页。
② 李颙《李颙集》，张波编校，西安：西北大学出版社，2014 年，第 477 页。
③ 《周易·系辞上》："子曰：'书不尽言，言不尽意，然则圣人之意，其不可见乎？'"中华书局编辑部《汉魏古注十三经》附四书章句集注（全二册），王弼注《周易》，北京：中华书局，1998 年，第 53 页。

过程之中，贯彻"正、直、审、固"的"由义"工夫，使人心得以安顿在"仁"这个安宅之内，此即射道的本质所指。以此作为《道篇》的结语。

◇ 传　篇

《传篇》有两章内容。第一章回顾射道历程。2007年5月，笔者参加韩国举办的首届"世界传统射艺节"（World Traditional Archery Festival），同年再到日本考察弓道文化，深感我们在各个方面都处于明显的劣势，复兴中国传统射箭文化的使命感油然而生。8月，在珠海市淇澳岛开垦并建立第一个射道场，率先在国内倡导射道文化的复兴，并以此场地作为研究和推广的基地，为企业、学校、军队、社区、传媒等社会各界人士提供体验活动。还积极走出去推广射道文化，包括：参加龚鹏程教授主办的"江西湖南国学研习营"，并做射道专题演讲及射礼示范；为广东省东莞市辰熙中英文学校教授射道课程；在UIC举办的第五届传统文化晚会上演示射礼；参加香港树仁大学举办的"儒学国际学术研讨会"，并做射礼示范；到四川都江堰文庙举办射道演讲、培训以及作射礼演示。

2013年2月，开始在UIC旧校园G区建成简朴的"一阳射圃"，射道正式成为UIC全人教育的体育文化选修课程，有一个学分，标志着射礼文化正式回归大学教育领域。3月，第三期射道体验课的学生自愿组织并成立UIC"中华射道协会"。2018年5月23日，UIC新校园建成正式的"一阳射圃"。2019年1月24日，新校园"射道馆"正式落成。2020年2月2日，中华射道选修课被广东省教育厅评为"广东省2020年度课程思政建设改革示范课堂"。

然而，全篇的重点则在第二章"射道课程教学探索"。发展至今，本课程已经成为UIC全人教育教学实践的一大特色精品项目。迄今，已经开设了21个学期的课程，每学期两个班，共有1002名学生选修，其中男生占57%，女生占43%，整体教学效果良好。射道课的教学遵循"德成而上，艺成而下"的教学理念，以"射箭""射礼""射义""德行"等四大方面为主要的教学内容，着重"榜样式传授（Teaching by Exampling）"和"体验式学习（Learning by Doing）"的教学方式，让学生学会传统射箭技艺，体知做人做事的正面态度与方法，培养其专注、坚毅、果断、反省等品格，以及启发学生追求更高之人生境界。

篇后，摘录了历届学生的课程感悟，让我们一起感受那些年、那些年轻人曾经的心灵触动吧！人生可以很美好的！这是笔者经常激励年轻学子的一句实在话。

不知何时开始，笔者都会在最后一节课的总结感言上，真诚地感谢学生们一个学期的陪伴和对自己的反向教育。射道课程与射道文化能够在UIC扎根发展，全靠UIC这个独特的教育平台以及学生们的共同参与来成就的。"一阳射圃"和"观德亭"不仅是一个美丽的射箭场和教学之所，更是师生之间生命情感相互触动、激发与升华的心灵家园。在本书出版之际，回顾一路走过来的奇妙缘分与贵人，备感荣幸与感恩：

感谢日本友人内藤敬先生[①]，毫无保留地为笔者展现了弓道文化的精神与风貌，使笔者更加坚

---

① 内藤敬，1934年生于日本东京，1960年毕业于早稻田大学教育学部；1966年，获得弓道五段段位；1993年，成为炼士；1996年，在天津体育学院主持建造国内第一间"求实弓道馆"，并担任弓道课客座教授；2006年，经笔者介绍和协助，在北京师范大学珠海分校捐建"求真弓道馆"，担任弓道课客座教授。任职期间，先生每年举办访日弓道交流活动，促进中日友好。2015年，在北师大珠海分校举办个人照片展《我的人生，为了中日友好》。

定复兴中华射道文化的使命。

感谢英国友人谢肃方先生（Stephen Selby）①，在传统弓箭器材、射术及书籍资料都非常缺乏的时期，大方提供协助与分享经验。

感谢暨南大学马明达教授，亲自来珠海淇澳岛的道场给笔者打气，并惠赠笔者《中国古代射书考》② 等射学资料。

感谢前国家射箭队总教练徐开才先生，在 2007 年 8 月 6 日，给笔者赠送一本由其主编的《射箭》（中国体育教练员岗位培训教材）③，为笔者的研究和学习打下重要的基础。

感谢友人苗大林先生，热情为珠海市的传媒同行推荐，使笔者和射道文化一起被《优生活》杂志、《珠海市特区报》、珠海市电视台等传媒广泛报道。

感谢友人许东新先生，在射道初期的推广期间出钱出力，赞助和协助笔者进行射道文化的研究与实践。

感谢友人郭长江先生，一直以来支持和赞助道场的建设，并不遗余力地宣传射道文化。

感谢友人孙扬杰先生与吕茂春先生，在笔者最为困难的时候，提供及时的帮助。

感谢 UIC 全人教育办公室主任郭海鹏教授，在射道课程尚在开发与试验的初期，给予充分的信任和支持，为射道文化扎根 UIC 提供最有利的平台。

感谢台湾著名学者龚鹏程教授，关心和指导射道文化的研究，并为射道文化的宣传推广提供各种条件。

感谢 UIC 前常务副校长郭少棠教授，赞助淇澳岛道场后期的使用。

感谢 UIC 校友杨怀智先生，从其奖学金中捐赠部分，赞助射道课程购买器材。

感谢 UIC 创校校长吴清辉教授、UIC 首任学术副校长徐是雄教授，充分肯定和支持射道文化扎根 UIC，并全力宣传与维护射道文化的形象。

感谢 UIC 新闻公关处的同事廖秋娴女士为本书拍摄了许多精美的技术与礼仪动作照片。

感谢 UIC 学生事务处"学习型社区发展组"的陈晓芬、朱隆芳、冯丽月等同事们，精诚团结，任劳任怨，积极进取，让笔者安心做好射道文化的相关工作。

感谢 UIC"中华射道协会"的历任社团干部和社员，矢志不移，肩负起射道文化传承的使命，为射道文化的推广开辟新的路径。

感谢 UIC 现任常务副校长陈致教授，亲自为"一阳射圃"撰写对联，右联是"其争也尤君子"，左联是"所友者必端人"，既恰如其所，又是对我们的期望。陈教授还对本书的脚注、参考文献的

---

① 谢肃方（Stephen Selby），英国人，曾任香港知识产权署署长。积多年的潜心收藏、研究和实践，撰写了《射书十四卷》（Chinese Archery），中英文对照，旁征博引，全面介绍和分析中国传统射箭文化。

② 马明达教授于 1991 年开始撰写论文《中国古代射书考》（1991 年初稿、1994 年第二稿、2003 年第三稿）。"论文对清以前我国有记载的和传存至今的射学著作做了详尽细密的搜集与考证，既是中国'射学'的文献基础之作，又大致可见中国射学的发展源流。马先生自称，《射书考》是唐豪先生射书研究的继续和发展，也是对杰出的民族体育学者唐豪的纪念之作。"（马廉祯先生在其《中国射箭研究综述》一文中的评语）

③ 2001 年出版，虽然是现代射箭的标准教材，但书中介绍的现代射箭研究方式与成果，对我们研究、继承和发扬中国传统射箭文化有极大的启发以及参考价值。

格式等给予指正，并惠赠其著作《从礼仪化到世俗化：〈诗经〉的形成》①，裨益初次写作的笔者参考和学习。

感谢爱妻闫丽新，因为她的贤惠，笔者有一个温馨、整洁和有滋有味的家，可以全身心从事射道文化的教育事业。她还利用自己的特长，为笔者拍摄大量的视频与照片，为射道研究提供珍贵的素材。

谨以此书献给先父李群、慈母谢冰影。

李军阳
2023 年 7 月

---

① 陈致《从礼仪化到世俗化：〈诗经〉的形成》，吴仰湘，黄梓勇，许景昭译，上海：上海古籍出版社，2009年（2021 年 7 月重印）。

图表索引

目　录

第一篇　器

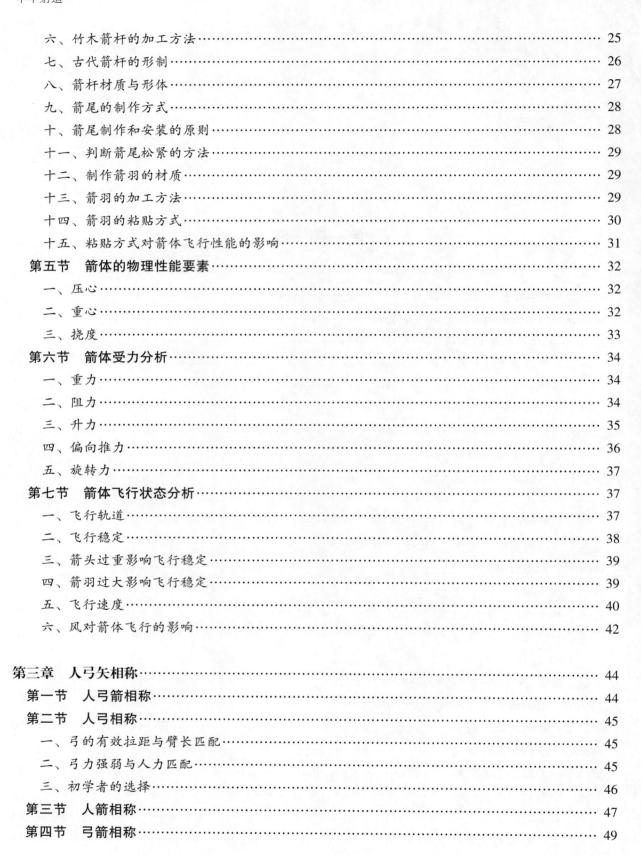

第二篇　艺

第三篇　礼

第四篇　乐

第五篇　道

第六篇　传

《周易·系辞下》说："弦木为弧，剡木为矢，弧矢之利，以威天下。"用弦绳扣住一条木棍的两端就成了一把弓，用火烤直、用刀削尖一根木条就成了一支箭。这是弓箭最原始的状态，虽说原始简单，但这是划时代的一种技术变革，并从此将人力所及不断扩大，以至于征服天下，所以又说"弧矢之利，以威天下"。

孔子说："工欲善其事，必先利其器。"[1] 工匠要有效而高质量地制作一件生活用品，必定先要准备好合适的工具，然后才开始动工，而落实到射箭这种事上，《射经》说："荀子曰：'弓矢不调，羿不能以必中。'夫调之云者，矢量其弓，弓量其力。盖手强而弓弱，是谓手欺弓；弓强而手弱，是谓弓欺手。"[2] 换言之，要做好射箭这件事之前，必须先要满足人、弓、箭之间的匹配才行，而要做到匹配，其前提则是对弓箭等器具有充分的认识和了解。因此，立"器"篇为首。

第一篇

器

---

① 《论语·卫灵公第十五》："子贡问为仁。子曰：'工欲善其事，必先利其器。居是邦也，事其大夫之贤者，友其士之仁者。'"朱熹注释说："贤以事言，仁以德言。"见朱熹《四书章句集注》，《新编诸子集成》本，第164页。

② 李呈芬《射经》，见张唯中《弓箭学大纲》，1934年，第153页。

第一节　弓体结构术语及其作用

从现存的文献资料来看，弓体各个部位的名称术语都有不同，不是过于冷僻，就是过于随俗，不利于交流和传播。有见及此，笔者参考现代的称呼习惯，并综合中国历史上曾经专用的文字和国外相关书籍①资料中的概念，尝试整理出一套适用的规范术语，见图1。

【弓弝】弓体中间凸起的部位，是持弓手握弓处，也是开弓时的推力支点。

【弓弰】位于弓体两端，末端有凹口，以便给弓体上弦。弓弰是拉弦开弓的作用力点。不同的弓弰形制，会影响拉弦用力的感觉以及弹性势能的储存量。

【弰扣】指弓弰末端的凹口，用来扣住弓弦。

【弓臂】从弓弝到弓弰之间的弹性主体，分上弓臂、下弓臂两部分，一般是上弓臂较长也较弱，下弓臂较短也较强。由单一材质（如竹、木等）或者复合材质（如竹、牛角片以及牛筋等）构成。

【弓腹】弓体上弦后，弓臂上向着弓弦的一面就是弓腹，即传统角弓贴角片的那一面。从力学上来说，就是承受压应力的一面。

【弓背】与弓腹相对的弓臂上的另一面，即传统角弓铺筋的那一面。从力学上来说，就是承受拉应力的一面。

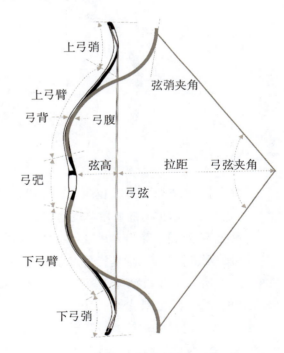

图1　弓体结构及名称

【弓弦】是一根用来扣住弓弰的弦绳，以便拉弦使弓臂弯曲形变而产生弹性势能，以及发射时将动能传递给箭体。一般由多根细绳合成，再用细线将扣箭处和扣弰处缠紧缠实。弓弦的材质必须刚柔相济，既要结实耐磨，又要有一定的延展性。

---

① Ray Axford. 1995. *Archery Anatomy*. London：Souvenir Press Limited，pp. 40 – 43.

【弦高】弓体上弦后，从弓弝推弓力点到弓弦的垂直距离。弦高在合理范围内时，会产生更快的箭速。弓弦过长，弦高就低；弓弦过短，弦高就高。

【弓体侧面】是指弓体的侧面形状，不同的侧面形状导致了不同的势能储存量。

【弦弰夹角】是指拉弓时弓弦与弓弰之间的夹角。弦弰夹角小的话，可以减小开弓时的拉力叠加效应，同时增加势能的存储；反之，弦弰夹角大的话，就会增大开弓时的拉力叠加效应，也会减少势能的储存。当弦弰夹角大于 90° 直角时，往后就很难拉动了，这就是叠加效应的"墙"（The 'wall' of hard stacking）。[①] 传统的说法是"木强而不来"（《梦溪笔谈·技艺》）。

【弓弦夹角】是指手指扣弦时弓弦上下段之间的夹角。拉距越大，夹角越小，反之越大。

【拉距】是指开弓时把弓弦拉动的距离（见图 2）。每把弓的最大有效拉距由其材质、形制以及工艺等因素决定，而在最大有效拉距内的拉距长短，则由射手的臂长、力量和技术等决定。现在表示拉距的通用单位是英寸。

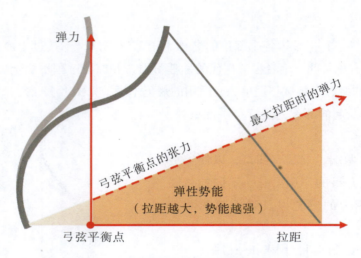

图 2　拉距与弹力关系

【拉力】是指在最大有效拉距内，任意一段拉距时，弓臂所储存的弹性力量。拉距越大时，拉力也越大。现在表示拉力的通用单位是磅。

【弓弦平衡点】上弦后，弓弦处在拉动前的静止位置，弦上的扣箭点就叫作弓弦平衡点。

【弓的刚度】弓的刚度是指使弓弦单位拉动距离（英寸或厘米）所需要付出的力（磅或千克）。发射时，它是弓弦单位推动距离（英寸或厘米）所释放出的力（磅或千克）。所需要付出的力越大，弓的刚度越强，反之则越弱。刚度代表弓的强弱。

【拉弦距离】弓弦被拉离弓弦平衡点的距离，叫作拉弦距离。同一把弓，有效拉弦距离越大，弓的弹力越大，反之则越小。

【弓的弹力】弓的弹力是指弓弦被拉离弓弦平衡点后任一位置时所具有的张力，弹力亦称为弹性势能，其大小取决于弓的刚度和拉弦距离。弓的刚度一定时，拉弦距离越大，弹力越大，反之则越小；拉弦距离一定时，弓的刚度越大，弹力越大，反之则越小。弹力的表达公式是：<u>弓的弹力 = 弓的刚度×拉弦距离</u>。

① Tim Baker. 1992. "Bow Design and Performance." In：*The Traditional Bowyer's Bible*，*Volume One*. Ed. by Jim Hamm. Ganada：The Lyons Press，p. 53.

第二节　弓体形制对其性能表现的影响

　　中国传统弓的形制特点，从古弓字就可看出端倪（见图3），弓体不算太长，而最显著之特点是弓臂末端有较长的弓弰，此形制一直保留到今天，历代只是根据不同的需求而稍做调整而已。然而，弓体的外观形制对其性能的表现影响很大。

一、《周礼》的形制

　　对于弓体的外观形制及其用途，《周礼·冬官考工记·弓人》是这样说的：

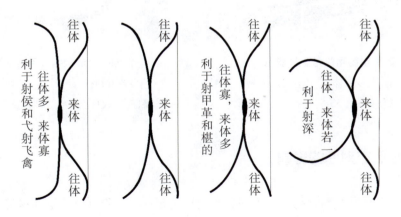

图3　古文"弓"字

（高明《古文字类编》，第356页）

　　　往体多，来体寡，谓之夹、臾之属，利射侯与弋；往体寡，
来体多，谓之王弓之属，利射革与质；往体、来体若一，谓之唐弓之属，利射深。①

　　如图4所示，"往体"是指两弓弰外弯的形体结构，"来体"是指弓弝部分内弯的形体结构。两弓弰外弯弧度大，而弓弝部分内弯弧度小的，称为"夹弓""庾弓"之类的弓，这类弓利于射豻侯和弋射飞禽；两弓弰外弯弧度小，而弓弝部分内弯弧度大的，称为"王弓"之类的弓，这类弓利于射甲革和椹质之的；两弓弰外弯弧度和弓弝部分内弯弧度一样大的，称为"唐弓"之类的弓，这类弓利于射深。

图4　弓的往体与来体

　　上述四种形制的弓，由于其弓体呈反曲的形态，因此可以由不同数量的同类弓分别组合成一个圆，《周礼·冬官考工记·弓人》称作"合几而成规"：

　　　① 参看《周礼·夏官司马·司弓矢》："及其颁之，王弓、弧弓以授射甲革、椹质者，夹弓、庾弓以授射豻侯、鸟兽者，唐弓、大弓以授学射者、使者、劳者。其矢箙皆从其弓。"

为天子之弓，合九而成规；为诸侯之弓，合七而成规；大夫之弓，合五而成规；士之弓，合三而成规。

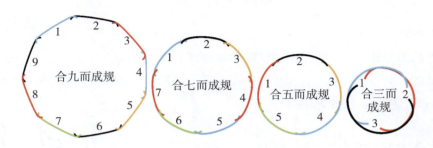

图5　弓体组合成规

从图5可以看出，天子使用的合九而成规的弓属于"往体多，来体寡"（弓体反曲程度最小）的一类弓，利于射侯和弋射；大夫使用的合五而成规的弓属于"往体寡，来体多"的一类弓（弓体反曲程度较大），利于射甲革和椹的；由此推知，诸侯使用的合七而成规的弓是在上述两种弓之间；而士人使用的合三而成规的弓属于"往体、来体若一"的一类弓（弓体反曲程度最大），利于射深。

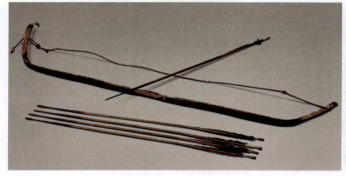

图6　清高宗御用牛角金桃皮弓

弓体形制符合"往体多来体寡，合九而成规"的特征。（取自徐启宪《清宫武备》，第33页）

图7　清世祖御用绿花面桦皮弓

弓体形制符合"往体来体若一，合三而成规"的特征。（取自徐启宪《清宫武备》，第102页）

二、弓体侧面形态对弓的影响

图8-A的弓体侧面形态顺着拉弦的方向，弓臂应力最小，[1]所以拉弓早期很轻松，弓臂储存的势能也最少。

图8-B的形态垂直，弓臂应力小，也是早期拉弓较轻松，弓臂储存的势能较少。

图8-C的形态反向（与拉弦方向相反），弓臂应力大，早期拉弓较紧张，弓臂储存的势能较多。

---

①　物体受外力影响而发生形变时，内部会产生相互作用的内力以抵抗外力，使物体从变形后的位置恢复到变形前的位置，这种内力称为应力。

图 8 – D 是反曲的形态，弓臂应力最大，拉弓早期最紧张，弓臂储存的势能也最多。

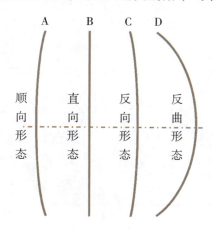

图8　弓体侧面形态对比

三、两种典型弓体的对比

图 9 – A 是直向形态的弓，从"拉距/拉力曲线图"可以看出，其拉力是随着拉距的增加而呈直线递增的，拉弓的初始阶段较为容易，越到后面越吃力。

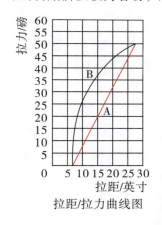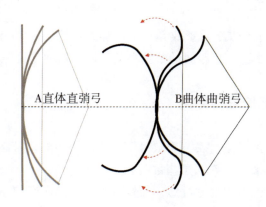

图9　典型弓体对比

图 9 – B 是反曲形态的弓，其拉力是随着拉距的增加而呈弧线递增的，拉弓的初始以及中间阶段都会较为吃力，越到后面反而感觉容易一些。此种弓体以及弓弰都反曲的结构能够存储更多的势能，并且在弓臂和弓弰回弹时，以超常的力及速度将弓弦猛地绷紧，推动箭尾高速脱离弓弦，使箭速更快，穿透力也会更大。然而，正是由于这种瞬间的超常加力增加了弓弝的振动，也会影响发射的稳定性，所以选择弓时，要根据使用需求来合理决定。

四、弓弰形态的影响

<u>直弰形态</u>：弓弰与弓臂成直线的形态。弓弦拉到 A 点时，弦弰夹角已经接近 60 度（见图 10）。
<u>曲弰形态</u>：弓弰与弓臂成反向弯曲的形态。当弓弦拉到 A 点时，弦弰夹角只是接近 30 度而已。

弓弦拉到 B 点时，弦弰夹角才接近 60 度。所以，曲弰弓的拉距明显大于直弰弓。

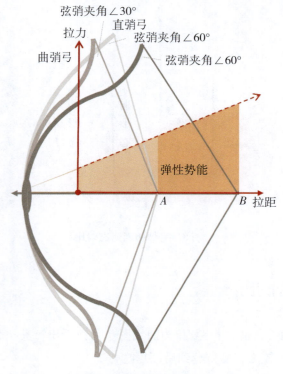

拉力

曲弰弓

弦弰夹角∠30°
直弰弓
弦弰夹角∠60°
弦弰夹角∠60°

弹性势能

A　　B 拉距

图 10　弓弰曲直对比

随着拉距的增长，弦弰夹角也逐渐加大；越接近 90 度角时，越难拉动。通过增加弓弰的反向弯曲度，可以减少同一拉距时的弦弰夹角，进而增加了拉距，也就是增加了弹性势能。

五、弓弰长短的影响

图 11 – A 的弓弰过长，导致弓臂弯曲形变的部位过高，弓体刚强如硬木一般难以拉动，就是所谓"木强而不来"（《梦溪笔谈·技艺》）的感觉。

图 11 – C 的弓弰部分过短，导致弓弰部分都产生弯曲形变，虽然开弓和顺，但拉弦超过嘴角之后，就可以感觉到弓体虚而无力。古人的经验则是"弰软则曲如锅底，发矢无力，不能耐久"①。

图 11 – B 的弓弰长短适中，近弓弰部位较少弯曲，因此开弓的感觉会和顺而有力。

对于弓弰长短对性能表现的影响，《梦溪笔谈·技艺》里说得最为简明：

> 弓有六善：一者性体小而劲，二者和而有力，三者久射力不屈，四者寒暑力一，五者弦声清实，六者一张便正。……凡弓节短则和而虚（虚为挽过吻则无力），节长则健而柱（柱谓挽过吻则木强而不来，节谓把梢桦木，长则柱，短则虚），节得中则和而有力，仍弦声清实。②

---

① 程宗猷《射史》，卷八《射法》，明崇祯二年刻本，第 11 页。
② 沈括《梦溪笔谈》，《钦定四库全书》子部十（乾隆四十六年刻本），卷十八《技艺》，第 415 页。

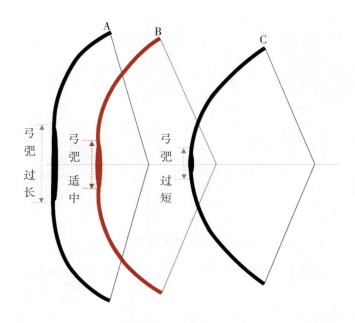

图 11 弓弣长短对比

"裨"，是帮补、辅助的意思，裨木是粘贴在弓弣部位的一块弣木，起到节制上下弓臂的作用，长短宜适中。弓弣长短适中，则开弓"和而有力"，发射"弦声清实"，占了"弓有六善"中的两善，可见其重要性。

六、弓臂的最佳结构与形态①

发射的瞬间，原先储存在弓臂上的弹性势能瞬间转变为动能，并通过弓弦传递到箭杆，将箭体激发出去。然而，在弓臂储存能量和释放能量的过程中，弓臂的材料、结构以及形态都对其表现产生决定性的影响。

图 12－（1）将三片相同的材料合拼一起，将下端夹紧固定，然后在上端施加一个推力 F。

图 12－（2）推力 F 使三层片材同时弯曲，而且片材之间滑开一段距离 A 及 B。

图 12－（3）将这三块片材之间的平面用胶粘起来，重新固定并弯曲如前。这次，三块片材之间不会滑动，但是弯曲处的背部层片材被拉伸，产生拉应力；而腹部层片材则被压缩，产生压应力；中间的核心层保持原来的长度，并抵抗外层的拉伸力和内层的压缩力，因而产生剪切力。在弯曲的情况下，可以观察到片材被拉伸和被压缩的部位接近固定处，因此这部位最容易损坏和折断。

---

① 图片参考：Ray Axford. *Archery Anatomy*. pp. 44－45。

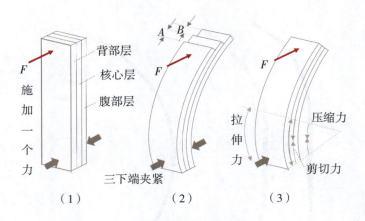

图12　弓臂结构与形态（一）

图13-（1）是将这三块粘在一起的片材加工成从下至上渐渐变细的形状，下端固定，同样在上端施加推力 F。

图13-（2）这个下宽上窄的形状减少了片材的截面面积和质量，使弯曲时的拉伸力和压缩力等应力均匀分布，因而片材不易损坏和折断，回弹时也会更快复位。

图13-（3）和图13-（4）显示了宽度和厚度均是渐渐变细的层压片材，是一片应力均匀分布以及更具抗扭性的弓臂材料应有的结构形态。此种近弓弝处宽而厚，而近弓弰处窄而薄的结构形态，具有如下优势：一是有效而均匀地抵消掉各种应力，使弓臂弯曲形变更加柔顺，增加弓体本身的耐用性；二是不但减轻了整体弓臂的重量，还让更宽、更重及接近弓弝的部分来做功发力，大大增加了弓臂的投射能力；三是发射时，弓臂内所储存的弹性势能迅速通过弓弰传递给弓弦，再由弓弦传递给箭体，减少弓臂和弓弝的振动；四是将结构内部的滞后影响减到最低，使回弹速度更快，箭速更快。

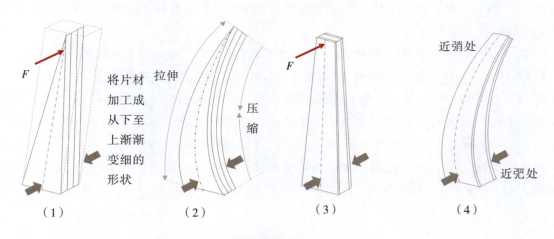

图13　弓臂结构与形态（二）

从上述图示中可以知道，弓臂的最佳结构与形态应该具备两大要素：第一，材料上应由三层材料复合而成，以便更有效率地应对背部层的拉伸应力、核心层的剪切力以及腹部层的压缩应力，因此单一材料的竹木弓都不是好的选择；第二，形态上应在宽度和厚度这两个平面上逐渐修细，以便在整条弓臂上均匀地抵消掉各种应力，以及回弹时速度更快。

中国的传统角弓就是这种结构的杰出代表之一，角弓使用竹或木来做弓胎，用牛角片做弓腹，用牛筋来做弓背，而对于制弓的材料以及各自的作用，《周礼·弓人》也有说明：

> 弓人为弓，取六材必以其时，六材既聚，巧者和之。干也者以为远也，角也者以为疾也，筋也者以为深也，胶也者以为和也，丝也者以为固也，漆也者以为受霜露也。[①]

弓匠制弓，按照不同的季节准备好六种材料。郑《注》曰："取干以冬，取角以秋，丝、漆以夏。胶、筋未闻。"[②] 笔者认为：胶多用动物皮或鱼鳔来加工制成，筋则多用牛背筋、牛蹄筋，制作前都需要将这些生材料风干，据此推断应该是在秋季开始准备好制作胶和筋的原材料。材料齐聚了，就让能工巧匠进行加工组合的工作。"干"是弓臂的核心部分（即弓胎），其材质决定了能否射得远；"角"是弓臂的内侧部分（即弓腹），其材质决定了能否射得疾速；"筋"是弓臂的外侧部分（即弓背），决定了能否射得深入；"胶"用来黏合各种材质，使所有材质合成一个整体；"丝"质的线绳用来扎实关键的部位，确保弓体坚固；"漆"用来刷在弓体上，以免弓体因潮湿而解体。

第三节　弓弦对性能表现的影响

开弓时，弓弦通过上下弓弰使弓臂发生形变而产生弹性势能，撒放时则高速推动箭体做加速的飞行运动，因此，弓弦是弓的重要组成部件，没有弦的弓就不是真正的弓，正所谓弓无弦则不张，人无礼则不立。小小的一条弓弦却对弓的性能表现影响很大，切莫忽略。

一、重量的影响

一个简单的道理就是：弓臂在回弹时，弓弦自身的重量也会消耗一定的能量，进而减少了传递给箭体的动能。因此，弓弦越粗，弹力越小；弓弦越小，弹力越大。为确保耐用性，传统的弓弦大多用几十根丝线或者麻线等自然材质来制作，弓弦都会较粗较重，所以箭速就会大打折扣。由于材料科学的不断进步，现代弓弦就会较细较轻，因此箭速更快，而且更耐用（见表1）。一般来说，增加弓弦的绳线股数，会降低箭速；减少弓弦的股数，可以增加箭速。

---

① 杨天宇《周礼译注》，《十三经译注》本，上海：上海古籍出版社，2004 年（2006 年 4 月重印），第 678 - 679 页。
② 杨天宇《周礼译注》，《十三经译注》本，上海：上海古籍出版社，2004 年（2006 年 4 月重印），第 679 页。

表 1   弓弦股数参照表[1]

弓的重量/磅[2]	弦的强度（股数）		
	低	中	高
25	6	10	14
30	8	12	16
35	10	14	18
40	12	16	20
45	14	18	22
50	16	20	24
55	18	22	26

图 14   现代弓弦

图 15   传统弓弦

二、拉伸度的影响

除了弓弦的重量之外，材质的伸长值会影响箭速。所谓伸长值是指绳线被拉伸时，材料断裂前所增加的长度数值。有三种参考数值可以考虑：

---

①   参照中国国家体育总局《射箭》（中国体育教练员岗位培训教材），北京：人民体育出版社，2001 年，第350 页。

②   1 磅≈0.454 千克。

第一种伸长值是14%，这种弦在发射后，能减少弓臂回弹时的制动力，使弓弝、弓臂得到良好的缓冲保护，但是，也因为其伸长值较大，这种弦会减慢箭的飞行速度，而且弓弦的摆动幅度大，所以箭的精准度也不高。

第二种伸长值是4%，其伸长值较小。回弹时，弓弝、弓臂受到的冲击也较强；但是箭的飞行速度会提高，精准度也大有提高。

第三种伸长值为2%，这种弦强度高，不易断裂。回弹时，弓弝、弓臂受到的冲击力大，因而弓的使用寿命大大缩短；但是，这种弓弦能提高箭的飞行速度和精准度。

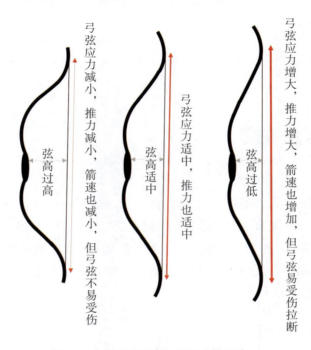

图16　弦高对弓弦应力与推力的影响

三、弦高的影响

弦高是指从弓弝上的推弓力点到弓弦的垂直距离。弦高对弓弦的应力及推力①影响大，如图16所示，弦高增加时，弓弦的应力减小，反之则增加；弦高减小时，弓弦的应力增加，推力也相应增加，使箭速增快，有效射程增长；反之，弦高增加时应力减小，推力减小，箭速减慢，有效射程减短。弹力越强的弓，其弦高对速度的影响越大。弦高过低时，应力值太大，容易损伤弓弦。弦高在合理范围内时，会产生更快的箭速，同时不至于对弓弦造成伤害（见表2）。弦高的高低由弓弦长度与弓体匹配关系决定，弓弦过长，则弦高会过低，反之则过高。因此，可以通过拧紧或者放松弓弦股线的方式来调整其长度，以达到微调弦高并改善发射效果之目的。

---

①　发射时，弓臂内所储蓄的弹性势能转化成回弹的动能，并传递给弓弦，变成弓弦激发箭的推力。推力是随着拉距的增加而增加的。每把弓都可以通过测量得到其"拉距/推力曲线图"，并且都有其推力变化相对稳定的范围，在此范围内拉弓射箭的效果最好。

表 2　弦高参考表①

弓体长度		弦高范围	
英寸②	厘米	英寸	厘米
64	162.6	$7\frac{3}{4}\sim9$	19.7~22.9
66	167.6	$8\sim9\frac{1}{4}$	20.3~23.5
68	172.7	$8\frac{1}{4}\sim9\frac{1}{2}$	21.0~24.1
70	177.8	$8\frac{1}{2}\sim9\frac{3}{4}$	21.6~24.8

第四节　张弛有度

《礼记·杂记下》说:"张而不弛,文、武弗能也;弛而不张,文、武弗为也;一张一弛,文、武之道也。"③ 意思是说:让民众一直紧张劳作,而不能轻松享乐,就算是文王和武王也不能治理好天下;让民众一味轻松享受,而不懂紧张工作,即便是文王和武王也不能有所作为;该紧张时就紧张,该放松时就放松,就像一张一弛才能够成就射箭一样,这是文王和武王治理天下的法则。故张弛有度,其小能成就射箭,其大能治理天下。

一、张弓法

这里说的"张弓"是特指给弓上弦,主要方法有两种。

第一种是两人张弓法,一人扳弓,一人套弦。具体步骤是:(1)两人并排站立,负责扳弓的人,一只手握住一端的弓弰,另一只手把弓弦一端的弦套扣进弰扣里,调整好并稍稍拉直,然后用握弰之手的大拇指把弦套固定住,再把弓弦另一端的弦套交给负责套弦的人拿住。(2)接着,扳弓人握住另一端的弓弰,让弓体在身前横放,弓腹向里,两手心均向上。(3)扳弓人单膝下跪,接着用另一膝盖稳稳地顶住弓弝,调整好身体的重心,然后两手同时用力,慢慢地把弓弰往里扳拉。(4)此时,负责套弦的人在旁边一直保持弓弦平直,直至将弦套扣入弰扣里,并整理顺直。(5)最后,扳弓人的两手慢慢放松,直至弓弦完全绷直并扣住两弓弰为止。这种方法使每次张弓时上下弓臂的弯曲形变度最为接近,有利于对弓体的保养和延长其使用寿命。

---

①　参照中国国家体育总局《射箭》(中国体育教练员岗位培训教材),北京:人民体育出版社,2001 年,第 349 页。

②　1 英寸=2.54 厘米。

③　孙希旦《礼记集解》,《十三经清人注疏》本,北京:中华书局,1989 年(2007 年 8 月重印),第 1115 页。《仪礼·乡射礼》:"遂命胜者执张弓,不胜者执弛弓。"张,即"张弓",指安上弓弦,也指开弓的状态,引申为紧张。弛,即"弛弓",指卸下弓弦,也指撒放发射,引申为放松。

　　第二种是一人张弓法，在没有别人的帮助下，自己也可以张弓。步骤如下：（1）先把弓弦一端的弦套扣进上弓弰的弰扣里，接着双手顺着弓身下移，同时把弓弦贴着弓身往下拉直，移到下弓弰时，一只手握住下弓弰，另一只手拿着另一端的弦套，并把弓弦拉直，然后双手一起把扣好弦套的上弓弰倒过来朝下，使绷直的弓弦与弓身呈一个 V 字形态。（2）双腿一前一后站立，把已扣好弦套的上弓弰抵住前脚踝骨的外侧，接着提起后腿往前跨过弓身并站稳，并用大腿靠近臀部处顶住弓弣，然后稳住身体与弓的接触点（即脚踝与上弓弰的接触点、大腿与弓弣的接触点、一手与下弓弰的接触点以及另一只手与弦套的接触点）。（3）双脚保持稳定，大腿持续用力向后顶压住弓弣，同时向前转腰，以协助握住下弓弰的手慢慢向前推压，使上下弓臂弯曲，另一手则拿住弦套接近下弓弰的弰扣，身体上下左右协调动作，直至能够稳稳地扣上弦套为止。（4）扣好弓弦后，身体慢慢放松，直至弓弦完全绷直并扣住两弓弰为止。这种方法虽然方便，却容易使上侧弓臂的弯曲形变度加大，长此以往，会导致一侧弓臂过于疲劳而缩短了使用寿命。然而，可以通过每次更换一侧的方法来达到一定的平衡作用。

　　还有一种方法就是使用"上弦绳"，一个人就可以方便操作。但是，对于弓体过长或者弓弰反曲过大的弓来说，就不太好用了。上述三种张弓的方法都是适合于弓身反曲弧度较小的弓，如果反曲弧度太大，甚至于接近"C"字形的话，就要考虑其他辅助的办法了（可参考下面的"传统角弓上弦法"）。

　　张弓后，必须养成一个"审弓"的习惯，确保弓的状态都是良好的前提下，才开始进行射箭的练习。否则，不但会影响技术的发挥和射箭的结果，还会导致弓体的加速损坏，甚至产生安全事故。"审弓"的步骤如下：（1）竖看曲直，即把弓体竖放在眼前，看看上下弓弰和上下弓臂是否都处在同一条轴线上（见图17）。（2）横看正斜，即把弓横放在眼前，看看左右两侧是否匀称自然（见图18）；（3）关键细节，即看看弓弰与弓臂的连接处，弓臂与弓弣的连接处，以及弓腹和弓背等关键的部位是否有开裂或者损伤。

图17　审弓法之竖看曲直

单人上弦法

最重要的前提则是：弓必正直才勘用。

图18　审弓法之横看正斜

二、弛弓法

弓在不使用的时候，应该尽快卸下弓弦，以免长时间的紧张而导致弓体疲劳甚至受损，影响使用效果和寿命。具体方法则是上述张弓方法的反向操作，弛弓的重点是稳和慢，取下弦套时不能迅速放松，使弓臂反弹过猛，易受损伤。要一面抑制，一面放松，待弓臂慢慢地恢复原状。

三、传统角弓上弦法

传统角弓的弓臂与弓弰大都呈反曲的"C"字形状态，难以徒手给弓上弦，故需要用一对"弓挪子"来协助。"弓挪子"一般用木块做成，形状与上弦后的弓臂一样呈弧形。上弓弦之前，先把反曲的弓臂扎在"弓挪子"上，使弓臂反顺过来（见图19左）。上下弓臂都扎好"弓挪子"后，把弓弦套入弓身，先给一端的弓弰安上弦套，并用右手握住，然后右脚踩进弓弣与弓弦之间，并用大腿后侧顶住弓弣，另一端的弓弰则放在左大腿上，即在弓弣以及上下弓弰上形成三个稳定的作用力点。接着，右手握住弓弰，顺势弯身并弯曲弓臂，左手则顺势把弦套扣入弰扣里面，然后，慢慢放松，让弓臂的张力绷紧弓弦。最后，把"弓挪子"解开即可（见图19右）。

图19　反曲角弓上弦法

（图片取自网络）

第二章 箭学

箭的古称是矢，古"矢"字就包括了箭头、箭杆、箭羽和箭尾等要素。一支箭看似简单，但涉及的学问很多，其中包括材料学、力学、空气动力学等。

图20 古文"矢"字

（取自高明《古文字类编》，第360页）

第一节 箭的结构与作用概述

【箭头】

安装在箭杆的前端，有重心的导向和击打目标两大主要作用。根据不同的需要，可以选用不同形状、长短、大小和轻重的箭头。箭头的轻重会改变箭体的重心，从而改变箭体的飞行状态。

【箭杆】

古代称作"笴"，是箭的主体，是瞄准时直对目标的参照物，又是确保射准的飞行体，所以必须正直；箭杆负责承载发射时弓弦瞬间高速传递过来的动能，所以材质必须有弹性。传统箭杆大多采用竹木材质，现代箭杆还有铝合金、碳纤维等。

【箭尾】

古代称作"筈"或"栝"（都读 kuò 声），是箭体的末端，其凹槽用来扣住弓弦，是传递弓弦动能到箭杆上的部件。其制作方式主要有直接在箭杆末端开槽，或者另外在箭体末端安装预制好的箭尾等两种。现代箭则主要采用预制好的塑料材质箭尾，方便更换，也可以延长箭的使用寿命。

【箭羽】

箭羽是提升箭体飞行效能的部件，由两片、三片或者四片同质的羽毛粘贴在箭杆的尾部。三片箭羽的形制则是效能和省材的最佳综合选择。箭羽可以增加箭体的上升力，维持箭体飞行的方向和稳定性。材质主要有各种飞鸟的翅膀羽毛，现代的则还有塑料等材质。

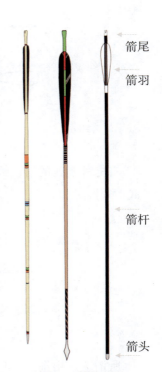

图21 箭体结构

箭尾
箭羽
箭杆
箭头

第二节　明代箭的形制

《射史》[①]　中介绍的明代箭制形式如下：

　　箭七式，皆桦木为杆，镞有大小、长短、轻重不一。

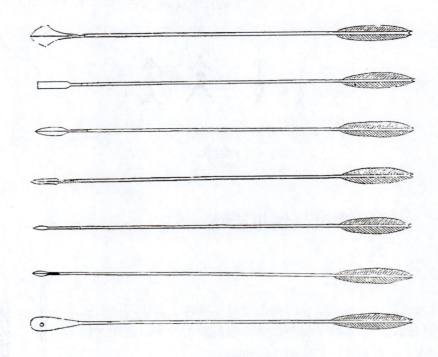

图 22　明代箭七式

（取自程宗猷《射史》卷七，第 12 页）

　　有七种制式的箭，都用桦木做箭杆，箭头的大小、长短以及轻重不一（见图 22）。接着，介绍"武射箭"。

　　武射箭也。用竹为杆，金镞剪羽。金镞取其杀，剪羽取其疾。

图 23　明代武射箭

（取自程宗猷《射史》卷七，第 13 页）

　　所谓"武射箭"，即打仗用的箭。用竹做箭杆，金属做箭头，修剪的箭羽。金属箭头利于杀敌，修剪的箭羽利于疾速（见图 23）。再介绍"文射箭"：

---

①　程宗猷《射史》，卷七《射器图》，明崇祯二年刻本，第 12—13 页。

文射箭也。不剪羽，不安金，谓之志。君子志于中，而不志于杀，故不剪羽尚其舒，不安金防其伤。镞以骨为之。

图24 明代文射箭
（取自程宗猷《射史》卷七，第13页）

所谓"文射箭"，即平日习射修身用的箭。箭羽不用修剪，箭头不用金属制作，这叫作"尚志"。君子志于正中，而不是射杀，所以，不修剪箭羽，使箭速舒缓一些，不安装金属箭头，以防杀伤（见图24）。因此，箭头用动物骨来制作。最后是"响骲头箭"：

用牛角为之。

图25 明代响骲头箭
（取自程宗猷《射史》卷七，第13页）

用牛角来制作可以发出响声的骲头箭（见图25）。书中还介绍了装箭的器具"鱼服"：

盛矢器。鱼，兽名，其背皮斑有文，可为矢服。

服，通"箙"（音fú），用竹木或兽皮制成的装箭器具。从图26中的纹路来看，这种"鱼箙"应该是用鲨鱼皮制作而成的。在第八卷的"射法"中，还介绍了悬挂在腰带上的"箭箙"（图27）和"箭袋"（图28）两种装箭器具。

 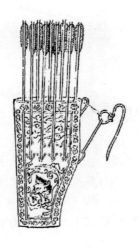  

图26 明代鱼箙
（取自程宗猷《射史》卷七，第16页）

图27 明代箭箙
（取自程宗猷《射史》卷八，第15页）

图28 明代箭袋
（取自程宗猷《射史》卷八，第16页）

图29 明代箭袋用法
（取自程宗猷《射史》卷八，第4页）

第三节 清代箭的形制

下面摘引《清宫武备》① 书中的相关资料来加以说明，见图 30 至 36。

图 30 成铍箭

长 102 厘米，箭镞铁质，前锐，呈菱形，后镀金银花叶状。箭杆杨木，杆首和中部饰金、黑桃皮，栝髹朱漆，旁裹桦皮。黑雕羽。（图片与说明文字取自徐启宪《清宫武备》，第 127 页）

长 99 厘米，箭镞铁质。箭杆杨木，杆首饰金桃皮，栝髹朱漆，黑雕羽。军事用，亦可射熊及野豕。（图片与说明文字取自徐启宪《清宫武备》，第 118 页）

图 31 白档索伦长铍箭

图 32 大礼箭

长 89 厘米，箭镞铁质，前锐，中起脊。箭杆杨木，杆首饰金桃皮，栝髹朱漆，白雕羽，羽间髹橙漆。中国古代有吉、凶、军、宾、嘉"五礼"。吉礼专指各类祭祀，如祭天地日月等，祭祀天地称为"大礼"。大礼箭即供皇帝祭祀天地时佩带或陈设之用。（图片与说明文字取自徐启宪《清宫武备》，第 120 页）

---

① 徐启宪《清宫武备》，上海：上海科学技术出版社，商务印书馆（香港）有限公司，2008 年。

图 33　行围哨箭

　　长 102 厘米，箭镞铁质，簇底部镂金花叶纹。哨骨质，环穿圆孔四。箭杆杨木，栝髹朱漆，裹桦皮，雕羽。哨箭有两种：一种箭镞纯为骨质或木质，上有孔，为围猎时示鳖或传递信息之用。一种箭镞为铁，后接骨质哨，既可发出声响，亦可射兽，主要作用为射兽。此哨箭为第二种。环穿四孔，专指哨箭和骲头箭，即在箭镞的骨质和木质部分上穿孔，用以发声。（图片与说明文字取自徐启宪《清宫武备》，第 41 页）

图 34　随侍兔叉箭

　　长 112 厘米，箭镞象牙质，前尖后四棱，环穿四孔。后施双重铁齿四。箭杆杨木，杆首饰金桃皮，栝髹朱漆，饰黑雕羽。清代箭的种类繁多，长度各不相同，其长度并不取决于兽类的大小。兔叉箭之铁齿作用有二：一当箭射中兔时，由于铁齿阻挡，不至洞穿过深，以获取兔的完整皮张；二由于有铁齿的阻挡，洞穿不深，便于探取。（图片与说明文字取自徐启宪《清宫武备》，第 38 页）

图 35　射虎骲头箭

　　长 111 厘米，桦木骲，起棱，环穿四孔。杨木为杆，花雕羽。主要用在行围时驱逐卧虎，使起之。（图片与说明文字取自徐启宪《清宫武备》，第 43 页）

图 36　射鹄骲箭

长 96 厘米，骲头角质，圆形前尖，环穿五孔。箭杆杨木，杆首饰金桃皮，栝四周裹桦皮，白雕羽。（图片与说明文字取自徐启宪《清宫武备》，第 122 页）

第四节　箭体的主要部件

一、箭头的结构

从上述箭的形制可以看出，一根箭最引人瞩目和最有代表性的部分就是箭头。箭头古称"镞"，中国历史上出现的箭镞种类繁多，由于箭镞材质的特点，我们现在还可以一睹历史上曾经出现过的各式箭镞的真容，为我们了解那段惊心动魄的历史提供真实的依据。

古代箭镞的主要结构有：锋、刃、倒须、柄、铤（音 dìng，指箭镞插入箭杆的部分）、銎（音 qióng，原指斧子上安插把柄的孔，后泛指用以安插条状物的孔）等（见 图 37、图 38）。"锋"主穿透，"刃"主切割，"倒须"增加拔箭的难度，甚至造成二次伤害。"柄"有长短，是箭镞的底座。"铤"是柄的延伸，用以插入箭杆。"銎"是箭镞的底部凹孔，用箭杆插入。

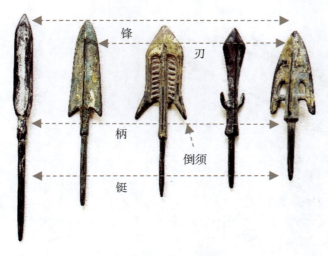

图 37　铤式箭镞

图 38　銎式箭镞

二、箭头的安装方式

从安装的方式上来分，有"内插式"和"外套式"两大类。内插式箭镞的末端一段叫作"铤"，修长而尖，以便插入箭杆；外套式箭镞的末端有一个凹孔叫作"銎"，以便把箭杆套进去。

现代射箭主要体现在射准的竞技比赛方面，故所使用的箭头形制多呈流线型，安装方式亦是内插式和外套式两种。在现代化机床加工设备的帮助下，箭头的加工制作更为简易，并且尺寸、重量和外观等更加标准划一。现在通用的内插式插杆都加工有螺纹，以便拧入铝质底座，并与箭杆连接起来，其优点是更换箭头便捷，可以根据需要即时更换不同的箭头，但箭杆与箭头的连接处容易劈开（见图39）。

图39　现代内插式箭头

通过内插杆铝质底座把箭头与箭杆连接起来，优点是更换箭头便捷，缺点则是箭杆与箭头的连接处容易劈开。

图40　现代外套式箭头

把箭杆插入箭头的内孔，也可以根据需要更换不同的箭头，优点是箭杆与箭头的连接处不容易劈开。

现在通用的外套式箭头的装卸都很方便，在箭杆处涂上一些热熔胶后，插入箭头的内孔即可；也可以根据需要，先加热箭头与箭杆的连接处，待胶熔解后，取下再套上其他箭头，其优点是箭杆与箭头的连接处不容易劈开（见图40）。

三、制作箭头的主要材质

如图41所示，从制作的材质上来分，古代箭镞主要有石质、骨质、角质、铜质以及铁质等五大类，也有用蚌、银等材质制作，但数量较少。现代射箭竞技用的箭头则主要有钢质、铜质以及不锈钢

图41　古代箭镞的主要材质

（上面图片全部取自孟润成《中国古镞鉴赏》）

等。在北京师范大学—香港浸会大学联合国际学院（UIC）"3D创新开发实验室"的协助下，我们用3D材料打印鸣镝（见图42），效果非常好。

四、鸣镝结构与发声原理

鸣镝用来传递信息以及在战场上发号施令，其原理是：箭体在高速飞行的瞬间，鸣镝与空气摩擦来发出各种声音。不同的形状，不同的材质，不同的体积，不同的进气孔数，不同的孔壁厚度，不同的箭速，不同的射距，都会影响其音质和音量。其内部结构与发声原理如图43所示：A为被孔口边缘分割的气流；B为金属针；C为音箱壁；D为箭杆；E为密封音箱壁的牛筋。

图42　3D打印的鸣镝

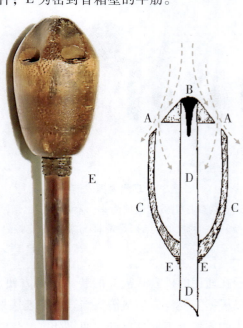

图43　鸣镝结构

左侧实物图是谢肃方先生的收藏品照片，右侧示意图参考：E. McEwen and D. Elmy, "Whistling Arrows." In: Journal of the Society of Archer-Antiquaries, volume 13, 1970.

鸣镝是古代箭镞中最为独特和丰富多彩的，有声有色，是多种功能需求的复合体，可以说是箭镞发展与制作工艺的最高代表。

五、箭杆的物理性能要求

箭杆是动能的载体，即吸收弓弦传递过来的动能，并载着动能飞向目标，而箭杆自身的物理性能则决定了箭体的飞行状态。箭杆的弹性要适中，以减少发射时弯曲过大；箭杆要直〔现代箭对直度的要求是偏差小于 0.004 英寸（0.101 6 毫米）[1]]，以保持箭体飞行的方向；中空的箭杆要确保较小的壁厚差，实心的箭杆则要确保通体匀称，以减少箭体发射瞬间的偏航现象。

图 44　古代鸣镝样式（上面图片全部取自孟润成《中国古镞鉴赏》）

六、竹木箭杆的加工方法

传统箭杆通常采用木材或者竹材来制作，要达到上述要求的话，制作工艺水准要相当高，耗时也长。据《天工开物·弧矢》记载：

> 凡竹箭，削竹四条或三条，以胶粘合，过刀光削而圆成之。漆丝缠约两头，名曰"三不齐"箭杆。浙与广南有生成箭竹不破合者。柳与桦杆则取彼圆直枝条而为之，微费刮削而成也。凡竹箭其体自直，不用矫揉。木杆则燥时必曲，削造时以数寸之木刻槽一条，名曰箭端。将木杆逐寸戛拖而过，其身乃直。即首尾轻重，亦由过端而均停也。[2]

这段文字介绍了箭杆的材质以及加工的方法。竹箭杆有两种加工方法：第一种是复合加工法，即先将竹竿削成等分的四条或者三条，然后用胶黏合成一体，最后用刀削成圆条，再用丝线缠紧两头和上漆保护，这种箭杆称作"三不齐"。[3] 这种复合而成的方法，不受竹材的限制，可以大量制作，包括圆柱形和流线型的箭杆。第二种是直接采用天然的箭竹来加工制作而成，不需要先破成竹条，然后胶合成。木箭杆的加工法相对简单些，选取圆而直的柳木条或者桦木条，加以刮削而成。

---

[1]　见中国国家体育总局《射箭》（中国体育教练员岗位培训教材），北京：人民体育出版社，2001 年，第 503 页。

[2]　宋应星《天工开物》，北京：中国社会出版社，2004 年，第 384 页。

[3]　用于拼合的竹条长度有三节长，为了达到箭杆通体匀称以及加强箭杆强度之目的，故将同一批竹条的头尾相错胶合，使原竹条在箭杆上呈现的三节长度是错落不齐的，所以称作"三不齐"箭杆。

用"箭端"校直箭杆的方法,《射史》也有"箭端式"的记载:

> 凡箭射去摇而难中者,皆箭不直之故也,故端之使直。语曰:弓矢不调,羿不能以必中。用河柳树根为之,取其柔不伤箭。①

然而,只是一般性的介绍,插图也仅是示意性而已。《成都弓箭制作调查报告》② 则说得更加明晰:"端子,是把不直的箭杆戛拖成为正直的,系青杠木制成条块,上刻有宽窄斜槽各一道,长31.3公分,宽1.8公分,厚1.7公分,有一端略削。"

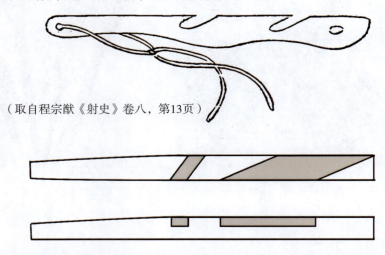

（取自程宗猷《射史》卷八,第13页）

（取自谭旦同《成都弓箭制作调查报告》,台湾地区《台湾地区研究院历史语言研究所集刊》第二十三本,第234页）

图45 箭端式

七、古代箭杆的形制

古代箭杆的形制最早记载在《周礼·冬官考工记·矢人》一文中:

> 参分其长,而杀其一。③

图46 箭杆"参分其长,而杀其一"示意图

---

① 程宗猷《射史》,卷八《射法》,明崇祯二年刻本,第12-13页。

② 谭旦同《成都弓箭制作调查报告》,1942年6月开始调查,8月写成报告的初稿,之后略有补充和整理,直至1951年8月改编定稿,并刊登在台湾地区《台湾地区研究院历史语言研究所集刊》第二十三本之中。此报告是我国历史上唯一的有关传统弓箭的科学调查报告,因此别具价值。

③ 杨天宇《周礼译注》,《十三经译注》本,上海:上海古籍出版社,2004年(2006年4月重印),第651页。

把箭杆分成前、中、后三等分，然后从中心开始，向前一分和后一分渐渐削细（杀），这是最早对流线型箭杆的标准描述（见图46）。又说：

前弱则俛，后弱则翔，中弱则纡，中强则扬。羽丰则迟，羽杀则趮。是故夹而摇之，以视其丰杀之节也；桡之以视其鸿杀之称也。①

"俛"（音fǔ），同"俯"，屈身、低头的意思；"纡"（音yū），弯曲、绕弯的意思；"鸿杀"，即粗细、强弱的意思。箭杆前弱后强则低飞，前强后弱则高飞，中间弱而两头强的则曲而慢，中间强而两头弱的则飞扬。箭羽过大则箭速迟缓，箭羽过小则箭飞急而躁。用手掌心抵住箭头，箭尾在上，箭杆与地面垂直，然后以手指快速转动箭杆，让箭体在掌心上转动。速度快的，则箭羽过小；很快就停止转动的，则箭羽过大。用双手弯曲箭杆，看看箭杆的粗细和强弱是否匀称（见图47）。最后，是选择箭杆的方法：

凡相笴，欲生而抟；同抟，欲重；同重，节欲疏；同疏，欲栗。②

选择箭杆，要选光鲜而径圆的，同样圆的则选重的，同样重的则选竹节疏的，同样疏的则选栗色的。

图47　检查箭体的方法

让箭体在手掌心上转动，以检查箭杆是否正直，以及箭羽大小是否合适。

八、箭杆材质与形体

现代箭杆的材料主要有铝合金、玻璃纤维和碳纤维等中空管状的工业制品，这些箭杆整齐划一，安装制作方便简易。因此，从材质上说，箭杆有竹、木、铝合金、玻璃纤维以及碳纤维等主要材料；从形体上说，则有流线型、圆柱型、中空型，以及实心型等。一般来说，细而长的箭杆较之粗而短的箭杆飞行质量更集中，运动惯性也更大；流线型箭杆较之圆柱型箭杆，其空气动力性能更佳（参看第六节的"箭体受力分析"一文）。

---

① 杨天宇《周礼译注》，《十三经译注》本，上海：上海古籍出版社，2004年（2006年4月重印），第652页。
② 杨天宇《周礼译注》，《十三经译注》本，上海：上海古籍出版社，2004年（2006年4月重印），第653页。

九、箭尾的制作方式

箭尾的作用是将弓弦的推力承传给箭体。传统的竹木箭通常在箭杆的尾端加工，或直接开槽成为箭尾，或安插角质箭尾，或加夹角片作为箭尾，并在槽口前端缠上牛筋或者丝线等加固材料。对于如何在箭杆上开挖槽口以做箭尾，《周礼·矢人》记载的方法如下：

　　　　水之以辨其阴阳，夹其阴阳以设其比。①

"比"，即箭尾扣。将箭杆浸入水中，浸入水中的一面属阴，而浮在水面的属阳，然后在箭尾阴阳水平线的垂直方向开挖一个扣弦的槽口，这个槽口叫作"比"（见图48）。

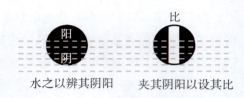

图48　箭尾"水之以辨其阴阳"示意图

十、箭尾制作和安装的原则

现代箭尾则是配合箭杆独立制作的，要求轻而耐用、制作标准化和不变形，能够方便地套入或者插入箭杆末端。但无论哪种方法，箭尾的开槽或安装必须遵守如下的原则：第一是轴心同，即箭尾槽的中轴线必须与箭杆的中轴线一致，不能偏左或者偏右；第二是口面平，即槽口与弦的接触面要平，上斜或下斜都会导致推力点偏移。违反上述原则的话，弓弦对箭的推力方向就会偏差，发生瞬间的偏航现象。另外，槽口不能过浅，过浅则扣不住弓弦；槽口不能开成过窄的 V 字形，这种口型容易导致槽口开裂；槽口与弦的接触面不要呈内凹状，以免分散弓弦的推力点（见图49）。

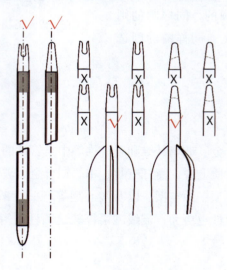

图49　箭尾制作与安装原则

---

① 杨天宇《周礼译注》，《十三经译注》本，上海：上海古籍出版社，2004 年（2006 年 4 月重印），第 651 页。

十一、判断箭尾松紧的方法

箭尾扣弓弦的松紧度也会影响箭的飞行方向和精准度,那如何测定箭尾槽夹弦的松紧度?可用如下方法:将弓弦扣入箭尾槽内,弦与地面平行,箭尾槽没有丝毫松动,这时用手指以一般的力度敲击弓弦,箭尾若能顺利脱离弓弦,则说明松紧适度;箭尾槽松动,则说明过松;反之,用力敲击弓弦,箭尾还是牢牢地扣在弦上,则说明过紧。

十二、制作箭羽的材质

箭羽的作用是增加箭的升力、保持箭的飞行方向和稳定性。传统称为"箭翎",是用长于飞行的禽类翅膀或者尾上的正羽来制作的,如雕翎、鹰羽、雁羽、火鸡羽、野鸡羽等(见图50)。现代则还有塑胶羽片和螺旋塑胶羽片。

图50 箭羽的材质

翼羽,又称飞羽,对飞翔起着决定性的作用;尾羽,对平衡起着重要的作用。翼及尾上的正羽可以用来制作箭羽。

十三、箭羽的加工方法

第一种是手撕式加工法:中国传统箭羽的加工方法是直接在正羽的尾部把羽片从羽轴上一直撕下来(见图51)。用此方法,可以从一根正羽上撕出左右两张羽片,用三根相近的正羽就可以组合成左右两组羽片,修剪出需要的长度后,再粘胶贴上。这样的箭羽仿如是在箭杆上长出来的一样,显得干净利落,发射时还可以避免被羽轴边沿划伤之患[见图52-(1)]。但是羽片撕下之后,因为没有羽轴的支撑,羽片容易卷曲,不利于粘贴,最好先用水蒸气烫平(见图53),或者使用夹子夹平直之后再粘贴,并且只能少量涂一层薄薄的胶,以免让羽毛吸附了胶液,使羽片硬化,影响箭羽的效能。

图51 正羽的结构

正羽由羽轴和羽片构成,羽轴下段没有羽片的部分称为羽根。

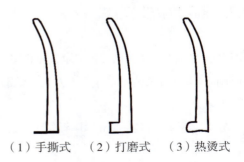

(1)手撕式 (2)打磨式 (3)热烫式

图52 不同加工方法的羽片横截面

图 53 手撕后再用蒸汽烫平的箭羽

第二种是打磨式加工法：首先是切开羽轴，用切刀从羽根开始，沿着羽轴中间的凹槽把羽毛一分为二；接着是裁剪长短，用尺子量出所需的长度，然后用剪刀修剪；最后是打磨羽轴，用夹子夹住羽片，只露出羽轴部分，然后垂直放在平整的砂纸上，均匀地用力打磨羽轴，包括羽轴边沿，直至把羽轴打磨平整以及宽度匀称。这样加工的羽轴虽然平整匀称，但是羽轴边沿留有尖锐的棱角，发射时有刮伤搭箭手指的隐患［见图 52 –（2）］。

第三种是热烫式加工法：第一步是切开羽轴，用切刀从羽根开始，沿着羽轴中间的凹槽把羽毛一分为二；第二步是裁剪长短，用尺子量出所需的长度，然后用剪刀修剪；第三步是热烫羽轴，用两片平整的厚木片夹住羽片，只露出羽轴部分，然后用烧红的厚铁片沿着羽根往下匀速地平烫羽轴，直至平整和宽度匀称，最好是一次性完成；第四步是刮除灰渣，用硬毛刷把羽轴上残留的灰渣刷掉。这样加工后的羽轴平直帖服，容易粘贴在箭杆上，羽轴边沿保留原有的圆顺，发射时没有刮伤手指之患［见图 52 –（3）］。

十四、箭羽的粘贴方式

箭羽粘贴在箭杆的尾部，用三片或者四片相同的羽片均匀，或者对称地粘贴在箭尾上，但多用三羽的形制。对于如何粘贴箭羽，《矢人》记载的方法如下：

五分其长而羽其一。以其笴厚为之羽深。水之以辨其阴阳，夹其阴阳以设其比，夹其比以设其羽。①

① 杨天宇《周礼译注》，《十三经译注》本，上海：上海古籍出版社，2004 年（2006 年 4 月重印），第 651 页。

"笴"（音 gǎn），即箭杆。箭羽的长度等于箭杆的五分之一（见图54）。箭羽的宽度等于箭杆的直径（见图55）。将箭杆放在水上，浸入水中的一面属阴，而浮在水面的属阳，然后在箭尾阴阳水平线的垂直方向开挖一个扣弦的槽口，在箭尾槽口的四周粘贴箭羽（见图56）。箭羽粘贴的对称性、羽片的厚薄、尺寸的大小和形状要追求高度的一致性。

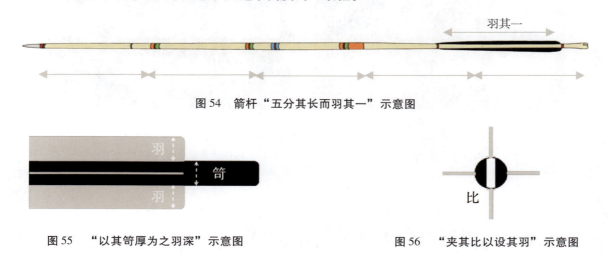

图54　箭杆"五分其长而羽其一"示意图

图55　"以其笴厚为之羽深"示意图

图56　"夹其比以设其羽"示意图

十五、粘贴方式对箭体飞行性能的影响

传统箭羽大多以直线粘羽法为主，直线粘法使空气直线通过羽片，空气阻力小，箭体旋转速度慢，所以速度最快，但稳定性一般［见图57－（1）］。还有斜线粘羽法和螺旋粘羽法，斜线粘羽法会在羽片后部产生涡流，导致空气阻力大，拖慢箭体飞行速度，但因有较快的旋转动作，故稳定性比直线粘羽法好些［见图57－（2）］；螺旋粘羽法也能令到空气直线通过羽片，阻力小，速度较快，同时箭体快速旋转，故稳定性最好［见图57－（3）］。

（1）直线粘羽法　　　　　（2）斜线粘羽法　　　　　（3）螺旋粘羽法

图57　箭羽不同粘贴方式的外观形态

图 58　不同加工法的箭羽实物

（白色的是打磨式加工，棕白间色的是热烫式加工，另外两根是传统手撕式加工）

第五节　箭体的物理性能要素

一、压心

箭体飞行时，空气压力对箭的作用力点基本上是在箭杆的中心点上，因此箭杆的中心点可以视为箭体飞行时的压力中心，简称压心。

二、重心

箭的重心点是由箭头、箭羽的相对轻重来决定的。箭头重、箭羽轻，则重心点靠向箭头方向；反之，则靠向箭羽方向。重心点是箭体飞行时的重力作用点，重心点过于靠向箭头，箭体飞行坠落快，甚至会向前翻滚，而过于靠向箭羽，则飞行飘扬，甚至会向后翻滚。至于箭体重心的最佳位置，中国国家体育总局组织编写的《射箭》一书说："铝合金箭的重心应位于箭长的 43% ~ 40% 处（从箭头算起），这样可使箭获得最佳飞行稳定状态。如果超过 45%，则说明箭的前端过轻，箭的飞行状态不稳定，容易失去平衡。"①（见图 59）。

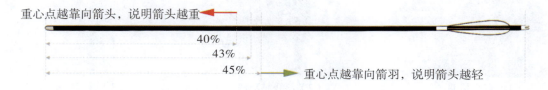

重心点越靠向箭头，说明箭头越重

40%

43%

45%　重心点越靠向箭羽，说明箭头越轻

图 59　箭杆重心位置示意图

---

① 中国国家体育总局《射箭》（中国体育教练员岗位培训教材），北京：人民体育出版社，2001 年，第 356 页。

《周礼·矢人》则最早记载了箭体重心的相关学问。例如，不同用途的箭，其重心位置就做相应的调整：

　　　　鍭矢参分，茀矢参分，① 一在前，二在后。兵矢、田矢五分，二在前，三在后。杀矢七分，② 三在前，四在后。③

鍭矢和杀矢的长度分成三等分，一分在前，而二分在后（箭头较重，其重心靠前）。兵矢和田矢的长度分成五等分，二分在前，三分在后。茀矢分成七等分，三分在前，四分在后（箭头较轻，其重心靠后）。

三分箭杆之长，而前一分与后二分平衡，以此推知箭头的重量相当于箭杆重量的三分之一，而且重心约在箭长的33%处，是相当重的箭头。五分箭杆之长，前二分与后三分相当，则箭头重量为箭杆重量的五分之一，重心在箭长的40%处。七分箭杆之长，前三分与后四分等重，则箭头是箭杆重量的七分之一，是最轻的一种箭头，重心约在箭长的42%处。

三、挠度

所谓挠度，就是箭杆受到垂直作用力的影响而产生弯曲形变，其前后轴线中点的位移距离。挠度的一般测量法④是：用一根29英寸（736.6毫米）的箭杆，放在相距28英寸（711.2毫米）的两个支架上，两端各伸出支点0.5英寸（12.7毫米）。在箭杆中心点加上2磅的负荷，然后测量箭杆轴线中心点的位移数值（单位是毫米），此数值（如300毫米、400毫米、500毫米等）就是该箭杆的挠度。从图60就可以直观地看出：箭杆越软，则弯曲形变越大，其挠度数值就越大；箭杆越硬，

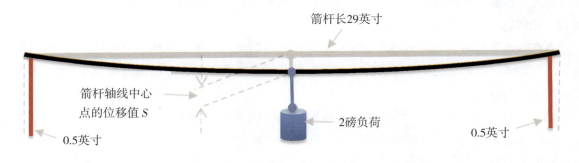

箭杆长29英寸

箭杆轴线中心点的位移值 S

2磅负荷

0.5英寸　　　　0.5英寸

图60　箭杆挠度测量法

① 应该是"杀矢"。据《周礼·夏官司马·司弓矢》记载："凡矢，枉矢、絜矢利火射，用诸守城、车战。杀矢、鍭矢用诸近射、田猎。矰矢、茀矢用诸弋射。恒矢、庳矢用诸散射。"见杨天宇《周礼译注》，《十三经译注》本，上海：上海古籍出版社，2004年（2006年4月重印），第462页。笔者按："鍭矢"和"杀矢"用于近射及田猎，是因为箭体较重，其重心靠前。"矰矢"和"茀矢"用于弋射，则是因为箭体较轻，其重心靠后。因此，这里说的"鍭矢参分，一在前，二在后"，就是指重心靠前的箭，与上述《司弓矢》的记载相符。而说"茀矢参分，一在前，二在后"，则与《司弓矢》说的不符。所以，这里的"茀矢"应该是"杀矢"之误，而最后一句的"杀矢"应该为"茀矢"才吻合。

② 应该是"茀矢"，原因见上。

③ 杨天宇《周礼译注》，《十三经译注》本，上海：上海古籍出版社，2004年（2006年4月重印），第650页。

④ 中国国家体育总局《射箭》（中国体育教练员岗位培训教材），北京：人民体育出版社，2001年，第357页。

弯曲形变越小，其数值就越小。换言之，箭杆的挠度与箭杆的软硬度成反比的关系：挠度数值越大的，箭杆越软，弹性越小；数值越小的，箭杆越硬，弹性越大。

第六节　箭体受力分析

一、重力

箭体飞行时，受到地心引力以及地球自转离心力的综合作用，这两大综合作用力就是箭体的重力，它作用于箭体的重心。

二、阻力

箭体飞行时，空气会反方向作用于箭体，这个反方向的作用力就是阻力，它作用于箭体的压力中心（简称"压心"），这些阻力主要有摩擦阻力和压差阻力。

由于空气具有黏性，箭体飞行时，带动箭杆最表面的一层空气以同样的速度运动，这层空气又带动其外面一层的空气运动，如此一层带动一层运动，依次降速，直至最外层的空气运动速度降到零。这些因黏性被带动的空气摩擦消耗掉箭体的飞行动能，这就是摩擦阻力（见图61-A）。与摩擦阻力大小相关的主要因素有：（1）空气黏性：温度高低与黏性成反比，湿度与黏性成正比。（2）箭体飞行速度：速度与黏性成正比。（3）箭体表面：表面越光滑，黏性越大。（4）箭体表面积：表面积越大，黏性越大，反之越小。

箭体在高速飞行时，箭尾后面的空气来不及补充，而形成一个空气稀少的低压区。一方面产生涡流，消耗箭体飞行的动能；另一方面，在箭头前形成一个高压区，在箭尾后形成一个低压区，导致了头大尾小的压力差，而压力差的合力方向与箭体运动方向相反，阻碍箭体前进，这就是压差阻力（见图61-B）。这个阻力主要取决于空气流到箭体后半段时能否紧贴箭体表面流动。气流分离得越早，箭体尾流区越大，压差阻力也就越大；反之，压差阻力越小。如图61所示，压差阻力与箭体表面积的大小关系不大，主要取决于箭体的空气动力外形，特别是箭尾部分的截面积逐渐减小，气流就能较长时间地附着于箭体表面，压差阻力也就越小。

摩擦阻力与压差阻力合成了空气阻力的全部，其计算公式[①]是：

$$R_x = C_x S \frac{pv^2}{2}$$

其中文表达为：

$$空气阻力 = 阻力系数 \times 箭体横截面积 \times \frac{空气密度 \times 箭速^2}{2}$$

---

① 中国国家体育总局《射箭》（中国体育教练员岗位培训教材），北京：人民体育出版社，2001年，第494页。

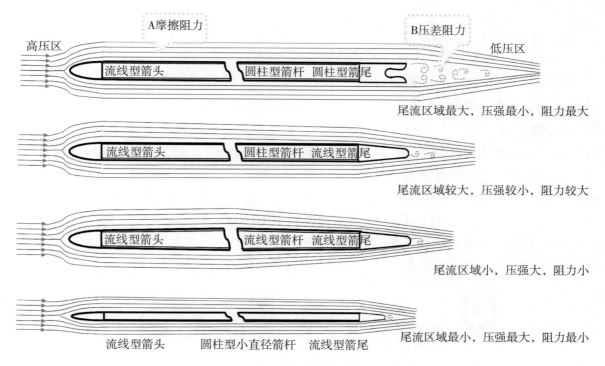

图 61　箭杆受到的阻力

从上面的公式可以看出，阻力系数与箭体横截面积对空气阻力的大小影响最直接。阻力系数是指箭体空气动力外形优劣的一个试验系数，箭体的空气动力外形越好，其阻力系数越小。换言之，箭体的空气动力外形和箭杆的粗细对空气阻力影响最大，具体说就是：外观流线型，或者细而长的箭杆，其空气阻力最小，飞行越远。

三、升力

箭体飞行时，空气对箭体的作用力除了阻力之外，还有升力。阻力与速度方向相反，升力则垂直于速度方向，二者的合力作用于压力中心（压心）。箭体的升力首先决定于箭体的飞行角度，飞行角度一定时，其升力与箭体的粗细、长短、外形以及箭羽面积等有关。其计算公式①是：

$$R_y = C_y S_m \frac{\rho v^2}{2}$$

其中文表达为：

$$升力 = 升力系数 \times 箭体纵向面积 \times \frac{空气密度 \times 箭速^2}{2}$$

从升力公式可以看出，升力系数与箭体纵向面积对升力影响最大。箭体的粗细、长短以及箭羽面积等与升力系数成正比关系，就是说：箭杆越粗，升力越大；箭杆越长，升力越大；箭羽面积越大，升力越大；反之，则越小。单从箭杆来说，其横截面积一定时，箭杆越长，纵向面积越大，则升力越大，飞行越远。综合"阻力"与"升力"的因素来考虑，选用细而长的箭杆为宜，细则空气阻力小，长则空气升力大。

---

① 中国国家体育总局《射箭》（中国体育教练员岗位培训教材），北京：人民体育出版社，2001 年，第 495 页。

四、偏向推力

撒放时，弓弦迅速推动箭体飞向目标，如果弓弦是直拉直放的话，则弓弦对箭体的推力也是直线的。但是，当我们用大拇指勾弦时，撒放的瞬间，大拇指给弓弦施加了向外的偏力（f_2），与推动箭体向前做加速运动的推力（f_1）一起合成了迫使弓弦向右前方运动的合力（R_1），并推动箭尾向发射线的右前方运动（图 62 的 R_1 方向），使箭杆向内弯曲，这就是弓弦对箭体的偏向推力；而箭尾接受弓弦偏向推力的同时，又反作用力于弓弦，将弓弦拉回到发射线的左前方（图 62 的 R_2 方向），使箭杆向外弯曲；弓弦继续推动箭体向发射线上运动，使箭体渐渐恢复直线状态，直至脱离弓弦。如图 62 所示，弓弦的运动轨迹是呈 S 形的，箭体脱离弓弦后，继续按照 S 形摆动的惯性飞向目标，并逐渐衰减摆动的幅度。因此，箭杆必须具有弹性，并且箭杆的软硬度要与弓的弹力相匹配，过软则弯曲过大，过硬又弯曲过小，而弯曲度大小会影响箭的飞行质量和中靶时的误差。[1]

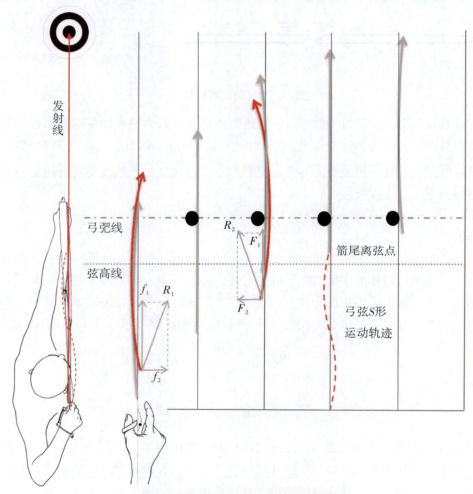

图 62　偏向推力与箭体 S 形飞行的原因

与发射线平行的分力（f_1、F_1）推动箭体向前加速运动，与发射线垂直的分力（f_2、F_2）使箭体弯曲形变，两个力的合力 R_1、R_2 都是弓弦对箭体的偏向推力。

① 中国国家体育总局《射箭》（中国体育教练员岗位培训教材），北京：人民体育出版社，2001 年，第 357 页。

五、旋转力

一张羽片分两面，略呈内凹，且羽轴凸起的一面为背面，反之，就是正面。当箭体高速飞行时，空气流过正面的速度快、压强小，而流过背面的速度慢、压强大，两面之间的压强差会导致羽片旋转，故有右旋羽片和左旋羽片之别（见图63）。因此，在粘贴箭羽之前，必须分辨清楚，以确保把同一旋转方向的羽片合成一组来粘贴，不能左右混搭，以免影响箭体的飞行状态。分辨的方法是从羽轴来判断：羽轴在左侧凸起的，就是右旋羽片；羽轴在右侧凸起的，就是左旋羽片。成品箭的分辨，从箭尾处看，则一目了然。

羽片的这种结构特点使箭体在高速飞行的同时，还会受到一种旋转力的影响。就算是采用直线式的粘羽法，箭体也会旋转；如果采用斜线式或者螺旋式的粘羽法，则箭体旋转的状态会更加明显。箭体旋转可以减少箭体因质量偏心（如箭杆管壁厚薄不匀，或箭杆不直等）或者气动力偏心带来的箭体偏航飞行的影响，但旋转速度要适中，在箭轴的一个摆动周期内，一般以自转3～5周为宜。[①]

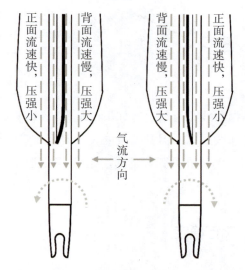

左旋羽片：从箭尾看，羽轴在右侧凸起　　右旋羽片：从箭尾看，羽轴在左侧凸起

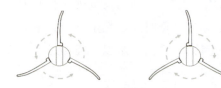

图63　箭体旋转飞行的原因

第七节　箭体飞行状态分析

一、飞行轨道

由于空气阻力和箭体自身重力的作用，箭体在空气中飞行的轨道是一条抛物线，而且是不对称的抛物线。箭体呈现抛物线飞行的成因是：在上升飞行阶段，空气阻力和重力的综合作用下，箭体飞行速度渐渐减慢，同时箭头渐渐向下，直至箭体水平，然后即时下降；而在下降阶段，箭体自身的重力又使飞行速度渐渐加快，缩短了下降弧线的距离（见图64）。

---

① 　中国国家体育总局《射箭》（中国体育教练员岗位培训教材），北京：人民体育出版社，2001年，第497页。

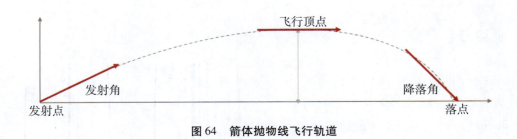

图 64　箭体抛物线飞行轨道

箭体抛物线飞行轨道有如下的特性：（1）飞行轨迹是一条不对称的抛物线；（2）上升弧线距离长于下降弧线距离，但升弧段的飞行时间比降弧段的飞行时间略短；（3）箭体的降落角度大于发射角度；（4）箭体在升弧段的速度是渐渐减慢的，而在降弧段的速度则是渐渐加快的；（5）最大的发射角一般小于45度。

二、飞行稳定

如图65所示，达到飞行稳定的目的，箭体上的压心必须位于重心之后，以保证空气对箭体所产生的外力是呈顺时针方向作用的，使箭体的飞行角度在往复摆动中逐渐衰减。然而，压心与重心之间的距离要适中，它们之间的长度占箭长的10%～30%之间为宜。[①] 过短时，箭体飞行角度衰减慢，周期长，甚至到达箭靶时还没完全衰减，不能有效击中目标；过长时，则衰减得过快，不能有效到达箭靶和击中目标。箭头过重以及箭羽过大是使压心与重心之间的距离增大，并导致飞行不稳定的主要原因。

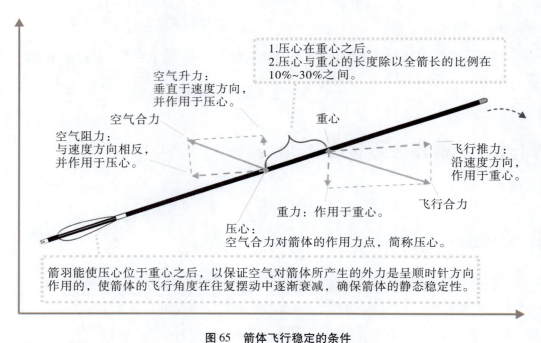

图 65　箭体飞行稳定的条件

---

① 中国国家体育总局《射箭》（中国体育教练员岗位培训教材），北京：人民体育出版社，2001年，第496页。

三、箭头过重影响飞行稳定

箭头是箭体重心的导向，其质量的轻重决定了重心位置是前还是后，进而影响箭体飞行的状态以及距离。如图 66 所示：箭头过重，会导致箭体飞行坠落过快，甚至向前翻滚。因此箭头的轻重要适宜。

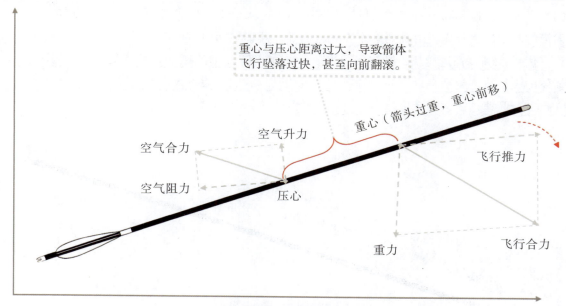

图 66　箭头过重影响稳定

四、箭羽过大影响飞行稳定

如图 67 所示，箭羽过大，一是增加风偏的影响，二是导致压心后移，重心与压心距离过大，使箭体坠落过快，甚至向前翻滚。因此，箭羽的尺寸要选择适当。

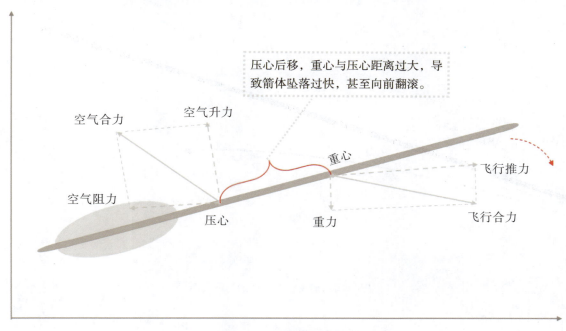

图 67　箭羽过大影响稳定

五、飞行速度

箭体动能由弓的势能转化而来，动能大小可以从箭体的离弦初速度来直观判断，这个飞行初速度简称箭速。箭体承载的动能越大，箭速越快，反之则越小。箭速决定了箭体飞行时间的长短以及飞行的平直度。箭速越高，箭体飞达目标的时间越短，飞行平直度也越好，也更容易射中目标。所以，射箭的基础前提首先要落实到具体的箭速上来，其中学问值得不断去实践、研究和完善。箭速快有许多优势：（1）箭速越快，箭体飞行的距离越远；（2）箭速越快，箭体受到的风偏影响越小，所以箭体的飞行轨迹越平直；（3）箭速越快，说明其承载的动能越大，所以箭体的穿透力越强（见图68）；（4）箭速越快，瞄准角越小，使瞄准更容易（见图69）。

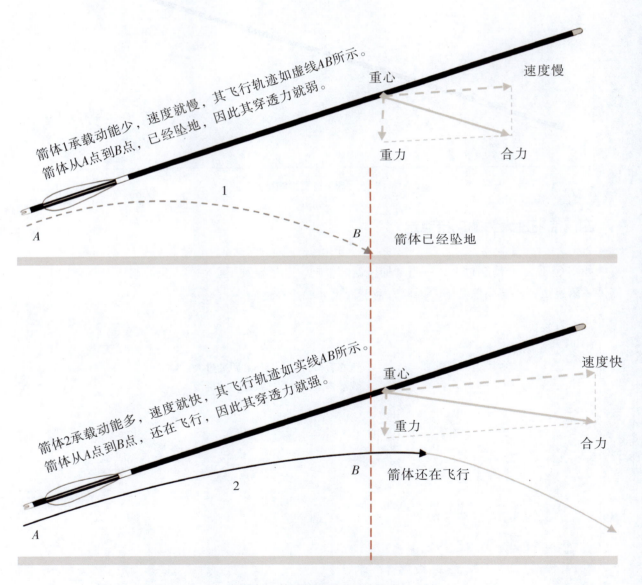

图68　箭速快慢对飞行的影响

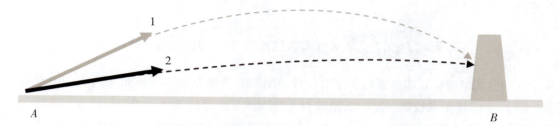

箭速慢的箭体 1，要从 A 点射到 B 点的目标，必须增加瞄准角度，使箭体的飞行呈现明显的抛物线运动轨迹，最终把箭体抛射到目标上。但是，过高的角度加上速度慢会导致箭体受到的风偏影响大，破坏了箭体飞行的稳定性。

箭速快的箭体 2，只要保持一个舒适的瞄准角度，就能把箭体以较平直的运动轨迹射到目标上。

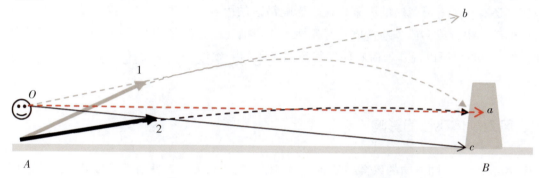

Oa 线为双眼注视靶心的主视线。

Ob 线为双眼余光通过箭体 1 箭头的辅助视线。

Oc 线为双眼余光通过箭体 2 箭头的辅助视线。

箭速慢的箭体 1，由于瞄准角度大，箭头和箭杆都位于主视线 Oa 的上方，妨碍双眼的余光来判断箭杆是否正对靶心，以及箭头与靶心之间的距离长短。

箭速快的箭体 2，由于瞄准角度小，箭头和箭杆都位于主视线 Oa 的下方，便于双眼的余光来判断箭杆是否正对靶心，以及箭头与靶心之间的距离长短。

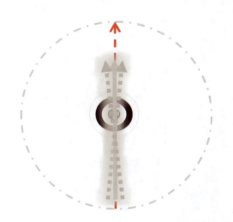 

箭速慢的箭体 1，箭头和箭杆都位于靶面的上方，妨碍瞄准判断。　　箭速快的箭体 2，箭头和箭杆都位于靶面的下方，便于瞄准判断。

图 69　箭速快慢对瞄准的影响

箭速的表达公式①是：

$$箭速 = \sqrt{\frac{弓的刚度}{箭体重量}} \times (最大拉弦距离^2 - 弓弦平衡点距离^2)$$

从上面的公式来看，影响箭速的因素有：弓的刚度、箭体重量以及拉弦距离。各因素与箭速的关系是：（1）箭体重量和拉距一定时，箭速与弓的刚度平方根成正比，即刚度越大，箭速越高，反之则箭速越低；（2）弓的刚度和拉距一定时，箭体重量越大，箭速越低，反之则箭速越高；（3）在弓的刚度和箭体重量一定时，拉距越大，箭速越高，反之则箭速越低；（4）弓的刚度和箭体重量都是以平方根的关系来影响箭速的，所以影响力相对较小，而拉弦距离则是以一次方的关系来影响的，影响力相对较大。因此，影响箭速的最大因素是拉弦距离，即拉距越大，箭速越快，反之则越慢。

其实，还有一个容易忽略的因素，这个影响箭速的因素就是发射时的技术动作。据测试②，在完成发射的动作中，或多或少地造成弓臂弹性势能的损耗，原因是钩弦手前移而导致拉距减少，能量损耗率约为4%。所以说，如何确保发射瞬间拉距的一致性，减少能耗的技术动作十分重要，不然会功亏一篑。

六、风对箭体飞行的影响

如图70所示，不同方向的风会导致箭体偏离原来的飞行方向，使箭着点分散，甚至影响射程的远近，而对远射影响特别明显。要减少风的影响，关键是要缩短箭体在空中飞行的时间，所以箭速很重要。同时，箭羽的大小要适宜，过大则会增加风偏的影响。

---

① 中国国家体育总局《射箭》（中国体育教练员岗位培训教材），北京：人民体育出版社，2001年，第497页。

② 中国国家体育总局《射箭》（中国体育教练员岗位培训教材），北京：人民体育出版社，2001年，第169页。

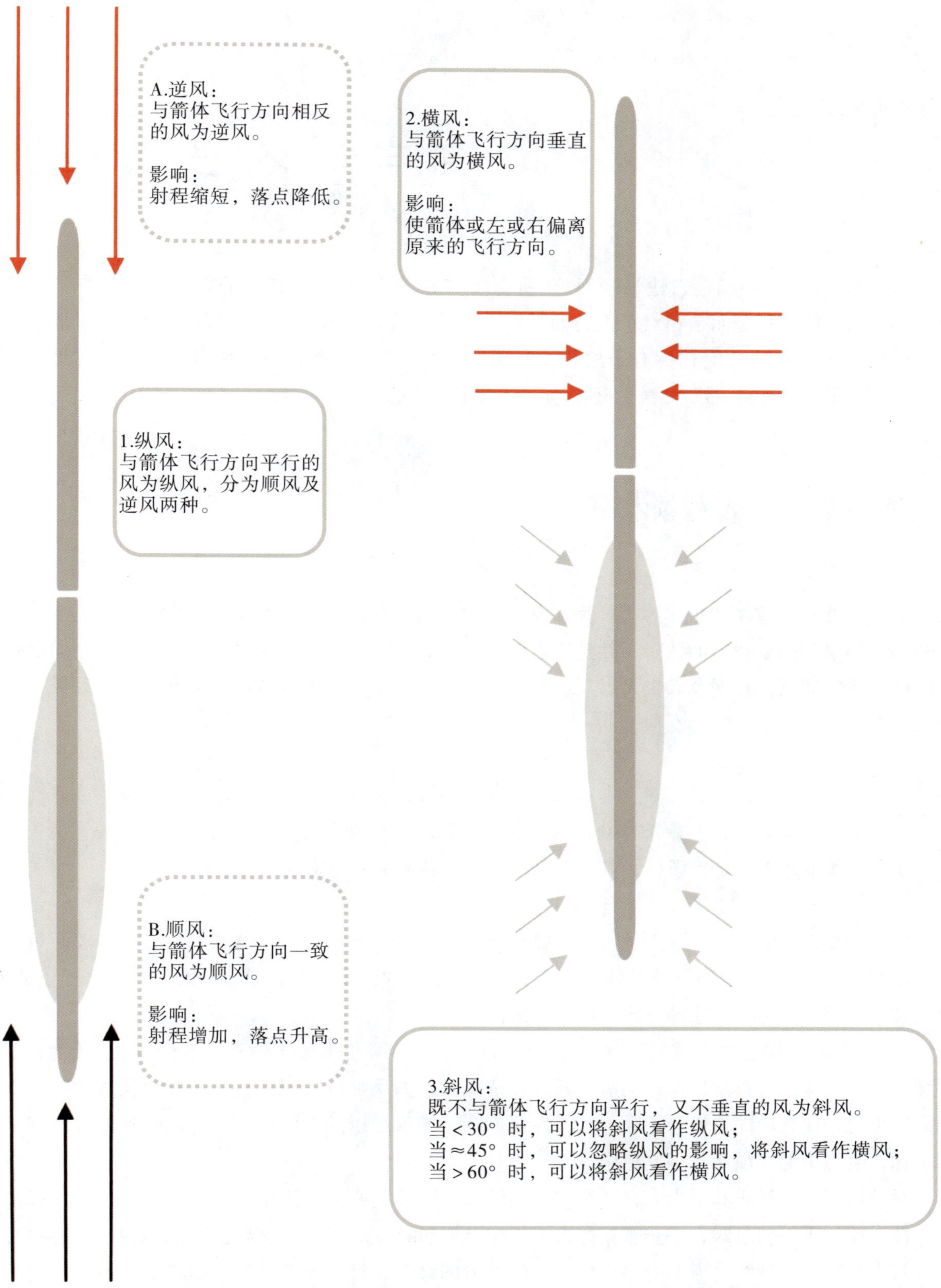

A.逆风:
与箭体飞行方向相反
的风为逆风。

影响:
射程缩短，落点降低。

1.纵风:
与箭体飞行方向平行的
风为纵风，分为顺风及
逆风两种。

B.顺风:
与箭体飞行方向一致
的风为顺风。

影响:
射程增加，落点升高。

2.横风:
与箭体飞行方向垂直
的风为横风。

影响:
使箭体或左或右偏离
原来的飞行方向。

3.斜风:
既不与箭体飞行方向平行，又不垂直的风为斜风。
当 <30° 时，可以将斜风看作纵风；
当 ≈45° 时，可以忽略纵风的影响，将斜风看作横风；
当 >60° 时，可以将斜风看作横风。

图70　风对箭体飞行的影响

第三章 | 人弓矢相称

古语有云："软弓长箭，快马轻刀。"所谓的"软弓"，并不是指弓的软硬，所谓的"轻刀"，也并不是指刀的轻重，而是相对于人力而言，人力胜弓故软，人力胜刀故轻。所谓的"长箭"，是指箭的长度与手臂的长度相称有余故长，所谓的"快马"，是指人马相称有余故快。可见，人要"善其事"，除了"利其器"之外，还必须"称其器"才行。

第一节 人弓箭相称

从《周礼·冬官考工记·弓人》所记载的资料来看，我们中国人很早就掌握了使用竹木和动物筋角等材料来制作复合弓的技术，并且深谙各种材料的性质、作用以及取材加工等知识，而制作的工艺已经成熟规范，直至今天也无出其左右。除此之外，还记载了人弓箭相称和匹配的经验，着实令人叹服：

> 凡为弓，各因其君之躬、志虑血气。丰肉而短，宽缓以荼，若是者为之危弓，危弓为之安矢。骨直以立，忿势以奔，若是者为之安弓，安弓为之危矢。其人安，其弓安，其矢安，则莫能以速中，且不深；其人危，其弓危，其矢危，则莫能以愿中。①

"君"泛指用弓的人，"躬"是指人的身体形貌，"志虑血气"是指人的性情。"丰肉而短"即身材矮胖。"荼"（音 shū），徐缓的意思，"宽缓以荼"即性情宽厚，举止和缓。对于这样子的人，要为其匹配劲疾的弓，劲疾的弓再配以柔缓的箭。

"骨直以立"即身材高瘦，"忿势以奔"即性情急躁，举止刚猛，对于这样子的人，要为其匹配柔缓的弓，柔缓的弓再配以疾速的箭。其人性情宽和，如果配以柔缓的弓，再配以柔缓的箭，则不能疾速中的，而且中的也不会深入；其人性情急躁，如果配以劲疾的弓，再配以疾速的箭，则欲速而不达，越想中的，反而越不能射中。

对性情宽厚，举止和缓之人，要配以劲疾的弓，以补其心力之不足，再配以柔缓的箭，以迎其人之性。而对于性情急躁，举止刚猛之人，则配以柔和的弓，以泄其心力之有余，再配以疾速的箭，以合其人之情。这种结合人的身心气质来匹配弓箭的做法，符合天道自然，即"有余者损之，不足

---

① 杨天宇《周礼译注》，《十三经译注》本，上海：上海古籍出版社，2004 年（2006 年 4 月重印），第 690 页。

者补之"①，在成就射箭目标之前，先组合成一个最佳的人、弓、箭相称的系统，可见弓箭文化于当时之发达程度。

第二节　人弓相称

一、弓的有效拉距与臂长匹配

选择弓时，不能笼统地认为高大的人用长弓，矮小的人用短弓。在射箭技艺来说，手臂的长短比身材的高矮更重要，所以古代是用"猿臂"形容善射，而手臂的长短，则以前后手的肩臂完全伸展和支撑开来算的。弓的长短并不是以弓体的长短来说的，而是以其有效的开弓拉距的长短来论的。因此，选弓的第一个注意事项就是：弓的有效拉距必须与臂长匹配。

二、弓力强弱与人力匹配

《武经射学正宗·择物门·弓力强弱宜择第一》说：

　　因弓制矢，量力调弓，此不刊之典。今好胜之人喜用劲弓，而不顾力之不称；退怯之人过用弱弓，而不顾矢之不能及远。皆非也！夫弓之强弱，必须量我力之大小。然力有不同，有臂力，有腰力，有足力，各有所用。足力能致远，腰力能负重，与射无益也。惟臂力多者能引劲弓，大率以百斤为准，空引弓能彀百斤者，射时只用五十斤，大约用力十分之五，不可过竭其力，宁过于软，过劲则非矣。盖用弓过劲，则筋力为弓所束缚，操纵缓急不得如意，安能尽射法之巧？此弓力之强弱所当择也。②

"量力而为"是做事的法则，选弓亦然。弓力的强弱是与人力的对比而言的，而人力又有足力（俗称脚力）、腰力和臂力之分，但足力和腰力再强也与射箭无多大的关系，因为射箭更加强调肩臂之力。这里提出的一个办法就是：选择只及人力

图71　古代弓力测量法
（取自宋应星《天工开物》，第382页）

①　王弼《老子道德经注》七十七章："天之道，其犹张弓欤！高者抑之，下者举之；有余者损之，不足者补之。天之道，损有余而补不足。人之道则不然，损不足以奉有余。孰能有余以奉天下？唯有道者。是以圣人为而不恃，功成而不处，其不欲见贤。"见楼宇烈《王弼集校释》，北京：中华书局，1980年，（1987年2月重印），第186页。
②　高颖《武经射学正宗》，杨修龄校定，明崇祯十年刻本。

一半强的弓，即"宁要人欺弓，莫要弓欺人"。所以，选弓的第二个注意事项就是：人力要能够轻松驾驭弓力。至于如何称量弓力的大小，古人的方法是：

> 以弓置地上，以足踏定弓弝于地，以称钩弦称起，将箭镞顶在弓弝上称起，弦至箭根齐方可言彀，而知弓之重轻。①

用一支射者专用的箭来做称量的依据，将弓弦称起直至箭尾（箭根），所称量出的数据即相当于射者拉满弓后的弓力，这样称量出来的数字对于射者才具有实际的参考价值。《天工开物》一书中也有类似的称弓方法，称作"试弓定力"（见图71），不过只是粗略地测试弓力而已。

现在有了拉力测量器的帮助，称量起来就简单多了。比如：仿照上述的方法，用一根适合自己臂长的箭做依据，先用脚踏定弓弝，再把箭头抵住弓弝，一只手拿住箭尾，保持箭杆与地面垂直，另一只手握住拉力测量器，用拉钩扣住弓弦上的扣箭点，然后扣起弓弦直至箭尾，这时称量出来的数据就是自己满弓时的拉力。

三、初学者的选择

择弓对于初学者而言更为重要，除了"弓的有效拉距必须与臂长匹配"和"人力要能够轻松驾驭弓力"这两个注意事项之外，建议选择开弓以及发射时都是"和顺有力"的弓，即图72 –（1）与图72 –（2）两种形制的弓。这两种弓的弓臂和弓弰都略呈反曲的形态，所以，开弓时会有足够的"力感"，但力量是随着拉距的增大而逐步增加的，因此，开弓感觉"和顺"，发射亦然。这些性能对于初学者养成正直的身姿、协调的动作、整体的用力等方面都很有帮助；同时，"和顺"的性能让初学者可以从容应对，增加成功率和增强信心。再看图72 –（3）的形制，其弓臂和弓弰都是大幅度的反曲形态，这种形制会产生两个副作用：第一，开弓的初始以及中间阶段都会较为吃力，容易

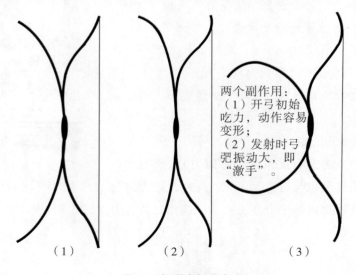

两个副作用：
（1）开弓初始吃力，动作容易变形；
（2）发射时弓弝振动大，即"激手"。

（1）　　　（2）　　　（3）

图72　初学者择弓参考

---

①　高颖《武经射学正宗》，杨修龄校定，明崇祯十年刻本。

导致动作变形，特别是耸肩和身体倾斜；第二，发射的瞬间，弓臂和弓弰的反弹惯性对弓体自身产生超常的加力，导致弓弭振动大，即有"激手"的感觉。这些副作用容易令到初学者紧张，增加失误率，而最大的害处就是养成周身的"射病"。初学者认识不深，容易意气用事，往往会倾向于选择合眼缘或者强劲之类的弓，开心激动之余，埋下隐患而不觉。因此，工欲善其事，必先择其器。

第三节　人箭相称

《武经射学正宗·择物门·箭式长短宜择第七》说：

> 箭之长短宜随臂之骨节。今好胜之人，臂短而过用长箭，以夸其能；退怯之人，臂长而喜用短箭，以图易彀。皆非也！长人用短箭，骨节俱缩，百病易生，固不足道。短人用长箭，是专以力彀，非以骨节彀也。力彀者，力衰则不彀矣，彀安能齐？骨节彀者，不劳力而彀自齐，至老不衰者也。故臂长矢亦长，臂短矢亦短，以骨节为度，此不易之理。引弓必令前后肩臂平直如衡，后肘平屈向后垂下，大约后手指机与后耳齐。如向南射之人，彀弓时，体势反觉向西北，则彀法方为极致。骨节既定，则箭之长短，亦因之以定，安可妄用？量箭法自有定理：将左臂及左手中指俱向左伸直，须以箭镞顶在左肩下胁骨上，量自左手中指顶止，指顶外又加二寸五分，是为箭之定式。长短，人各随其臂指为量准，此天定之理。①

高颖先生特别注重骨节直线用力之问题，在论述开弓与撒放法时，不厌其烦地解析，这是非常符合人体运动力学原理的。不唯开弓的拉距长短要注意，用箭长短亦然。量度箭体长短的前提是开

平屈向后　　　　　　　　　　　　前后肩臂平直如衡

图73　骨节彀正视图

---

① 高颖《武经射学正宗》，杨修龄校定，明崇祯十年刻本。

弓后的"骨节毂",骨节既定,然后"臂长矢亦长,臂短矢亦短"(见图73、图74)。先生介绍的量箭法是以"后手指机与后耳齐"这种中拉距为前提的,按明代营造尺来折算,1寸等于现在的3.2厘米,5分等于1.6厘米,故"指顶外又加二寸五分"即是现在的8厘米。

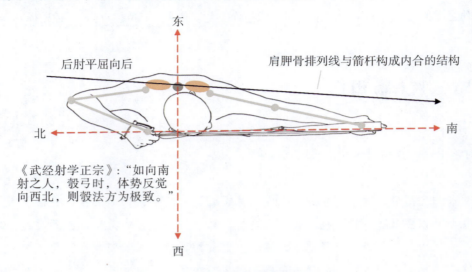

图74 骨节毂俯视图

射道的量箭法如图75所示:将持弓臂与手的中指都向身体侧面伸直,拇指屈曲扣住箭杆,箭尾放在喉结位置,量至持弓手中指顶,在此基础上增加5厘米为宜。

图75 射道量箭法

第四节　弓箭相称

《武经射学正宗·择物门·箭体式轻重宜择第八》说：

> 力大之人弓用劲，力小之人弓用弱。弓劲则箭重，弓弱则箭轻，此自然之理。今有贪平之人，弓本劲而好用轻箭，以示发矢得平狠之法，抑孰知箭轻则体杆柔弱，不能胜弓猛力之发遣，矢才脱弦，箭杆即钩，发矢无定准，宁特不能平直，矢且不知偏于何所矣。又有好名之人，弓本弱而顾用重箭，以示发箭得疾遣之法，岂知箭重则行迟，竭力遣之，力必不齐，矢亦不准。是二人者之所为，皆过也。夫弓矢相配，如权衡然，不可分毫过差。大约弓力量十斤者，用箭一钱二分，百斤之弓，箭可重一两二钱。弓劲至百斤，箭重至一两二钱者，犹可复重；弓弱至三十斤，箭至三钱六分者，弱亦甚矣。弓弱至此，不可复减，箭至此不可复轻矣，何也？弓过弱，矢不能及的；箭过轻，发必不准。以箭轻杆软，发出必摇，矢不能胜弓力之遣耳，此弓箭轻重定法也。①

按照《中国历代衡制演变简表》所列，② 明代的重量单位与今天通用的单位（克）之换算标准如下：1 斤 = 590 克，1 两 = 36.9 克，1 钱 = 3.69 克，1 分 = 0.37 克。那么，上述的搭配标准是：弓力 5 900 克，即 5.9 千克，用箭 4.43 克；59 千克的弓，用箭约 44.3 克。弓力强劲到 59 千克的话，用箭重于 44.3 克，还是可以搭配的；弓力弱到 17.7 千克，用箭轻到 13.29 克时，弓与箭都已够弱了。弓力不能再弱，箭重也不能再轻了。上述所举的弓箭匹配的例子，只是适用于当时弓箭的实际情况，不必墨守成规，把握其原则更为重要，即强弓配硬箭重箭，弱弓配软箭轻箭，如权衡一般的相配。《射说》一书则对权衡的比喻做进一步的解说：

> 弓与矢分之则为二，合之实为一，权衡之理存焉。夫衡之小者不可以用大权，权之小者不可加诸大衡，弓矢亦犹是也，有志者当细心体认。弓箭手三字联络为一，若一有未当，即谓之拙，而不可言巧，神而明之，存乎其人而已。③

衡即是秤杆，权就是秤砣，大秤配大砣，小秤配小砣，这是自然之理。古人用权衡之理来说明弓箭相称之道，所见极是。下面总结一些弓箭相配的经验，以做日常练习时的参考。

更换弓：箭太软，更换弱一点的弓；箭太硬，更换强一点的弓。更换箭头：箭太软，更换轻一点的箭头；箭太硬，更换重一点的箭头。更换弓弦：箭太软，更换粗一些（股数多）的弓弦；箭太硬，更换细一些（股数少）的弓弦。调整弦高：箭太软，增加弦高；箭太硬，减少弦高。

---

① 高颖《武经射学正宗》，杨修龄校定，明崇祯十年刻本。
② 王力《王力古汉语字典》，北京：中华书局，2002 年，第 1815 页。
③ 顾镐《射说》，见唐豪《清代射艺丛书》，上海：上海市国术协进会，1940 年，第 23 页。

第四章　指机

一、作用

开弓时，如果直接用手指去拉动紧绷的弓弦，不但令到手指疼痛难忍，影响开弓用力的效果，还会损伤手指的皮肉，故必须在手指上佩戴一种辅助器具，以保护手指，使拉弦变得从容有力，还可以使撒放动作更加轻快便捷，达到"弦不伤指，指不碍弦"的效果。

二、名称

古代把这种拉弦的辅助器具称作"韘"（音 shè），《说文解字》："韘，射决也，所以拘弦。以象骨，韦系，著右巨指。"又称"决"，① 《武经射学正宗·择物门·指机式宜择第十一》："指机之名，古未尝有也，古号为决。决者，取其决机捷而无凝滞也。"② 还附有制作方法和图样，所以，明代称作"指机"。清代至今则唤作"扳指"，似有助指扳弦之意，形制虽异，作用相同。经使用对比，明代样式的指机易学易用，久射后手指不易充血肿胀，撒放更轻脆快捷，"指机"这个名称也更为传神达意：戴在手指上用来拉弦发射之"机"，"机"字耐人寻味。

三、材质与形制

《射史》说：

> 指机之制，有用坚木诸角造者，有用玉石银铜造者，皆不甚美，惟用象牙及花绵羊角为上，其坚固活利，胜于诸物多矣。近制多眼孔做圆，不察人指骨扁。眼孔圆，射时常脱落。今制眼，前后稍长，横入指中转正，原骨横乃扁，机一转则紧，发箭无脱落之病，其眼下合指之大小，上渐要宽阔，使不磨指节。舌稍长，周围不可起槽。要用大小二个，初射用小，久射用大。搭箭勾弦之际，指机置在大指节，则矢去不滞。③

---

① 《仪礼·乡射礼》："司射适堂西，袒、决、遂，取弓于阶西，兼挟乘矢。"见杨天宇《仪礼译注》，《十三经译注》本，上海：上海古籍出版社，2004 年（2005 年 5 月重印），第 101 页。
② 高颖《武经射学正宗》，杨修龄校定，明崇祯十年刻本。
③ 程宗猷《射史》，卷八《射法》，明崇祯二年刻本，第 14 页。

指机的材质有坚硬的木质和各种角质（牛角、羊角、鹿角等），也有用玉质、银质、铜质以及象牙来制作的。指机穿戴在拇指上，故其孔眼做成前后稍长的椭圆形，要与拇指横切面的形状吻合，方便拇指穿入，然后转正，并卡紧拇指关节，即可使用。孔眼大小要与拇指粗细相合，而且紧贴拇指关节的孔眼周边要渐渐做得宽阔些，使孔眼不至于磨伤关节。对于指机孔眼的要求，《射经》也说："眼宜少长，不宜圆。所以然者，取其紧夹大指，庶临阵无疏虞，此不易之法也。"[1]

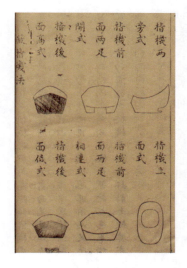

图 76　明代指机形制

图 77　牛胫骨制作的仿古指机

笔者认为古人在利用动物的胫骨制作指机时，把边角上的小骨块保留了下来，权作装饰之用，所以有些形制的指机顶才保留有边角的装饰。

图 78　黄铜指机

笔者用黄铜片锻打而成。

图 79　玉质指机

图 80　鹿角指机

笔者用鹿角制作的有凹槽的指机。

图 81　牛角指机

韩国友人制作的牛角指机。

图 82　清代形制的骨质扳指

---

[1]　李呈芬《射经》，见张唯中《弓箭学大纲》，第五章《射法名著集萃》，1934 年，第 159 页。

指机的外观形制大同小异，主要的区别在于指机底部是否有扣弦的凹槽。指机一般穿戴在拇指的第一指节处，而第一指节在手掌的远端，其生理结构特点决定了扣拉动作灵活。穿戴没有凹槽的指机扣弦时，是用指机的底部抵住弓弦，而拇指的皮肉是接触到弓弦的，可以感知到扣拉弓弦的松紧程度，在扣弦开弓的过程中有种全程受控的感觉，因此易学易用。但是，如果指机底部薄而锐利的话，就会损伤弓弦。为避免损伤弓弦，并延长弓弦的使用寿命，则可以穿戴底部有凹槽的指机，用凹槽来扣拉弓弦。然而，凹槽使弓弦与拇指的皮肉分隔，扣拉弓弦时不容易掌握力度，并且容易导致弓弦滑脱，对于初学者以及长时间疏于练习的人而言，特别不容易掌控。

使用拇指的第一指节来扣拉弓弦，动作虽然灵活，但其扣拉的力量则较弱，为了确保弓弦不至于滑脱和扣拉的力量，需要将拇指头极力内扣，而内扣和用力过度则会使弓弦回弹时受到的偏心推力角度过大，导致箭体飞行左右偏航不定；长时间极力内扣的话，拇指头就会充血肿大，所以古人才说"要用大小二个，初射用小，久射用大"。为解决上述的问题，笔者经过反复的实验，用厚牛皮开发出一种适合射道课程专用的指机（见图83），穿戴在拇指的第二指节（与手掌连接的指节）上。其形制特点有：底部经过硬化的处理，并刻有一道凹槽，扣拉弓弦有力而不伤手；顶部是开放式的，或粗或细的拇指都可以方便穿戴；底部以外的周边皮质软硬适中，确保扣拉时的舒适度；顶部两侧各有一个小孔，以皮筋绳串联起来，并穿入三个松紧扣，用作调整和固定。可调整的特点，使此式指机可以满足不同指型的临时使用，故采用大小两种型号就可以满足射道课程的需求。在此基础上，笔者与"3D创新开发实验室"合作设计了多种型号的指机（见图84）。

图83　射道专用硬皮指机

图84　3D打印的五种型号指机

四、穿戴与使用方法

将指机的椭圆孔眼正对着拇指的椭圆横切面穿戴在拇指上，然后转正，使指机卡在拇指的第一指节上，再屈伸几下指节，以松紧适度，屈伸自然为宜，这是椭圆孔眼指机的通用穿戴方法（见图85）。使用时，则弯曲拇指的第一指节，用指机底部紧扣弓弦。

（1）穿进。　　（2）转正。　　（3）卡在拇指第一指节，使指机底部紧扣弓弦。

图85　椭圆孔眼指机穿戴法

　　射道专用指机的穿戴方式则是：将两个松紧扣移到指机的顶部；把第三个松紧扣移到皮筋绳的末端，手掌从两条皮筋绳之间伸进去［图86－（1）］；将指机椭圆孔眼正对着拇指的椭圆横切面穿戴在拇指上［图86－（2）、图86－（3）］，然后转正，并确保指机凹槽在拇指的根部［图86－（4）］；转正指机之后，把第一个松紧扣推到指机顶部扣紧，作用就像系上鞋带一般［图86－（5）］；接着，将第二个松紧扣移到手腕关节上，使皮筋绳绷直［图86－（6）］；最后，把第三个松紧扣固定在手腕关节的下方，即正好在第二个松紧扣的下方［图86－（7）］。戴好之后，指机的凹槽位于拇指根部的关节之上［图86－（8）］。使用时，弯曲拇指根部的关节，使指机凹槽紧扣弓弦，而拇指的第一指节只是略微弯曲［图86－（9）］。最后，将食指头搭在拇指头上，以辅助拇指扣弦［图86－（10）］。

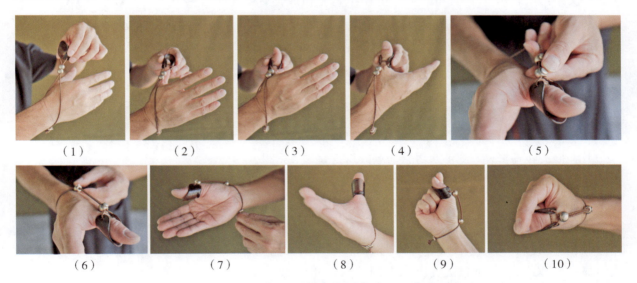

（1）　　　　（2）　　　　（3）　　　　（4）　　　　（5）

（6）　　　　（7）　　　　（8）　　　　（9）　　　　（10）

图86　射道专用指机佩戴过程

第五章 箭靶

第一节 古称与表意

古代射礼专用的箭靶称作"侯",《说文解字注》说:"从人,从厂,象张布,矢在其下。"[1] 从图 87 可以看出,"侯"字的古文结构由表示"箭"和"靶"的两个符号构成,后来的篆文又增加了表示"人"的符号,现在的"侯"字结构依然保留了上述的表意元素,表意一个人守在箭靶旁边报靶。据《仪礼·乡射礼》的记载,第一番射礼的报靶环节如下:

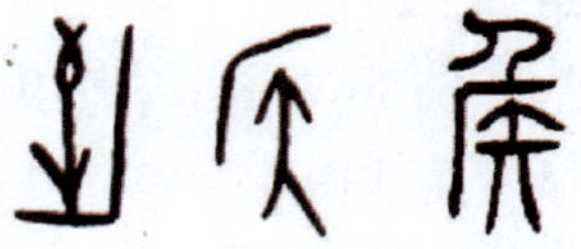

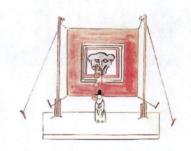

图 87 古文"侯"字
(取自徐中舒《甲骨文字典》,四川辞书出版社,1989 年,第 583 页)

> 司马命获者执旌以负。获者适侯,执旌负侯而俟。……执箾,南扬弓,命去侯。获者执旌许诺,声不绝,至于乏,坐,东面偃旌,兴而俟。……上射既发,挟弓矢,而后下射射。拾发以将乘矢。获者坐而获,举旌以宫,偃旌以商。

"箾",指弓弰。"乏",指挡箭的屏风,专供报靶的获者安全藏身,以唱获举旌。

射礼开始时,司马命令获者(负责报靶的弟子)取旌旗倚靠在"侯"的中间。获者应声走到"侯"的前面,手执旌旗并站立在"侯"的中间等候下一步的命令(见图88)。等所有射手准备好后,司马右手执弓弰,向南举起弓,命令获者离开"侯"去准备报靶。获者执持旌旗并应诺,声不绝于耳,直至走到"乏"(挡箭的屏风)的后面,然后坐下,向东面放下旌旗,接着起身等候。开始射箭时,上射和下射依次轮流发射,直至射完四支箭。获者坐着高声"唱获",当射手射中目标时,获者用"宫"声唱道:"获……",同时举起旌旗;而放下旌旗的同时,则变成"商"声。"宫"声等于 Do,"商"声

图 88 获者执旌负侯而俟
(取自吴光运《大射礼仪轨》,《奎章阁资料丛书仪轨篇》本,乾隆八年,第 7 页)

---

[1] 段玉裁《说文解字注》,上海:上海古籍出版社,1981 年,第 226 页。

等于 Re。因为是在户外空旷的地方，所以报靶的人要用高亢的"Do"声和"Re"声来唱获。从上述古代射礼的描述可以知道，"侯"字是将射礼的一个情景高度概括的表意文字。

第二节　射以明志

不同材质与形制的箭靶，其功能都大同小异，主要是用作评比射箭技术与结果的参考物，是射箭运动必不可缺的，故说"有的放矢"。然而，在中国独有的礼乐文化氛围中，看似平凡的物质性的箭靶又被赋予了人文的意义。

《尚书·虞书·益稷第五》说："侯以明之。"① "侯"有规范的形制，规定不同身份的人射不同形制的"侯"。为何要这样来加以区别呢？《白虎通义》说："天子射熊何？示服猛，远巧物也。熊为兽猛巧者也，非但当服猛巧者，示当服天下巧佞之臣也。诸侯射麋何？示远迷惑人者也，麋之言迷也。大夫射虎、豹何？示服猛也。士射鹿、豕何？示除害也，各取德而能服也。"② 所以，"侯以明之"首先有"各取德而能服"的意义。另外，射礼中还有"祭侯礼"的环节，《周礼·梓人》说：

> 祭侯之礼，以酒脯醢，其辞曰："惟若宁侯，毋或若汝不宁侯，不属于王所，故抗而射汝。强饮强食，诒汝曾孙诸侯百福。"③

据《乡射礼》的记载，在第二番射礼完毕后，就举行祭侯礼，叫作"司马祭侯，献获者"，然后才准备第三番的诗乐节射礼。司马先以酒、脯（肉干）和醢（音 hǎi，酱汁）行进献礼，然后说道："祝福安顺而有功德的诸侯，而对于不安顺、不按时朝会天子的诸侯，现在张侯行射，以示警戒。尽量饮酒享食吧，给后世做诸侯的子孙多多积福。"因此，从上述祭侯的说辞就可以知道，"侯以明之"还有张侯行射，以象征性地警戒诸侯的意义。故《射义》说：

> 是故天子以备官为节，诸侯以时会天子为节，卿、大夫以循法为节，士以不失职为节。故明乎其节之志，以不失其事，则功成而德行立。德行立，则无暴乱之祸矣。功成，则国安。④

不但警戒诸侯要按时朝会天子，对天子、卿、大夫以及士人都有明确的节操要求，使君臣上下"明乎其节之志"，恪守本分，各尽所能，立德立功，以至国泰民安、天下太平。所以，"侯以明之"

---

① 中华书局编辑部《汉魏古注十三经》（附四书章句集注），孔安国传《尚书》，北京：中华书局，1998 年，第 13 页（上）。
② 班固《白虎通义》，《钦定四库全书荟要》子部（乾隆四十二年刻本），卷上《乡射》，第 58 页。
③ 杨天宇《周礼译注》，《十三经译注》本，上海：上海古籍出版社，2004 年（2006 年 4 月重印），第 660 页。
④ 孙希旦《礼记集解》，《十三经清人注疏》本，北京：中华书局，1998 年（2007 年 8 月重印），第 1439 页。

更有"明志"的意义，故《尚书·商书·盘庚上第九》说："若射之有志。"① 具体所指，则在《射义》中有如下的说明：

> 各绎己之志也。……故曰"为人父者以为父鹄，为人子者以为子鹄，为人君者以为君鹄，为人臣者以为臣鹄"。故射者，各射己之鹄。②

就是说，身为父亲的射者，可以将"为人父，止于慈"作为自己当下的道义目标来射；身为儿子的射者，可以将"为人子，止于孝"作为自己当下的道义目标来射；身为国君的射者，可以将"为人君，止于仁"作为自己当下的道义目标来射；身为人臣的射者，可以将"为人臣，止于敬"作为自己当下的道义目标来射。也就是元代陈澔说的"射己之鹄者，各中其道之当然也。"（《礼记集说》）宋代方性夫说："鹄，一也，而有父子、君臣之异名，何也？各随其所志，以为之鹄。为人父者所志在于为父，故以所射之鹄为父鹄。言射中其鹄，乃可以为人父故也，所谓子也、君也、臣也，亦若是而已，夫是之谓各绎己志也。"（《礼记集解》）明代郝敬说："以射喻人道之皆有鹄也。君子生平无不中道，然后可以自试于射。不然，虽巧力俱，亦曲艺而已。故曰：射者各射己鹄，非射栖皮之鹄，申明上文各绎己志之意。"（《礼记通解》）这就是说，射箭不仅要射中物质上的目标，还可以通过射箭来不断地探究自己在道义上的追求。例如：为人父者，以慈父为目标；为人子者，以孝子为目标；为人君者，以仁政为目标；为人臣者，以敬业为目标，即不同身份和地位的射者各有自己本分的人道追求。

第三节　材质与形制

一、古制

《周礼·冬官考工记·梓人》说：

> 梓人为侯，广与崇方，叄分其广而鹄居一焉。③

侯，是用布张设而成的箭靶，侯之中叫作侯中。广，即宽的意思；崇，是高的意思；方，是相等的意思；侯的形制是宽与高相等，所以说"广与崇方"。鹄，安置在侯中之中，其尺寸是侯中的三分之一。可见，"侯中"和"鹄"都是正方形的（见图89）。

---

① 中华书局编辑部《汉魏古注十三经》（附四书章句集注），孔安国传《尚书》，北京：中华书局，1998年，第28页。
② 孙希旦《礼记集解》，《十三经清人注疏》本，北京：中华书局，1998年（2007年8月重印），第1444页。
③ 杨天宇《周礼译注》，《十三经译注》本，上海：上海古籍出版社，2004年（2006年4月重印），第659页。

图 89　古代侯的形制

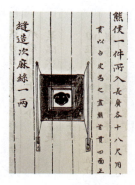

图 90　大射礼熊侯图
（取自吴光运《大射礼仪轨》，第 157 页）

据朝鲜《大射礼仪轨》记载："熊侯一件所入，长广各十八尺，用礼器尺，以红染布为之。贯以白皮为之，画熊首，贯四面正，画三正。……贯皮次灰牛皮，长广各六尺。"① 朝鲜在乾隆时期还保留有大射礼，其"侯"用红染布来制作，长宽都是十八尺的正方形。"鹄"则称作"贯"，用牛皮制成正方形，白色底上画熊首，长宽都是六尺（见图 90）。古代侯中的大小，则是依据射箭的距离（侯道）按一定的比例来确定的，《仪礼·乡射礼·记》说：

侯道五十弓，弓二寸以为侯中。②

这是说：侯道是五十把弓身长度的话，每弓取二寸，五十弓则取一百寸（一丈）长，即侯中的长和宽都是一丈，则鹄的大小是方三尺三寸小半寸。依据《中国历代度制演变简表》③，战国至汉代的度制标准换算成今天的长度单位（1 丈 ＝231 厘米，1 尺 ＝23.1 厘米，1 寸 ＝2.31 厘米），则侯中的尺寸是：231 厘米×231 厘米，鹄的大小是：77 厘米×77 厘米。至于侯的种类，《梓人》说：

张皮侯而栖鹄，则春以功；张五采之侯，则远国属；张兽侯，则王以息燕。④

第一种是"皮侯"（见图 91），是在布质侯中上安置一块兽皮，叫作"栖鹄"或者称作"设鹄"。《周礼·天官·司裘》说："王大射，则共虎侯、熊侯、豹侯，设其鹄。诸侯，则共熊侯、豹侯。卿大夫，则共麋侯。皆设其鹄。"⑤ "共"就是供给的意思，"设其鹄"则特指用相应的兽皮挂在布质的侯中，不同身份供给不同兽皮的射侯。皮侯是在春季举行祭祀时用的，以比较诸侯国的"射功"。

图 91　虎皮侯

至于如何比较"射功"？《礼记·射义》说："天子将祭，必先习射于泽。泽者，所以择士也。已射于泽，而后射于射宫，射中者得与于祭，不

① 吴光运《大射礼仪轨》，《奎章阁资料丛书仪轨篇》本，乾隆八年（1743），第 157 页。
② 杨天宇《仪礼译注》，《十三经译注》本，上海：上海古籍出版社，2004 年（2005 年 5 月重印），第 134 页。
③ 王力《王力古汉语字典》，北京：中华书局，2002 年，第 1807 页。
④ 杨天宇《周礼译注》，《十三经译注》本，上海：上海古籍出版社，2004 年（2006 年 4 月重印），第 659 页。
⑤ 杨天宇《周礼译注》，《十三经译注》本，上海：上海古籍出版社，2004 年（2006 年 4 月重印），第 105 页。

中者不得与于祭。"①即是说，首先是在"泽宫"比较，而后在"射宫"比较，最后选拔出优秀者在祭祀中比较"射功"。

而且，上述不同场合所使用的弓箭等器具亦有区别，《周礼·夏官·司弓矢》说："凡祭祀，共射牲之弓矢。泽，共射椹质之弓矢。大射、燕射共弓矢如数，并夹。"②举行祭祀礼时，司弓矢负责供给用以射杀牺牲动物的弓箭；在"泽宫"习射比较射艺时，负责供给射椹（音 zhēn）板箭靶所用的弓箭；举行大射礼和燕射礼时，就按照参与人数供给射礼所用弓箭和拔箭用的并夹。

《乡射礼·记》说："礼射不主皮，主皮之射者，胜者又射，不胜者降。"③在"泽宫"射椹板箭靶时的较射就是"主皮之射"，以考查射艺精准而贯穿有力为主，要分出最终的胜负，因此说"胜者又射，不胜者降"；在"射宫"的比较则是"大射礼"，而比较的标准是《礼记·射义》说的："天子试之于射宫，其容体比于礼，其节比于乐，而中多者，得与于祭；其容体不比于礼，其节不比于乐，而中少者，不得与于祭。"④礼射前，先比较射箭技艺的高低，这是才能的考验；参与礼射时，不但比较射中数量的多少，更要比较容体是否比于礼、节奏是否比于乐，这是德行的考查。换言之，唯有德才兼备者才能参与天子的祭祀大礼。接着说："数与于祭而君有庆，数不与于祭而君有让；数有庆而益地，数有让而削地。故曰：'射者，射为诸侯也'。"⑤能够多次参与祭祀的，其诸侯国君就能获得赏赐和加封领地，反之就会被谴责和削减领地，所以说，比较"射功"就是"射为诸侯"——以射选诸侯。

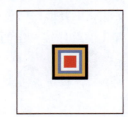

图92　五彩侯

第二种是"采侯"（见图92），是在侯中之中画上五色正方形的"五彩侯"（五彩分别是：中心红色，然后白色次之，再蓝色次之，再黄色次之，最后是黑色。每种颜色都呈正方形，故五彩之侯即是五正之侯，其尺寸也是侯中的三分之一），是与远方来朝的诸侯举行宾射礼时用的。"五彩"从中心向外扩展，与"远"字蕴含的扩展、怀远之意相应，而《诗经》说的"终日射侯，不出正兮"，⑥就是指这种"五正侯"。

图93　虎侯

第三种是"兽侯"（见图93），是在侯中之中画上各种兽的头像，是在举行燕射礼时使用的。《仪礼·燕礼》说："若射，则大射正为司射，如乡射之礼。"⑦在燕礼的过程中，如果国君命令进行射礼，就由大射正担任司射，射礼的仪式如同乡射礼一样。

---

①　孙希旦《礼记集解》，《十三经清人注疏》本，北京：中华书局，1989年（2007年8月重印），第1446页。

②　杨天宇《周礼译注》，《十三经译注》本，上海：上海古籍出版社，2004年（2006年4月重印），第463页。《周礼·夏官·射人》："祭祀，则赞射牲，相孤、卿、大夫之法仪。"杨天宇《周礼译注》，《十三经译注》本，第440页。《周礼·夏官·射鸟氏》："射鸟氏掌射鸟。祭祀，以弓矢驱乌鸢。凡宾客、会同、军旅，亦如之。射则取矢，矢在侯高，则以并夹取之。"杨天宇《周礼译注》，《十三经译注》本，北京：中华书局，1989年（2007年8月重印），第442页。举行射礼时，射鸟氏负责取回箭矢；箭射在侯靶高处的话，就高举"并夹"拔出。

③　杨天宇《仪礼译注》，《十三经译注》本，上海：上海古籍出版社，2004年（2005年5月重印），第133页。

④⑤　孙希旦《礼记集解》，《十三经清人注疏》本，北京：中华书局，1989年（2007年8月重印），第1440页。

⑥　《诗经·齐风·猗嗟》："猗嗟昌兮，颀而长兮，抑若扬兮，美目扬兮，巧趋跄兮，射则臧兮；猗嗟名兮，美目清兮，仪既成兮，终日射侯，不出正兮，展我甥兮；猗嗟娈兮，清扬婉兮，舞则选兮，射则贯兮，四矢反兮，以御乱兮。"见方玉润《诗经原始》，北京：中华书局，2006年，第239页。

⑦　杨天宇《仪礼译注》，《十三经译注》本，上海：上海古籍出版社，2004年（2005年5月重印），第159页。

对于射礼中使用的射侯，《仪礼·乡射礼·记》是这样记述的："大夫布侯，画以虎豹；士布侯，画以鹿豕。凡画者丹质。"① 大夫和士人用布侯，大夫的用丹色画上虎、豹的头像以为"质的"，士人的则用丹色画上鹿、豕的头像以为"质的"。

有关燕射礼的情景，《射义》这样记载："故《诗》曰：'曾孙侯氏，四正具举；大夫君子，凡以庶士；小大莫处，御于君所；以燕以射，则燕则誉。'言君臣相与尽志于射，以习礼乐，则安则誉也。"② 就是说，大夫君子与一众士人济济一堂，不分大小地共同侍奉在国君的处所，尽情欢饮，尽志射礼，既安乐又荣誉。

而关于国君参与燕射的礼仪，《仪礼·燕礼·记》说："君与射，则为下射，袒朱襦，乐作而后就物……不以乐志……上射退于物一笴，既发则答君而俟……君在，大夫射则肉袒。"③ 意思是：国君参与射礼，就做宾的下射，并脱下左臂的外衣袖而袒露出里面的红色短衣袖，音乐开始演奏之后便就射位站立……国君射箭不要求符合鼓乐的节奏，只要射中就算数……上射在射箭前，要从射位后退一根箭杆的距离，每发射一箭之后，都要面对国君而立，以等待国君射箭……国君在场的话，参与射礼的大夫就要将左肩臂完全袒露出来。

总而言之，无论是"大射""宾射"还是"燕射"的仪式，无论是"皮侯""彩侯"还是"兽侯"的形制，其目的重在"安"和"乐"，明君臣之义则上下"安"，通上下之情则君臣"乐"，故《射义》说："此天子之所以养诸侯而兵不用，诸侯自为正之具也。"④

二、明代形制

明代射礼沿袭这种等级形制，以明"君臣上下之义"。《大明会典·卷之五十一·大射礼》：

> 其射鹄有七。虎鹄五采，天子射用之；熊鹄五采，皇太子射用之；豹鹄五采，亲王用之；豹鹄四采，一品二品文武官射用之；糁鹄三采，三品至五品文武官射用之；狐鹄二采，六品至九品文武官射用之；布鹄无采，文武官子弟及士民俊秀射用之。……执旗者六人，掌于容后执五色旗。如射者中的，举红旗应之；中采，举采旗应之；偏西，举白旗；偏东，举青旗；过于鹄，举黄旗；不及鹄，举黑旗。

明代的射侯又将"彩侯"与"兽侯"合一，在布侯的中部画上五色，或四色，或三色，或二色的正方形色边，即"彩侯"，然后在不同的"彩侯"里面画上相应的兽头形象，即"兽侯"。比如，在五彩之中画上虎头，称作"虎鹄五采"（见图94），专供天子使用；在五彩之中画上熊头，称作"熊鹄五采"（见图95），供皇太子用；在五彩之中画上豹头，称作"豹鹄五采"（见图96），供亲王使用；在四彩之中画上豹头的，称作"豹鹄四采"（见图97），给一品二品的文武官员使用；等等。据《大射礼仪轨》一书的记录可知，朝鲜在乾隆八年还在继承明代的形制（见图98）。

① 杨天宇《仪礼译注》，《十三经译注》本，上海：上海古籍出版社，2004年（2005年5月重印），第133页。
②④ 孙希旦《礼记集解》，《十三经清人注疏》本，北京：中华书局，1989年（2007年8月重印），第1441页。
③ 杨天宇《仪礼译注》，《十三经译注》本，上海：上海古籍出版社，2004年（2005年5月重印），第165页。

图94　虎鹄五采　　　　图95　熊鹄五采　　　　图96　豹鹄五采　　　　图97　豹鹄四采

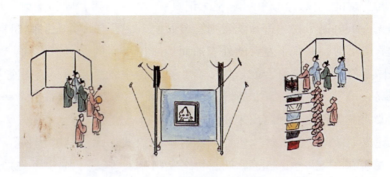

图98　朝鲜大射礼之"侯"

（取自吴光运《大射礼仪轨》，第11页）

平时练习也有用稻草制作的箭靶，《射史·演射法》记载了草靶的制作和练习方法如下：

　　古人习射，有先近而后远之法。用稻草一束，拣除乱草，截齐一头，用绳密密缠扎极紧。围大二尺余，中径或七八寸，或一尺，长一尺五寸。以木造一架，约高四尺以下，中置一横木，须作活法，随人射法高低，置之一步间。其引弓如场中远射一般，认准草靶中心方寸之间。……箭入草靶中正平直者，是中靶之箭也。假如箭尾偏右身右者，则知箭开于右侯右；箭尾偏左身左者，则知箭开于左侯左；箭尾低者，则知箭去高大；箭尾高者，则知箭去低不到。如此始于一步之间演起，矢矢皆入草靶中正平直，尽中一寸之间，又退远一步，矢矢皆如前式，又退远一步，射之渐演渐远，矢矢如是，自一步至于百步，皆中一寸之间，可称绝世之技矣。周礼夏官圉师以盘草作槷质而射，即此法也。①

图99　明代"槷质式"卷草靶

《周礼·夏官·圉师》："圉师掌教圉人养马……。射则充槷质，茨墙则剪阖。""圉师"掌管养马事宜，工作中常常用到草。习射时负责供给草扎的槷板箭靶，建草屋时就负责修剪所覆盖的草。所以，《射史》说"以盘草作槷质"，并附图（见图99）。

———————

　　① 程宗猷《射史》，卷八《射法》，明崇祯二年刻本，第16页。

三、清代形制

到了清代，射侯的形制又有变化：

> 皇帝御用布侯，植木如屏，蒙以素布，高三尺六寸至四尺六寸，阔九寸至一尺，中绘鹿。①

上述"布侯"在故宫博物院还有珍藏，《清宫武备兵器研究》一书介绍说："其布侯，呈长方形，通高165厘米，宽35厘米，四框为木，靶高123厘米，中蒙白布（已褪色），白布中部绘有一鹿，鹿身绘红、白黑三色相间色，形似栩栩如生的梅花鹿，完全符合文献资料记载。"②［见图100-（1）］又如：类似这种形制的箭靶，除了中部画鹿之外，还有画上三个红色圆心的，参看图100-（2）的"步箭靶"（图片取自史攀龙《射艺津梁》，同治戊辰秋月镌，顾体堂藏版）。

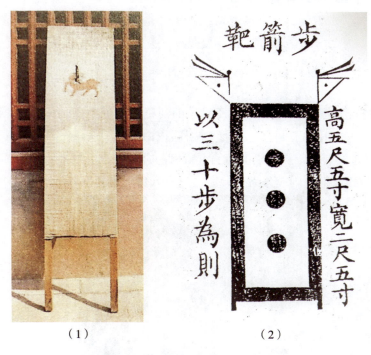

（1）　　　　　　　　　　（2）

图100　清代木框布侯

> 皇帝御用布鹄，以布为之，径一尺二寸。凡五重，相比如晕，红外，次白，次蓝，次黄，其的红。牛革，贯的及晕，则应矢而坠。亦有用外红中白二重者，径七寸至四寸。③
> （见图101、图103）

---

① 允禄《皇朝礼器图式》，扬州：广陵书社，2004年，第684页。
② 毛宪民《清宫武备兵器研究》，北京：文物出版社，2013年，第109页。
③ 允禄《皇朝礼器图式》，扬州：广陵书社，2004年，第685页。

图 101　五重布鹄　　　图 102　清代七重布鹄实物　　　图 103　二重布鹄　　　图 104　皮鹄

　　皇帝御用皮鹄，以革为之，凡十。大者径九寸，以次递减至二寸，亚北，中衔圆的，髹朱，中则应矢而坠。①（见图 104）

《大清会典》卷九六的《武备院》记载：

　　凡阅射则供射侯。步射布侯，高四尺七寸，广一尺。以木为边，鞔以素布，画鹿形为正。毡侯，高五尺，广四尺，虚中径三尺，中髹皮为的。席侯如之。皮鹄，径九寸至一寸五分。布鹄，径一尺二寸至四寸各有差。试武举席侯，高八尺，广五尺，髹以朱，绘鹄三，上插五色旗五。

　　《乾隆射箭油画挂屏》②（见图 105）中所描绘的箭靶应该就是上述的"毡侯"和"席侯"，只是一种用毛毡制作，一种用席子制作，而形制相同，由一前一后竖立的两幅毛毡构成，高五尺（1.67 米），宽四尺（1.33 米），前一幅中间偏上留出一个直径三尺（1 米）的圆孔，中心安置一个涂上红漆的皮质"圆的"，射中则应矢而落，旁边还有人负责重新摆放。

图 105　《乾隆射箭油画挂屏》局部图

---

①　允禄《皇朝礼器图式》，扬州：广陵书社，2004 年，第 684 页。
②　《乾隆射箭油画挂屏》是清代画家王致诚所绘。

四、近代形制

《国术概论》一书中介绍了 1933 年全国运动会上所使用的箭靶，并附上说明图：

> 步射之的，长约六尺，广约三尺，其中红的，大约一尺，皆以布为之。民国二十二年，全国运动大会所用之的，较之往昔普通步射之的，尤为精美而切实用。①

此种箭靶的直径是 66 厘米，图 106 是笔者据书中"的图"重新绘制。图 107 是当时射箭比赛的视频截图，所用箭靶就是上述的形制，从箭靶图中可以看出，靶面是张贴在席子上的。

图 106　近代"的图"

图 107　1933 年全国运动会射箭视频截图

五、射道箭靶

一个箭靶至少要由靶面和挡箭主体两部分构成，射道箭靶的靶面分为圆形的"规靶"和正方形的"矩靶"两大类，寓意学射先学规矩，先学原则，追求射箭过程的规范。从记录成绩的功能来说，又分为两种：一种是记录射中箭数的"记中靶"，按照箭数的多少来决定水平的高低；另一种是记录每一箭所中环数的"记分靶"，以检验射箭的精准水平，或者按照汇总分数的多少来决定胜负。具体说明如下：

【白的规靶】：记中靶，户外广告布喷涂而成，靶面直径为 30 厘米，靶心直径是 10 厘米。用于 10 米内距离的发射练习（见图 108）。

【黑的规靶】：记中靶，户外广告布喷涂而成，靶面直径为 30 厘米，靶心直径是 10 厘米。用于 30 米左右的射距（见图 109）。

【五彩规靶】：记中靶，靶"的"红色，依次外延为白色、蓝色、黄色、黑色的圆形色圈。户外广告布喷涂而成，靶面直径 39 厘米，靶"的"直径 13 厘米。用于 30 米左右的射距（见图 110）。

图 108　白的规靶　　　　　　图 109　黑的规靶　　　　　　图 110　五彩规靶

---

① 吴图南《国术概论》（据商务印书馆版影印），北京：北京市中国书店，1984 年，第 180 页。

【**五彩矩靶**】（五正鹄）：记中靶，靶"的"红色，依次外延为白色、蓝色、黄色、黑色的正方形色圈。户外广告布喷涂而成，靶"的"直径是整个靶面直径的三分之一，具体尺寸视射距的长短而定（见图111）。

【**礼射靶**】（五正侯）：记中靶，"正鹄"的直径是整个"侯中"直径的三分之一。"侯中"的尺寸以射箭距离的长短来定，比例是：每米射距取5厘米的直径。例如：30米的射距，则"侯中"尺寸为150厘米×150厘米，"正鹄"尺寸是50厘米×50厘米；50米射距，则"侯中"尺寸为250厘米×250厘米，"正鹄"尺寸是83厘米×83厘米，其他射距以此类推。可用手工绘制在白色的帆布上（见图112）。

【**记分靶**】靶面直径64厘米，红心直径是12.8厘米。靶面以红心直径的宽度为中轴，红心为10分，红心外第一个白环都记9分，第二个白环都记8分，中轴内的第一个蓝色环记7分（两侧的同心黑色环都记6分），第二个蓝色环记5分（两侧的同心黑色环都记4分），中轴内的第一个黄色环记3分（两侧的同心白色环记2分），第二个黄色环记1分（两侧的同心白色环也都记1分）。中轴内的分数比中轴外的同环的分数高出一分，以强调目标集中的重要性。箭着点刚好压线的话，取最高的环数来计分（见图113）。

图111　五彩矩靶

图112　礼射靶

图113　记分靶

射道箭靶的挡箭主体采用灰黑色的 EPE 珍珠棉材料（Pearl cotton，聚乙烯发泡棉）制作成，都是70厘米×70厘米×70厘米的立方体结构，可以根据需要张贴不同的靶面来射箭，也可以视乎射距的远近或者安全的考虑进行高低或者宽窄的不同组合（见图114）。EPE 珍珠棉是一种新型环保的包装材料，其内部由无数的独立气泡构成，韧性和抗撞性强，形体恢复性好，还具有隔水防潮的效果。经过长时间的实践检验，此种挡箭材料具有如下优点：（1）内部气泡结构有效地抵消掉箭体的高速冲击，剩余的反作用力也不会对箭体造成损伤；（2）一个立方体六个平面，可以反复轮换使用，故耐用；（3）隔水防潮，易于保养，使用周期长；（4）70厘米×70厘米×70厘米尺寸的立方体，轻重适宜，搬运容易，按需组合方便。

图114　EPE 珍珠棉立体箭靶

图 115 鼓靶与射鼓专用箭

《艺篇》以立射为基础来阐述如何确立射箭之正法，而入门的技术则是"射法八节"。射法八节是"立""搭""扣""注""举""开""发""收"等八个动作环节，具体来说就是"立身""搭箭""扣弦""注的""举弓""开弓""发矢"以及"收心"，是将射箭的动作过程分解成八个规范的环节，作为学习射箭的基础方法。"节"有三层含义：一是发展义，如竹子生长节节高；二是节制义，环环控制，节节相应；三是节奏义，动作与呼吸协调，身心和谐律动。在一射之中学习过程管理，每一箭都是如此的循环控制，直至练成自觉自律。

孔子说："志于道，据于德，依于仁，游于艺。"（《论语·述而第七》）朱熹先生说："艺，则礼乐之文，射、御、书、数之法，皆至理所寓，而日用之不可阙者也。朝夕游焉，以博其义理之趣，则应务有余，而心亦无所放矣。"① 射法八节始于"立身"，终于"收心"，循环相生，始终如一，是"射求正诸己，己正而后发"（《礼记·射义》）的具体实践工夫的过程，既是初学者的入门路径，又是一生"精进射艺"和"体证仁道"的踏实阶梯。

第二篇

艺

① 朱熹《四书章句集注》，《新编诸子集成》本，北京：中华书局，2012年，第94页。

第一章 射法八节

射法八节是"立""搭""扣""注""举""开""发""收"等八个动作环节，具体来说就是"立身""搭箭""扣弦""注的""举弓""开弓""发矢"以及"收心"，是将射箭的动作过程分解成八个规范的环节，作为学习射箭的基础方法。"节"有三层含义：一是发展义，如竹子生长节节高；二是节制义，环环控制，节节相应；三是节奏义，动作与呼吸协调，身心和谐律动。在一射之中学习过程管理，每一箭都是如此的循环控制，直至练成自觉自律。

其实，射箭有"立""扣""开""发""收"等五个主要的动作过程，"立"是"开"的力量基础，"扣"是"开"的结构条件，"开"是"发"的动因，"发"是"开"的结果，"收"是前一"发"的结束和后一"发"的开端。在这五个主要动作之外，还有"搭箭""注的""举弓""靠箭""审的""持固"等配合动作和技术要领，"搭箭"是"扣弦"之前将箭杆搭在弓弝和持弓手上的动作，故可以包含在"扣"的动作里面；"注的""举弓"是"开弓"之前的注意力和体势的准备，"靠箭""审的""持固"则是"开弓"动作过程中所包含的主要的技术要领，讲求一气呵成，故都可以纳入"开"的动作之中。因此，只要是相对合理和认真的射箭方式都应该包含"立""扣""开""发""收"等五个动作过程。然而，这五个主要动作大有学问，不能等闲视之，更不能随心所欲。试想一下，如果只是简单地说"立""扣""开"的话，对于初学者而言将会无所适从，毕竟"立"也有直立与斜立之分，以及并立与开立之别，何况是"扣"与"开"这种细致具体的技术动作呢？所以，给初学者教学射箭时，最好像给人指明道路一般，越具体则越容易达成效果。

有鉴于此，笔者将"扣弦"之前的，看似一带而过的"搭箭"动作设定为一个独立而重要的环节，为"扣弦"动作建立便利基础的同时，也把"搭箭"的规范动作运用在礼敬精神的表达形式上——搭箭礼，寓意"慎射慎始"。又在"开弓"动作之前增加"注的"和"举弓"两个独立的环节，先规范地转头注视目标，再规范地举起弓箭，便于循序渐进地学习技术动作的同时，可以协助射者在精神和身体结构上做好准备，为有效地"开弓"打下扎实的身心基础。射法八节始于"立身"，终于"收心"，循环相生，始终如一，是"射求正诸己，己正而后发"（《礼记·射义》）的具体实践工夫的过程，既是初学者的入门路径，又是一生"精进射艺"和"体证仁道"的踏实阶梯。

第一节 立身

射法八节

因为没有身体的对抗，而且动作幅度小和节奏慢，所以，射箭容易被认为是静态的运动。其实，并不存在静态的运动，所有运动都是讲求动态平衡的，只有方式和程度的差别而已。射箭的动态平衡的基础首先在"站立"——这是开弓的第一个支撑发力点（见图116）。

一、动作过程

1. 左脚向左开半步

2. 右脚并向左脚

3. 右脚向右开一大步

4. 俯视双脚，调整姿势

5. 抬头正首，平视前方

图 116　立身动作过程

二、动作与要领描述

（一）双脚开立踏实

（1）两脚掌站在射线的同一侧，双脚尖在同一条直线上（见图 117）。

（2）两脚跟的距离与肩同宽，腿长者最好略宽站立，以降低身体的重心（见图 118）。

（3）双脚掌外展呈八字形，夹角约为 60 度（见图 117）。

（4）立定后，体重在左右方向上平分，而在前后方向上，则约 60% 的体重放在脚掌上，40% 放在脚跟上。这样的比重分配，会使身体稍稍前倾，有种十趾抓地的感觉，以增加开弓时的支撑力和稳定性（见图 119）。

（二）身体挺拔正直

（1）一直：体直（见图 117）。

（2）三平：膝平、胯平、肩平（见图 117）。

（三）持弓执箭

（1）双手放在腰带两侧的同一水平的胯上，双肘弯曲并略为向后展开（见图 117 ~ 图 120）。

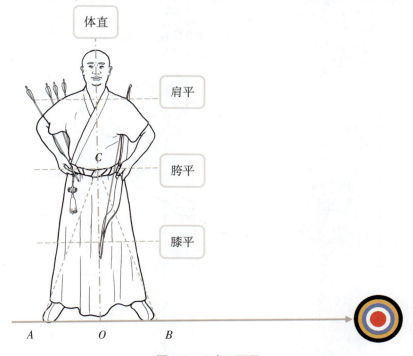

图 117　立身正面图

双脚掌呈外八字形站立，约 60 度夹角，站在射线（指目标中心点与起射点之间的直线）的同一侧，体重在左右方向上平分。

箭杆平贴
着前臂

图 118　立身背面图

两脚跟的距离与肩膀同宽或略宽。

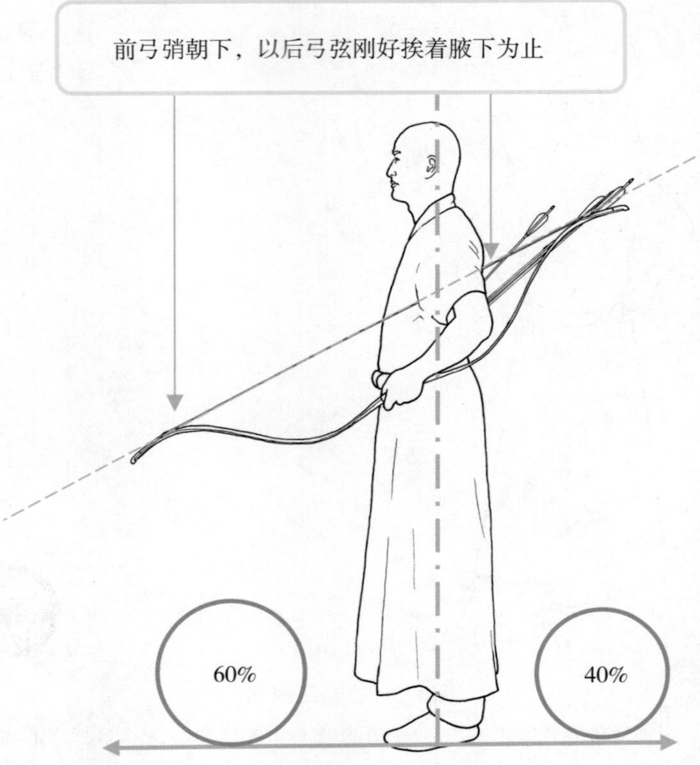

前弓弰朝下，以后弓弦刚好挨着腋下为止

60%　　　　40%

图 119　立身侧面图

60% 的体重放在脚掌上，40% 放在脚跟上。

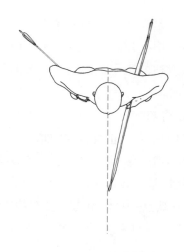

图 120 立身俯视图

两手肘部弯曲，并略为向后展开，弓弭前端位于身体中线的位置。

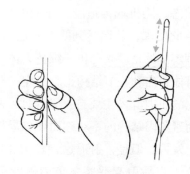

图 121 执箭手动作要领

只用手指尖来执箭。拇指在一端，其余手指并拢在另一端，就像手拿毛笔一样。食指稍稍向箭头伸直，指头贴在箭杆上，距离箭头约 5 厘米。

（2）持弓手握弓弛，使前弓弭朝下，而弓弭前端则位于身体的中线位置，后弓弦刚好挨着腋下（见图 119 ～图 120）。

（3）执箭手执箭杆，令箭杆平贴着前臂。执箭手动作要领是：只用手指尖来执箭，拇指在箭杆的一端，其余手指并拢在另一端，共同挟住箭杆，就像手拿毛笔一样；食指稍稍向箭头伸直，指头贴在箭杆上，距离箭头约 5 厘米（见图 118 ～图 121）。

三、动作分析

从平衡结构的角度来分析。如图 117 所示，射道站姿的左右稳定角 $\angle ACO = \angle BCO$，平衡角 $\angle ACB$ 较大，外展的八字形站立方式，也增加了左右方向的支撑面，故此站姿的左右方向上稳定性最好。同时，体重比例前六后四，增加了双脚掌的支撑力度，达到脚踏实地的效果。

图 122 明代立射站姿

（取自程宗猷《射史》卷八，第 4 页）

从脊柱状态和卫生的角度来分析。脊柱是躯干的支撑主体，是运动与平衡的中枢，因此，其运动的状态和卫生就显得格外重要。射道站姿要求脊柱正直，位于中立位状态，此时躯干肌肉相应的处于静息状态，腰椎屈伸适度，让最少的肌肉活动就可以保持脊柱的稳定，并且在整个的射箭过程中始终保持此要求，从而达到既有效运动又符合生理卫生之目的。

从生理解剖的角度来分析。维持人体平稳站立的重要基础是骨骼和肌肉，射道站姿自然中正，左右对称，身体骨骼和关节结构正直稳定，有效地支撑起人体自身的重量。正直对称的结构也让维持人体平稳站立的肌肉群（主要有：竖脊肌、臀大肌、股四头肌以及小腿三头肌）处于自然而协调的收缩状态，从而避免因结构的不对称而增加局部肌肉过度收缩，消耗能量，导致肌肉疲劳，影响技术动作的持续稳定发挥。但是，射道这种较大宽度的开立式站姿也有其缺点：身体重力线在双膝内侧通过，长时间站立，容易引起双膝关节内侧疲劳甚至拉伤，并且不利于尽快稳定身体重心的移动（见图123）[1]

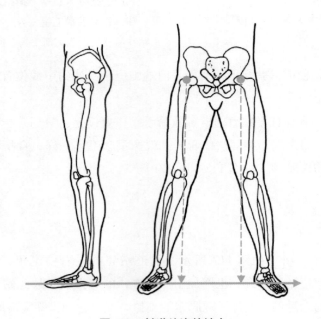

图123　射道站姿的缺点
身体重力线在双膝内侧通过，长时间站立，容易引起双膝关节内侧
疲劳甚至拉伤，并且不利于尽快稳定身体重心的移动。

从脏器机能的角度来分析。由于人体的呼吸和血液循环的关系，肌肉张力也不能恒定，导致人体重心会在一定范围内波动，因此人体平衡是相对的静态平衡。射道站姿让内脏各器官处于自然状态，不受压迫，确保其正常的机能活动以及使有机体保持长时间工作的能力，使人易于精神放松和集中，让人的本体感觉在大脑皮质的控制下，通过肌肉的收缩最有效地维持身体的稳定。

四、传统经验摘录

《射法直述图说》（明·程宗猷）：

---

① 图片参考：Ray Axford. Archery Anatomy. p.135.

身法亦当正直，勿缩颈，勿露臀，勿弯腰，勿前探，勿后仰，勿挺胸，此为要旨，即尽善矣。

《武经射学正宗指迷集》（明·高颖）：

凡立法，以稳便为主。足立定向，如山不移。

射法，身势全在站立安稳，而后审固，诸法皆从此出。

《科场射法指南车》（清·刘奇）：

一举足，必先对准身势而后立定。宜平、宜齐、宜开、宜稳、宜着力。……若足不正，则全体不正；足无力，则全体无力。

膝宜随足，以自然为妙。若夫前曲后挺，内盘外圈，皆不如直。直则气上升而有力，不直则筋骨不舒，其势不能及远，且觉有勉强做作之病。

腰为一身之要，如砥柱然。大凡柱偏，则梁栋俱不能正；柱软，则梁栋俱不能坚；柱动，则梁栋俱不得稳。务于未开弓之先，留心脊骨，使节节紧合，直如矢，坚如铁，不动如山，而后气脉可自足心透实顶门，全体俱有把持，运用诸法不难。（盖身直方知气自足心贯顶，而劲便得手之妙。）

立身要点：
— 双脚立在射线的同一侧。
— 双脚掌八字形开立，成60度夹角。
— 双脚跟距离与肩同宽，腿长者则略宽。
— 左脚对右脚的重量分配是：50%对50%，脚掌对脚跟的重量分配是：60%对40%。
— 脚趾抓地，大脚趾感觉最有力。
— 穿一双平底、舒适的鞋子，以免身体过度倾斜。

第二节　搭箭

站立稳定后，就可以开始搭箭。射道采用胸前竖弓搭箭的方法，其优点有：只让双手和头部做相应的配合动作，并且所有的动作都在身体的中心对称进行，确保身体正直平衡的结构维持不动，减少对身体稳定结构的影响；另外，双手在胸前平举并与肩平，视线自然清晰，弓、箭、手三者的关系明确，是否中正平直，一目了然（见图124）。

一、动作过程

1. 竖弓搭箭

2. 转弧捋箭

3. 推箭挟弦

图 124　搭箭动作过程

二、动作描述

（一）竖弓搭箭 ［见图 125 -（1）］

（1）两手一齐向胸前环抱靠拢，持弓手将弓竖立，使弓弦与地面垂直，同时稍稍向外转腕，使弓弦靠向胸部，给执箭手搭箭时让出空间，而不至于弓弦碍手。

（2）执箭手将箭头部分搭在持弓手的拇指上。

（二）转弣捋箭 ［见图 125 -（2）］

（1）持弓手食指与拇指挟住箭头后，手腕向内转动弓弣，使弓弦向外贴向箭杆。

（2）同时，执箭手指从执箭之处，顺着箭杆向后捋（拇指在箭杆下面，其余四指合并在箭杆上面），直至弓弦贴住箭杆。

（三）推箭挟弦

（1）持弓手不动，执箭手反掌向上，拇指在箭杆内侧，其余四指合并在箭杆外侧，挟住箭杆 ［见图 125 -（3）］。

（2）执箭手反掌向上挟住箭杆后，马上将箭杆向弓弦处推进，触到弓弦后，连同弓弦一起挟住。最后，将持弓手腕转正，搭箭动作完成 ［见图 125 -（4）］。

（1）竖弓搭箭

（2）转弣捋箭

（3）推箭：反掌挟箭，并推向弓弦处

（4）挟弦：将箭杆与弓弦一并挟住

图 125　搭箭动作描述

三、动作要领

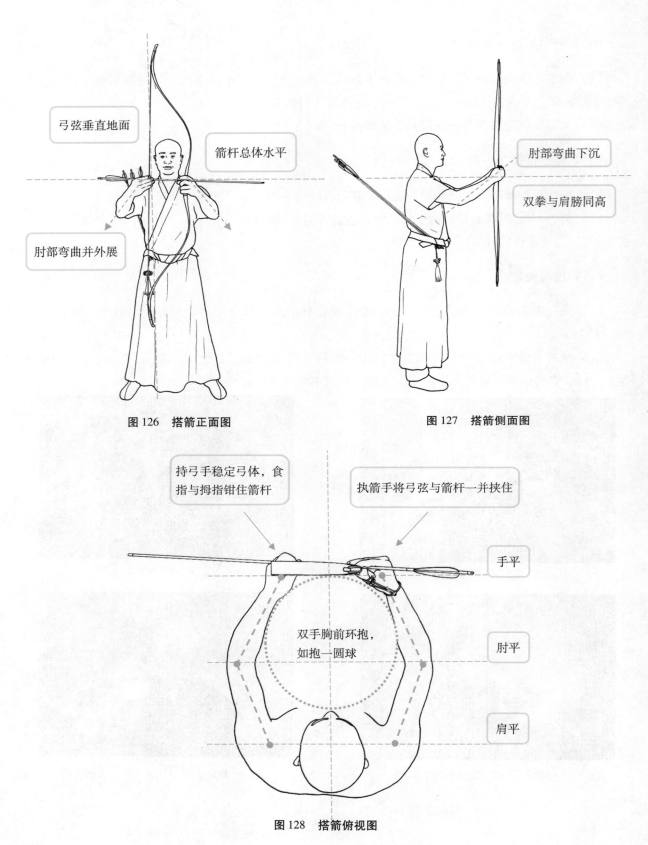

弓弦垂直地面

箭杆总体水平

肘部弯曲并外展

图 126 搭箭正面图

肘部弯曲下沉

双拳与肩膀同高

图 127 搭箭侧面图

持弓手稳定弓体，食指与拇指钳住箭杆

执箭手将弓弦与箭杆一并挟住

手平

双手胸前环抱，如抱一圆球

肘平

肩平

图 128 搭箭俯视图

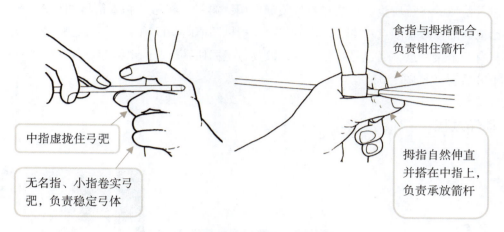

食指与拇指配合，负责钳住箭杆

中指虚拢住弓弝

无名指、小指卷实弓弝，负责稳定弓体

拇指自然伸直并搭在中指上，负责承放箭杆

图129 持弓手各手指功能说明

四、传统经验摘录

《教射经》（唐·王琚）：

    执弓必中，在把之中，且欲当其弦心也。……然后取箭，覆其手微拳，令指第二节齐平，以三指捻箭三分之一，加于弓亦三分之一。以左手头指受之，则转弓令弦稍离身就箭。即以右手寻箭羽下至阔，以头指第二指节当阔，约弦徐徐送之，令众指差池如凤翩，使当于心，又令当阔，羽向上。弓弦既离身，即易见箭之高下，取其平直。

> 搭箭要点：
> — 双手胸前环抱，如抱一圆球。
> — 肘部弯曲、下沉并外展。
> — 双拳与肩膀同高。
> — 无名指、小指负责握紧弓弝及稳定弓体。
> — 持弓手食指与拇指钳住箭杆，执箭手并挟弓弦与箭杆。
> — 弓弦总体垂直地面，箭杆总体水平。

第三节　扣弦

    扣弦包括两个动作过程，一是将弓弦扣入箭尾凹槽内，二是将弓弦扣入指机凹槽内，是在前一"搭箭"环节完成后才开始的动作。扣弦动作看似简单，但其实扣法的完成质量会直接影响之后的动作质量以及箭体的飞行质量。扣法有两个关键作用：第一，将弓弦扣入箭尾凹槽内，以确定弓臂动能传递给箭体的接触基准点；第二，将弓弦扣入指机凹槽内，以确定射手拉弦开弓的接触基准点。射手与弓只有两个接触点，通过弓弦扣住弓，以及弓弝握住弓，这两个接触点就是开弓时的着力点，因此扣法十分重要（见图130）。

一、动作过程

1. 执箭手指顺着箭杆捋向箭尾，顺便将箭羽理顺。以拇指、食指和中指的指尖捏住箭尾

2. 将弓弦扣入箭尾凹槽内

3. 将弓弦扣入指机凹槽内

4. 食指搭在拇指指甲上，中指、无名指及小指一并卷入手掌之内

图130 扣弦动作过程

二、箭尾扣弦的动作要领

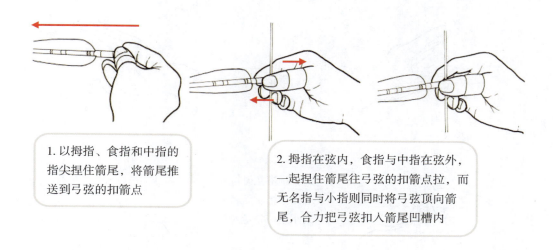

1. 以拇指、食指和中指的指尖捏住箭尾，将箭尾推送到弓弦的扣箭点

2. 拇指在弦内，食指与中指在弦外，一起捏住箭尾往弓弦的扣箭点拉，而无名指与小指则同时将弓弦顶向箭尾，合力把弓弦扣入箭尾凹槽内

图 131　箭尾扣弦动作细节

三、箭尾扣弦的三大要求

第一大要求：弓弦必须完全扣入箭尾凹槽之内，即弓弦与箭尾凹槽底部不能有空隙。否则，会导致如下问题：（1）开弓时，弓弦容易脱离；（2）发射时，空隙使弓弦不能紧贴箭尾以推动箭体飞行，却消耗了弓臂传递的动能，造成射程缩短；（3）空隙使弓弦变成击打箭尾，导致箭体偏航飞行，影响射准；（4）空隙使弓弦不能有效地把弓臂所产生的动能传递给箭体，没能传递的动能只能由弓体自身去消化，因此导致弓身振动大，并对弓体造成伤害。

第二大要求：扣弦之后，箭杆与弓弦形成90度的夹角。夹角过大，则箭体上扬；夹角过小，则箭体下插。

第三大要求：与箭尾凹槽同一轴线的箭羽朝上（见图132）。

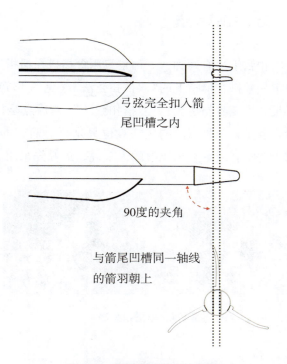

弓弦完全扣入箭尾凹槽之内

90度的夹角

与箭尾凹槽同一轴线的箭羽朝上

图 132　箭尾扣弦的三大要求

四、指机扣弦的动作要领

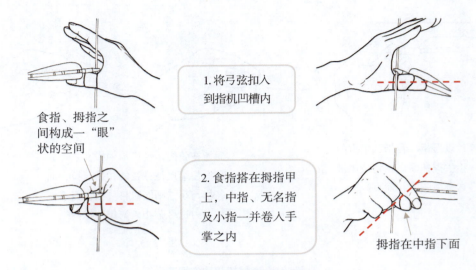

食指、拇指之间构成一"眼"状的空间

1. 将弓弦扣入到指机凹槽内

2. 食指搭在拇指甲上，中指、无名指及小指一并卷入手掌之内

拇指在中指下面

图133 指机扣弦的动作要领

　　扣弦时，指机中轴线与弓弦成90度角，这是正扣的方式，以确保扣弦力点稳定明确。否则，弓弦容易打滑、脱落。

五、扣弦手法

　　扣弦手法有两种，一种是只用食指搭在拇指上的"单搭扣弦法"（见图134），另一种是用食指和中指一并搭在拇指上的"双搭扣弦法"（见图135）。"单搭扣弦法"的优点是发射便利，缺点是拉力不足，弓弦容易滑脱；"双搭扣弦法"的优点是拉弦稳固有力，缺点是发射不够便利，弓弦容易刮指。但是，两种方法的优缺点也只是相对而言的，只要运用得当，训练得法，自然可以熟能生巧。对于初学者或者久未练习的人来说，最好先采用"双搭法"，待熟练之后再练习"单搭法"。

图134 单搭扣弦法　　　　　　　　　　　**图135 双搭扣弦法**

六、扣弦手指功能分工

　　扣弦时，手指各司其职。拇指，负责扣弦和用力拉弦；食指（双搭时加上中指），辅助拇指稳固扣弦和拉弦用力，同时食指稍稍顶压住箭尾，确保箭杆在举弓、开弓等动作过程中不会脱

落，但是不能用力过大，致使箭杆弯曲或者箭尾开裂和折断；中指、无名指及小指一并卷曲入手掌之内，以维持手腕关节的稳固和正直（见图136）。

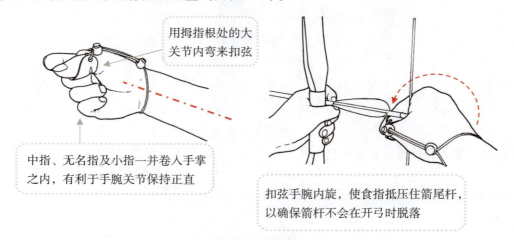

用拇指根处的大关节内弯来扣弦

中指、无名指及小指一并卷入手掌之内，有利于手腕关节保持正直

扣弦手腕内旋，使食指抵压住箭尾杆，以确保箭杆不会在开弓时脱落

图136 扣弦手指功能说明

扣弦动作做好之后，务必保持动作的持续稳定，并在之后的举弓和开弓的过程中，维持弓弦、指机以及扣弦手的相互关系的一致性，以防止箭杆脱落，或者弓弦滑脱。

七、传统经验摘录

《教射经》（唐·王琚）：

　　凡控弦有二法，无名指迭小指，中指压大指，头指当弦直竖，中国法也。屈大指，以头指压勾之，此胡法也，此外皆不入术。胡法力少，利马上；汉法力多，利步用。然其持妙在头指间。世人皆以其指末靓弦，则致箭曲又伤羽。但令指面随弦直竖，即脆而易中，其致远乃过常数十步，古人以为神而秘之。胡法不使头指过大指，亦为妙尔。其执弓，欲使把前入扼，把后当四指本节，平其大指承镞，却其头指使不碍，则和美有声而俊快也。射之道备矣。

《弧矢谱法》（宋·陈元靓）：

　　筈高则下挿而箭斜，筈低则上挿而箭徐。

《射书四卷·折衷篇》（明·顾煜）：

　　后手挽弦，有止以食指钩大指者，名曰单搭。有以食指中指钩大指者，名曰双搭。然单搭较双搭为更利，而性所不便者，双搭亦无妨，必谓双搭为力雄，则偏耳。

《射经》（明·李呈芬）：

　　箭扣搭，宜最正，稍上亦可。若搭下，恐箭多上起而不直前也。

《射史》（明·程宗猷）：

右手大指勾弦，大指要直，指机面压中指中节之上旁，使第四、五指屈插掌心，以食指指头，勾压大指指甲上，不使指头太探过于大指，其食指指根，旁靠弓弦，指头垂下。

《步骑射法图说》（明·程子颐）：

右手大指勾弦，食指压大指甲上，食指中节根之下微靠弦及箭扣，二指间孔如凤眼，则无勾弦太紧之病。大指压中指中节旁，中、四、五指具曲附掌心之根。

《射学指南》（明·杨惟明）：

决俗名节机。决以轻而薄者为佳，又贵不宽不紧。着决，须近虎口。若在近指甲节上，则逼弦太紧，入于挛矣。

后手大指钩弦，将食指钩大指，然食指尖须直向于下。若横斜，则弦有碍而矢偏于右矣。食指内节一直傍矢，不可太逼。盖惟傍矢，则矢不落架，而不太逼，则矢不右曲。或以中指钩大指，而直伸食指傍矢，又或以食、中二指钩大指，名曰双钩，此亦各从其便耳。

《贯虱心传》（清·纪鉴）：

以大指指机控弦附中指傍，将食指搭大指上，须一直傍矢，不可太逼，逼则箭出不摇尾矣。将中指、无名指、小指紧拳掐掌心，树腕令平，掌心覆下，高提肘而挽之，此名单勾，发机最灵之法也（见图137）。

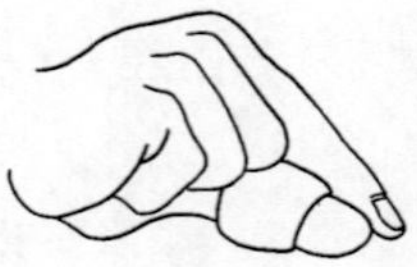

图137　单勾扣弦法

扣弦要点：

— 弓弦完全扣入箭尾凹槽之内。
— 箭杆与弓弦形成90度的夹角。
— 正扣弓弦，即指机中轴线与弓弦成90度角。
— 拇指以指根处的大关节内弯来扣弦。
— 食指搭在拇指甲上，辅助拇指拉弦。
— 食指负责抵压住箭尾杆，以确保箭杆不会在开弓时脱落。
— 保持弓弦、指机以及扣弦手的相互关系的一致性。

第四节　注的

"注"法的动作简单，只是在"扣"法完成之后，慢慢转头看目标（见图138），看似只有头部的动作，其实，在这短暂转头的一刻，已经涉及"心与神"的重要作用，从全神贯注目标的一刻开始，贯穿之后的"举、开、发、收"等动作环节，这些环节都是在"注"法的作用之下进行的。也就是说，"注"法动作虽然简单而短暂，但射手的心神却因此而贯注始终，直接关系到之后的射箭质量，切莫等闲视之。"注"的动作过程有三个关键：慢慢转头，同时徐徐呼气，双眼视线渐渐凝注在目标中心点，所谓"眼注、气注、神注，三注而一"是也。

明代的高颖就十分重视"注"法，他在《武经射学正宗·捷径门》中对"审"和"注"都有精辟的论述：

论审法第一

发矢必先定一主意，意在心而发于目，故审为先。审之工夫直贯到底，与后注字相照应，俱以目为主。故欲射，先以目审定，而后肩臂众力从之而发。[①]

论注法第五

注者，目力凝注一处，精神聚而不分之谓，与前审字相应。夫人一身之精神，皆萃于目，目之所注，神必至焉。神至，而四体、百骸、筋力、精气俱赴矣。李将军射石，一发没镞者，以虎视石也，神之至也。故发矢时，目力必凝注一块，目注而心到、意到、手到，发无不中矣。古云"认的如仇"者，此也。此下手用注工夫也。然注与审不可分为二事。引弓之初，以目视的，是之谓审；发矢时，以目注的，亦谓之审。总之皆用目力，原非二事，何为分审与注之名也。只为世人引弓时，虽能目视的，及既彀之后，筋力已竭，信手便发，无暇认的，精神散漫，发矢俱偏，故于匀轻之后，复立一注之名，以提醒世人，使发矢时，目认的间一块，或认的之心，或认的之足与首，精神手法俱向此一块而发。故注之名，原为世之拙射而设者。善射之人，手一举弓，目力便审，精神便凝注一块，自始至终，神气精专，弓一彀而匀轻以出矣，何待匀轻之后而注哉？善学者不可不察。[②]

高颖认为"审"与"注"互相照应，他说："目之所注，神必至焉。神至，而四体、百骸、筋力、精气俱赴矣。"又说："故发矢时，目力必凝注一块，目注而心到、意到、手到，发无不中矣。"他的经验是先"审"而后"注"，强调"注"对发射时身心的影响。但他同时指出："然注与审不可分为二事。引弓之初，以目视的，是之谓审；发矢时，以目注的，亦谓之审。总之皆用目力，原非二事。"对此，笔者十分认同，"审"与"注"同是一事，只是工夫有先后，前后有侧重而已。

---

①②　高颖《武经射学正宗》，杨修龄校定，明崇祯十年刻本。

　　笔者将"审"隐藏在"开"法之中（参看后面"第六节开弓"），而特别将"注"列为一法，就是要引起学者的重视。"注"是基础，是前提。"审"则是在"注"的基础上再进行"判断"与"修正"。越是专"注"，"审"就越是从容，越是精一。所以，善学者必从"注"处入手，在"注"法中体会，而体会"注"法，也可以参照《射学指南》（［明］杨惟明）中的经验："闲常要凝眸定目，先望五十步外，渐及百步外，以一物作准，看得其中明明白白，久之，精光注射，天巧自生"。

一、动作过程

1. 保持扣弦动作稳定，然后慢慢转动头部，眼神从箭羽处沿着箭杆到箭头，直注靶的 → 2. 全神贯注在箭靶的中心

图 138　注的动作过程

二、动作要领

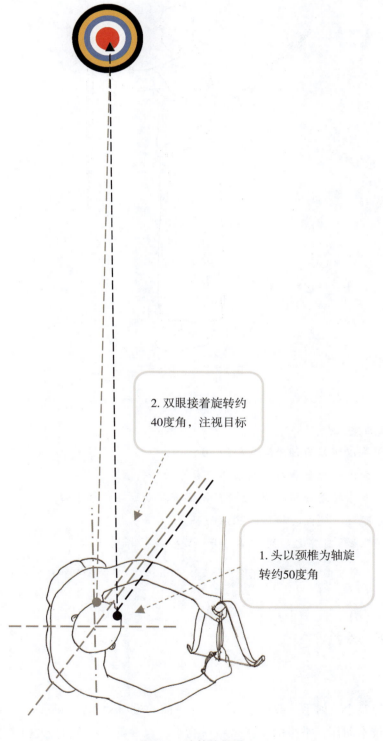

2. 双眼接着旋转约40度角，注视目标

1. 头以颈椎为轴旋转约50度角

图 139　注的俯视图

图 140　注的侧面图

注的要点：

—— 头以颈椎为轴慢慢旋转约 50 度角。

—— 同时，配合着转头的动作节奏徐徐呼气。

—— 双眼接着旋转约 40 度角，视线渐渐凝注在目标中心点。

—— 眼注、气注、神注，三注而一。

—— "注" 贯穿之后的 "举、开、发、收" 等动作环节。

第五节　举弓

　　在实际射箭的经验中，射手一般把举弓视为开弓前的过渡动作，一举即开，笔者则把举弓与开弓分为两个独立的技术动作，举弓的动作是将弓高举，双拳都在头顶上，这是 "高位举弓法"，原因请参看后面的 "采用高位举弓法的原因" 内容的说明。

举弓的动作过程有几个关键点：（1）双眼始终专注在目标中心；（2）双手慢慢上举；（3）同时徐徐吸气至下腹部；（4）动作节奏与吸气协调一致；（5）举弓后，全身保持适度的紧张，并让本体感觉去保持身体的正直，为接下来的开弓做好准备（见图141）。

一、动作过程

1. 保持扣弦动作稳定，双手慢慢上举

2. 双拳高举在头顶上方，全神贯注在箭靶的中心

图 141　举弓动作过程

二、动作要领

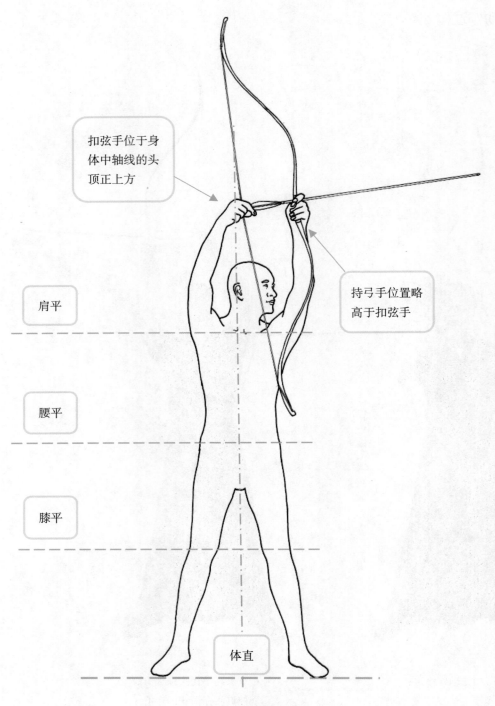

扣弦手位于身体中轴线的头顶正上方

持弓手位置略高于扣弦手

肩平

腰平

膝平

体直

图 142　举弓正面图

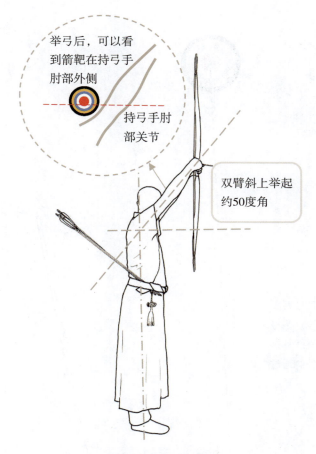

举弓后，可以看到箭靶在持弓手肘部外侧

持弓手肘部关节

双臂斜上举起约50度角

图 143　举弓侧面后视图

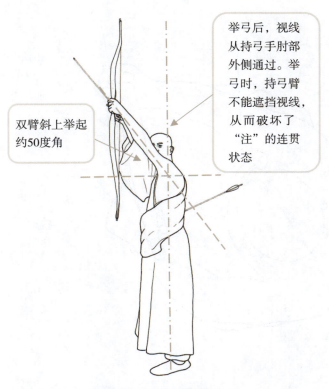

双臂斜上举起约50度角

举弓后，视线从持弓手肘部外侧通过。举弓时，持弓臂不能遮挡视线，从而破坏了"注"的连贯状态

图 144　举弓侧面前视图

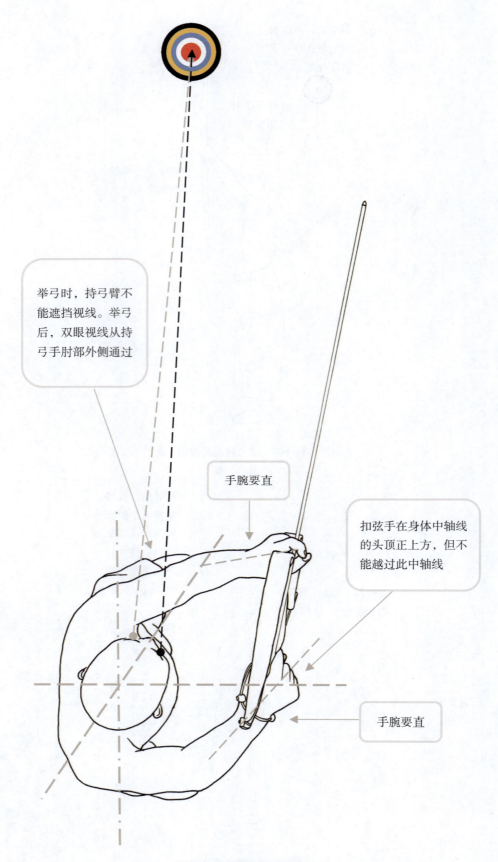

举弓时，持弓臂不能遮挡视线。举弓后，双眼视线从持弓手肘部外侧通过

手腕要直

扣弦手在身体中轴线的头顶正上方，但不能越过此中轴线

手腕要直

图 145 举弓俯视图

三、采用高位举弓法的原因

（一）有利于均衡发力张弓

射箭之前必须要把弓张开，而张弓的方式主要有两种：一种是常见的"拉弓"方式，是先举起持弓手对着箭靶，然后扣弦手把弦拉开，主要发力的部位是扣弦手一侧的肩背。拉弓方式易学易用，可以说是一种本能的反应动作，故最为普及。另一种是"开弓"方式，如伸展双手把门推开一般，我们可以从"开"

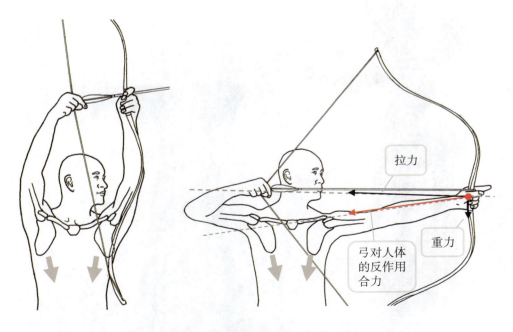

图146　"开"字结构演变

从左至右看，分别是"开"字的古代金文、篆书、繁体和简体。

字的造字结构（见图146）来加深理解。从古代金文的结构可以看出，上面部分是两扇门的表意符号，下面部分是一双手的表意符号，上下配合就是表达双手推门为开的意思。篆书体的开字以及后来的繁体开字，还是可以看出这个表意结构的，而简体的开字就只保留了双手的连体变形符号，虽然表意不够直观，但还是有双手共同动作的意象。射道所采用的高位举弓法有利于持弓手和扣弦手两侧肩背均衡发力，而均衡用力则有益于养成正直匀称的身姿。

（二）有利于顺势发力张弓

首先，采用高位举弓法，开弓时双拳从高处顺势而下，由高而下的动作符合用力习惯，更容易掌握；其次，双拳从高处往下运动时，双肩有下压的惯性力，有利于肩部的持续稳定；最后，双臂以肩关节为轴，从高处向下、向两侧做伸展运动，有利于肩背发力。因此，从举弓直至开满弓，弓对人体的反作用合力都位于左右肩关节的上面，有助于肩部下压和稳定，为接下来的审、固、发射打下坚实之基础（见图147）。

拉力

重力

弓对人体
的反作用
合力

图147　举弓与开弓过程受力图

举弓要点：

— 双手向着持弓臂一侧的斜上方慢慢举弓，约50度角。

— 同时，配合着举弓的动作节奏进行腹式吸气。

— 双眼始终专注目标中心，不能看弓箭。

— 举弓时，持弓臂不能遮挡视线。

— 扣弦手位于身体中轴线的头顶正上方，但不能越过此中轴线。

— 持弓手略高于扣弦手，后手肘部稍稍弯曲。

— 视线从持弓臂肘部外侧通过，始终保持"注"的连贯状态。

第六节　开弓

开弓是射箭运动的核心环节，是发射的前提。开弓的动作看似简单，但在短暂的过程之中却包含了四大核心技术：第一是"靠"，第二是"彀"，第三是"审"，第四是"固"。

开弓的具体动作是持弓手向前"推"弓弝，扣弦手向后"拉"弓弦，双手同时动作将弓张开，力量相同，方向相反，使上下弓臂弯曲形变而产生弹力（弹性势能），为发射提供动能。前后手一推一拉，同时动作的情形与"开"字所表达的意象一样（参看"第五节　举弓"里面的"采用高位举弓法的原因"），故笔者用"开"字来形容这个"张弓"的环节。

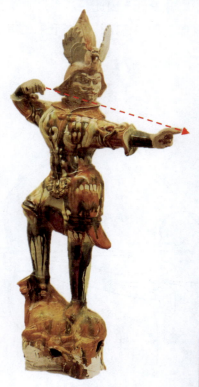

三彩天王射箭俑

图148　开弓后姿势图

所谓"靠"就是"靠箭",是在"张弓"的同时,将箭杆一直靠向嘴角的颌骨一侧,这是眼下内凹的部位,处于主视眼视线的正下方,因此便于审视箭杆与目标的关系。

在完成"靠箭"动作的同时,也就进入到"彀"的阶段了。"彀"是指"彀弓","靠"与"彀"两者的关系可以说是一靠即彀,即靠即彀。所谓"彀弓",不仅是指弓体张满的状态,还指人体的骨骼和关节极尽直线支撑的结构,即"人尽其力"的状态。

所谓"审"就是"审的",是在"靠箭""彀弓"的同时,双眼视线以靶心为"准的",来判断靠在颌骨位置的箭杆是否直线正对靶心,以及箭头与靶心之间的视觉距离的长短,必要时稍微做些修正,这就是"审的",是射道的瞄准法。

所谓"固"就是"持固",是将全副的精神与力量都集中在肩背持续加力之上,以维持"彀弓"和"审的"状态的稳固。

一、动作过程

图149　开弓动作过程合成图

二、动作要领

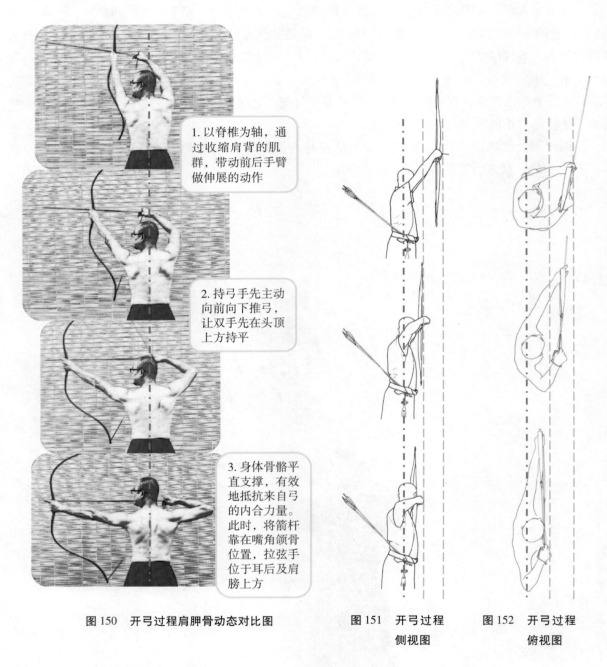

1. 以脊椎为轴，通过收缩肩背的肌群，带动前后手臂做伸展的动作

2. 持弓手先主动向前向下推弓，让双手先在头顶上方持平

3. 身体骨骼平直支撑，有效地抵抗来自弓的内合力量。此时，将箭杆靠在嘴角颌骨位置，拉弦手位于耳后及肩膀上方

图 150　开弓过程肩胛骨动态对比图　　　图 151　开弓过程侧视图　　图 152　开弓过程俯视图

三、开弓说明

（一）开弓的原则

开弓的过程看似一瞬间，但其中涉及的学问很多。首先是开弓速度的快慢问题，开弓动作的速度对接下来的"靠箭""彀弓""审的"以及"持固"等核心技术的连贯性与完成质量都具有决定性的影响。唐代王琚《教射经》说：

引弓不得急，急则失威仪而不主皮；不得缓，缓则力难为而箭去迟，唯善者能之。[1]

王琚《教射经》是目前所见最为古老的射箭经典，许多理念被历代视为金科玉律。"引弓急"是指急拉急放，自然没有什么"威仪"可言。引弓太快，弓臂的弹性势能储备不足，发射时反而难以洞穿皮质的箭靶，所以说"不主皮"。反之，"引弓缓"是指张弓过慢，在张弓的过程中耗掉过多的体能，甚至还没满弓就已经力竭难撑，如何从容"审的"？从动作的技术质量的角度来说：力竭难撑，就会破坏体势的稳定，连带前后手臂，特别是扣弦手的过度紧张，因此撒放迟滞，消耗了弓臂回弹的部分动能，进而导致弓弦传递给箭杆的动能不足，自然就是"箭去迟"了。从弓臂储存的势能角度来说：弓臂满张的时间过长，使弓臂的材料过于疲劳，反而会失去部分的势能，这也是"箭去迟"的原因。所谓"唯善者能之"，言下之意，是说善射者开弓时缓急适宜。明代李呈芬《射经》说：

毋动容作色而和其肢体，调其气息，一其心志，备此五德，惟彀率之是图，失诸正鹄，反求诸其身，此君子之德也。[2]

"毋动容作色而和其肢体，调其气息"是指容貌安详，气色平和，肢体动作与呼吸节奏和顺协调。"一其心志"即是内心专一的平静状态。射者先要具备"毋动容""毋作色""和肢体""调气息""一心志"等五德，唯彀满是图，然后"慢开弓，紧放箭"，[3] 射失目标的话，并不怨天尤人，而是反省自身是否有违上述的"五德"，因此反求而归于正，这才是君子自强不息之道。

从上述古人的经验，我们可以得出有关开弓的几个重要的原则：第一，速度要快慢适宜；第二，弓体要满，人体要彀；第三，容色要平和；第四，动作要平稳；第五，呼吸要协调；第六，心志要专一。

（二）开弓的动力工作过程

开弓时，力量发动的过程是从下至上的，具体如下：首先，通过双脚来分配身体的重量，体重在左右方向上平分，而在前后方向上，约60%的体重放在脚掌上，40%放在脚跟，这样的比重分配，会使身体稍稍前倾，有种十趾抓地的感觉，以增加开弓时的支撑力和稳定性。因此，双脚掌是第一个发力支点，小腿三头肌收缩，保持双膝伸直，使发力支点上升至腰部，其特征是"脚实"（见图153）；接着，股四头肌、臀大肌及竖脊肌共同收缩，使身体躯干和双腿连成一正直挺拔的平衡系统，稳固的腰部骨盆为背阔肌发力开弓提供第二个发力支点，其特征是"腰固"；然后，背阔肌、斜方肌、菱形肌等共同收缩，使两侧肩胛骨一起向脊椎后缩和下回旋，同时双肩关节的三角肌收缩，使上臂在肩关节处向外伸展，直至持弓手臂向前撑直，而拉弦臂的肱肌、肱二头肌共同收缩，使前臂在肘关节处屈曲，共同将弓张开。此过程的关键是两侧肩胛骨在后缩和下回旋时，必须形成一个动态平衡的第三个发力支点，其特征是"背紧"（见图154）。

---

[1] 张唯中《弓箭学大纲》，1934年，第183页。
[2] 张唯中《弓箭学大纲》，1934年，第156页。
[3] 张唯中《弓箭学大纲》，1934年，第157页。

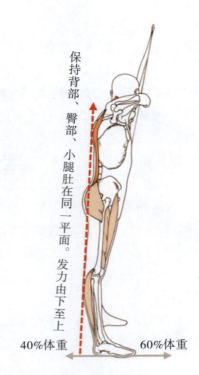

保持背部、臀部、小腿肚在同一平面。发力由下至上

40%体重　　　60%体重

图 153　开弓发力图

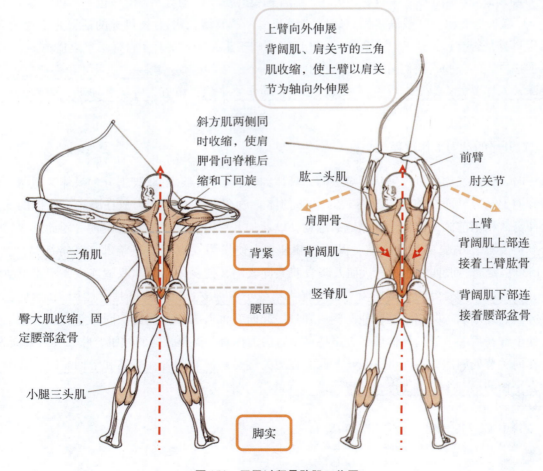

上臂向外伸展
背阔肌、肩关节的三角肌收缩，使上臂以肩关节为轴向外伸展

斜方肌两侧同时收缩，使肩胛骨向脊椎后缩和下回旋

三角肌

臀大肌收缩，固定腰部盆骨

小腿三头肌

背紧

腰固

脚实

肱二头肌

肩胛骨

背阔肌

竖脊肌

前臂

肘关节

上臂

背阔肌上部连接着上臂肱骨

背阔肌下部连接着腰部盆骨

图 154　开弓过程骨骼肌工作图

换言之，开弓的过程看似是双手的动作，其实双手只是执行开弓的前端，力量的发动则是以双脚掌的踏实支撑为支点，以脊椎为轴，由肩背肌群发力的。对此，古代射书亦有类似的记载，比如李呈芬《射经》：

> 夫人之射，虽在乎手，其本主于身。

又如《射书四卷·贯虱歌解》：

> 用筋还用骨者。射者之巧，总由力生。善射者，必一口气从筋骨中用将出来，使遍身有力，又不露出着力的形状，是射石没镞之神品也。若止以两手扳扯为射，即幸得一中，其中亦不力，何足见称耶？①

以上两段文字都是概述射箭发力的根本在于身。第二段是从"用筋还用骨"的角度来说明如何发力开弓。"筋"指筋腱和肌肉，"骨"指骨骼和关节，"用筋还用骨"就是强调要善用人体的骨骼和肌肉来协调开弓，要在"一口气"（参看"开弓呼吸法"部分内容）之中使"遍身有力"，而又"不露出着力的形状"。如果只是用双手之力来"扳开拉扯"的话，就算侥幸中的也是乏力之射，何足挂齿呢？

（三）持弓手的关键动作说明

开弓的过程中，持弓手有四个关键性的动作。第一个是"压肩"，由背阔肌收缩，使持弓臂肱骨在肩关节处内旋，肱骨关节球向后转动，使肩部下压。整个开弓的过程都要维持肩部的下压稳定，其外观特征是肩窝呈 V 形下压的状态（见图 155）。第二个是"转肘"，肱骨在肩关节处内旋，带动肘部关节顺时针旋转，使持弓臂前后骨骼形成稳固的直线力推弓形态，肘关节内旋，也使持弓臂肘

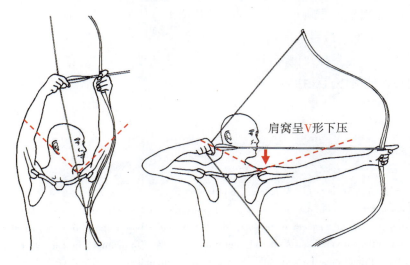

肩窝呈V形下压

图 155　持弓手压肩图

---

① 顾煜《射书四卷》，清华大学图书馆藏明崇祯十年刻本，卷一之第 46 页。

部内表面平直，避开弓弦回弹的线路，以免弓弦刮臂（见图156）①。第三个是"直腕"，"压肩""转肘"的同时，保持手腕正直，确保推弓力能够直线传递。第四个是"推弝"，用拇指与手掌连接的大关节处直推弓弝（见图157）。上述四个动作环环相扣，一气呵成，将肩背之力直达弓弝，故十分关键。

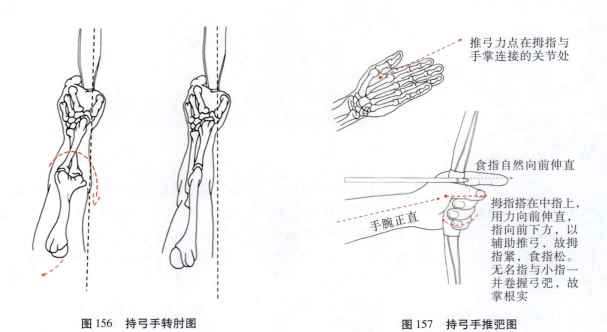

图156　持弓手转肘图　　　　　　　　图157　持弓手推弝图

（四）推弓方式对射准的影响

推弓力点在拇指与手掌连接的关节处

食指自然向前伸直

手腕正直

拇指搭在中指上，用力向前伸直，指向前下方，以辅助推弓，故拇指紧，食指松。无名指与小指一并卷握弓弝，故掌根实

射道的推弓方式是用拇指与手掌连接的关节处用力直推弓弝，拇指伸直，指向前下方，推弓压力点在弓弝右上角，并且始终保持推弓压力点的一致（见图158），这对射准影响很大②。由于弓弦位于弓体的中间，而箭杆只能搭扣在弓弝的一侧，故弓箭的这种结构关系决定了箭杆的天然偏向性（见图159），发射时容易导致偏离目标，而采用上述的推弓方式则有利于修正这种偏向性，使箭体直线指向目标（见图160）。

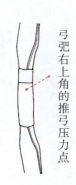

弓弝右上角的推弓压力点

图158　推弓压力点

---

① 图片参考：Ray Axford. Archery Anatomy. p. 111.

② "The second important technique element is the pressure point in the grip of the bow. If the pressure point changes during drawing, holding, or at the moment of release, the forces of the bow will not be directed at the target. Misaligned forces will kick the bow to the side and cause left and right scoring arrows. To maintain the correct pressure point and bow hand positioning, the bow hand thumb must be taut and turned out like a hitchhiker's."（参考译文：第二个重要的技术要素是弓弝上的压力点。如果在开弓的期间或者撒放的瞬间改变压力点的话，弓的动能就不会指向目标。非直线的偏心力会将弓踢向一边，并导致忽左忽右的箭着点。为了保持正确的压力点和推弓手的位置，推弓手拇指必须绷紧，就像搭便车者伸出的手指一样。）KiSik Lee and Tyler Benner. 2009. Total Archery—Inside the Archer. CA：Astra LLC，p. 240.

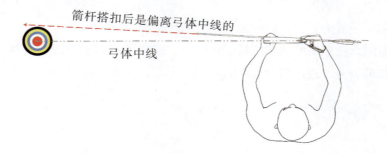

图 159   弓箭结构关系示意图

图 160   推弓修正示意图

（五）拉弦手的关键动作说明

开弓的过程中，拉弦手有两个关键性的动作。第一个是"压肩"，由斜方肌收缩，使肩胛骨向脊椎后缩和下回旋，同时背阔肌和肩关节的三角肌收缩，使肩部下压和上臂在肩关节处向外伸展。整个拉弦的过程都要维持肩部的下压稳定，肩窝呈 V 形下压的状态。第二个是"屈肘"，上臂外展的同时，肱肌、肱二头肌共同收缩，使前臂在肘关节处屈曲，屈肘的动作带动拉弦手拉弦（见图161）。"压肩"和"屈肘"也要一气呵成，将肩背之力直达弓弦。

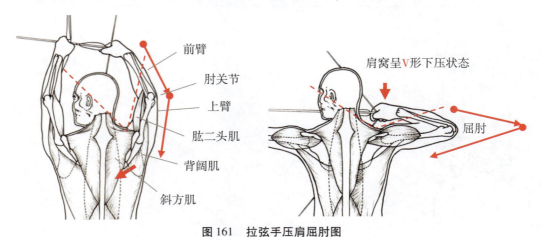

图 161   拉弦手压肩屈肘图

（六）手腕正直的重要性

从动力学的角度来分析，腕骨主要的动力学功能是从手到前臂以及从前臂到手传递压力负荷。手腕正直时，手与前臂的压力负荷互传是直线的。对于推弓手来说，让处于直线状态的骨和关节来抵消掉绝大部分的压力，而肌肉只需充当辅助与稳固的作用；对于拉弦手来说，从前臂传递给手的拉力也是直线的，因而最省力，为之后的轻巧发射创造条件。

当手腕改变位置时，指屈肌腱的功能长度被改变，这样就引起手指的合力改变，从而影响抓握能力，甚至扭曲动作的姿势，进而破坏动作的效率。因此，无论是推弓手还是拉弦手，维持手腕正直十分重要。

四、靠箭

靠箭时，拉弦手在耳朵后面，并在肩膀的上方，箭杆则靠在嘴角颌骨的位置，弓体直立。靠箭后，开弓的动作从外部显性的动作变成内部隐性的动作，即是"彀弓"的阶段。此时，靠箭点固定，并确保"瞄准角"以及拉距的一致，这是"审的"之前提（参看后面的"箭杆审的法"）。靠箭必须有具体的接触点，以便感知和保持位置的一致性，为之后的"瞄准线"和"瞄准角"确立一个固定的参照点。

靠箭点是嘴角颌骨内凹的位置。箭杆靠在此位置时，最接近主视眼的正下方，便于"审的"时判断箭杆是否正对靶心，是最为适宜的靠箭点。如果靠在颧骨上，虽然接触点具体，并且接近主视眼，但箭杆不在主视眼的正下方，不便判断箭杆是否正对靶心，故相对来说是靠箭点过高了。如果靠在下巴下方，没有接触点，虽然易于将箭杆置于主视眼视线的正下方，便于判断箭杆是否正对靶心，但是没有可以感知的接触点的话，靠箭就难以确保一致性，导致"瞄准角"的随机性加大，故相对来说是靠箭点过低。

靠箭的同时还要"靠弦"，即下弓弦轻轻靠在前胸上，为靠箭建立"嘴角"与"前胸"两个感知点，以确保靠箭点和动作的一致性。此时，一靠即彀，没有明显的拉弦位移，"靠弦"时即是最大的拉弦距离了，故前胸上的感知点还可以作为拉距一致的"提醒点"。下弓弦向内靠在前胸上，则上弓弦会相应的向外偏离射手的侧脸，可以减少撒放时弓弦刮到侧脸的概率（见图162）。靠箭有两大作用：一是极尽开弓之势，使"彀弓"成为可能；二是为瞄准提供依据，使"审的"成为可能。

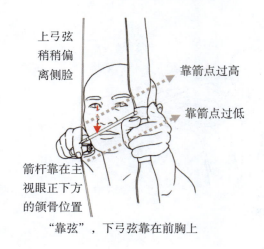
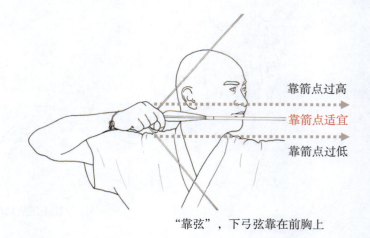

图162　靠箭位置图

五、彀弓

孟子说："羿之教人射，必志于彀，学者亦必志于彀；大匠诲人必以规矩，学者亦必以规矩。"后面两句是点睛之笔，把"彀"上升到开弓的规矩来看待了。又说："大匠不为拙工改废绳墨，羿不为拙射变其彀率。"这是强调规矩不能因人而异，教与学的人都必须遵守。

"彀弓"有两个条件：第一个是说人，是以射手骨节尽处而言，即无论人的高矮胖瘦，都要做到身体的骨骼支撑架构正直，并能有效地抵抗住来自弓的反作用力，此时是"人尽其力"。第二个是说弓，因为弓力的轻重以及弓身的长短必须与射手匹配，所以射手骨节尽处，弓也是张满了八九分的，此时就是"弓尽其用"了。同时满足了这两个条件的张弓状态，才可以称为"彀弓"。对于"彀"法，《武经射学正宗·捷径门》中有详细的阐述：

> 彀者，引箭镞至弓弝中间之谓，乃射之根本，巧妙之所从出也。惟彀，则前段审的工夫有所托，以用其明；后匀注之功有所托，以收中之效。倘引弓不彀，骨节未尽，肩臂俱松，犹不根之木，生意何由发？丧心之人，百务必不集，纵有巧法，安从施哉？世人讲射法者纷纷，但不讲所以彀之法，是舍本逐末，老而不精，故射之根本必先于彀。①

"彀弓"是有效发射的根本，也是射术熟能生巧的基础。"彀"的表征是箭头已经被拉到弓弝的中间（这里省略了两个前提，一个是弓的有效拉距与人的臂长匹配，第二个是箭长与臂长匹配，即只有满足这两个前提时，箭头被拉到弓弝的中间才是"彀"）。唯有"彀弓"之后，"审的"工夫有了稳固的依托才能明辨箭的偏正与高低，"匀注"（持续加力）有了稳固的依据才能收到射中的效果。开弓不彀，骨骼与关节没有形成直线支撑的结构（骨节未尽）而全靠筋肉支撑的话，则肩部耸起或者肘部弯曲，难以坚持稳固（肩臂俱松）。开弓不彀，犹如无根之树而了无生意，又如丧心之人故一事无成。因此，射箭必先讲求所以"彀弓"之法，不然则是舍本逐末，到老一场空而已。又说：

> 然彀法不同，有卤莽彀，有气虚彀，有泄气彀。夫卤莽彀者，引弓将彀时，将射镞露半寸许于弓弝外，临发时，急抽箭镞至弓弝中间而出，是全以气质用事，急于求彀，激动箭锋，矢发必不准，名曰卤莽彀。气虚彀者，引弓迅速，急抽箭镞至弓弝中间，不及审的，后手力量已竭，胆气俱虚，曾不能少留，随即发出，矢亦不准，名气虚彀，以形彀而气不彀也，此皆非彀之正法。②

但是，方法不同就会导致不同的所谓"彀弓"。引弓就要"彀"时，预留半寸箭头在弓弝之外，发射前急速将箭头抽到弓弝中间然后射出，故瞬间激动箭体，发射必不准，这是急于求成而意气用事的"鲁莽彀"；第二种是引弓迅速，急于将箭头拉到弓弝中间，来不及"审的"而后手乏力，随即发射，这是形彀而气力不彀的"气虚彀"，发射亦不准。还有一种"泄气彀"虽然没有说明，但

---

① ② 高颖《武经射学正宗》，杨修龄校定，明崇祯十年刻本。

可以顾名思义推断其过程是：初始引弓已"彀"，然而苦于骨节未尽，难以坚持，不及"审的"与"持固"（持续加力）就结构松懈，像泄了气的皮球一般，则发射不仅无力亦不准。这三种似是而非的"彀"法，皆非正法。接着说：

> 夫正法者，只有一条大路，世人不知，偶合其一二者有之，然非心知其善，亦未必能守也。及习射既久，病根渐增（骨不直之病），始之偶合者（偶然骨节稍直），亦稍消减（久射筋疲，始之骨稍直者，渐归不直），原归不彀矣。彀之大路云何？彀法根本全在前肩下卷，前肩既下，然后前臂及后肩臂一起举起，与前肩平直如衡，后肘屈极向背，体势反觉朝后，骨节尽处坚持不动，箭镞犹能浸进，方可言彀。①

真正的"彀"法有几个判断依据：（1）前肩稳固下压，肩臂平直；（2）后肘极力屈曲，肩背持续加力；（3）胸开背紧，有种体势朝后的感觉；（4）前后肩臂骨节尽处坚持不动；（5）箭头还能向着弓弣中间如水一般浸染而进。又说：

> 人之长短不齐，各以其骨节尽处为彀，则力大者不能太过，力小者不能不及，此天造地设之理。今人不知彀法，专恃力以引箭镞至弓弣为彀，骨节平直之法置而不讲。则就一人之身，一日之间，力亦有衰旺。夫人朝气锐，昼气惰，暮气归。气锐时，则力旺而彀，气衰则不彀矣。彀不彀，分而矢之远近亦因之，安有定衡乎？惟以骨节尽处为彀，则长人用长箭，短人用短箭；力大用劲弓，力小用软弓。矢镞俱引至弓弣中间为彀，方有定准。②

高颖先生最后特别批评了盲从"引箭镞至弓弣为彀"的人。箭有长短，臂长人用短箭，未及满开弓时，箭头已过了弓弣；臂短人用长箭，开到极尽处，箭头犹有余。这种以箭头拉到弓弣为"彀"的判断法显然是荒唐的。所以他说："惟以骨节尽处为彀，则长人用长箭，短人用短箭；力大用劲弓，力小用软弓。"即以射手极尽体势，人尽其力为满开弓作为前提，再匹配人力与弓力、臂长与箭长，然后说："矢镞俱引至弓弣中间为彀，方有定准。"因此说："人之长短不齐，各以其骨节尽处为彀，则力大者不能太过，力小者不能不及，此天造地设之理。"

"靠箭"是开弓的动作过程，而"彀弓"则强调开弓完成后的稳固的人弓系统结构——人尽其力和弓尽其用。射手唯有在"彀弓"的状态之中，才能从容"审的""持固"，能够从容"审的""持固"，然后才可以有射准的把握。下面从背面与俯视两个角度来分析"彀弓"应有的以及不应有的结构。

（一）彀弓应有的背面结构

如图163所示，彀弓时的人体应该建立一个以脊椎为基础的三角形支撑的张弓结构。"O"点是指左右肩胛骨稳稳固定在脊椎两侧的位置，"A"点是指推弓直线力及方向，"B"点是指拉弦直线力和方向。"OA"线表示推弓发力直线，"OB"线表示拉弦发力直线，"AB"（或"BA"）线则表示"靠箭""彀弓"时的推力与拉力的动态平衡直线，三条直线构成了一个稳固的三角形支撑结构"AOB"。

---

①② 高颖《武经射学正宗》，杨修龄校定，明崇祯十年刻本。

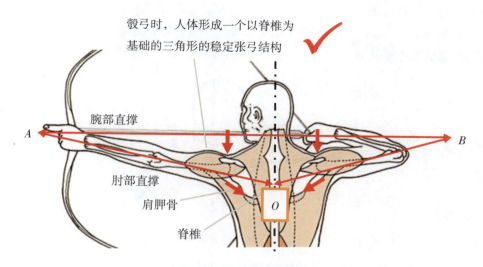

毂弓时，人体形成一个以脊椎为
基础的三角形的稳定张弓结构　✔

腕部直撑

肘部直撑

肩胛骨

脊椎

图 163　毂弓结构背面图

（二）毂弓不应有的背面结构

如图 164 所示，是推弓手肘部屈曲下沉，即肘部骨节未尽。肘部弯曲，推弓的支撑力全靠肌肉来维持，而肘部弯曲度的随机性以及肌肉疲劳都会破坏"OA"推弓发力直线的稳定，既然"OA"推弓发力直线不稳定，则推力与拉力的动态平衡直线"AB"也会相应地处于不稳定的状态，故都用虚线来表示。

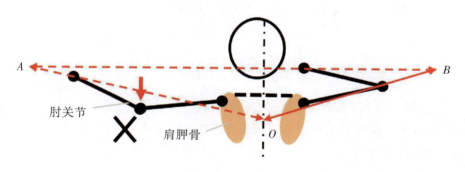

肘关节

肩胛骨

图 164　推弓手沉肘图

如图 165 所示，是推弓手耸肩，是前手肩关节未尽。推弓手耸肩，牵引肩胛骨离开脊椎而无法构成稳固的发力基础，使"OA"推弓发力直线变得过于紧张和不稳定，"OA"推弓发力直线不稳定，推力与拉力的动态平衡直线"AB"也会处于不稳定的状态，故都用虚线来表示。

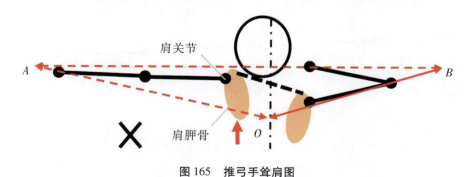

肩关节

肩胛骨

图 165　推弓手耸肩图

如图 166 所示，是拉弦手耸肩，是后手肩关节未尽。拉弦手耸肩，牵引肩胛骨离开脊椎而无法构成稳固的发力基础，使"OB"拉弦发力直线变得过于紧张和不稳定，"OB"拉弦发力直线不稳定，则推力与拉力的动态平衡直线"AB"也处于不稳定的状态，故都用虚线来表示。

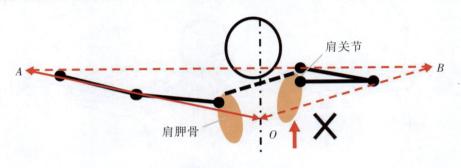

图 166　拉弦手耸肩图

如图 167 所示，是双肩均耸起，牵引双肩胛骨离开脊椎而完全无法构成稳固的发力支撑基础，使"OA""OB"发力直线都变得过于紧张和不稳定，则推力与拉力的动态平衡直线"AB"也处于极不稳定的状态，这种结构最为不稳。

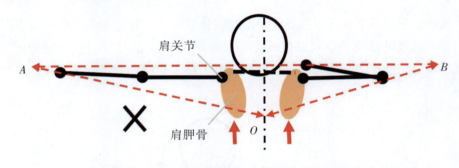

图 167　双肩耸起图

如图 164、图 165、图 166 和图 167 所示，是开弓时常见的现象，都会破坏推力与拉力的动态平衡直线"AB"，以致无法构成一个稳固的三角形支撑结构"AOB"。开弓都无法维持平稳，则"审的"和"射准"就无从谈起了，故上述四种开弓的状态都没有达到"彀弓"的要求。

（三）彀弓应有的俯视结构

从俯视的角度来看，图 168 所显示的是两侧肩胛骨呈直线排列的状态（见直线"CD"），并且

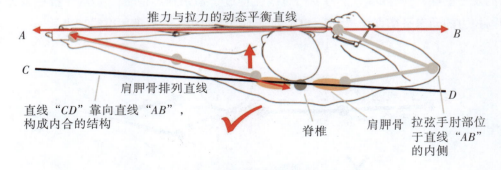

图 168　彀弓结构俯视图（一）

靠向推力与拉力的动态平衡直线"AB"，形成内合的结构。在靠箭的过程中，有意识地加强推弓手肩部关节下压和极力伸展，使肩部靠向箭杆就能形成这种内合的结构，这是极尽骨节的"彀弓"结构，在这个结构之中，就可以体会到高颖先生说的"体势反觉朝后"了。在生物力学上来说，这种结构最强最好。

　　如图169所示，是肩胛骨排列直线"CD"与推力与拉力的动态平衡直线"AB"平行，形成一个平衡的结构。这种"彀弓"结构在生物力学上也是强的，因为它充分利用了骨骼结构来支撑，不仅减少了肌肉的疲劳，而且有利于更有效和更一致地发射。

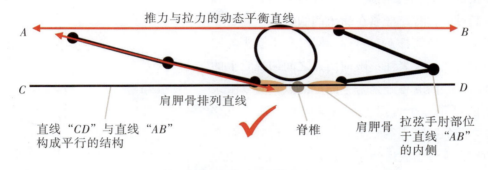

图169　彀弓结构俯视图（二）

（四）彀弓不应有的俯视结构

　　如图170所示，是骨节未尽的结构。此结构存在两大问题：第一，是推弓手肩部离开箭杆，使肩胛骨排列直线"CD"跟推力与拉力的动态平衡直线"AB"构成一个外张的结构，故其推弓直线力不稳定，进而影响动态平衡直线"AB"的稳定；第二，是拉弦手肘部位于动态平衡直线"AB"的外侧，肩部骨节未尽，不能有效支撑弓弦对拉弦手所产生的内合反作用力，也会破坏动态平衡直线"AB"的稳定。因此，图中均以虚线来表示。从生物力学上来说，这种结构最弱最差。

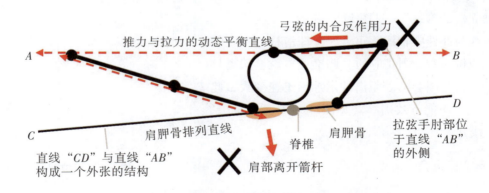

图170　骨节未尽的结构俯视图

六、审——箭杆审的法

要射准，首先要瞄得准。所谓准，包括方向正对的"直线准"和角度刚好的"角度准"，这是射准的前提。

鉴于弓箭结构的特性，可以将箭杆视为既是"子弹"又是"枪管"来达到有效瞄准的目的。因此，所谓的"箭杆审的法"是指利用箭杆来瞄准目标的方法。具体做法是：满弓后，将箭杆靠在嘴角的颌骨上，并处于主视眼的正下方，使箭杆正对目标，同时利用箭头与靶心之间的视觉距离（笔者注：眼前两点之间的视觉上的距离。瞄准时，眼前的靶心是一个固定的点，而双眼余光看到的箭头则是一个可以上下移动的点。箭头下移时，两个点之间的距离在视觉上延长了；上移时，两个点之间的距离在视觉上就缩短了。这两个点之间的距离就称为视觉距离）来调整瞄准的角度，在"靠箭"和"彀弓"的瞬间，一并确立"瞄准线"和"瞄准角"，这种瞄准的技术称作"箭杆审的法"。

（一）确立瞄准线

靠箭一侧的眼睛为主视眼，另一侧的就是辅视眼，主视眼的视线称为主视线，辅视眼的视线为辅视线。箭杆靠在颌骨位置，刚好在主视线的垂直正下方。

当主视线与箭杆中轴线重合时，箭杆就会正对目标，以此确立"瞄准线"（见图171–A的红色实线）。

当主视线与箭杆中轴线不重合时，即箭杆以一定的角度偏向左或偏向右，则相应的"瞄准线"就会偏离目标，并且偏离的范围会随着距离的增加而迅速变大，此时的"瞄准线"不能有效确立（见图171–B、图171–C的蓝色实线）。

（二）确立瞄准角

"瞄准角"是指靠箭瞄准时，箭杆与水平线之间的夹角，这个夹角的大小决定了发射角的大小，也就决定了箭体飞行的远近以及中靶的高低。所以，靠箭后必须在最短的时间内判断合适的"瞄准角"，并通过持续到位的训练来"记住"箭头到靶心之间的"视觉距离"，以维持"瞄准角"的一致性。

如图172所示，双眼注视靶心（见图172从眼睛到靶心的黑色实线）的同时，余光看到箭头投射至箭靶平面（见图172眼睛到箭靶平面的黑色虚线和箭靶下面的虚影示意箭头）。瞄准时，箭头

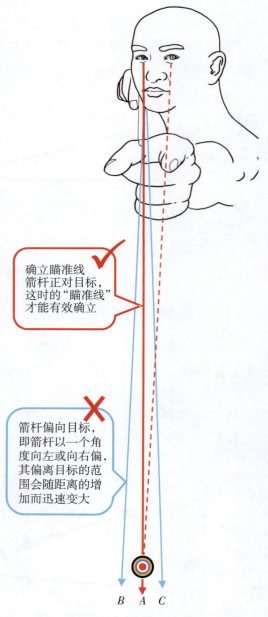

确立瞄准线
箭杆正对目标，这时的"瞄准线"才能有效确立

箭杆偏向目标，即箭杆以一个角度向左或向右偏，其偏离目标的范围会随距离的增加而迅速变大

B A C

图171　确立瞄准线

压在靶心下面适中的位置（即箭头与靶心之间的视觉距离适中），使箭体的抛物线飞行轨迹刚好通过靶心（见图172从箭头到靶心的红色虚线），以此来确立"瞄准角"。

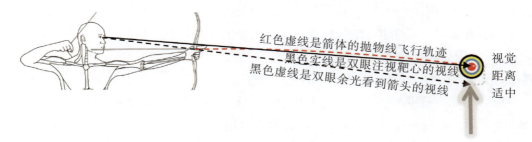

图172　确立瞄准角

如图173所示，双眼注视靶心的视线和余光看到箭头的视线重合为一，即在箭靶平面上看到箭头与靶心重合（箭头与靶心之间的视觉距离过短，甚至为零），导致箭体的抛物线飞行轨迹在箭靶上面通过（见图173从箭头到箭靶上面的红色虚线）。此时的"瞄准角"偏高。

图173　瞄准角偏高

如图174所示，如果双眼余光看到箭头投射至箭靶平面的位置过低（见图174眼睛到箭靶平面的黑色虚线和箭靶下面的虚影示意箭头），即箭头与靶心之间的视觉距离过长，导致箭体的抛物线飞行轨迹在箭靶下面通过（见图174从箭头到箭靶下面的红色虚线）。此时的"瞄准角"偏低。

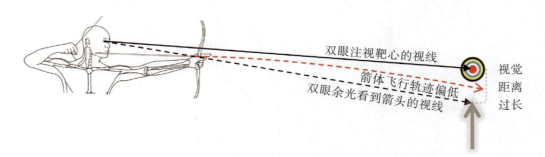

图174　瞄准角偏低

可见，"箭杆审的法"就是依据箭头与靶心两点之间的视觉距离来判断以及确立"瞄准角"的，其原则就是：视觉距离越长，则瞄准角度越小，箭体飞行轨迹越低；视觉距离越短，则瞄准角度越大，箭体飞行轨迹越高。根据此原则，在靠箭点和拉距都一致的前提下，箭着点过高时就压低前手，以加长视觉距离；反之，则抬高前手，以缩短视觉距离，直至找到合适的视觉距离。

（三）一个大前提

上述是关于"箭杆审的法"的具体运用方式，为射准建立一个有理有据的基础。然而，要在靠箭与发射之间顺利运用"箭杆审的法"的话，还有一个大前提就是：<u>用双眼来瞄准，即从"注的"直至"收心"，双眼始终全神贯注在靶心上。</u>

瞄准时，有些人会本能地闭上辅视眼，而只用主视眼来看目标。单眼看目标是可以起到一定的聚焦效果，但是也关闭了一侧眼睛的视野，使目标图像不够全面，甚至会导致目标瞬间丢失的尴尬情况。

如图175所示，开弓靠箭后，如果闭上辅视眼而只用主视眼看箭靶的话，就只能看到弓弭，因为箭靶被弓弭遮挡了（见图175－C"主视眼看箭靶的图像"），故常常看到射手歪着头往箭杆外侧

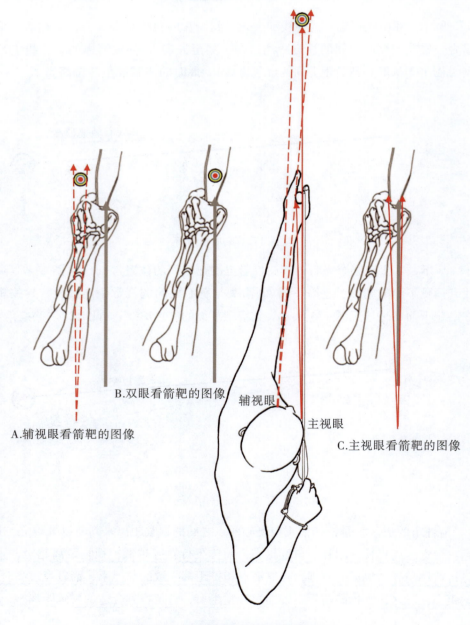

B.双眼看箭靶的图像

A.辅视眼看箭靶的图像

辅视眼

主视眼

C.主视眼看箭靶的图像

图175　单眼与双眼看箭靶的不同图像比较

探视箭靶。如果闭上主视眼而只用辅视眼看箭靶的话，虽然可以看清箭靶，但是感觉箭杆偏离箭靶而无法瞄准（见图175-A"辅视眼看箭靶的图像"）。只有双眼一起注视箭靶时，才能将两眼各自看到的图像重合，以形成一个立体而清晰的箭靶图像（见图175-B"双眼看箭靶的图像"），并以箭靶为依据来运用"箭杆审的法"。

笔者按：这里所说的主视眼并非从生理角度来讲的优势眼，是特指靠箭后箭杆正上方的眼睛而言，即由该眼负责主要的审视功能，而另一只眼则作为辅助。受遗传和生活习惯的影响，一般人都有其生理上的优势眼与辅眼，可能是左眼，也可能是右眼。优势眼所看到的东西会被大脑优先接受，并习惯性地利用其成像来分析和定位物体。因此，箭杆正上方的主视眼刚好又是优势眼时，则"箭杆审的法"容易掌握，也更利于瞄准与射准。反之，主视眼是辅眼的话则难。学射者必须明白这个道理，并充分利用自身的优势来练习，达到事半功倍的效果。判断优势眼的简便方法如下：两眼共同注视两米以外的一个小物体，接着平伸手臂与食指正对该物体，然后闭上一只眼睛。如果食指的位置没有变化，这只眼睛就是优势眼，而位置发生变化的眼睛则是辅眼。

开弓的过程中，双眼始终聚焦在靶心上，任由推弓手在眼前指向目标而不分神，即眼神不能转移到推弓手上或者箭杆上，只是用双眼的余光判断箭杆是否正对靶心以及箭头与靶心之间的视觉距离，这是正确与便捷运用"箭杆审的法"的关键要领。

（四）三个"一致性"

要射得准，除了上述审的法运用得当之外，还有维持下面三个"一致性"：

第一个是拉弦距离的一致性。在有效拉弦距离的范围内，拉距越大则弹力越大，发射会越高和越远；反之，则弹力越小，发射会越低和越近。所以，就算瞄准角度不变，拉距变化的话，发射也会时高时低，无从射准。

第二个是靠箭点的一致性。在推弓手高度不变的情况下，靠箭点越高（比如，靠在主视眼旁的颧骨之上）则瞄准角越小，发射会越低和越近；靠箭点越低（比如，靠在下巴之下）则瞄准角越大，发射会越高和越远。如果靠箭点随意变换的话，不仅"瞄准角"时大时小，连"瞄准线"也没法保证。因此，每次开弓都要将箭杆靠在嘴角的颌骨上，并处在主视眼的垂直正下方，以固定"审的"之依据。

第三个是视觉距离的一致性。"视觉距离"的长短与"瞄准角"的大小成反比例的关系：即距离越长则角度越小，发射会越低和越近；距离越短则角度越大，发射会越高和越远。所以，就算拉距和靠箭点都一致，如果"视觉距离"任意改变的话，"瞄准角"就会相应改变，同样是无从射准的。

"视觉距离"的一致性由推弓手（前手）的高低来决定，靠箭点的一致性由拉弦手（后手）的高低来决定，而拉弦距离的一致性则由"彀弓"和"持固"来决定。

七、固——发射前所要完成的最后动作

所谓"固"就是"持固"，是支撑开弓的身体结构持续稳固的意思，现代射箭叫作"持续加力"（Expansion）。"固"的持续加力与"审"的持续精准同时完成，即边"固"边"审"，边"审"边"固"，直至应机而发。

　　开弓进入到"彀弓"的状态时，其特征就是人与弓的相互作用力平衡，身体的骨骼架构有效地抵抗了来自弓的压力，以降低对肌肉群的要求。"彀弓"所建立起的直线支撑结构及力量方向，将会决定接下来的"持固"、发射以及发射后的"顺势撒投"（Follow – through）。

　　进入"持固"的阶段，肩背的核心肌群的强度逐渐增加，而双手可以相对地放松（如果扣弦手指和手腕过于紧张，则会影响肩背的持续加力）。核心力量从紧张的躯干延展到双臂肘部，再从肘部经手腕依次到达双手，所以双手应该松紧适宜，足够维持弓体稳定就可以了，过于紧张反而会影响到接下来发射的轻巧顺捷。"持固"的具体特征是维持三个有力：第一个是双脚扎实有力，有种十趾抓地的感觉；第二个是腰腹稳固有力，下腹部持续充实，会感觉到身体的力量和紧张度就在腹部的深处和臀部；第三个是肩背持续紧张有力，推弓手肩部持续下压，并向前增加其强度（尽管不可能向前移动），同时维持转肘后的状态，使推弓手保持稳固的直线支撑结构（见图176、图177以及"开弓呼吸法"内容的详细说明），而拉弦手肩部持续加力向后旋运加力，使肱二头肌的拉力充分作用于屈肘关节（见图178）。

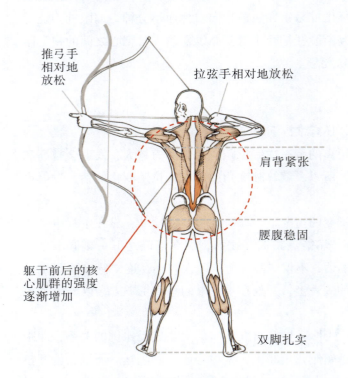

图176　持固核心力量背面示意图

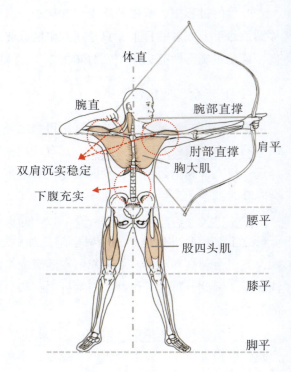

图177　持固核心力量正面示意图

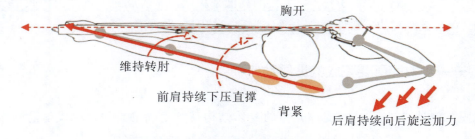

图178　持固核心力量俯视示意图

可以说，"固"是在"彀"的结构上逐渐加强核心肌群的力量的隐性动作，其关键点是"逐渐""直线"和"连贯"，也是射手在发射前所要完成的最后动作（Action），① 这个最后的动作决定了发射的状态以及精准度。

现代射箭技术很注重背肌发力以及持续加力，现摘录部分，以资参考：

> 背肌发力技术是三次荣获世界冠军的美国运动员麦金尼提出来的。所谓背肌发力技术是指运动员在开弓过程中，有意识地把意念集中在自己的背部，利用背部肌肉发力完成射箭动作。背肌发力的优点在于使整个射箭动作保持连贯、一致和稳定，并且能获得干净利索的撒放。……原韩国射箭队总教练朴敬来根据麦金尼背肌发力的新技术理论，运用解剖学和生物力学原理，更进一步地完善了背肌发力这种先进技术。他强调背肌发力并不仅仅体现在固势中，而是贯穿在整个射箭动作过程中，必须在举弓的时候就把意念集中在背部。
>
> 在参与射箭动作的骨骼和肌肉中，肩胛骨在背肌发力技术中是最重要的部位。因为肩胛骨是整个手臂的支点，忽视肩胛骨的作用就无法固定大臂和肩关节的位置。由于肩胛骨和大臂具有解剖关系，一般情况下抬大臂时肩胛骨也随之上移，这就导致在举弓时由于肩胛骨上提而耸肩，因此避免持弓臂耸肩最有效的方法就是从举弓动作开始在肩的正确位置上固定肩胛骨。其次是扣弦手，开弓时如果扣弦手的手指和手腕过分用力的话，很容易使整个开弓臂紧张，这时再强调背肌发力几乎是不可能的，正确的动作是手指扣弦的深浅要适当，手指和手腕不要过分用力，使整个开弓臂放松，是发挥背肌发力技术的前提条件。再一点必须强调的是开弓臂肘关节的正确位置。开弓时肘关节必须在与眼睛同高的位置上发力，这样才能便于使用背肌发力技术。……持续加力强调边固边瞄边加力，从开弓、固势到撒放整个过程不停顿，一气呵成。②

中国传统射箭技术中有类似经验的，《武经射学正宗·捷径门·论匀法第三》提出一个非常重要的关键技术——匀开。

> 匀者，前后肩臂分匀而开之谓，所以终彀之功，而启后轻注之功妙者也。今人当引弓既彀时，骨节尽而筋力竭，信手便发，何暇浸进而加匀之功？匀开之功不加，发矢时斟酌不清，所以矢之大小左右俱暇不顾。发矢一偏，则彀之工夫总为无用。此彀之后，当继之以匀，而匀开之功为最急。然匀之法，莫妙于用肩，而勿用臂，何也？臂之力小，而肩之力厚也。引弓既彀时，筋力已竭，欲使两臂分匀而开，势必不能。惟肩力厚，则能旋运而悠长。弓彀之时，臂力将尽，以肩力继之，前肩极力下卷，后肩坚持泻开，则箭镞从弓弣中间徐徐而进，如水之浸渍然，岂非匀之正法乎。今人当彀之后，只用臂力分开，臂之力小，如何能开？必将弹力一抽，箭镞急进，激动前臂，发矢必斜，前功尽弃。故曰：匀之法，莫妙于用肩，而勿用臂。古云胸前肉开背后肉紧者，此也。此匀下手工夫也。今人讲匀，不讲下手工夫，则说得行不得，说之何益？下手工夫，独得之秘，当为智者道也。③

---

① "Expansion is an action; in fact, it is the last action the archer completes, and thus the most important."（参考译文：持续加力是一种动作，事实上是射手所要完成的最后的动作，因此最重要。）KiSik Lee and Tyler Benner. 2009. Total Archery – Inside the Archer. CA：Astra LLC, p. 154.

② 何洋《我国优秀射箭运动员脑电特征的研究》，北京：北京体育大学出版社，2009 年，第 13 – 14 页。

③ 高颖《武经射学正宗》，杨修龄校定，明崇祯十年刻本。

高先生从动作部位以及如何动作来解释"匀"的概念，动作的部位是"前后肩臂"，动作是"开"，并且是"分匀"而开的，此工夫就称作"匀"。"分"是指肩臂一前一后同时用力，"匀"则指前后肩臂力量相同而方向相反所形成的一个动态平衡的开弓状态。此刻，"彀弓"的结构形神兼具，势力饱满，故说"所以终彀之功"。此状态就像水滴内的张力达到足够饱满的一刻，瞬间滴落，轻巧自然，故说"启后轻注之功妙"。因此，"匀"法在开弓发射之间起到承前启后的关键作用，即承继稳固的"彀弓"在前，启发射轻巧顺捷之机在后。①

他又从反面指出"匀"法的重要性。"彀弓"之后，如果不加力"匀开"，则骨节虽尽而筋肉难撑，来不及"审的"之偏正与高低（酙酌不清）便信手而发，又或者鲁莽而发（弹力一抽，箭镞急进，激动前臂），故得失无据，功亏一篑。所以，"彀弓"之后，一定要继之以"匀开"的工夫。然后具体说明"匀"之正法。"匀"法用力部位在肩，因为肩部厚实有力，还能够旋转运力。他将前肩下压形容为"极力下卷"，把后肩运力形容为"坚持泻开"，用"箭镞从弓弣中间徐徐而进"来描述"匀开"的迹象，用"如水之浸渍然"来比喻"匀开"的节奏和气势，引用"胸前肉开背后肉紧"来说明"匀开"的证验感觉。高颖先生的这个"匀开"法类似于现代射箭的持续加力技术，② 不但说法有理，而且"下手工夫"简易明白，先生用一句话总结："射贵刚中，刚蕴于内而柔出之，则发矢猛厉而能中节。"实在是独到而真切的体认。

八、一开四术

以上的"靠箭""彀弓""审的""持固"等四大核心技术都融合在开弓的动作过程之内，其中的"靠箭"与"彀弓"是显性的动作，是在开弓有力的前半段，因此容易做到位。而"审的"与"持固"则是隐性的动作，并且是在开弓乏力的后半段，所以容易一带而过或者心有余而力不足，不及"审的"和"持固"便草草了事。"审的"与"持固"虽然分说为二，事实则是合二而为一的，是一边"持固"一边"审的"，一边"审的"一边"持固"的。开弓时，没有"靠箭"，就无从"彀弓"；没有"彀弓"，就无从"持固"；没有"持固"，就无从"审的"；没有"审的""持固"，就无从射准。

九、开弓呼吸法

"呼吸的目的是维持血液中氧气和二氧化碳的稳态，从而保证人体有一定的活力。触发呼吸的因素和呼吸运动本身都是不受意识控制的，但是呼吸的频率和力度是可以通过意识控制的。"③ 也就

---

① 现代射箭技术十分重视持续加力的这种"承前启后"的作用，比如："Expansion, the small internal turning and increase of holding intensity to displace the arrow through the clicker, determines the final direction and control of the shot before the arrow leaves the bow."（参考译文：持续加力是指细微的内部转动和彀弓强度的增加，以迫使箭头后移通过"响片"，在箭体离开弓弦之前，它决定了发射的最后方向和控制。）KiSik Lee and Tyler Benner. 2009. Total Archery—Inside the Archer. CA：Astra LLC, p. 154.

② "Shot balance is everything：the bow arm must increase its intensity forward (though it is incapable of moving forward) as the drawing shoulder increases expansion intensity."（参考译文：发射平衡就是一切。在拉弦手肩膀持续加力的同时，推弓臂必须向前增加其强度，尽管不可能向前移动。）KiSik Lee and Tyler Benner. 2009. Total Archery—Inside the Archer. CA：Astra LLC, p. 160.

③ 爱丽丝·罗伯茨《DK人体大百科》，北京：电子工业出版社，2018年，第330页。

是说，呼吸是人体处于正常平静时的自主运动，以维持生命的活动，但在特定运动的过程中可以通过调整呼吸的方式和力度来满足需求。要达到有效控制呼吸，以提高开弓技术动作的效能，则必须了解呼吸运动。

（一）呼吸过程

"呼吸的过程，即气体进出肺的过程，是通过颈部、胸部和腹部的肌肉的协同运动来改变胸腔容积实现的。在吸气的过程中，新鲜空气吸入肺部；在呼气的过程中，废气被排到大气中。"[①] 在一呼一吸之间，氧气和血液中的二氧化碳在肺内近 5 亿个肺泡（提供约 70 平方米的表面积）中进行气体交换，[②] 机体完成了有氧代谢的过程，为人体运动持续供应能量。

（二）呼吸肌运动与胸腔变化

膈肌是最主要的呼吸肌，它是一个穹隆状的片状肌肉，分隔胸腔与腹腔。膈肌在胸部前接胸骨，后接椎骨，并与下六肋相连。只在用力呼吸时，位于肋间、颈部和腹部的多种辅助呼吸肌才参与呼吸。正常平静吸气时，膈肌收缩变平，增大胸腔的深度（即扩大胸腔容积），将空气吸入肺部。正常平静呼气是被动的过程，通过膈肌松弛和肺的弹性回缩完成。当需要更大的呼吸动力时，例如在锻炼身体的过程中，细胞需要更多的氧气来更有效地发挥功能，辅助呼吸肌收缩，从而增大膈肌的运动幅度，允许更深的呼吸。呼气和吸气时需要的辅助呼吸肌有所不同。"用力吸气时，膈肌与 3 个关键的辅助呼吸肌收缩（肋间外肌、斜角肌和胸锁乳突肌），这会显著增加胸腔的容积。用力呼气时，单靠膈肌和肺被动回缩是不够的，肋间内肌、腹外斜肌和腹直肌等辅助呼吸肌也参与收缩，以此用力地降低胸腔容积。"[③]（见图 179、图 180）

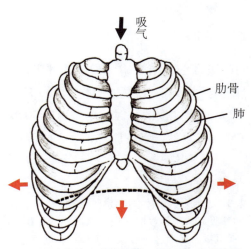

膈肌收缩，位置下降，增大胸腔垂直径，使胸腔容积增大，助吸气。肋间肌收缩，向上向外移动，胸腔扩大，助吸气。

图 179　吸气时胸腔和膈肌变化图

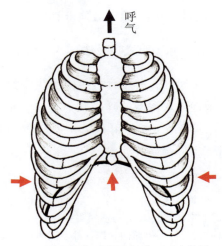

膈肌舒张，位置上升，减小胸腔垂直径，使胸腔容积减小，助呼气。肋间肌舒张向下向内移动，胸腔减小，助呼气。

图 180　呼气时胸腔和膈肌变化图

① 爱丽丝·罗伯茨《DK 人体大百科》，北京：电子工业出版社，2018 年，第 328 页。
② 爱丽丝·罗伯茨《DK 人体大百科》，北京：电子工业出版社，2018 年，第 326 页。
③ 爱丽丝·罗伯茨《DK 人体大百科》，北京：电子工业出版社，2018 年，第 328 - 329 页。

（三）有氧耐力与腹式呼吸方式

耐力是指人体持续进行某一体力活动（运动）的能力。耐力分为肌耐力和全身耐力两种。肌耐力，也称力量耐力或局部耐力，一般是指肌的持续收缩能力。全身耐力，又称有氧耐力或心肺耐力，这是通常意义的能力概念。"心肺耐力是身体素质的基础，反映机体有氧代谢能力、心肺功能水平和适应能力，是决定人体持续活动或运动能力最主要的因素。"① 射箭的开弓过程是全身（上下肢和躯干）主要肌群同时参与的动力性活动，属于有氧运动的形式，而适宜的呼吸方式和训练，可以提高运动时的吸氧量和机体氧化代谢的能力，改善身体的血液循环，增强体质和耐力。

一呼一吸是氧气与血液中的二氧化碳在肺泡中进行气体交换的过程，"为了提高换气效率，进行剧烈运动时主要应增加呼吸深度，呼吸频率不可增加过快"。② 因此，采用腹式呼吸的方式，可以让呼吸变得缓和、深沉而高效，同时减少了辅助呼吸肌不必要的使用以及不必要的耗氧量。③ 深沉而缓满的腹式呼吸方法是：闭嘴，用鼻深吸气，同时尽力挺腹；然后用口缩唇呼气，腹肌收缩。④ 适当延长呼气过程（吸气与呼气的时间比例为1：2），使呼气更加完善，减少肺泡内残气量。"缩唇呼气"是指呼气时将口唇拢似吹口哨状，使气体缓慢均匀地从双唇之间徐徐吹出。这种方法能提高呼气期支气管内压力，防止小气道过早塌陷闭塞，有利于肺泡气的排出⑤。

（四）双臂动作与呼吸的关系

吸气时，胸腔扩张并带动肩胛骨、锁骨以及上臂关节向上位移；呼气时，胸腔收缩并带动肩部向下位移。双臂上举或者向两侧伸展时，胸腔增大；双臂下垂时，胸腔减小。可见，双臂上举或者伸展时的胸腔运动方式与吸气时的胸腔运动方式相一致，双臂下垂时的胸腔运动趋势则与呼气时的胸腔运动趋势相一致，故向上举弓时吸气和向下开弓时呼气才合理。

（五）深慢腹式呼吸法

综上所述，并结合多年的实践体验，笔者把开弓时的呼吸方法总结为"深慢腹式呼吸法"。为了有效地进入深漫的呼吸状态之中，最好从"扣弦"动作就开始调节呼吸，具体过程如下：（1）"扣弦"后，闭嘴并用鼻深吸气，同时自然鼓起下腹部；（2）转头"注的"时，略微用口缩唇呼气，同时下腹部慢慢收缩；（3）"举弓"时，又闭嘴并用鼻深吸气，自然鼓起下腹部；（4）"开弓"过

---

① 戴红《人体运动学》，北京：人民卫生出版社，2008年，第201页。

② 中国国家体育总局：《射箭》（中国体育教练员岗位培训教材），北京：人民体育出版社，2001年，第190页。

③ "任何辅助肌的收缩，都不能明显增加肺的通气量。且辅助呼吸肌参与运动吸气时呈现抬肩、伸颈、收腹，呼吸表浅，频率加快，结果不仅没有增加通气量，反而大大增加了耗氧量。如果进行腹式呼吸训练，就可通过增大膈肌活动范围以提高肺的伸缩性来增加通气量，膈肌活动增加1厘米，可增加肺通气量250~300毫升，同时使浅快呼吸逐渐变为深慢呼吸。膈肌较薄，活动时耗氧不多，又减少了辅助呼吸肌不必要的使用，因而呼吸效率提高，呼吸困难缓解。"见戴红《人体运动学》，北京：人民卫生出版社，2008年，第217页。

④ "方法与步骤：如果取站位训练时……使身体稍前倾，亦有利于腹式呼吸的进行……。将左右手分别放在腹部和胸部，以感知呼吸时胸腹运动的起伏……。闭嘴，用鼻深吸气，同时尽力挺腹，腹部之手随腹壁上抬；然后用口缩唇呼气，腹肌收缩；同时腹部之手加压，以增加腹压，膈肌上抬。缓呼深吸，增加膈肌移动度，增加肺泡通气量。反复训练，每日2~3次，每次10~20分钟。熟练后逐步增加训练次数和时间，使之成为不自觉的呼吸习惯，并融入日常生活活动中去。"见戴红《人体运动学》，北京：人民卫生出版社，2008年，第217页。

⑤ 戴红《人体运动学》，北京：人民卫生出版社，2008年，第218页。

程中，呼吸又分为"呼""吸""屏"三个阶段。首先是在头顶上方水平张弓时，略微用口缩唇呼气，同时下腹部慢慢收缩，有助于下压推弓臂肩部，降低胸腔，并将力量维持在下腹部；接着"靠箭""彀弓"时，闭嘴并用鼻深吸气，同时下腹部鼓起，再次让身体充满新鲜的氧气和能量；在"审固"阶段则屏住呼吸，以稳固和控制住身体（见图181）。

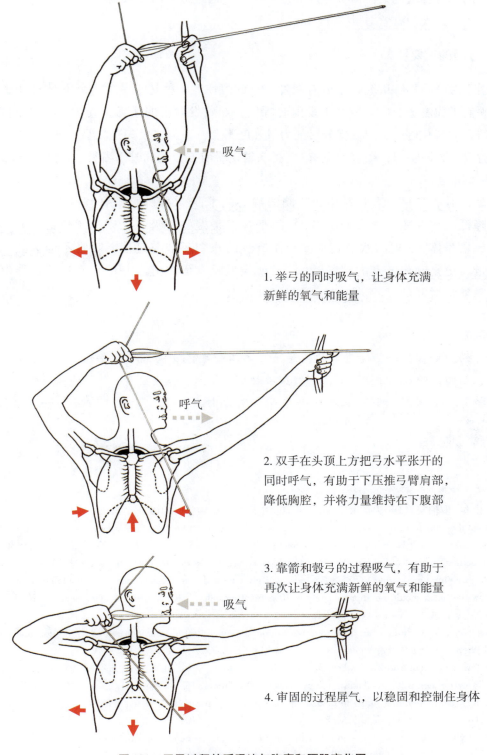

1. 举弓的同时吸气，让身体充满新鲜的氧气和能量

2. 双手在头顶上方把弓水平张开的同时呼气，有助于下压推弓臂肩部，降低胸腔，并将力量维持在下腹部

3. 靠箭和彀弓的过程吸气，有助于再次让身体充满新鲜的氧气和能量

4. 审固的过程屏气，以稳固和控制住身体

图181 开弓过程的呼吸法与胸廓和膈肌变化图

除了上述过程与方法之外，还要注意如下几个方面：第一，是呼与吸的时长比例约为 2∶1，即适当延长一些呼气的时间，以减少肺内二氧化碳的残留，为吸入新鲜的空气预留更多的空间；第二，是呼吸与动作的节奏要相互协调，使开弓的过程平和、顺畅而有力；第三，呼吸的气量并不是越多越好的，事实上也不可能做到尽吸尽呼的状态。人"平静呼吸仅需肺总容量的 10%"，[①] 正常情况下，一个人的肺总容量也只在 40%～60% 之间波动，通过适度的呼吸调节，70%～80% 的肺总容量就能给身体提供最大的有效力量。[②]

（六）呼吸的重要性

有些射手对呼吸不够讲究，主要有两种不良的习惯：一种是举弓后的余下时间里都屏住呼吸，使动作僵硬而不能流畅；另一种就是发射时呼气，导致发射虚弱无力。其实，在"审固"和"发矢"的阶段都要屏住呼吸，以确保开弓的力量强度不变，直至"发矢"之后一两秒，才徐徐呼出一口气，同时双手收回腰间，接着"正首"（把头转正看前方）的同时闭嘴吸气，然后恢复正常呼吸，为下一射做好准备。

有道是，射箭是一门需要专注和节制的静心艺术。[③] 深沉而节制的呼吸可以减少肾上腺素的分泌，降低心率并放松紧张的肌肉，[④] 故平静而缓慢的呼吸有助于控制焦虑不安，并在两次射箭之间放松身体[⑤]。射法八节是培养动作节奏的八个环节与过程，呼吸不但为技术动作提供足够的能量，更是动作节奏的"鼓动力"，就像风吹水面生涟漪一般。换言之，能够控制呼吸就能够控制整个射箭的过程，[⑥] 包括控制精神焦虑。

> 开弓要点：
> — 开弓的原则：第一，速度要快慢适宜；第二，弓体要满，人体要彀；第三，容色要平和；第四，动作要平稳；第五，呼吸要协调；第六，心志要专一。
> — 保持背部、臀部、小腿肚在同一平面，发力由下至上，做到"脚实"—"腰固"—"背紧"。

---

① 爱丽丝·罗伯茨《DK 人体大百科》，北京：电子工业出版社，2018 年，第 330 页。

② "Breathing should never use up the total capacity of the lungs. It actually takes great strength to fill the lungs to maximum capacity. Likewise, it is equally difficult to completely expel all air from the lungs. The greatest control is possible around a more medium amount of breath. During normal speaking, a person only fluctuates between 40 percent and 60 percent lung capacity. Breathing moderately, 70 – 80 percent will give the body the greatest amount of available strength. Before raising up the bow the lungs should be approximately at 40 percent capacity." KiSik Lee and Tyler Benner. 2009. Total Archery—Inside the Archer. CA：Astra LLC, p. 201.

③ "Archery is a meditative art that requires enormous concentration and control." KiSik Lee and Tyler Benner. 2009. Total Archery—Inside the Archer. CA：Astra LLC, p. 203.

④ "A few deep, controlled breaths can lower the heart rate, dissipate adrenaline, and relax tense muscles." Ki Sik Lee and Tyler Benner. 2009. Total Archery—Inside the Archer. CA：Astra LLC, p. 202.

⑤ "Calm, slow breathing helps to control anxiety and relax the body between arrows." Ki Sik Lee and Tyler Benner. 2009. Total Archery—Inside the Archer. CA：Astra LLC, p. 201.

⑥ "An archer who is always in control of his breath is an archer completely in control of the entire process of shooting." Ki Sik Lee and Tyler Benner. 2009. Total Archery – Inside the Archer. CA：Astra LLC, p. 203.

— 持弓手动作要领是"压肩"（肩窝呈 V 形下压状态）—"转肘"—"直腕"—"推弝"，拉弦手动作要领是"压肩"—"屈肘"，双手力量都发端于肩背，故双手不能过于紧张，不然会影响肩背发力。

— 靠箭有两大作用：一是极尽开弓之势，使"彀弓"成为可能；二是为瞄准提供依据，使"审的"成为可能。

— "靠箭"是开弓的动作过程，而"彀弓"则强调开弓完成后的稳固的人弓系统结构——人尽其力和弓尽其用。

— 要射准，首先要瞄得准。所谓准，包括方向正对的"直线准"和角度刚好的"角度准"，这是射准的前提。

— "箭杆审的法"有一个大前提：用双眼来瞄准，即从"注的"直至"收心"，双眼始终全神贯注在靶心上。只是用双眼的余光判断箭杆是否正对靶心以及箭头与靶心之间的视觉距离，这是正确与便捷运用"箭杆审的法"的关键要领。

— 要射得准，还要维持三个一致性：拉弦距离的一致性、靠箭点的一致性、视觉距离的一致性。"视觉距离"的一致性由推弓手（前手）的高低来决定，靠箭点的一致性由拉弦手（后手）的高低来决定，而拉弦距离的一致性则由"彀弓"和"持固"来决定。

— "固"是在"彀"的结构上逐渐加强核心肌群的力量的隐性动作，其关键点是"逐渐""直线"和"连贯"，也是射手在发射前所要完成的最后动作（Action），这个最后的动作决定了发射的状态以及精准度。

— 开弓采用深慢腹式呼吸法：举弓时，闭嘴并用鼻深吸气，鼓起下腹部；在头顶上方水平张弓时，略微用口缩唇呼气，下腹部慢慢收缩；"靠箭""彀弓"时，深吸气，鼓下腹；"审固"至"发矢"之后都屏气。

— 用呼吸控制整个射箭的过程，包括控制精神焦虑。

第七节　发矢

现在俗称的"撒放"动作，古称"发"。甲骨文的发字由两个表示脚的象形符号（止）、一个表示手的象形符号和一根长杆的符号组合而成，表达一个人站立着用手将长杆击发出去的意思，如投掷长矛或者长箭。而金文的发字则增加了弓的象形符号，明确表达为开弓发射的意思了（见图 182）。繁体的发字写作"發"，完全保留了古代造字的所有要素。

开弓审固之后就是发矢了，虽然只是一瞬间的事，但却是决定得与失的一瞬，故其中的学问很重要。顾镐《射说》说："射

图 182　古文"发"字

（取自高明《古文字类编》，第 359 页）

学至撒放，功夫尽矣，为诸法之总汇，如画龙之点睛"，① 现代射箭则认为"撒放是射手与弓保持联系的决定性的最后一刻"，② 决定了中靶与否的最后努力，否则功亏一篑。本节先摘录部分古代射书所记载的经验以及现代射箭的相关技术心得，然后再说明射道的发矢技术，裨益同道学者参考。

一、古代射书摘录与导读

（一）《教射经》（唐·王琚）

箭发则靡其弰，压其肘，仰其腕，目以注之，手以指之，心以趣之，其不中何为也。③

《教射经》是目前发现的最早的一本射术著作，对后世影响深远。④ "靡其弰"是指发射后，持弓手顺势转动弓弰，使上弓弰指向箭靶的意思。"压其肘，仰其腕"是指发射后，拉弦手肘部顺势向后向下压，腕部顺势上仰。"目以注之"即双眼注视靶心。"手以指之"是指发射的瞬间，前手维持对目标的指向。"心以趣之"即全神贯注、心无旁骛的意思。上述的相关动作要领均在宋代射书《弧矢谱法》中有详细的说明。

（二）《弧矢谱法》

《弧矢谱法》记载于宋代陈元靓所编撰的《事林广记》一书之中。书中《步射总法》一节图文并茂（见图183），并简明扼要地说明了王琚《教射经》中"箭发则靡其弰，压其肘，仰其腕，目以注之，手以指之，心以趣之"的内容。《前后手法》一节则引述宋朝太尉卢宗迈对相关动作术语的释义，⑤ 例如对"拨"字的注释：

《说文》云："侧手击物曰拨。"谓当以后手如击物之状，令臂与肩一般平直是也。

这是对发射后，拉弦手顺势而动的描述。又如"捩"字：

《说文》云："捩，扬也。"谓当以前手推弰，后手控弦，要如用力扬捩之状是也。

---

① 唐豪《清代射艺丛书》，上海市国术协进会，1940年，第21页。
② "The release, described only as the string slipping out and around the fingers, is the critical last moment when the archer remains in contact with the bow." KiSik Lee and Tyler Benner. 2009. Total Archery—Inside the Archer. CA: Astra LLC, p.164。
③ 张唯中《弓箭学大纲》，1934年，第183页。
④ 马明达教授的《中国古代射书考》一文中说："王琚《射经》是现存最早的射箭专著，唐以后被射家奉为射学圭臬，历代射书多有引述。现存版本也比较复杂，大致有唐杜佑《通典》本、宋《太平御览》本、元《说郛》本、明《武编》本、《稗编》本、清《图书集成》本等。书名也有不同，《通典》《太平御览》《武编》作《教射经》，《文献通考》作《射法注》，而多数称之为《教射经》。"
⑤ 陈元靓《事林广记》，北京：中华书局，1998年，第379页。

"扭捩"（音 niù liè）是指向相反的方向扭弯的意思，这是形容开弓时前后手的动作。又如"劈"字：

> 《说文》云："劈，断也。"谓当以后手摘弦，如绝断之状，翻手向后，仰掌向上，令见掌文是也。

"劈"（音 jué）是断绝的意思，形容拉弦手撒放弓弦时如"摘果子"一般的果断状态，以及之后的顺势跟随动作。又如"控"字：

> 《说文》云："控，掷也。"谓当以前手点弰，如掷物状，令上弰指的，下弰胛骨下是也。

这是描述持弓手转动弓弝使上弓弰指向目标的动作，其状态跟向前投掷东西一般。书中"极力遣箭"一节则是对发射动作要领的具体说明：

> 竦腰出弰，上弰画地，下弰傅左膊；后手仰腕，极力踔后肘过肋；摘后手向后，前手猛分，虎口着力向下，急捺转腕，以第四第五指紧钩弓弝，两肩凸出，则箭力倍劲。

"竦"（音 sǒng）字从"立"，从"束"，会意为约束直立的样貌。因此，"竦腰出弰，上弰画地，下弰傅右膊"就是身体挺拔直立，上弓弰向前投出，并画向地面，下弓弰傅于（附着在）左胳膊后面。"后手仰腕，极力踔后肘过肋"是讲拉弦手腕和肘部的具体动作要领。"摘后手向后，前手猛分"是强调前后手同步撒放的动作状态，即拉弦手果断顺势向后和持弓手"猛"地顺势转动弓弝，具体做法是：持弓手虎口着力向下的同时，急速转腕按压，并以无名指和小指一起紧钩住弓弝，使上弓弰指向目标。"两肩凸出"是指撒放后身体所呈现的"胸开背紧"（前胸打开和后背夹紧）的一种体感状态。接着以歌诀的形式概括如下：

> 弰去犹如搦断弝，箭发应同捻拆弦；
> 前弰画鞋后靠脊，极力遣出犹自然。

"搦"（音 nuò），是用力按压的意思，故"弰去犹如搦断弝"是形容上弓弰向前投去的形态犹如持弓手用力将弓弝按压断了一样。"捻"（音 niǎn），用手指搓转的意思，故"箭发应同捻拆弦"是形容拉弦手撒放弓弦的动作应该同手指搓转弓弦一般。"前弰画鞋后靠脊"就是上面"上弰画地，下弰傅左膊"的另一种描述而已。"极力遣出犹自然"是说箭发有力的同时，动作还要从容自然。

图 183　宋代发矢式

（取自陈元靓《事林广记》，第 378 页）

（三）《射史》（明·程宗猷）

全书图文并茂，内容丰富，包括：大射之仪、乡射之礼、周礼六官、射义、名射、弓矢录、射器图、射法直述并图等八卷内容。

> 余向得有成法，名曰凤点头，与正直审固之训，甚不相悖，第惧其法之非古也。一日阅《诗》，咏叔段善射①，有"抑纵送忌"之句。注云："放弓曰纵，以弓弰直指曰送"，且云："一纵便送，非两时事，此诗人咏叔段之善射，并咏其法之善"。与余指把撒放之法相吻合。②

程宗猷把自己的发射法叫作"凤点头"，虽然对技术自信，但还是担心此发射法并非古法。直至有一天阅读《诗经》，读到《郑风·大叔于田》中的"抑纵送忌"诗句以及上述相关的注释后，才真正释然，认为自己的"指把（箭靶）撒放"法与古法吻合。具体方法是：

> 左手虎口用力，手颈一直，弓弰前指贼人把子，如叔段之送，毋左毋右，量远近为高低，分上中下之别。右手反掌往后一带，如叔段之纵，毋先毋后，一齐用力，一纵便送，非两时事。使胸骨开，脊肉紧，弦声响而不滞，矢去疾而不偏，正中之妙，微乎微乎，在人自演极熟，乃得其奥耳。③

---

① 《诗经·郑风·大叔于田》："……叔善射忌，又良御忌，抑磬控忌，抑纵送忌……叔马慢忌，叔发罕忌，抑释掤忌，抑鬯弓忌。"见方玉润《诗经原始》，北京：中华书局，2006 年，第 207 页。
② 程宗猷《射史》，卷八《射法》，明崇祯二年刻本，第 1－2 页。
③ 程宗猷《射史》，卷八《射法》，明崇祯二年刻本，第 8 页。

发射的瞬间，持弓手虎口与手腕一并用力直推弓弣，使上弓弰前倾指向目标，就像《诗》中的"送"；拉弦手反掌往后一带，就像《诗》中的"纵"；而且强调两手"一齐用力，一纵便送，非两时事"。如图184所示，"凤点头"发射式的前后手动作幅度较小，不像上述宋代的大开方式。

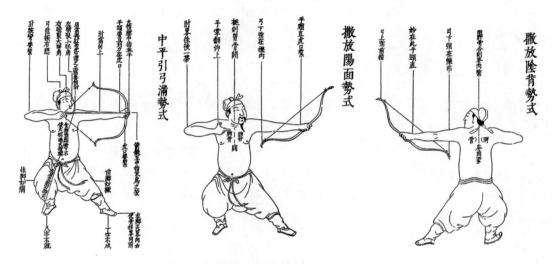

图184　凤点头撒放式

（取自程宗猷《射史》，卷八《射法》，第7-9页）

（四）《射书四卷》（明·顾煜）

前后手是否同步相应和一齐用力对于射准的影响，在明代《射书四卷·射法卷一·射论》一文中有独到的见解：

> 又发矢时，须两手齐分，前手一撇，后手一擞，不轻不重，无先无后，则矢疾而不偏。若中箭多在的左，必前手用力过猛；中箭多在的右，必后手用力过猛。故只要两手齐分，自然疾速，且不偏也。然前手之分，必自肩而臂而拳，一齐进力始得，若止用拳力，则矢非大即开矣。①

不但说明了前后手用力过大会导致箭着点是如何偏差的，并且还特别强调了持弓手发力的顺序和方式是"自肩而臂而拳，一齐进力"。而其中的《贯虱歌解》一文还对如何自然做到"上弰指的"进行了解释：

> 前弰击不知者。击者，非以拳击也，拳击则涉有心，箭非开即小。所谓击而不知者，盖后手放箭，前手依然凝住，弓之上弰，因其旷满不已之势，随其自然，轻轻向前直直一倒。如是，则上弰指的，下弰主牌，不去使作，而自然落膊垂头，轻逸中箭去直而且劲矣。②

---

① 顾煜《射书四卷》，明崇祯十年刻本，卷一之第7页。
② 顾煜《射书四卷》，明崇祯十年刻本，卷一之第45页。

前面使用"控""掷""搦""点""送""撒"等字来描述上弓弰指向目标的动作，这里则用"击"字。"彉"（音 guō）是指弓被拉满到极致的状态，使弯曲的弓臂储存了大量的势能，故撒放的瞬间，势能转变成强大的动能，使弓臂猛然回弹，而持弓手依然稳固，只是"随其自然，轻轻向前直直一倒"上弓弰，并不是有心用拳将上弓弰击发出去的，所以说"击而不知"，动作"轻逸"而"箭去直而且劲"。

（五）《射说》（清·顾镐）

持弓手动作应"轻逸"，而拉弦手亦然，其理由在清代的《射说》一文中说得明白在理：

　　今之所谓撒放者，即古人之谓发。今之撒放二字，非古意也。余尝论古人射学，于理当以前拳为体，后拳为用，所以志正体直至彀审固，而后止一发字尽之。其发时，务令前拳丝毫不动，即后拳之发，亦未尝用力，不过放弦如拨机，两指一分，微用其巧而已。亦并不如今人之撒，做出无限作势用力形状也。①

撒放动作古称"发"。所谓"前拳为体，后拳为用"，是说持弓手如枪体，拉弦手如扳机，前拳主稳固，后拳主轻巧。从"内志正，外体直"② 到开弓"彀"满，而后"审固"，而后应机而"发"，一气呵成。其关键要领是"前拳丝毫不动"和"后拳之发，亦未尝用力，不过放弦如拨机，两指一分，微用其巧"。接着解说拉弦手轻巧放弦的原理：

　　弓唯不能自用其力，乃藉人力之大小，对其轻重而开发之，以展其力。若必须人用力撒放之，始谓之有力，则但言人力可矣，又何必分弓力之轻重乎？如有人焉，能开数石弓，其出箭之劲锐能杀虎，若易以数斤之弓，其出箭远逊于两石弓之劲锐而不能毙犬。夫射者一人也，因弓力有轻重之分，而出箭遂有利钝之别，非数斤弓之撒放，用力不如前也，理固如是也。可见弓自有力，不在人于撒放时用力。③

弓体本身不能自行产生力量，必须由人力开弓而后发射来展现弓力的大小。如果必须靠人力来撒放才能展现发射力量的话，只看人力大小就好了，何必分弓力的轻重呢？比如，有人能够张开力重之弓，且出箭强劲锐利，能够杀死猛虎；若换成一把数斤力之弓，则出箭力弱，而不能杀死一条狗。同样一个人，因为弓力有轻重之分，故出箭才有利钝之别，这是由弓体自身的弹力大小来决定的，并非数斤弓的撒放力量不如重弓的撒放力量。可见，出箭之利钝迟速，并不在于撒放时的用力大小。接着说：

　　就弓力之轻重，配己力之强弱，以用其巧，使弓之本力毫无留蓄，以发现其自然之体，

① 唐豪《清代射艺丛书》，上海：上海市国术协进会，1940年，第17-18页。
② 《礼记·射义》："故射者进退周还必中礼，内志正外体直，然后持弓矢审固，持弓矢审固，然后可以言中。此可以观德行矣。"见孙希旦《礼记集解》，《十三经清人注疏》本，北京：中华书局，1989年（2007年8月重印），第1438页。
③ 唐豪《清代射艺丛书》，上海：上海市国术协进会，1940年，第18页。

无一丝勉强，故为神妙……。学者果能认定其理用功，以天枰悟出箭之高下，以使舵悟出箭之左右，知<u>力在弓而巧在人</u>之玄妙即得之矣。①

射手以自身力量的强弱来将就弓力的轻重，而后轻巧放弦，使弓臂所产生的势能毫无保留地转化成发矢的动能，无一丝勉强做作。一言以蔽之，就是"力在弓而巧在人"，而人之巧在"放弦如拨机"。

（六）《科场射法指南车》（清·刘奇）

那如何做到"放弦如拨机"呢？清代射书《科场射法指南车》有相关的阐述：

> 发机者，今之所谓撒放也。撒者撒手往后也，放者大指放弦也，二者法宜齐疾。若先放后撒，其病吐，先撒后放，其病脱。所以撒放之时，着与不着，其机皆发于此。故古曰发机者，是天机至神也，其节短，其势险。往往身势合法，而出矢不着者，发机误之也……。发机时，前肘平推，后肘平撒，一齐用力，不爽毫厘。后手发，前手固，运于内，不动于外，斯无失矣。发机无病，然后可以言中。②

所谓"发机"，是形容撒放动作的巧妙运用。"撒"是撒手向后的动作，"放"是扣弦拇指放弦的动作，两个动作要一齐而且迅速才能得法。如果先"放"弦后"撒"手，则出箭有"吐"的毛病，《射书四卷·射法卷一·射病解》说："吐，满而不压则不绝，后手先紧，出箭时反向前送也。"③ 即发射之前箭头先向前移动了，耗掉了部分动能，故发矢无力；如果先"撒"手后"放"弦，则放弦有"脱"的毛病，即拉弦手向后撒手时还紧扣着弓弦，导致弓弦离手时不能轻快干脆，反而像挣脱着离开一般。所以，就算身势合法而"发机"不得法，亦会出箭不中的。"发机"的瞬间，持弓手肘部依然保持向前平推之势，而拉弦手肘部则依然保持向后平撒之势，前后一齐用力，维持彀弓结构的平衡和稳固，故说"不爽毫厘"。<u>"运于内，不动于外"是说身体的核心力量渐渐加强，但外在却看不出明显的运动形迹</u>。而后，前手稳固，后手"发机"得法，才可以说有射中的把握。

二、古人发矢技术总结

从上述古代射书的记载可知，古人相当重视发矢的技术，用各有侧重的动词来描述前后手的动作，如描述前手的动词有"控""掷""搨""画""点""送""撒""击"等，描述后手的动词有"拨""劈""摘""捻""纵""擞""放"等等。除了具体的前后手动作之外，还强调"手以均之"（《教射经》）、"毋先毋后，一齐用力，一纵便送，非两时事"（《射史》）以及"<u>两手齐分</u>，前手一撒，后手一擞，<u>不轻不重，无先无后</u>"（《射书四卷》）的动作协调的重要性，即讲求均衡、同步、自然而不做作，如"<u>如蜻蜓点水，轻扬活泼；如瓜熟蒂落，全出天然</u>"（《武经射学正宗》）。

---

① 唐豪《清代射艺丛书》，上海：上海市国术协进会，1940 年，第 19 – 21 页。
② 唐豪《清代射艺丛书》，上海：上海市国术协进会，1940 年，第 74 – 75 页。
③ 顾煜《射书四卷》，明崇祯十年刻本，卷一之第 53 页。

三、现代射箭的撒放要领

本书参考英文射箭书 *Total Archery—Inside the Archer*，将有代表性的撒放技术要领概括如下：

第一，"很像撒放后的顺势撒投（Follow－through）动作一样，撒放是一个非主动行为（Non－action）——而是一个反应动作（Reaction）"，① 撒放动作"发生在持续用力（Expansion）和顺势撒投之间"，②"是对主动支撑（Active holding）和持续用力的一种反应，因此是一种结果（Effect），而不是原因（Cause）"，③ 正"因为撒放是一种反应动作，不是一种主动行为，所以在撒放中持续用力的错误就会暴露无遗，撒放只是做了持续用力所决定的事情"。④

第二，"撒放的本质是射手保持发射的平衡"，⑤ 而要做到发射的平衡，就要使"持弓手撒放必须与拉弦手撒放同步发生"，⑥ 因为"没有两手的同步撒放，则身体不得不吸收这动能而失去平衡，导致抛投持弓手、轻率撒放以及失去身体控制"。⑦ 要做到前后手同步动作的重要基础是"让'枪管式的直线支撑'（The barrel of the gun）和身体的核心成为箭的稳定发射平台"。⑧

第三，在建构稳定发射平台的基础上（边审边固，边固边审），拉弦手只是"放松对弓弦的扣压"，"让弓弦推开已经放松但仍然弯曲的手指"，"而肘部应该没有任何向前、向上或向外的运动"，⑨"如果肘部有任何向前的动作，那就说明发射失败了"。⑩ 拉弦手撒放的瞬间，"为了平衡发射的力量，当弓的动能向前抛射箭体时，任何剩余的动能必须由持弓手撒放将其从身体中向外抛射

---

① "Much like the follow－through, the release is a non－action—it is a reaction." KiSik Lee and Tyler Benner. 2009. Total Archery—Inside the Archer. CA：Astra LLC, p. 64.

② "Happening somewhere between expansion and follow－through." KiSik Lee and Tyler Benner. 2009. Total Archery—Inside the Archer. CA：Astra LLC, p. 165.

③ "The release is a reaction to the active holding and expansion energies and thus is an effect, not a cause." KiSik Lee and Tyler Benner. 2009. Total Archery—Inside the Archer. CA：Astra LLC, p. 165.

④ "Because the release is a reaction and not an action, errors of expansion will be revealed in the release. The release simply does whatever was dictated by expansion." KiSik Lee and Tyler Benner. Total Archery—Inside the Archer. CA：Astra LLC, p. 166.

⑤ "The essence of the release is characterized by the archer maintaining the balance of the shot." KiSik Lee and Tyler Benner. 2009. Total Archery—Inside the Archer. CA：Astra LLC, p. 168.

⑥ "The bow hand release must be synchronized with the string hand release." KiSik Lee and Tyler Benner. 2009. Total Archery－Inside the Archer. CA：Astra LLC, p. 168.

⑦ "Without synchronization of the two hands the body will have to absorb this energy, throwing off its balance, resulting in thrown bow arms, flyaway releases, and losses of body control." KiSik Lee and Tyler Benner. 2009. Total Archery—Inside the Archer. CA：Astra LLC, p. 168.

⑧ "Allowing the barrel of the gun and the core of his body to be the stable launching platform for the arrow." KiSik Lee and Tyler Benner. 2009. Total Archery—Inside the Archer. CA：Astra LLC, p. 168.

⑨ "The drawing elbow should show zero movement forward, up, or out, while the tensor muscles of the forearm begin to relax their grip on the string." and "The fingers cannot open in time to actively release the string—the string instead pushes its way through the relaxed, but still curled, fingers." KiSik Lee and Tyler Benner. 2009. Total Archery—Inside the Archer. CA：Astra LLC, p. 169－171.

⑩ "If there is ever any forward movement of the elbow, the shot has collapsed." KiSik Lee and Tyler Benner. 2009. Total Archery—Inside the Archer. CA：Astra LLC, p. 171.

出去"，① 其动作"是由持弓手腕猛地向下投掷而产生的向前发射动作，以平衡拉弦手脱离弓弦时所释放出的强大动能"。② "物理学告诉我们，急速投掷持弓手的动作更易于释放向前的动能，而不应企图吸收和控制它"。③ "必须非常清晰，持弓手撒放不是一个放松的动作，应该像用力将某件东西从身体处投掷出去"。④ "尽管持弓手腕向下急速投掷，但持弓臂不能下坠"。⑤ 就这样，"通过引导弓的动能向着箭靶，持弓手撒放平衡了强有力的向后的拉弦手撒放"。⑥

最后，有鉴于上述三点，射箭时最好不要想着撒放。"当射手开始想象撒放弓弦的时候，他会把他的支撑平衡力转移到手上，造成向前位移的撒放（即"吐"）和无力或不连贯的发射"。⑦ 因此，"射手的全部精神需要集中在他的支撑力强度和方向上（Holding intensity and direction），直至完成最后的顺势撒投动作上（The follow – through position）"。⑧

四、射道发矢法

要射中目标，首先要射到，即不能偏高或偏低；同时要射正，即不能偏左或偏右。是否射到，决定于力量传递的大小与稳定，即"瞄准角"与"发射角"（箭体的飞行角度）能否一致；是否射正，决定于方向引导的偏正与稳定，即"瞄准线"与"发射线"（箭体的飞行直线）能否合一。因此，发矢技术的高低不仅和熟练与否相关，更以技术合理与否为前提，否则"差之毫厘，谬以千里"。

从上述古今发射技术要领的描述中，我们可以看出其中的原理和原则是相同的。通过参考古今发矢技术的方式和要领，笔者对多种主要技术都进行了反复的实践和验证，最终形成了射道的发矢法，下面从"放弦发矢""顺势撒投"和"审固而后发"等三个方面来加以说明。

---

① "In order to balance the power of the shot, as the energy of the bow projects forward with the arrow, any remaining energy must be cast outside of the body with the bow hand release." KiSik Lee and Tyler Benner. 2009. Total Archery—Inside the Archer. CA：Astra LLC, p. 168.

② "The bow hand release, sometimes referred to as the bow hand 'sit', is the forward release of force caused by snapping the bow hand wrist in a downwards motion, balancing the powerful releasing forces of the draw hand coming off the string." KiSik Lee and Tyler Benner. 2009. Total Archery—Inside the Archer. CA：Astra LLC, p. 174.

③ "Physics tells us it is easier to release the forward directed force by snapping the bow hand down rather than attempting to absorb and control it." KiSik Lee and Tyler Benner. 2009. Total Archery—Inside the Archer. CA：Astra LLC, p. 174.

④ "It must be very clear this is not a relaxed motion; the bow hand release should be forced as if casting something away from the body." KiSik Lee and Tyler Benner. 2009. Total Archery—Inside the Archer. CA：Astra LLC, p. 174.

⑤ "Even though the bow hand is snapping downwards, the bow arm must not drop." KiSik Lee and Tyler Benner. 2009. Total Archery—Inside the Archer. CA：Astra LLC, p. 174.

⑥ "By directing the force of the bow out and forward at the target, the bow hand release balances out the powerful backwards release of the string hand." KiSik Lee and Tyler Benner. 2009. Total Archery—Inside the Archer. CA：Astra LLC, p. 178.

⑦ "The archer starts imagining releasing the string, he will transfer his holding balance to the hands, causing forward releases and weak or inconsistent shots." KiSik Lee and Tyler Benner. 2009. Total Archery—Inside the Archer. CA：Astra LLC, p. 165.

⑧ "The entire concentration of the archer needs to be on his holding intensity and direction, with an end goal of finishing at the follow – through position." KiSik Lee and Tyler Benner. 2009. Total Archery—Inside the Archer. CA：Astra LLC, p. 165.

（一）放弦发矢

如图185和图186所示，从"审固"到"放弦"直到"发矢"的整个发矢瞬间，作为发射平台的身体要尽量维持平衡稳固，持弓手没有上下或左右的移动，拉弦手肘部也没有任何向前、向上或向外的运动，只是放松对弓弦的扣压，让弓弦回弹的力量来推开已经放松的手指，即古法"放弦如拨机，两指一分，微用其巧"（《射说》），"放弦"的瞬间，箭体瞬即被弓弦激发出去。

1.审固　　2.放弦 弓弦推开手指　箭头前移　　合并示意图

图185　从审固到放弦的瞬间

1.发矢瞬间　　2.箭体离弦

弓弦回弹激发箭体时，前手坚持不动

图186　放弦发矢瞬间

（二）顺势撒投

如图187所示，拉弦手"放"弦的瞬间，随顺原先的拉力而惯性地向后"撒"手，完成拉弦手的撒放动作，即古法的"撒者撒手往后也，放者大指放弦也，二者法宜齐疾"。拉弦手撒放的同时，原先平衡稳定的开弓结构瞬间即被解构，所以，为了平衡发射的强大力量，持弓手也随顺弓弦向前激发箭体的趋势和力量，尽量维持持弓臂不动，而用手腕向下急速投掷，即古法"虎口着力向下，急捻转腕，以第四第五指紧钩弓弝"（《弧矢谱法》），引导多余的动能（激发箭体之后的剩余能量）投向箭靶，以有效完成持弓手的投射，并且平衡了拉弦手向

图187　撒放动作与"顺势撒投"过程合成图

后撒放时所释放出的强大动能。就这样，两手齐分，后手"撒放"，前手"投射"，不轻不重，无先无后，"如瓜熟蒂落，全出天然"（《武经射学正宗》）。在此技术的基础上，通过坚持不懈的训练，直至得心应手，以尽量维持"瞄准角"与"发射角"的一致，以及"瞄准线"与"发射线"的合一。

（三）审固而后发

可以说，射道发矢法是在维持"审固"（开弓持续用力的强度和方向）基础上的自然结果，以追求"力量传递的一致性"和"方向引导的一致性"。因此，从"审固"到"发矢"的过程，必须时刻将全部的身心放在技术动作的执行过程之中，而不是结果的得与失，即将注意力落实在"审"和"固"这两个技术要领上，一边"审"一边加强躯体的核心力量，以稳"固"身体结构和前后合力的直线平衡状态，边"审"边"固"，越"审"越"固"，然后前后直线平衡而发。如图188和图189所示，发射的瞬间，前手的"推弓合力"与后手的"拉弦合力"方向相反，力量相同，并且是作用在同一条直线上的，这是确保"瞄准线"与"发射线"合一以及"瞄准角"与"发射角"一致的理想的合力状态。然而，这种理想的合力状态是不容易保持的，内心稍有不正（比如一心求中、好强争胜、害怕弓弦刮脸或者打臂等心理活动）都会导致身体结构松垮和技术动作变形，而任何一个分力的改变都会干扰到合力的作用力方向，进而影响到箭体的飞行方向或者角度，发射的距离越远则偏差越大。

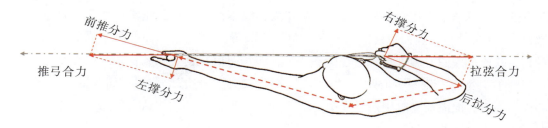

图188　确保方向一致的直线平衡示意图

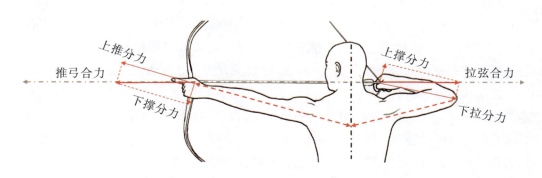

图189　确保角度一致的直线平衡示意图

当发射前的注意力不在得失之上，而是集中在"审固"的技术要领之上时，射手就有了坚定的决心和明确的方向，不再犹豫不决和患得患失了。这时的发射不是一心求中时的主动行为，而是完成"审固"后的反应动作，只是做了"审固"所决定的事情而已。此时的状态是心知所止。

《大学》说："知止而后有定，定而后能静，静而后能安，安而后能虑，虑而后能得。物有本末，事有终始，知所先后，则近道矣。"我们用滤水方法来做个比喻：要澄清一杯浑浊的泥水，最自然的方法是把水杯安放好（止），不要再去动它（定），然后可以看到泥水内部的扰动开始慢下来（静），等到内部的扰动完全停止时（安），泥沙等杂质开始沉降，先是粗的重的，后是细的轻的（虑），直至泥水分离，上清下浊，泾渭分明（得）。人心亦然。长期感物而动，内心不免混杂各种成见、情绪和欲望，就像一杯泥水一般，只有清浊程度的差别而已。一旦内心有所安顿，自然心是心，见是见，情是情，欲是欲，本心恢复清静主宰的状态，则世界焕然一新。所以说，做人做事从根本处入手，才能善始善终，知"止"为先因，知"得"为后果，如此做则接近于道了。

道理虽说如此，但是要做到的话，非要下一番"苦心志，劳筋骨"[1] 的工夫不可。《或问·对的不彀》（《射书四卷·射法卷一》）一文记载：

> 或问曰："张弓者，面墙而引，人人能彀，及对的，胡不彀者强半也？"曰："其弊有二。一则志在图中，旋引旋发，惟求速遣，不暇满引。一则引弓既满，用心审的，后手不固，随复吐出。然二病总是生疏中来，平日未尝攻苦，率意而射，所以临时主见不定，意思仓皇，顾此失彼。故面墙则无心于中，而引无不满，射的则一心求中，而失其故武矣。故必须熟娴，则能所向如意。"[2]

有人问道："面对墙壁开弓时，人人能够满弓，一旦面对箭靶，为何大多不能开满？"答案是：其问题有二，一是求中心切，急开急发，只求速放，故不及开满；二是满弓之后，过于用心瞄准和想着撒放（求中心切），反而把注意力转移到后手上，导致后手前移而开弓不满。然而，这些问题都是身心生疏所造成的，因为平时不曾认真苦练，随意习射，真要临场比赛之时往往心神不定，仓皇应对，顾了"身法"则失"心神"，顾了"心神"又失"身法"。所以，面对墙壁时则无心于中，而能够开无不满；面向箭靶时则一心求中，反而功亏一篑。故必须体认和熟习，以求身心贯通，才能所向无心，百发中节。

因此，面墙不失为一个有效的开弓训练方法，如果是可以撒放发矢的墙（如沙土墙、草坡或草堆墙等），则可以随时加练撒放技术。除此之外，还可以采用闭眼撒放的方式来练习，由3米左右的近距离开始，并在足够安全的前提下，渐渐增加距离。因没有视觉所引起的求中心的干扰（所谓眼不见则心净），射手能够获得更好的力量感和内心感觉，可以敏锐地觉察到身心的细微不足之处，提醒自己加以注意和修正，是非常高效的身心强化训练方法。此方法适用于所有技术阶段的练习，也适用于缺乏足够场地来训练的时候。

射箭是一种可以通过训练达到熟能生巧的技术性运动。初学时，注意力大都放在笨拙的身体动作之上，满心期望能够尽快漂亮地射出一箭，至于得失的程度就不必计较。经过一段时间的熟习之后，注意力就开始放在得失之上了，这时"射箭不是体能实力的考验，它是人心的考验了"。[3] "经

---

① 《孟子·告子章句下》："天将降大任于斯人也，必先苦其心志，劳其筋骨，饿其体肤，空乏其身，行拂乱其所为，所以动心忍性，曾益其所不能。人恒过，然后能改；困于心，衡于虑，而后作；征于色，发于声，而后喻。"见杨伯峻《孟子译注》，北京：中华书局，第276页。

② 顾煜《射书四卷》，明崇祯十年刻本，卷一之第36页。

③ "When it comes down to it, archery is not a test of man's physical prowess, it is a test of man's heart." KiSik Lee and Tyler Benner. 2009. Total Archery—Inside the Archer. CA：Astra LLC，p. 250.

过大量实践之后，射手开始期望其身体技能达到一定的表现级别。他突然间在乎起来了，他的执着主导了他的思想，无论是决心为了别人射好或者射得漂亮，或者更加简单，只是为了更好地打败别人以提高自己的自信，从现在开始，射手的期望成了他的限制因素"。① 所以，一旦面对箭靶就一心求中，而心切则导致技术变形，进而影响得与失，患得患失又使人焦虑不安，变得不再纯粹而自信了。

这时，射手应该将这种"结果导向"的心智模式调整为"过程导向"的心智模式，即在过程中遵循事情的本身而行动，用李小龙先生的功夫哲理来说就是"重点在于做事之过程而非结果。没有行动者只有行动本身，没有经验者只有经验本身"。② 由于"过程导向"的心智所关注的是会产生结果的相应行动，故射手必须从产生结果的源头上，即为了动作过程的"真善美"来射箭，并且"必须射好每一箭，就像已经练习了上千次一般，不用思考，坚强而自信，就像是内心的真实的表达"。③ 能够做到这样，则是一种返璞归真的蜕变，射手不再被结果之得失所左右，而是脚踏实地，力求每一箭的发射都是当下自主自由的结果，也即"射求正诸己，己正而后发"的具体实践。④ "求正"是工夫，"己正"是状态，但无论是工夫还是状态都不是泛泛悬空而谈的，而是在射箭的过程之中来讲求的，特别是在"有的放矢"之际兼顾身心——既是身法的到位，又是心神的安顿。

一言以蔽之，射道之"射"者"不射之射"也，⑤ 射求"正"，"不愿乎其外"，⑥ 而"中"在其中，发而不"中"，则不怨天尤人，反求"正"己而已矣。

发矢要点：

— 审固而后发。

— 放弦发矢，顺势撒投。

— 重点在于做事之过程而非结果。没有射箭者，只有射箭本身；没有经验者，只有经验本身。

---

① "After considerable practice the archer begins to expect a certain level of performance from his physical skill. Suddenly, he cares. His willful will pre-dominate his thoughts. Whether it is a determination to shoot well or beautifully for others, or more simply, to beat a personal best and improve his confidence, it is now the archer's desire to shoot well that is his limiting factor." KiSik Lee and Tyler Benner. 2009. Total Archery—Inside the Archer. CA：Astra LLC，p. 250.

② 李小龙《截拳道之道》，北京：北京联合出版公司，2014 年（2020 年 4 月重印），第 2 页。

③ "He must shoot his arrow as he has practiced it a thousand times：unthinking, strong and confident, a true expression of his heart." KiSik Lee and Tyler Benner. 2009. Total Archery—Inside the Archer. CA：Astra LLC，p. 253.

④ 《礼记·射义》："射者仁之道也。射求正诸己，己正而后发，发而不中，则不怨胜己者，反求诸己而已矣。"见孙希旦《礼记集解》，《十三经清人注疏》本，北京：中华书局，1989 年（2007 年 8 月重印），第 1448 页。

⑤ 《列子》："伯昏无人曰：'是射之射，非不射之射也。当与汝登高山，履危石，临百仞之渊，若能射乎？'"见杨伯峻《列子集释》，北京：中华书局，1979 年，第 52 页。

⑥ 《中庸》："君子素其位而行，不愿乎其外。素富贵行乎富贵，素贫贱行乎贫贱，素夷狄行乎夷狄，素患难行乎患难。君子无入而不自得焉。"见陈柱《中庸通义 中庸注参》，《历代文史要籍注释选刊》本，上海：华东大学出版社，第 18 页。

第八节　收心

"发矢"一节详细说明了如何发射，并强调"己正而后发"的原则，但是"己正而后发"并不能保证"发而必中"，故《射义》说"发而不中，则不怨胜己者，反求诸己而已矣。"射中而喜，不中则怨，这是一般人的近似本能的情绪反应，无论是"喜"还是"怨"都是自心被得失所牵引而"外放"了，于射无益亦无补，所以，应该反其道而行之——即"不怨"而"反求"。孟子说："学问之道无他，求其放心而已。"[①] 故特设最后一节名为"收心"，以明"有放心而知求"之义。这一节的动作非常简单，只有将双手收回腰间的"收手"和把头转正的"正首"而已，但重点在"收心反求"。"收心"是上一射的终点，又是下一射的始点，工夫全在"反求诸己"，为全新的下一射做好身心的准备。

一、动作过程

（一）收手

发矢后，保持"顺势撒投"之后的动作一两秒，然后呼气收手。呼气的同时，双臂一起下垂，并同步将双手收回至腰间。收手的过程中，双眼始终注视着靶心（见图190）。

图190　收手过程合并图　　　　　　　　图191　正首图

----

① 《孟子·告子章句上》："仁，人心也；义，人路也。舍其路而弗由，放其心而不知求，哀哉！人有鸡犬放，则知求之；有放心而不知求。学问之道无他，求其放心而已矣。"见杨伯峻《孟子译注》，北京：中华书局，2008年，第247页。

（二）正首

直至双手收至腰间后才把头转正，这叫作"正首"（见图191）。

二、反求诸己

"反求诸己"是中国文化的一大特点。《孟子·离娄章句下》说：

> 君子所以异于人者，以其存心也，君子以仁存心，以礼存心。仁者爱人，有礼者敬人。
> 爱人者，人恒爱之；敬人者，人恒敬之。①

君子与普通人的区别只在于以什么"存心"，君子存仁义之心，存礼敬之心。存仁之心则自然爱人，存礼之心则自然敬人。真正爱人的人，自然会被人恒久地爱戴；真正敬人的人，自然会被人恒久地敬仰。但是，一种善意的行动并不能保证有相应的反馈和回报，所以《孟子·离娄章句上》说：

> 爱人不亲，反其仁；治人不治，反其智；礼人不答，反其敬。行有不得者皆反求诸己，
> 其身正而天下归之。②

虽有爱人的举动，可是别人并不亲近自己，这时就要反省自己存仁之心是否真诚；虽有治理的措施，可是治理效果不好，这时就要反省自己的智慧是否足够；对人虽有礼貌，可是别人并没有相应的回答，这时就要反省自己的礼貌是否真诚。一个人的行为得不到相应的反馈时都要向自身反求，自身诚正而后天下人才会心服归附。

孟子说的君子之道同样适用于射箭之道。"君子以仁存心，以礼存心"就是《射义》说的"射求正诸己"，"仁者爱人，有礼者敬人"就是《射义》的"己正而后发"，"爱人不亲""治人不治""礼人不答"就是《射义》的"发而不中"，"反其仁""反其智""反其敬"就是《射义》的"反求诸己而已矣"。可以说，中国文化的安身立命的精神就是"求正而后动，行有不得则反求正己"，如此持续追求，虽然每一次的行动没能完美，但是一直在追求完美的过程之中。《射机八法·审》（《射书四卷·射法卷一》）说：

> 既发后，其中也，审所以中之妙；其不中也，审所以不中之病。注射而观之，清夜而
> 思之，得其妙而固守之，知其病而切戒之。开弓有获，百发百中者，得于心妙，而应于手
> 法，则然也。③

发矢之后，结果不外乎得与失。射中了，要审察所以射中的妙处；射失了，要审察所以射不中的病处。要专注在射箭之中来自我观察，以及在清闲之时反思得与失，得其妙处就要固守，知其病

---

① 杨伯峻《孟子译注》，北京：中华书局，2008年，第182页。
② 杨伯峻《孟子译注》，北京：中华书局，2008年，第152页。
③ 顾煜《射书四卷》，明崇祯十年刻本，卷一之第21页。

处就要切戒。总之，想要开弓有获甚至百发百中的话，必须熟练至身心相应（得于心妙，而应于手法）才有可能。那如何知道反求身心是否相应呢？其实，《礼记·射义》之中就有答案：

> 故射者，进退周旋必中礼，内志正，外体直，然后持弓矢审固，持弓矢审固，然后可以言中，此可以观德行矣。[1]

"内志"就是内心，首先心志要"正"，这是射箭的主宰性前提。接着是外在的身体要"直"，这是射箭的结构性基础。身心都处于正直的状态然后开弓，开弓靠箭之后还要完成"审固"两大技术要领。"审"是观察、判断与修正的技术，决定发射的方向和角度，"固"是躯干核心力量运用的技术，决定发射的力量与距离，做到"内正、外直和审固"然后才可以说有射中的把握，即把"射求正诸己，己正而后发"这一原则具体地落实到"内正、外直和审固"然后才发射。"此可以观德行"这一句话的言外之意则是：可以从"内正、外直和审固"这几个具体方面来做反求的工夫，概而言之，就是从"正""直""审""固"四大方面来反求诸己。

心"正"，体"直"，的"审"，身"固"，而后发射，则可以言中。心虽"正"，而体不"直"，则的难"审"，身难"固"，不可以言中；心虽"正"，体虽"直"，而的不"审"，身虽"固"，亦不可以言中；心虽"正"，体虽"直"，的虽"审"，而身不"固"，亦不可以言中；体虽"直"，的虽"审"，身虽"固"，而心不"正"，终亦不可以言中。由以上的关系可以看出，"正直审固"还是射中目标的四大变量，其中，"直"是发力做功的基础结构变量，"审"是观察、判断与修正的技术变量，"固"是躯干核心力量运用的技术变量，而"正"则是主宰性的根本变量。

总之，"反求诸己"不是泛泛地去反求，而是系统性地从"正""直""审""固"这四大方面来落实，从"心态"到"身法"去反求，从系统到局部去反求。每一箭都如此要求自己而后发，射后都如此反身而后求。射道的工夫落实处就是追求这四大变量越小和越少，就算一直不完美，但是永远在追求之中，所以说"一射一生，一生一射"。

收心要点：

— 工夫在"反求诸己"，为全新的下一射做好身心的准备。

— 从"正""直""审""固"四大方面来反求诸己。

— "直"是发力做功的基础结构变量，"审"是观察、判断与修正的技术变量，"固"是躯干核心力量运用的技术变量，而"正"则是主宰性的根本变量。重点在明察变量与控制变量。

---

[1] 孙希旦《礼记集解》，《十三经清人注疏》本，北京：中华书局，1989年（2007年8月重印），第1438页。

第二章　射式活用

传统步射方式除了常用的立射式之外，还有跪射、弓步射、马步射等射式，由射者根据需要来活用，但必须在夯实立射的基础上再行练习。

第一节　跪射

跪射又分"单膝跪射"和"双膝跪射"两种方式。如图 192 所示，射者左膝跪地支撑，对着下方开弓瞄准，这是典型的单膝跪射方式。再看图 193，是双膝跪地支撑，然后对着矮桌上的稻草靶开弓瞄准。

单膝跪射　　　　双膝跪射

射道除了立射式的"射法八节"之外，还有一套跪射的方式，可以单独用作"跪射礼"，也可以在射礼之中与立射进行组合。

图 192　单膝跪射（汉代画像砖）

图 193　双膝跪射

一、跪坐过程

如图 194 所示：直身站立后，身体略微后倾的同时，右脚掌蹭着地面后退到与左脚跟平齐的位置［图 194 –（1）］；然后双膝同时屈曲下跪，直至右膝着地［图 194 –（2）］；接着，左膝着地支撑［图 194 –（3）］；跟着坐在合并的双脚跟之上，然后先左后右地打开双膝，即双膝与合并之双脚掌形成一个等边三角形的平衡支撑结构［图 194 –（4）］。

（1）　　　　　　（2）　　　　　　（3）　　　　　　（4）

图194　跪坐过程图

二、搭箭扣弦过程

如图195所示：跪坐之后，持弓手将弓在身前竖起［图195-（1）］；下弓弰抵住地面，弓弦与地面垂直［图195-（2）］；持弓手转腕，使弓弦靠向胸部，为搭箭让出空间的同时，执箭手将箭头搭到持弓手拇指与食指之间［图195-（3）］；持弓手食指扣住箭头，反向转腕，使弓弦离开胸部并靠向箭杆的同时，执箭手顺着箭杆捋向箭羽，掌心朝下［图195-（4）］；持弓手不动，执箭手翻手捏住箭杆，掌心朝上［图195-（5）］；接着，持弓手放松原先扣住箭头的食指的同时，执箭手捏住箭杆推向弓弦，最后将箭杆与弓弦一并夹住［图195-（6）］，这是"搭箭"，之后就是"扣弦"。"搭箭""扣弦"的过程及要领与立射式的"射法八节"一样。

（1）　　　　　　　　（2）　　　　　　　　（3）

（4）　　　　　　　　（5）　　　　　　　　（6）

　图195　搭箭过程图

三、注的过程

如图 196 所示，扣弦之后，转头注视目标［图 196 -（1）］；接着，先左后右，将双膝并向身体中心位置，然后从挺起身体［图 196 -（2）］；左膝支撑，提起右膝的同时，提起右脚向右上方迈开，使右脚掌与左膝位于同一水平直线，而身体重心则维持在左大腿上［图 196 -（3）］。整个过程保持注意力不变。

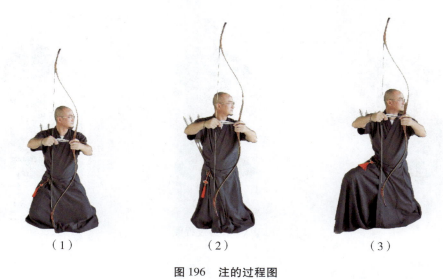

（1）　　　　　　　　　（2）　　　　　　　　　（3）

图 196　注的过程图

四、举弓、开弓、发矢过程

如图 197 所示，除了是单膝跪地支撑之外，举弓、开弓以及发矢的过程以及动作要领与立射式的"射法八节"的要求相同。

图 197　开弓过程图

五、收势过程

如图 198 所示，发矢后，维持注视目标，然后双手同时收回到腰的两侧位置，动作过程以及要领与"射法八节"的同样［图 198 –（1）］；接着，左膝支撑的同时，将右腿和右脚收回，并双膝支撑［图 198 –（2）］；重新回到跪坐的姿势，然后"正首"，准备下一箭［图 198 –（3）］。每一箭都如上述要领来动作，直至发射完毕。

（1）　　　　　　　　　　（2）　　　　　　　　　　（3）

图 198　收势过程图

六、起身过程

如图 199 所示，发射完毕，收势、跪坐、正首之后，先左后右，将双膝并向身体中心位置，然后挺起身体，再提起左膝和左脚，使左脚踏在右膝前［图 199 –（1）］，然后双脚支撑，挺立起身［图 199 –（2）］。

（1）　　　　　　　　　（2）

图 199　起身过程图

第二节　　正直为本

如图200～图202所示，这三张汉代画像砖所刻画的射箭场景生动、真实而合理。

如图200所示，是双膝跪坐在水岸边，向后倾身，并对着空中的飞禽开弓瞄准。

图200　跪坐高射图（汉代画像砖）

图201　跪坐仰射图（汉代画像砖）

如图201所示，是双膝跪坐在树底下，几乎是水平探身，并仰射树上的动物。

如图202所示，是站立在树底下，然后侧身对着树上的动物开弓瞄准。

图202　立身高射图（汉代画像砖）

图203　前弓步射箭图

这三张图所刻画的都是当时常见的射箭场景，所以生动而真实。射式和瞄准的角度虽然不同，但开弓动作都是一致的正直支撑结构（如图200～图202的十字虚线所示），即始终维持脊椎直线与开弓支撑力直线的正直关系，因此动作技术是合理的。

其实，不仅是立射和跪射，图203、图204的"弓步射"和图205的"马步射"，都要遵循同样的正直原则。射式可以因地制宜而灵活运用，但是开弓的结构必须以正直为本。

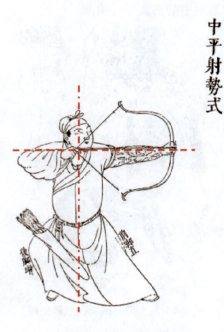

图204　后弓步射箭图

（取自程宗猷《射史》，卷八《射法》，第4页）

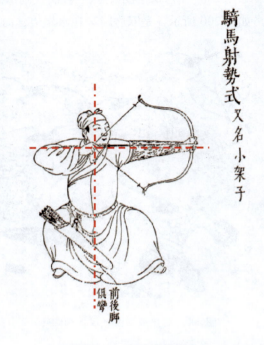

图205　马步射箭图

（取自程宗猷《射史》，卷八《射法》，第5页）

在大约 3000 年前的西周时期，射礼文化已经发展成熟，并且产生了"大射礼""宾射礼""燕射礼""乡射礼"等四种主要的射礼形制，成为"修身、齐家、治国、平天下"的有效措施，对政治和教育产生深远的影响。《仪礼》一书中还有《大射》和《乡射礼》两篇文章，详细记载了"大射礼"和"乡射礼"的射礼过程。《礼记·射义》说："射者进退周旋必中礼。"那么，"进退周旋必中礼"是如何在射礼之中体现的呢？本篇引用《乡射礼》的相关记载来说明古代射礼程式及其意义。

笔者倡导的射道，其文化源头是古代的射礼，但不是复古，而是继承其"郑重其事、谨慎而行和善始善终"的精神，然后借鉴其中可以直观表达出这些精神的过程与仪式，使射箭的过程升华为修身的工夫过程。因此，学习射道礼仪时要特别注意这些仪式所要表达的精神，比如：行躬身敬礼时，是由"诚意"去躬身的，即要躬出个"诚意"来；进退行走时，是由"慎意"去行走的，即要行出个"慎意"来。

第三篇

礼

第一章 礼的作用

我们中华文化发源于农业文明，自然讲求天时、地利以及人和等三者之间的关系，故文化侧重在人道，而中国的人道精神既平实又神圣，其立足点是在"礼乐"。可以说，礼乐是我们中国人安身立命的依据，是中国人之所以为中国人的文化基因。对礼乐文化感兴趣的话，可以研读《周礼》《仪礼》《礼记》等典籍。《礼记·乐记》说：

> 人生而静，天之性也。感于物而动，性之欲也。物至知知，然后好恶形焉。好恶无节于内，知诱于外，不能反躬，天理灭矣。夫物之感人无穷，而人之好恶无节，则是物至而人化物也。人化物也者，灭天理而穷人欲者也。于是有悖逆诈伪之心，有淫泆作乱之事。是故强者胁弱，众者暴寡，知者诈愚，勇者苦怯，疾病不养，老幼孤独不得其所，此大乱之道也。是故先王之制礼乐，人为之节。衰麻哭泣，所以节丧纪也；钟鼓干戚，所以和安乐也；婚姻冠笄，① 所以别男女也；射乡食飨，所以正交接也。礼节民心，乐和民声，政以行之，刑以防之。礼、乐、刑、政，四达而不悖，则王道备矣。②

人生而静，这是天赋的本性。感于物而动，这是本性的欲求反应。不断地感应事物而动，因而积累知识和经验（知知），然后产生好恶的情感。好恶之情在内心得不到节制，事物又不断地从外界诱惑人，如果不能反躬省察的话，天赋的本性就会灭绝了。事物的影响无穷，而好恶之情没有节制的话，人就会随着事物的影响而被物化了。所谓人被物化，就是灭绝了天性而穷极了欲求的状态。于是，就会产生悖逆、诈伪的心理，就会发生荒淫、作乱之事。因此，强者胁迫弱者，多数强暴少数，有知识的人欺诈愚昧的人，勇武的人害苦怯懦的人，有疾病得不到疗养，老幼孤独得不到应有的照顾，这就成了大乱的世道。有鉴于此，先王制定礼乐，使人用来节制自己的欲求。比如，制定丧服和哭丧的礼仪（衰麻哭泣），用来节制丧葬之事；设置钟、鼓、干、戚等乐器和舞蹈器具（钟鼓干戚），用来调和安乐享受之时；制定婚礼、加冠礼和加笄礼，用来区分男女；制定射礼、乡饮酒礼、食礼和飨礼（射乡食飨），用来规正社交之宜。用礼来节制民心，用乐来调和民声，以政令加以推行，以刑罚加以防范。礼、乐、刑、政四个方面都能够通达而不违背，则王道之世就具备条件了。

---

① 郑玄注："男二十而冠，女许嫁而笄，成人之礼。"冠，指冠礼；笄，音ㄐㄧ，指笄礼。
② 孙希旦《礼记集解》，《十三经清人注疏》本，北京：中华书局，1989 年（2007 年 8 月重印），第 984 – 986 页。

第二章 古代射礼程式与意义

　　在大约 3000 年前的西周时期，射礼文化已经发展成熟，并且产生了"大射礼""宾射礼""燕射礼""乡射礼"等四种主要的射礼形制，成为"修身、齐家、治国、平天下"的有效措施，对政治和教育产生深远的影响。《仪礼》一书中还有《大射》和《乡射礼》两篇文章，详细记载了"大射礼"和"乡射礼"的射礼过程。下面以《乡射礼》为例，摘要介绍古代射礼的程式以及其中蕴含的意义。

第一节　射前诸礼（合共 15 个程序）

1. 戒宾
举行射礼的主人上门邀请嘉宾出席射礼。

2. 设位
射礼前为各位嘉宾铺设好席位，以及陈设好饮酒器具等。

3. 张侯
树立"侯"（箭靶），安置"乏"（报靶人藏身避箭的屏风）。

4. 速宾
准备工作做好后，主人穿上礼服上门邀请嘉宾到场参加射礼。

5. 迎宾
主人在门外迎请嘉宾进场各就席位。

6. 主人献宾
主人向嘉宾敬酒。

7. 宾酢主人
嘉宾还敬主人。

8. 主人酬宾
主人给嘉宾酌酒劝饮。

9. 主人献众宾
主人向众来宾敬酒。

10. 举觯
主人的赞礼者一人举杯敬宾。

11. 献大夫

主人向大夫敬酒。

12. 大夫酢

大夫还敬主人。

13. 乐宾

奏乐娱乐宾客，所奏的乐歌，有《周南》的《关雎》《葛覃》《卷耳》，以及《召南》的《鹊巢》《采蘩》《采蘋》。

14. 献工献笙

主人向乐工敬酒。

15. 立司正

立司正（监礼者）以监礼，司正举杯敬宾以正其事。

第二节　第一番射礼（合共8个程序）

16. 司射请射

司射（主持射者）向嘉宾报告诸事已准备好，特来请求开始射礼。

17. 司射比三耦

司射选水平相近的两人合为一耦同射，合共三耦。

18. 司马命张侯、倚旌

射礼开始，由原司正担任司马（主持礼者）。司马命弟子张开箭靶，又命获者（报靶者）将旌旗倚放在箭靶的中间以示准备开射。

19. 乐正命迁乐

乐正（主持奏乐者）命令弟子将乐器搬迁至堂下。

20. 司射命拾取弓矢

司射命令三耦射者依次执弓挟矢，准备登堂进行射礼。

21. 司射诱射

司射诱导和示范射礼仪轨。

22. 三耦初射（获而未释获）

三耦射者依次揖让升堂，上射（射箭水平较高的担任上射）、下射（射箭水平较低的担任下射）依次发射四箭，获者分别唱获（大声报告射中箭数），但不计算成绩。

23. 司马命取矢设楅

司马命令弟子取回射出去的箭，又命弟子安置好用来盛放箭的器具（楅）。司马走到楅前将弟子取回的箭以四支为一组分配好，以便下一番射者前来取箭。

第三节 第二番射礼（合共11个程序）

24．司射请射、比众耦

司射再次升堂向嘉宾请求开始第二番射礼。下堂后，在众宾客中选水平相近的两人合为一耦同射。

25．司射命拾取矢

司射命令三耦及众耦射者依次执弓挟矢，准备登堂进行第二番射礼。

26．司射请释获、命设中

司射升堂向嘉宾请求从这番射礼开始要计算射箭的成绩（获而释获），并命令释获者（报告成绩者）安置好计算发射成绩的容器（中，里面有几十根用来计数的"筹"），并且教其如何使用每根"筹"来计数，以及如何报告胜负等事宜。

27．三耦再射（获而释获）

三耦依次进行第二番射礼。每射中一箭，释筹者（计算成绩者）用一根"筹"来计数。

28．宾、主、大夫、众宾射

三耦射毕，嘉宾、主人、大夫和众宾客也依次进行射礼。若射中，释筹者（计算成绩者）也分别计算各人的成绩。

29．司马命取矢

司马命令弟子取回射出去的箭，又走到"楅"前将弟子取回的箭以四支为一组分配好，以便下一番射者前来取箭。

30．司射视算

司射监视和指导释获者（报告成绩者）汇总成绩。

31．释获者告获

释获者（报告成绩者）在堂下将胜负结果报告给嘉宾。

32．饮不胜者

司射命令三耦依次揖让升堂，举行"饮不胜者礼"（即罚负方饮酒，以示鞭策）。礼毕，轮到宾、主人、大夫及众宾客中的负方被罚饮酒。

33．司马祭侯、献获者

司马在箭靶（侯）的左、中、右等三处以酒行祭礼，又向获者（报靶者）献酒。

34．司射献释获者

司射向释获者（报告成绩者）献酒。

第四节 第三番射礼（合共 10 个程序）

35. 司射请射

司射升堂向嘉宾请求开始第三番射礼。

36. 司射作拾取矢

司射使三耦及众耦射者依次执弓挟矢，准备登堂行射礼。

37. 司射请乐乐

司射升堂向嘉宾请求开始奏乐，以规范射礼的举止节奏。

38. 三耦乐射

第三番射礼时，乐工演奏《驺虞》乐章，所有射者必须应和着乐器演奏以及歌唱诗词的节奏来射箭，并且射中的才计算成绩。

39. 司马命取矢

司马命令弟子取回射出去的箭，然后走到"楅"前将弟子取回的箭以四支为一组分配好，以便下一番射者前来取箭。

40. 司射视筭

司射监视和指导释获者（报告成绩者）汇总成绩。

41. 释获者告获

报靶者报告射者所获得的成绩。

42. 饮不胜者

司射命令三耦依次揖让升堂，举行"饮不胜者礼"。礼毕，又轮到嘉宾、主人、大夫及众宾客中的负方被罚饮酒。

43. 司射命拾取矢退

司射命令三耦、嘉宾、主人、大夫和众宾客等依次取回弓箭，并交给有司。

44. 射毕退诸器

三番射礼之后，司马、司射命令撤退"侯""楅""中"和"筭"等器具。

第五节 射后诸礼（合共 7 个程序）

45. 旅酬

射礼之后，司马做回司正，监督举行旅酬之礼。

46. 举觯

主人的二位赞礼者向嘉宾、大夫举起酒杯（觯）致敬。

47. 彻俎

请嘉宾安坐，并撤去祭祀用的礼器。

48. 燕饮

主人与嘉宾、众宾客一起宴饮。

49. 送宾

主人到门外送宾。

50. 拜赐

次日，嘉宾到主人门外拜谢主人。

51. 息司正

次日，主人换上便服，邀请司正为宾，进行简单而隆重的慰劳礼。

上述所有程序是古代举办一次"乡射礼"的完整过程，笔者概括为 51 个程序，其中的三番射礼就有 29 个之多。第一番射礼只是让射礼的参与者熟习射礼的过程，并不计算成绩；第二番射礼就要讲求进退合乎礼仪和发射中的了，否则不计算成绩；第三番射礼则更进一步，进退合乎礼仪和发射中的之外，举止必须应和诗乐的节奏，要求同时做到"中礼""中节"和"中的"才算成绩。概言之，就是讲求"其容体比于礼，其节比于乐，而中多者"，① 古代射礼之不易可见一斑。《礼记·聘义》说："聘、射之礼，至大礼也。质明而始行事，日几中而后礼成，非强有力者弗能行也。"② 射礼过程耗时长，对德行与能力的要求高，只有坚强、康健而有能力的人才可以胜任，故孔子说："射者何以射？何以听？循声而发，发而不失正鹄者，其唯贤者乎！若夫不肖之人，则彼将安能以中？"③

中国古代射礼除了"三番射礼"和"诗乐节射"的特征之外，还有一个非常独特而有意义的程序——饮不胜者礼，《仪礼·乡射礼》记载：

> 司射遂袒，执弓挟一个，搢扑，北面于三耦之南，命三耦及众宾胜者皆袒、决、遂，执张弓；不胜者皆袭，脱决、拾，却左手，右加弛弓于其上，遂以执弣。司射反位。三耦及众射者皆与其耦进，立于射位，北上。司射作升饮者如作射。一耦进，揖如升射。及阶，胜者先升，升堂，少右。不胜者进，北面坐，取丰上之觯，兴，少退，立卒觯，进，坐，奠于丰下，兴，揖。不胜者先降，与升饮者相左，交于阶前，相揖，出于司马之南，遂适堂西，释弓，袭而俟。有执爵者。执爵者坐，取觯，实之，反奠于丰上。升饮者如初，三耦卒饮。④

在第二番和第三番比赛结果出来之后，都要进行"饮不胜者礼"，即罚不胜者（负方）饮酒的仪式。其过程如下：

1. 司射命准备

"司射"指负责射箭技术和安全督导的人。司射袒露执弓手的肩臂（袒），手执弓，挟一支箭，腰间插上一根类似戒尺的"扑"（搢扑），面向北站立在三耦射手的南边，命令三耦以及众宾中的胜

---

① 孙希旦《礼记集解》，《十三经清人注疏》本，北京：中华书局，1989 年（2007 年 8 月重印），第 1440 页。
② 孙希旦《礼记集解》，《十三经清人注疏》本，北京：中华书局，1989 年（2007 年 8 月重印），第 1465 页。
③ 孙希旦《礼记集解》，《十三经清人注疏》本，北京：中华书局，1989 年（2007 年 8 月重印），第 1448 页。
④ 杨天宇《仪礼译注》，《十三经译注》本，上海：上海古籍出版社，2004 年（2005 年 5 月重印），第 117 - 118 页。

方都要袒露肩臂（袒），佩戴指机（决）和护臂（遂），手执上了弦的弓；而后命令负方都要将袒露的肩臂披上衣袖（袭），脱下指机（脱决）和护臂（拾），右手把卸下弦的弓放在左手上，左手掌心向上，执持弓弣（执弣）。司射命令后返回原位。

2. 站立等候

"三耦及众射者皆与其耦进，立于射位，北上"。即各耦的胜方和负方一并向着北面，站立在等候升堂射箭的位置上。

3. 司射发令

"司射作升饮者如作射"。"作"是命令的意思，"升饮者"就是等候升堂饮酒的各耦射手，即司射对"升饮者"发出开始进行升饮仪式的命令。"如作射"是说，就像司射命令各耦射手开始升堂射箭一样。

4. 揖让升堂

"一耦进，揖如升射。及阶，胜者先升，升堂，少右"。各耦射手听到司射的命令后，第一耦先开始，两人像升堂射箭时一样，先作揖而后行进。来到堂下台阶时稍停，胜方射手先升，升堂后稍稍靠右站立，给负方射手让出升堂后站立的位置。

5. 负方饮酒

"不胜者进，北面坐，取丰上之觯，兴，少退，立卒觯，进，坐，奠于丰下，兴，揖"。负方射手升堂站立，接着前进，行到盛放酒杯的托盘前，向着北面跪坐，然后伸手取托盘上的酒杯，起立后，稍稍后退，站着把酒喝完，接着前进，再次跪坐，把酒杯放到托盘下，再起立，最后作揖。

6. 揖让下堂

"不胜者先降，与升饮者相左，交于阶前，相揖，出于司马之南，遂适堂西，释弓，袭而俟。"负方作揖后先下堂，然后是胜方下堂。这时第二耦射手正好升堂，大家在台阶前相交并相互作揖，然后第一耦继续行进，从司马的南面经过，最后走到射堂的西面，将弓安放好，把袒露的肩臂重新披上衣袖，安静等候。

7. 礼前备酒

"有执爵者。执爵者坐，取觯，实之，反奠于丰上"。协助射礼过程的工作人员中有专门负责备酒的人，叫作"执爵者"。在下一耦射手升堂前，执爵者会行到盛放酒杯的托盘前，先跪坐，然后给酒杯满上酒，重新放在托盘上。

8. 依次升饮

"升饮者如初，三耦卒饮"。各耦射手如前面的仪式一样，依次升堂完成这种"饮不胜者礼"。

一种比赛结束后，如何对待胜负是关乎社会价值观的认同问题，有深刻的社会意义，故兹事体大，需要慎重对待。现在的体育比赛都强调竞技争胜，提倡"更高、更快、更强"的体育精神，而赛后都是名誉及物质的双重奖励。其实，许多比赛项目的冠军成绩与其他选手的差距并不大，胜负的结果只是一时一地的结果而已，不一定是真实水平的反映，但待遇则有天壤之别，难怪各种作弊行为和技术层出不穷。这是典型的"争胜"和"争食"的价值观，将人类的动物性本能发挥得淋漓尽致。"饮不胜者礼"这种仪式则寓意深刻，并且充满人文的关怀，其亮点就在这个"饮"字上。古代的酒大多是用粮食所酿成，具有养生保健的功能，一般是供给老弱以及生病的人饮用，所以一个人喝酒的话，会让别人联想到此人因体弱而需要保养了。射礼比赛后，不是举行颁奖礼去褒奖胜方，反而是举行这种独特的"饮酒礼"，看起来像是惩罚负方饮酒，但是参与者和观众对其实质的用意都是心领神会的。通过这种特殊仪式，委婉地告诫和鞭策负方要注意身心的修养了。

射礼的整个过程有头有尾，礼敬的精神贯彻始终，体现"善始善终"的精神，其中的三番射礼对德行与技能的要求不断递进，蕴含"进德修业"之义，加上比赛后的"饮不胜者礼"，不但有调养身心的作用，更是彰显"君子之争"的精神，故孔子说："君子无所争？必也射乎！揖让而升下，而饮，其争也君子。"① 君子不是与世无争，只是不妄争而已。在射礼的过程中，无论是升堂射箭，还是射毕下堂，大家都要作揖和礼让。比赛后举行的"饮不胜者礼"，也是揖让而升堂，揖让而下堂的。射箭原本是一种竞技性、功利性都很强的运动，射手水平的高低就在瞬间见分晓，无从隐藏，无可推卸，得失之间甚至只有毫厘之差，故表面沉静的射箭，其实隐藏着最为强烈的"争胜"之心，最容易蒙蔽人。然而，在这最为危险的瞬间，恰恰就是切实下手，去做"克己复礼"工夫的最佳时机。有鉴于此，古代圣贤在射箭比赛的过程中，融入礼乐的精神和仪式，将"射箭"转变成"射礼"，将"争胜"转化为"争道"，将"小人之争"升华至"君子之争"。所以说，君子不是无所争，在讲求"其争也君子"的射礼之中，君子见义而勇为，当仁而不让，故曰"必也射乎"。

① 孙希旦《礼记集解》，《十三经清人注疏》本，北京：中华书局，1989 年（2007 年 8 月重印），第 1448 页。

第三章　中礼之义

《礼记·射义》说："射者进退周还必中礼。"那么，"进退周还必中礼"是如何在射礼之中体现的呢？下面以《仪礼·乡射礼》中"司射诱射"的环节为例来说明。① 所谓"诱射"，就是诱导射手应该如何进行射礼，即示范整个进退周还以及射箭的过程。

> 司射东面立于三耦之北，搢三而挟一个。

司射面向东方，站立在三耦的北面位置，腰带侧边插上（搢）三支箭，手挟一箭。

> 搢进，当阶，北面揖；及阶，揖。

司射先作揖（第一揖），然后向前行进；到达正对西阶（当阶）的位置时，面北又作揖（第二揖），然后行进；到达西阶下，又作揖（第三揖）。以上是升堂前的行进路线以及礼仪的要求——堂下前进时的"三揖礼"。

> 升堂，揖……

司射沿着台阶而升，升堂后先向北作揖（第一揖），然后继续行进。

> 当左物，北面揖；及物，揖。

当身体左侧正对"物"（十字形的射位符号，即起射点）时，左转身向北面作揖（第二揖），然后北行向"物"；到达"物"的位置时，又作揖（第三揖）。以上为升堂后的行进路线以及礼仪的要求——堂上前进时的"三揖礼"。

> 左足履物，不方足，还；视侯中，俯正足。

左足踏在"物"（射位符号）上，右足向前踏一步，接着左转身，面向西站立，然后向南转头，双眼注视"侯"（箭靶）的中心，然后俯视修正双足的站立姿态。

---

① 杨天宇《仪礼译注》，《十三经译注》本，第 104 页。

不去旌，诱射，将乘矢；执弓不挟，右执弦，南面揖，揖如升射；降……

司射示范射箭时，不用移去箭靶边上的旌旗。射完四箭后（乘矢），左手执弓弣，右手执弓弦，转身面向南作揖（第一揖），接着反向沿着升堂的路线，依次在堂上作揖（第二揖和第三揖），然后沿着台阶下堂。以上是射箭之后的退堂路线以及礼仪要求——堂上退堂时的"三揖礼"。

上述"司射诱射"环节的描述很具体，是"射者进退周还必中礼"的一种体现。其中的"三揖礼"寓意深刻，在每一个关键点上都是"先礼而后动"，颇有"君子谋定而后动"精神，以示"郑重其事"。进退周还之间有礼有节，一个"始终如一"的完整过程，可谓"善始善终"之精神的完美演绎。但是，这个充满仪式感的完整过程就必然是"中礼"吗？《论语·阳货第十七》中孔子说：

礼云礼云，玉帛云乎哉？乐云乐云，钟鼓云乎哉？①

孔子说，"礼"不仅是"玉帛"这些可以见到的礼物而已，"乐"也不仅是那些可以发声的钟鼓乐器而已。那么，礼乐的核心精神是什么呢？《论语·八佾第三》中孔子说：

人而不仁，如礼何？人而不仁，如乐何？②

人而不仁，则人心亡失，人心亡则没有真心诚意，如何体现礼的精神呢？人没有真心诚意，又如何体现乐的精神呢？所以，"中礼"还是"不中礼"，不仅看过程和仪式，关键还要看人的"存心"。《礼记·仲尼燕居》：

子曰："敬而不中礼谓之野，恭而不中礼谓之给，勇而不中礼谓之逆。"子曰："给夺慈仁。"③

没有诚意的"敬"，则质胜其文，所以失于鄙野；没有诚意的"恭"，则文过其质，所以失于便给；没有仁义的"勇"，则非礼而妄动，所以失于逆乱。"野"与"逆"还只是任情妄为而已，故为害浅而易察；"给"则饰外以悦人，欺人欺己，足以夺其本心慈仁之德，故为害深而不觉。因此，孔子特别提醒弟子们注意"给夺慈仁"。外在的举止是由内在的诚心诚意发出来的，就像《大学》的"诚意、正心、修身"这样一气呵成。因此，"中礼"更强调内心的"诚心诚意"，是"诚于中，形于外"的一种德行体现。

---

① 朱熹《四书章句集注》，《新编诸子集成》本，北京：中华书局，2012 年（2015 年 5 月重印），第 179 页。
② 朱熹《四书章句集注》，《新编诸子集成》本，北京：中华书局，2012 年（2015 年 5 月重印），第 61 页。
③ 孙希旦《礼记集解》，《十三经清人注疏》本，北京：中华书局，1989 年（2007 年 8 月重印），第 1267 页。

第四章 射道礼仪

　　笔者倡导的射道，其文化源头是古代的射礼，但不是复古，而是继承其"郑重其事、谨慎而行、和善始善终"的精神，然后借鉴其中可以直观表达出这些精神的过程与仪式，使射箭的过程升华为修身的功夫过程。因此，学习射道礼仪时要特别注意这些仪式所要表达的精神，比如：行躬身敬礼时，是由"诚意"去躬身的，即要躬出个"诚意"来；进退行走时，是由"慎意"去行走的，即要行出个"慎意"来。下面介绍射道的基本礼仪。

第一节　　射道礼服

　　射道礼服是进行射礼时所穿的正式服装，是笔者依据古代"深衣"①的某些文化元素并结合射箭的实际需求而设计制作的。如图206所示，此礼服上衣下裳相连，保留"深衣"被体深邃之意；下裳用十二幅上窄下宽的布裁缝而成，以应十二个月，即时时不懈之意；袖口短而窄，以不碍弓弦；交领如矩，以应方；衣和裳的背缝上下直通，以应直；裳下齐整如权衡，以应平；腰带松紧适度，以应节。此礼服在适合射箭的前提下，蕴含"规矩""平直""自律"之义。

交领如矩，以应方

摺三挟一，志在四方

背缝上下直通，以应直

十有二幅，以应十有二月

束带，以应自律

下齐如权衡，以应平

图206　射道礼服与持弓执箭图

　　① 《礼记·深衣》："古者深衣盖有制度，以应规、矩、绳、权、衡。短毋见肤，长毋被土……制十有二幅，以应十有二月，袂圆以应规，曲袷如矩以应方，负绳及踝以应直，下齐如权、衡以应平。故规者，行举手以为容，负绳、抱方者，以直其政，方其义也……下齐如权、衡者，以安志而平心也。五法已施，故圣人服之。故规、矩取其无私，绳取其直，权、衡取其平。故先王贵之。"见杨天宇《仪礼译注》，《十三经译注》本，上海：上海古籍出版社，2004年（2005年5月重印），第1379－1381页。

第二节　礼服穿法

　　如图207所示。披上礼服后，右手拿住右衣襟最边上的系带，左手拿住左衣襟里面的系带［见图207－(1)］。右手将系带连同右衣襟掩向身体左侧，然后把两条系带打一个活结系紧［见图207－(2)］。右手拿住衣襟右腰上的系带，左手拿住左衣襟最边上的系带［见图207－(3)］。左手将系带连同左衣襟掩向身体右侧，然后把两条系带打一个活结系紧［见图207－(4)］。

（1）　　　　　　（2）　　　　　　（3）　　　　　　（4）

图207　礼服穿法图

第三节　束带系法

　　礼服系带长300厘米，宽7厘米，用四层与礼服同质的布料裁缝而成。如图208所示。

（1）　　　　　　（2）　　　　　　（3）　　　　　　（4）

图208　束带系法图

　　将系带对折［见图208－(1)］，将对折点放到后腰上，然后左右手拿住系带两侧［见图208－
(2)］，把两侧系带交叉扣压到前腹上［见图208－(3)］。

　　将扣压在里面的一侧系带上翻，然后左右手一起把两侧的系带缠绕到后腰上，并用右手拿住
［见图208－(4)］，左手拿住前腹上系带的交叉点［见图208－(5)］，接着两手顺着逆时针的方向
将系带前后的交叉点调整过来［见图208－(6)］。

　　双手拿住系带两侧，并收紧系带［见图208－(7)］，把系带在前腹上打一个活结［见图208－

（8）］，左手拿住活结和里面的系带，保持系带松紧适度，然后右手拿着右侧的系带绕进系带里面［见图208－（9）］，将右侧的系带往下拉直［见图208－（10）］。

换右手拿住活结和里面的系带，左手拿住左侧系带［见图208－（11）］，然后把系带绕进系带里面，并往下拉直，使下垂的两侧系带同样长［见图208－（12）］。

将右侧的系带上翻，并向左侧绕进系带里面，把活结盖住，伸出来的部分顺着向左拉直［见图208－（13）］，然后把左侧的系带上翻，向右侧绕进系带里面［见图208－（14）］，同样是盖住活结的位置，伸出来的部分顺着向右拉直［见图208－（15）］，接着，把两侧伸出的部分顺着系带绕进、拉出和整理，直至系带两端位于腰的两侧或者后腰的两侧位置［见图208－（16）］。

第四节　躬身敬礼

在射礼进退过程中的"起止点""中转点"的位置都要行"躬身敬礼"，以表达敬重之意。如图209所示，双脚平行合并，挺拔直立［见图209－（1）］。保持脊椎与颈椎挺直的同时，上身稍稍前倾，目视前下方，呈现"磬折"之势［见图209－（2）］。①

（1）　　　　　　　　　　　　　　　（2）

图209　躬身敬礼图

---

① 《礼记·曲礼下》："立则磬折垂佩。"见孙希旦《礼记集解》，《十三经清人注疏》本，北京：中华书局，1989年（2007年8月重印），第106页。

第五节　搭箭敬礼

　　射前，站在射位上，对目标行"搭箭敬礼"，表达"修身为弓，矫思为矢，立义为的"的精神和慎射之意。双脚平行合并，挺拔直立，然后搭箭［见图210 –（1）］。保持双手位置不变的同时，向目标行躬身敬礼，目视前下方［见图210 –（2）］。

　　　　　　（1）　　　　　　　　　　　　　　（2）

图210　搭箭敬礼图

第六节 执弓敬礼

　　射毕，站在射位上，对目标行"执弓敬礼"，表达慎终如始的精神。如图211所示，双脚平行合并，挺拔直立，先右手执弓弦，拇指在上，其余四指在下［见图211 –（1）］，然后与左手一起把弓在胸前竖起，双手与肩同高［见图211 –（2）］。保持双手位置不变的同时，向目标行躬身敬礼，目视前下方［见图211 –（3）］。

　　　　（1）　　　　　　　　　　（2）　　　　　　　　　（3）

图211　执弓敬礼图

第七节　步行礼

对于进退时的步行法，笔者参考了《礼记·曲礼下》说的"行不举足，车轮曳踵"的方式，①即是说：行走时，双脚掌不离地面，而是交替蹭着地面，并拖着脚后跟而行，就像车轮总是压着地面行走一般。笔者认为，这种蹭着地面行走的方式来源于生活，比如，行走在湿滑的地面上，或者经过独木桥时，人就会自然而然地做出类似的反应动作。这是一种面临危险时的本能式的谨慎反应，而古人则将此本能式的谨慎反应加以规范化，以求在仪式的过程中传达出"如履薄冰"和"谨慎而行"的精神追求。礼仪要求如图212和图213所示，前进时先出左脚，后退时则先退右脚，身体始终保持挺拔端正。

图212　前进过程合成图

（前进时先出左脚）

图213　后退过程合成图

（后退时先出右腿）

---

①　《礼记·曲礼下》："执主器，操币、圭、璧，则尚左手，行不举足，车轮曳踵。"郑氏曰："重慎也。尚左手，尊左也。车轮，谓行不绝也。"见孙希旦《礼记集解》，《十三经清人注疏》本，北京：中华书局，1989年（2007年8月重印），第105页。

自修射礼

第八节　自修射礼

"自修射礼"是指结合射道礼仪和"射法八节"所进行的个人修习过程。此射礼包括以下三个过程。

（一）进场礼的过程

先在"起止点"面向"射位"行"躬身敬礼"［见图214－（1）］，然后行进到"射位"［见图214－（2）、图214－（3）、图214－（4）］，先出左脚，接着左右脚掌交替蹭着地面而行，站在"射位"面对目标行"搭箭敬礼"［见图214－（5）、图214－（6）］。礼毕，右转身45度角，同时右脚向右上方跨一小步［见图214－（7）］，接着，再右转身45度，同时左脚与右脚合并站立［见图214－（8）］，转头看目标［见图214－（9）］，低头看左脚贴着地面滑向"起射点"，并定位［见图214－（10）］，左脚定位后，身体重心马上移到左脚上，同时右脚并到左脚旁［图214－（11）］，接着，右脚向右开一大步，双脚跟的距离与肩膀同宽，或者略宽一些，双脚掌成60度夹角站立［图214－（12）］。

图214　进场礼过程图

（二）射箭的过程

接下来是"扣弦"［见图 215－（1）］、"注的"［见图 215－（2）］、"举弓"［见图 215－（3）］、"开弓"［见图 215－（4）］、"发矢"［见图 215－（5）］、"收心"［见图 215－（6）、图 215－（7）、图 215－（8）］等动作过程，将第一箭射出。然后，抽出第二箭放在右腰上，以准备好第二箭的"立身"姿态，并按照"射法八节"的过程完成第二箭的发射，第三箭和第四箭亦然。

（1）　　　　　（2）　　　　　（3）　　　　　（4）

（5）　　　　　（6）　　　　　（7）　　　　　（8）

图 215　射箭过程图

（三）退场礼的过程

从最后一箭的"收心"姿态［见图 216－（1）］开始进行退场的过程。先将身体重心移到右脚上，同时左脚合并到右脚旁［见图 216－（2）］，随即左转身并左跨步踏在"射位"上［见图 216－（3）］，接着右脚与左脚合并，站立面对目标［见图 216－（4）］；用右手执弓弦［见图 216－（5）］，

（1）　　　　　（2）　　　　　（3）　　　　　（4）

（5）　　　　　（6）　　　　　（7）　　　　　（8）

（9）　　　　　（10）　　　　　（11）　　　　　（12）

图 216　退场礼过程图

左右手一起把弓在胸前竖起，双手与肩同高［见图 216－（6）］，然后向目标行"执弓敬礼"［见图 216－（7）］；礼毕，将弓和右手放回原位，准备退场［图 216－（8）］；先退右脚［见图 216－（9）］，而后退左脚［见图 216－（10）］，左右交替退回到"起止点"的位置站立［见图 216－（11）］。最后，面对目标行"躬身敬礼"［见图 216－（12）］。

同修射礼

第九节　同修射礼

　　"同修射礼"是在熟习"自修射礼"的基础上而进行的两人为一组的修习过程。此射礼继承古代射礼中"比耦而射"的精神，所谓"耦"就是两人一组来合作，"比"就是比较两人的水平，让较高的担任"上射"并站在前面，而较低的担任"下射"并站在后面，在两人共同进退和依次射箭的过程中去体会团队合作的核心精神——与另一自立自强的个体合作。

　　此射礼的主要过程如图 217 所示：①"上射"和"下射"站在"起止点"位置，一起面向目标行"躬身敬礼"［见图 217－（1）］；②一起行进到"射位"时，面向目标行"搭箭敬礼"［图 217－（2）］；③礼毕，一起完成"转身—跨步—并立—转头看目标—低头左脚定位—右脚并左脚—右脚开

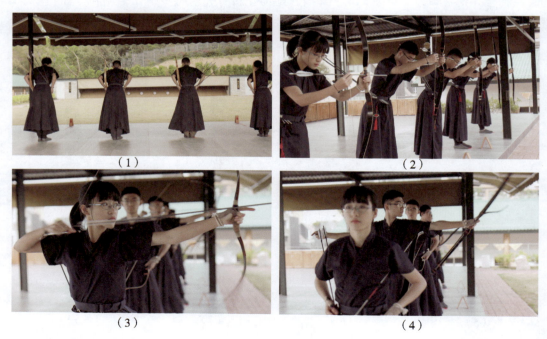

（1）　　　　　　　　　　　　　　　（2）

（3）　　　　　　　　　　　　　　　（4）

（5）　　　　　　　　　　　　　　　　（6）

图217　同修射礼过程图（UIC新闻公关处同事拍摄的视频截图）

立"等动作（参看"自修射礼"）；④"下射"继续保持"搭箭"的动作，在后面等待"上射"先
射第一箭；⑤"上射"射毕第一箭，双手收回腰间，正首，并抽出第二箭放在腰间做准备时，"下
射"才开始做"扣弦"等动作，直至射出第一箭；⑥等"下射"射毕第一箭，双手收回腰间，正
首，并抽出第二箭放在腰间做准备时，"上射"开始做"搭箭"等动作，直至射出第二箭；⑦如是
一人射一人等，两位射手依次发射四箭［见图217-（3）、图217-（4）］；⑧"上射"射毕四箭，
先行完成"退场礼仪"，并回到"起止点"位置等候"下射"［见图217-（5）］；⑨等到"下射"
回到"起止点"后，两人一起面向目标行"躬身敬礼"［见图217-（6）］。

第十节　射礼路线图

　　古代射礼要"升堂"射箭，射毕"降堂"原路返回，因而射礼的过程记载有"揖进"（先向
东作揖，然后向东行进），"当阶，北面揖"（正对西阶的位置时，向北作揖），"及阶，揖"（行
到西阶下，向北作揖），"升堂，揖"（升堂后，向东作揖），"当左物，北面揖"（行到正对左边
的射位时，向北作揖），"及物，揖"（行到射位时，向北作揖）。射毕，"右执弦，南面揖"（右
手执弓弦，站在射位上向南作揖），"揖如升射，降"（依照升堂时的路线原路退堂与降堂返回，
并在升堂时的作揖地点向南作揖）。这是古人因地制宜的设计，礼仪的重点不在具体的场地，如
"台阶""堂上""射位"等，而在于面对重要地点时的"作揖"，以表达礼敬的精神。
　　有鉴于此，笔者实践射礼的教学时，重点在继承"敬重""慎行"的态度和"君子之争"的精
神，场地则随处制宜，而不是勉强去复古。下面是我们进行射礼实践的场地和进退路线的说明。

（一）日常练习路线图

　　日常练习时，无论是"自修射礼"还是"同修射礼"，皆从"起止点"与"射位"两点之间进
退。如图218所示，站在"起止点"向着"射位"行"躬身敬礼"，然后行进到"射位"。在"射
位"行毕"搭箭敬礼"后，如图219所示开桩，侧面对着目标开步立身。

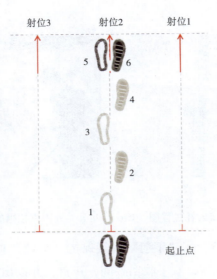

图218 日常练习进场路线图

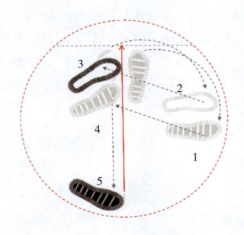

图219 射前开桩过程图

图220 射毕收桩过程图

　　射毕，如图220所示收桩，正面对着目标并脚站立。在"射位"行毕"执弓敬礼"后，如图221所示，退回到"起止点"站立，然后向着"射位"行"躬身敬礼"。

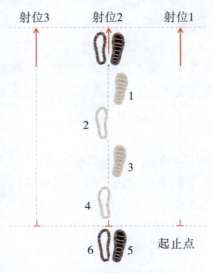

图221 日常练习退场路线图

（二）正式射礼路线图

进行正式射礼时，进退过程增加一个"中转点"，因而也增加相应的过程礼仪。

首先，增加了进场过程的"转身敬礼"。如图222所示，站在"起止点"向着"射堂"行"躬身敬礼"，接着前进，行进到"中转点"时，90度左转身站立，面向"射位"行"躬身敬礼"，然后向着"射位"行进。

具体的动作过程如图223所示：到达"中转点"时，先出右脚［见图223－（1）］，然后45度角左转身，同时左脚跟并右脚跟，两脚掌成90度夹角［见图223－（2）］。接着，再左转身45度，同时右脚与左脚合并，面向"射位"站立［见图223－（3）］。最后，向"射位"行"躬身敬礼"［见图223－（4）］。

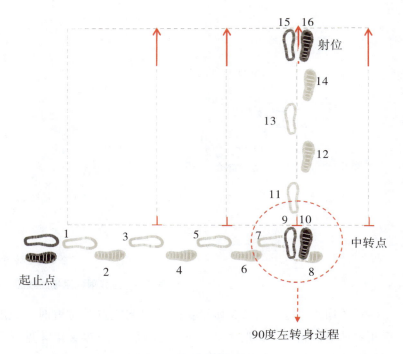

图222　正式射礼进场路线图

（1）　　　　　（2）　　　　　（3）　　　　　（4）

图223　转身敬礼图

其次，增加了退场过程的"回身敬礼"。如图224所示，在"射位"面对目标行"执弓敬礼"，接着后退，退到"中转点"时，向着"射位"行"躬身敬礼"，然后90度左转身，随即出左脚向着"起止点"行进。行至"起止点"时，180度回身并脚站立，最后面向"射堂"行"躬身敬礼"。

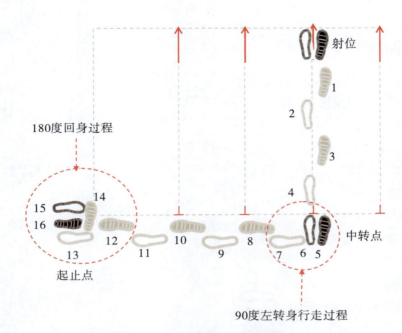

图224 正式射礼退场路线图

具体动作过程如图225所示：回到"起止点"位置时，先出左脚［见图225-（1）］，然后45度角右转身，同时右脚跟并左脚跟，两脚掌成90度夹角［见图225-（2）］。接着，再右转身45度，同时左脚尖与右脚尖合并，两脚掌成90度夹角［见图225-（3）］，随即再转身45度，同时右脚与左脚合并，面向"射堂"站立［见图225-（4）］。最后，向"射堂"行"躬身敬礼"［见图225-（5）］。

（1）　　　　　　　　（2）

（3）　　　　　　　　（4）　　　　　　　　（5）

图225　回身敬礼图

《礼记·乐记》说："德者，性之端也；乐者，德之华也。金石丝竹，乐之器也。诗，言其志也；歌，咏其声也；舞，动其容也。三者本于心，然后乐气从之。是故情深而文明，气盛而化神。和顺积中，而英华发外。""德"是人性善的发端，所以"仁义礼智信"等德行也称作表德，即表现出来的人性。"乐"就像"德"的文采呈现，"金、石、丝、竹"是指"乐"的器具。"诗"表达人的志向，"歌"咏人的心声，"舞"以容体来表达人的感受，这三方面都是由心所发动，然后呈现出一种和"乐"的气氛。所以，情义深远而文教昌明，乐气盛大而教化如神。这种和顺的情感在心中积累厚实了，自然变化气质而英华外发。

射礼进行到第三番射的时候，就有"不鼓不释"的要求。就是说，必须配合诗乐的节奏来射箭，并且射中目标才能算数。同时，使参与射礼的人对诗乐所要表达的深意内化于心，以此达到人文教化之目的，这是《礼记·乐记》说的"礼节民心，乐和民声"的具体运用。这是中国古代射礼的一大特色。

笔者参考古代节射法，将无声而节射的"射法八节"与"射道节射歌"融合一体，经过教学实践的检验，摸索出适合"自修射礼"和"同修射礼"的射道节射法。此节射法的特点是同时节制所有射手的动作，具体来说，就是用歌词与鼓节来节制所有射手的"射法八节"的动作，使"射法八节"的动作节奏协调一致。

第四篇

乐

射礼进行到第三番射的时候，就有"不鼓不释"的要求。① 就是说，必须配合诗乐的节奏来射箭，并且射中目标才能算数的，这是中国古代射礼的一大特色。《礼记·射义》记载了几首用来节射的诗：

> 其节，天子以《驺虞》为节，诸侯以《狸首》为节，卿大夫以《采蘋》为节，士以《采蘩》为节。《驺虞》者，乐官备也；《狸首》者，乐会时也；《采蘋》者，乐循法也；《采蘩》者，乐不失职也。②

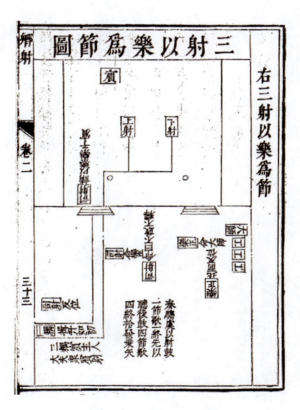

图 226　三射以乐为节图

（取自程宗猷《射史》，卷二，第 33 页）

---

① 《仪礼·乡射礼》："司射遂适阶间，堂下北面命曰：'不鼓不释！'上射揖。司射退反位。"见杨天宇《仪礼译注》，《十三经译注》本，上海：上海古籍出版社，2004 年（2005 年 5 月重印），第 123 页。

② 孙希旦《礼记集解》，《十三经清人注疏》本，北京：中华书局，1989 年（2007 年 8 月重印），第 1439 页。

　　第三番射礼以诗乐的节奏来配合射箭，并且不同身份的人用不同的诗乐节奏来射。这些诗都是《诗经》里面的，天子以《驺虞》的节奏来射，诸侯则以《狸首》的节奏来射，卿、大夫则以《采蘋》的节奏来射，士人则以《采蘩》的节奏来射。《驺虞》颂扬天子仁政和选贤任能。《狸首》颂扬诸侯按时朝贡天子。《采蘋》颂扬卿、大夫遵循法度。《采蘩》颂扬士人不失职守。

　　文以载道，歌以咏志。以唱奏诗歌的方式，使参与射礼的人对诗乐所要表达的深意内化于心，以此达到人文教化之目的，这是《礼记·乐记》说的"礼节民心，乐和民声"的具体运用。

　　射礼中为何要加入诗乐唱奏？为何又要循声而发呢？这就需要说一说我们古代的"乐教"了，下面摘引《礼记·乐记》的部分文字以作说明。

　　　　凡音之起，由人心生也。人心之动，物使之然也。感于物而动，故形于声。声相应，故生变；变成方，谓之音。比音而乐之，及于干戚羽旄，谓之乐。①

　　这里所说的音，特指人心应物而生起的心音。人心的变动是由于外在事物影响的结果。声、音、乐三者的关系如下：人心受到外在事物的影响，因感动而发出相应的"声"，以表达心中所感受到的情绪；各种心声相互感应，就发生变化，变化成一定的规律，就形成"音"；将形成一定规律的各种"音"加以规范化，达到演奏的效果，进而加入"干戚"（武舞）和"羽旄"（文舞）来表达人的情感，这就成为"乐"。

　　　　乐者，音之所由生也，其本在人心之感于物也。是故，其哀心感者，其声噍以杀；其乐心感者，其声啴以缓；其喜心感者，其声发以散；其怒心感者，其声粗以厉；其敬心感者，其声直以廉；其爱心感者，其声和以柔。六者，非性也，感于物而后动，是故先王慎所以感者。故礼以道其志，乐以和其声，政以一其行，刑以放其奸。礼、乐、刑、政，其极一也，所以同民心而出治道也。②

　　可见，"乐"是由各种"音"所构成的，其源头来自人心对于外在事物的感受。所以说：人心有悲哀的感受，发出的声音就会焦急而短促（噍以杀。噍，音 jiào，急促；杀，衰微，凋零）；有快乐的感受，发出的声音就会从容而和缓（啴以缓。啴，音 chǎn，宽和的样子）；有喜悦的感受，发出的声音就会发扬而轻快（发以散）；有愤怒的感受，发出的声音就会粗狂而严厉（粗以厉）；有崇敬的感受，发出的声音就会真诚而端庄（直以廉）；有爱慕的感受，发出的声音就会温和而柔顺（和以柔）。这六种声音并非是本性的表现，而是人心对于外在事物的感受而发动的，故古代圣王非常慎重人心的感受。因此，制礼来引导人的心志，作乐来调和人的心声，用政令来规范人的行为，用刑罚来防止人的奸诈，以上"礼、乐、刑、政"等措施的名目虽然不同，但终极目标是一样的，就是要协同民心，大治天下。以上是说人心应物感动而发出不同的声音，因此必须慎重声音对人心的感受。

---

① 孙希旦《礼记集解》，《十三经清人注疏》本，北京：中华书局，1989 年（2007 年 8 月重印），第 976 页。
② 孙希旦《礼记集解》，《十三经清人注疏》本，北京：中华书局，1989 年（2007 年 8 月重印），第 976 - 977 页。

夫民有血气心知之性，而无哀乐喜怒之常，应感起物而动，然后心术形焉。是故志微①、噍杀之音作，而民思忧；啴谐、慢易、繁文、简节之音作，而民康乐；粗厉、猛起、奋末、广贲②之音作，则民刚毅；廉直、劲正、庄诚之音作，而民肃敬；宽裕、肉好③、顺成、和动之音作，而民慈爱；流辟、邪散、狄成④、涤滥⑤之音作，则民淫乱。是故先王本之情性，稽之度数，制之礼义，合生气之和，道五常之行。使之阳而不散，阴而不密，刚气不怒，柔气不慑，四畅交于中而发作于外，皆安其位而不相夺也。⑥

人有血气感动和心知思虑之性，但没有喜怒哀乐的常情，人心因应不同的事物而有不同的感受，然后表现出相应的心绪状态。因此，听到细微、急促的声音发作时，人会有思念忧愁的感受；听到和谐、平缓、节奏和合而简单的声音发作时，会有安康和乐的感受；听到有力、激昂、兴奋、愤怒的声音时，会有刚强坚毅的感受；听到清明、正直、端庄、诚敬的声音时，会有严肃敬重的感受；听到宽裕、圆润、流畅、柔和的声音时，会有慈祥爱慕的感受；听到放荡、邪辟、疾速而成、疾速而止的声音时，会有淫乱的感受。所以，古代圣王根据本性人情，参考音律度数，制作清浊高下各得其宜的音乐。既合乎造化的平和，又能引导五常的德行。使其发扬而不至于流散，收敛而不至于闭塞；有刚毅之气而不至于怒，有柔顺之气而不至于怯，四者交融于中而发作于外，各安其位而互不争夺，推广"乐教"以化民成俗。以上是说不同的声音使人产生不同的感动作用，以及如何慎重声音对人心的感受。

是故治世之音安以乐，其政和；乱世之音怨以怒，其政乖；亡国之音哀以思，其民困。声音之道，与政通矣。⑦

所以治世的音乐安和，以表达对政治和谐的喜乐；乱世的音乐怨愤，以表达对政治离乱的愤怒；亡国的音乐哀愁，以表达对百姓困苦的沉思。声音看似平常，其实蕴含大道，声音与政治相通，即是说：有其政，发其声；闻其声，知其政。

凡音，生于人心者也。乐者，通伦理者也。是故知声而不知音者，禽兽是也；知音而不知乐者，众庶是也。唯君子为能知乐。是故审声以知音，审音以知乐，审乐以知政，而治道备矣。是故不知声者，不可与言音；不知音者，不可与言乐。知乐，则几于礼矣。礼乐皆得，谓之有德。德者，得也。……是故先王之制礼乐也，非以极口腹耳目之欲也，将以教民平好恶，而反人道之正也。⑧

① 志微，细微。
② 广贲（音 guǎng bēn），洪亮激昂。
③ 肉好，圆形玉器的边和中心圆孔，比喻声音洪润悦耳。
④ 狄成，往来疾速而成。
⑤ 涤滥（音 dí làn），指音乐节奏疾速短促。
⑥ 孙希旦《礼记集解》，《十三经清人注疏》本，北京：中华书局，1989 年（2007 年 8 月重印），第 998 - 1000 页。
⑦ 孙希旦《礼记集解》，《十三经清人注疏》本，北京：中华书局，1989 年（2007 年 8 月重印），第 978 页。
⑧ 孙希旦《礼记集解》，《十三经清人注疏》本，北京：中华书局，1989 年（2007 年 8 月重印），第 982 - 983 页。

声音与人心互相生发，乐则与伦理相通。禽兽只是知"声"而不知"音"，百姓只是知"音"而不知"乐"，唯有君子才能做到知"乐"。君子审察"声"以知"音"，审察"音"以知"乐"，审察"乐"以知"政"，因此而明治理之道。不知"声"，不可与言"音"；不知"音"，不可与言"乐"。礼乐的表现方式虽异，但道理相通，故知"乐"则几乎等于知"礼"，对礼乐皆有心得的人叫作有德之人。有德的意思是实有诸己，切实体悟。所以说，古代圣王制作礼乐的宗旨，不是为了满足口腹耳目的欲望，而是引导人民平衡好恶之情，进而返回到正而不偏的人道上来。

> 德者，性之端也；乐者，德之华也。金石丝竹，乐之器也。诗，言其志也；歌，咏其声也；舞，动其容也。三者本于心，然后乐气从之。是故情深而文明，气盛而化神。和顺积中，而英华发外。①

"德"是人性善的发端，所以"仁义礼智信"等德行也称作表德，即表现出来的人性。"乐"就像"德"的文采呈现，"金、石、丝、竹"是指"乐"的器具。"诗"表达人的志向，"歌"咏人的心声，"舞"以容体来表达人的感受，这三方面都是由心所发动，然后呈现出一种和"乐"的气氛。所以，情义深远而文教昌明，乐气盛大而教化如神。这种和顺的情感在心中积累厚实了，自然变化气质而英华外发。

---

① 孙希旦《礼记集解》，《十三经清人注疏》本，北京：中华书局，1989 年（2007 年 8 月重印），第 1006 页。

声音之道，通政道，通伦理，通德行。那么，如何用诗乐来节制射箭的过程，以达到立德行的效果呢？《射义》里没有说明，《乡射礼》和《大射仪》也只有"不鼓不释""奏《驺虞》，间若一""奏《狸首》，间若一"等说法，《周礼·夏官司马·射人》有"王以六耦……，乐以《驺虞》，九节，五正。诸侯以四耦……，乐以《狸首》，七节，三正"① 都是笼统的说法，所以后世因时制宜，各行其法，唐代《通典·皇帝观射于射宫》记载：

> 协律郎举麾作《狸首》之乐。三节讫，左右俱一发，使与第四节相应，左右又一发，使与第五节相应，以至七节。射讫，协律郎偃麾，乐止。左厢射者左旋西面弛弓，右厢射者右旋东面弛弓，俱北面立。②

协律郎是唐代掌管乐队的官职，担任指挥、作曲和作词等职责。唐代节射的方法有：奏乐到第三节完毕，"上射"和"下射"同时开始发射第一箭，使与第四节相应；奏乐到第四节完毕，同时发射第二箭，使与第五节相应；奏乐到第五节完毕，同时发射第三箭，使与第六节相应；奏乐到第六节完毕，同时发射第四箭，使与第七节相应。这是"上射"和"下射"按照同一节奏同时发射的一种节射方式。明代《泰泉乡礼·乡射礼》记载：

> 上射将发矢，击钟，歌"于以"二字，上射发一矢；歌"采蘩"二字，下射发一矢。中则获者举旌，释获者置算。③

"上射"将要发矢，则击钟唱奏，歌唱《采蘩》诗中第一句的"于以"二字时，"上射"发射第一箭，歌唱到接下来的"采蘩"二字时，轮到"下射"发射第一箭。《诗乐音律》一章末后的按语说："作乐之节以钟声为主，众音从之，而后磬以收之，虽一字亦然。每四句终，则一耦射。"④《采蘩》之诗合共十二句，每四句节射一耦，唱奏完十二句则刚好节射三耦。这是"上射"和"下射"依次先后节射的方式。

节射方式之外，奏乐的曲调是如何的呢？《泰泉乡礼·乡射礼》的《诗乐音律》一章记载了《采蘩》之诗的全部乐谱（见图 227），此乐谱采用"六、工、尺、上、合、四"共六种音律来记

---

① 杨天宇《周礼译注》，《十三经译注》本，上海：上海古籍出版社，2004 年（2006 年 4 月重印），第 438 页。
② 杜佑《通典》，卷一百三十三，礼九十三，《皇帝观射于射宫》，杭州：浙江古籍出版社，第 696 页（上）。
③ 黄佐《泰泉乡礼》，《钦定四库全书》本（经部四）（乾隆四十二年刻本），卷七《乡射礼》，第 15 页。
④ 黄佐《泰泉乡礼》，《钦定四库全书》本（经部四）（乾隆四十二年刻本），卷七《乡射礼》，第 19 页。

谱，并写在相应的诗句文字下面。在《奏乐音法》一章，则对钟、磬、琴、瑟、笙、箫、鼓等七种节射乐器进行说明，如在“鼓”一节注明：“每奏乐一句，以槌击者二，但节奏从容为佳。”① 在“琴”一节则详细介绍了以古琴来弹奏乐谱的方法：

徽一十有三，用则以第七徽。其第一弦“黄钟”律，“合”字应之，左手中指按，右手中指勾。第二弦“太簇”律，“四”字应之，左手食指按，右手中指勾。第三弦“林钟”律，“尺”字应之，左手大指按，右手食指剔。第四弦七徽半“仲吕”律，“上”字应之，左手无名指按，右手中指勾。第五弦“南吕”律，“工”字应之，左手大指按，右手食指剔。第六弦“黄钟”清律，“六”字应之，左手大指按，右手食指剔。②

《采蘩》诗古乐谱

于	以	采	蘩，	于	沼	于	沚；
太四	南工	林尺	仲上	太四	仲上	林尺	仲上
于	以	用	之，	公	侯	之	事。
南工	林尺	仲上	太四	林尺	仲上	黄合	太四
于	以	采	蘩，	于	涧	之	中；
黄合	太四	仲上	林尺	南工	林尺	太四	仲上
于	以	用	之，	公	侯	之	宫。
黄清合	南工	林尺	仲上	林尺	仲上	黄合	太四
被	之	僮	僮，	夙	夜	在	公；
太四	仲上	林尺	仲上	太四	黄合	仲上	太四
被	之	祁	祁，	薄	言	还	归。
南工	林尺	仲上	太四	黄合	太四	仲上	太四

图 227　《采蘩》诗古乐谱

《采蘩》诗简谱

于	以	采	蘩，	于	沼	于	沚；
6̣	3	2	1	6̣	1	2	1
于	以	用	之，	公	侯	之	事。
3	2	1	6̣	2	1	5̣	6̣
于	以	采	蘩，	于	涧	之	中；
5̣	6̣	1	2	3	2	6̣	1
于	以	用	之，	公	侯	之	宫。
5	3	2	1	2	1	5̣	6̣
被	之	僮	僮，	夙	夜	在	公；
6̣	1	2	1	6̣	5̣	1	6̣
被	之	祁	祁，	薄	言	还	归。
3	2	1̣	6	5̣	6̣	1	6̣

图 228　《采蘩》诗简谱

古琴有七根弦，标记音位的“色徽”有十三个，弹奏此乐谱只用到第七个“色徽”。第一弦“黄钟”律，以“合”字来应，弹奏时，用左手中指按第一弦的第七个“徽位”，用右手中指勾弦，其音是“5̣”。第二弦“太簇”律，以“四”字来应，用左手食指按第二弦的第七个“徽位”，用右手中指勾弦，其音是“6̣”。第三弦“林钟”律，以“尺”字来应，用左手拇指按第三弦的第七个“徽位”，用右手食指剔弦，其音是“2”。第四弦七徽半“仲吕”律，以“上”字来应，用左手无名指按，用右手中指勾弦，其音是“1”。第五弦“南吕”律，以“工”字来应，用左手拇指按第五弦的第七个“徽位”，用右手食指剔弦，其音是“3”。第六弦“黄钟”清律，以“六”字来应（此乐谱所记为“黄清合”），用左手拇指按第六弦的第七个“徽位”，用右手食指剔弦，其音是“5”。所以，六音与简谱音符的对应关系如下：六（5，sol），工（3，mi），尺（2，re），上（1，do），合（5̣），四（6̣）。

① 黄佐《泰泉乡礼》，《钦定四库全书》本（经部四）（乾隆四十二年刻本），卷七《乡射礼》，第 19 页。
② 黄佐《泰泉乡礼》，《钦定四库全书》本（经部四）（乾隆四十二年刻本），卷七《乡射礼》，第 18 页。

　　依照上述记录的方法，用古琴来逐个弹奏"《采蘩》诗古乐谱"中的音律，就能够将乐谱的"六音"转换成现代简谱的音符。以第一句为例，"于"字下的"太四"音，用左手食指按第二弦的第七个"徽位"，用右手中指勾弦，其音就是"6"。"以"字下的"南工"音，用左手拇指按第五弦的第七个"徽位"，用右手食指剔弦，其音就是"3"。"采"字下的"林尺"音，用左手拇指按第三弦的第七个"徽位"，用右手食指剔弦，其音就是"2"。"蘩"字下的"仲上"音，用左手无名指按第四弦七徽半，用右手中指勾弦，其音就是"1"。如是逐个弹奏，逐个转换，然后置换成简谱式的乐谱（见图228）。

第四章 射道节射歌

歌唱《采蘩》诗时，给人一种和谐、平缓与端庄稳重的感觉，适合作为节射的乐谱。但是，对于今人来说存在两个障碍：一是《采蘩》的诗词以及所描述的背景对于今天的我们来说已经很陌生，乍听之下不知所云，难以达到传情达意的效果；二是乐曲偏于平抑，短于发扬，作为节射歌反复咏唱时感觉沉闷与闭塞。因此，笔者借用《射义》和《大学》里面的核心理念以及词句，重新填写了歌词，并在音乐专业同事的协助下，把第二句和第九句的最后一个"哆"（1，do）音都改为升扬的"米"（3，mi）音，把第六句末后的"哆"（1，do）音和第十句末后的"6"都改为"来"（2，re）音，使整首乐曲一下子悠扬了起来，有"发扬而不至于流散，收敛而不至于闭塞"的效果，以此作为《射道节射歌》（见图229）。

射道节射歌（普通话版）

何 以 习 射？进 退 中 礼；
6 3 3 1 6 1 2 3

正 直 审 固，反 求 诸 己。
3 2 1 2 2 1 6

何 以 修 道？格 物 致 知；
5 6 1 2 3 2 2

诚 意 正 心，一 以 贯 之。
5 3 1 2 1 2 6 6

一 射 一 生，射 以 明 志；
6 1 3 1 3 2 1 2

一 生 一 射，心 存 仁 义。
3 2 1 2 6 1 6

射道节射歌（粤语版）

持 弓 审 固，求 中 有 式；
6 3 2 1 6 1 2 3

心 正 体 直，一 射 无 敌。
3 2 1 2 2 1 6

全 力 进 取，一 生 如 许；
5 6 1 2 3 2 2

一 生 一 射，一 射 无 极。
5 3 1 2 1 2 6 6

仁 义 之 的，射 求 正 式；
6 3 1 2 3 2 1 2

心 正 体 直，性 由 此 觅。
3 2 1 2 6 1 6

图229 射道节射歌

《射道节射歌》普通话版的前面四句歌词来自《射义》。"进退中礼"是指进退有章有法，慎终如始；"正直审固"是射箭时的心态、姿态以及技术要领，即是心要平正，身要正直，审要明察，躯干的核心力量要坚固，要边审边固，边固边审，而后应机而发；"反求诸己"不是悬空泛泛地"反"，是在"正直审固"这四大变量之中去切实反求。

中间四句来自《大学》，修道以修身为本，而工夫就在"格物、致知、诚意、正心"，身修而后家齐，家齐而后国治，国治而后天下平，就像射箭"求中"之本在"求正"，求正的工夫就是"正直审固"，己正而后发，发而不中，则在"正直审固"上反求。练至工夫扎实，然后由近及远，直至百步之内无有不中，而工夫只在"正直审固"，所以说"一以贯之"。

最后四句是射道精神的高度概括，一射之中的终极目标和工夫就是一生的终极目标和工夫，故说"一射一生"。这是一射的志向，也是一生的志向，要在每一射之中反复锤炼，直至得心应手，故说"射以明志"。人生的成功与否在乎修身与否，修身之本坚固，而后可以言"齐家、治国、平天下"，就像射箭"正直审固"的工夫扎实了，而后可以言射中 30 米，而后可以言射中 50 米，而后可以言 100 米等等距离，也就是说，一生的终极目标和工夫就在一射之中，所以说"一生一射"。无论是一生还是一射，为学之道都在"心存仁义"。

粤语版的"持弓审固"与"心正体直"均取自《射义》"内志正，外体直，然后持弓矢审固"。"求中有式"是射求楷式的意思，即《射义》"射求正诸己，己正而后发"的另一种表述而已。"一射无敌"之"敌"字是敌对、对立的意思，故"无敌"并非指技术高超，而是形容在一射的过程之中，落实"正直审固"的工夫，全心全意地投入到射箭这件事的本身，不存与射箭本身对立的人欲私意。如此一射接续一射，孜孜以求，终生不懈，故说"全力进取，一生如许"。如此一生追求"一射无敌"的状态，无有终极，故说"一射无极"。如此，则由射艺进于道，成就射箭本身的同时安顿身心，此为射艺天然之道义，即立义为的，以体证"射者仁之道"，故说"仁义之的"。这是对上述八句文意的高度概括。"射求正式"是追求"仁义之的"的工夫原则，亦是对"求中有式"的明确呼应。"心正体直"则是落实"射求正式"原则的具体工夫，在"心正体直"以及"持弓审固"的切实工夫之中，契合天赋之仁性，故说"性由此觅"。以上两个版本的歌词对学习和理解射道文化非常重要，文字看似浅白，但是还需要不懈地切身实践才能真正地明白。

第五章 射道歌节射法

参考古代节射法，笔者将无声而节射的"射法八节"与《射道节射歌》融合一体，经过教学实践的检验，摸索出适合"自修射礼"和"同修射礼"的射道节射法。此节射法的特点是同时节制所有射手的动作，具体来说就是用歌词与鼓节来节制所有射手的"射法八节"的动作，使"射法八节"的动作节奏协调一致。以下以普通话版本为例，说明唱奏和节射的具体方法。

唱奏到第一句"何以习射"末后的"射"字时，击鼓和牍片，射手开始"立身"的动作；

唱奏到第二句"进退中礼"末后的"礼"字时，击鼓和牍片，射手开始"搭箭"的动作；

唱奏到第三句"正直审固"末后的"固"字时，击鼓和牍片，射手开始"扣弦"的动作；

唱奏到第四句"反求诸己"末后的"己"字时，击鼓和牍片，射手开始"注的"的动作；

唱奏到第五句"何以修道"末后的"道"字时，击鼓和牍片，射手开始"举弓"的动作；

唱奏到第六句"格物致知"末后的"知"字时，击鼓和牍片，射手开始"开弓"的动作；

唱奏到第七句"诚意正心"末后的"心"字时，击鼓和牍片，射手开始"发矢"的动作；

唱奏到第八句"一以贯之"末后的"之"字时，击鼓和牍片，射手开始"收心"的动作。

以上是第一箭的节射法，然后再从头第一句开始唱奏和节射第二箭，如是反复唱奏和节射完四箭（见图230）。

因为第一箭时已经完成了"立身"的动作，所以从第二箭到第四箭的第一节"立"的动作就简化为从腰间抽出箭，即唱奏到第一句"何以习射"末后的"射"字时，击鼓和牍片，射手保持站立姿势不动，只是开始从腰间抽箭的动作而已。后面的唱奏和节射法与上述的第一箭一样。唱奏和节射完四箭之后，射手保持立身姿势，只是听奏最后四句歌词，不用动作，唱奏完毕，射手开始退场。

"射道歌节射法"是在打好扎实的"射法八节"的基础上，以及熟习"自修射礼"程序的前提下才开始练习的。"射法八节"本身就是节射的方式，是一种无声的节射法。加上以《射道节射歌》来训练节射，一来可以使"射法八节"的动作节奏更协调一致；二来训练射手高度专注在当下的身心之上，掌握一心多用而不妄动的能力。故孔子说："射者何以射？何以听？循声而发，发而不失正鹄者，其唯贤者乎！若夫不肖之人，则彼将安能以中？"

射道歌节射法

| 6 3 2 1 | 0 0 0 | 6 1 2 3 | 0 0 0 |

歌词：何 以 习 射　　　　进 退 中 礼

动作：　　　立　　　　　　　搭

鼓节：　　鼓/犊/鼓/犊　　　　鼓/犊/鼓/犊

| 3 2 1 6 | 0 0 0 | 2 1 5 6 | 0 0 0 |

歌词：正 直 审 固　　　　反 求 诸 己

动作：　　　扣　　　　　　　注

鼓节：　　鼓/犊/鼓/犊　　　　鼓/犊/鼓/犊

| 5 6 1 2 | 0 0 0 | 3 2 6 2 | 0 0 0 |

歌词：何 以 修 道　　　　格 物 致 知

动作：　　　举　　　　　　　开

鼓节：　　鼓/犊/鼓/犊　　　　鼓/犊/鼓/犊

| 5 3 2 1 | 0 0 0 | 2 1 5 6 | 0 0 0 |

歌词：诚 意 正 心　　　　一 以 贯 之

动作：　　　发　　　　　　　收

鼓节：　　鼓/犊/鼓/犊　　　　鼓/犊/鼓/犊

| 6 1 2 3 | 0 0 0 | 6 5 1 2 | 0 0 0 |

歌词：一 射 一 生　　　　射 以 明 志

鼓节：　　鼓/犊/鼓/犊　　　　鼓/犊/鼓/犊

| 3 2 1 6 | 0 0 0 | 5 6 1 6 | 0 0 0 |

歌词：一 生 一 射　　　　心 存 仁 义

鼓节：　　鼓/犊/鼓/犊　　　　鼓/犊/鼓/犊

图 230　射道歌节射法

第五篇 道

李呈芬先生的《射经》说:"虽然,弓矢,器耳;射,艺耳。器,形而下;道,形而上。艺成而下,德成而上。礼不尽于玉帛,乐不尽于钟鼓,射亦不尽于弓矢。张弓挟矢,下学之方;得手应心,上达之妙。下学可言,上达不可言。可言者,吾不得而秘之。其不可言者,存乎人之自得矣。"

"射道"两字如何理解?仁者见仁,智者见智。可以理解成"射箭之道",可以理解成"射箭之中有大道",也可以理解成"射以明道"。"射箭之道"虽有个"道"字在,其实偏于实的"射";"射箭之中有大道"虽然说得仿佛近似,但容易偏于虚的"道",反而不肯在"射"上落实工夫;"射以明道"则"射"与"道"一体不二,"射"是工夫,"道"是本体,是在射箭之中落实明道的工夫。

射箭虽属"下学",但"上达"之道就在其中,切莫放过。王阳明先生说:"后儒教人,才涉精微,便谓上达未当学,且说下学,是分下学、上达为二也。夫目可得见,耳可得闻,口可得言,心可得思者,皆下学也;目不可得见,耳不可得闻,口不可得言,心不可得思者,上达也。如木之栽培灌溉,是下学也;至于日夜之所息,条达畅茂,乃是上达,人安能预其力哉!故凡可用功、可告语者皆下学,上达只在下学里。凡圣人所说,虽极精微,俱是下学。学者只从下学里用功,自然上达去,不必别寻个上达的工夫。"①

---

① 邓艾民《传习录注疏》,上海:上海古籍出版社,2012年,第28页。

第一章　《射义》导读

　　文以载道，《射义》与《中庸》《大学》一样，都是《礼记》中的重要文章。《射义》篇幅虽然不长，却记载了古代射礼文化的精义。比如："射者，仁之道也。射求正诸己，己正而后发。发而不中，则不怨胜己者，反求诸己而已矣。"又如："射者进退周还必中礼，内志正，外体直，然后持弓矢审固，持弓矢审固，然后可以言中，此可以观德行矣。"文中所表达的正是儒家的仁道精神，并且是结合射箭、礼仪以及诗乐唱奏，这些具象的身体运动形式所体现的仁道精神，实属难能可贵。就像《射义》中所说的："事之尽礼乐而可数为，以立德行者，莫若射，故圣王务焉。"可惜，后世学者一直不予重视，虽然历代不乏注解《射义》者，却都是在注解《礼记》的大背景之中一并考虑的。

　　《射义》全篇1 008个字，记载的内容独特而重要，其主旨是射以尽仁道。具体来说就是：习礼乐，立德行，安天下。其内容涉及个人和社会两个层面：个人的层面是明志，立德，观德行；社会的层面有习礼乐，安天下，观盛德。但是，原文只是把射礼文化相关的资料整理并罗列介绍而已，陈述没有主次，并没有将"射之大义"完整而清晰地表述出来。因此之故，结合多年的教学实践和《射义》的学习心得，笔者特从《大学》"修身、齐家、治国、平天下"的角度，尝试将原文的内容重新编排，即把原始的资料做了特别的裁剪和拼接，合成一篇全新的文章，姑且称作《射义别裁》，以资大家对《射义》有一个整体的把握。

第一节　仁道

　　射者，仁之道也。

　　参考译文：射箭是体证仁道的实践工夫。

　　在《射义》的原文中，"射者，仁之道也"这一句是放在整篇文章的倒数第二段落的。其实，这句话才是整篇《射义》的点睛之笔，点评出射箭之大义所在，故笔者将其放在首章的第一句，以开宗明义。

　　"仁"是孔孟之道的核心理念，孟子则仁义并举，但都没有给"仁"下一个定义，只是以比喻的方式和用体现仁道的具体工夫来因材施教。《中庸》："子曰：'射有似乎君子，失诸正鹄，反求诸其身。'"① 《孟子·公孙丑章句上》说："仁者如射，射者正己而后发，发而不中，不怨胜己者，反求诸己而已矣。"② 都是以射箭来比喻"君子"和"仁"的。

一、仁或不仁之喻

要说明射箭是如何体证仁道的，必先说明"仁"是什么，以及如何求仁。要说明"仁"是什么，这里先借用中医学用语"麻木不仁"来说起。《麻木论》（清·林佩琴）说：

> 麻木，营卫滞而不行之证。《灵枢》云："卫气不行，则为麻木。"《素问》云："营气虚则不仁，卫气虚则不用，营卫俱虚则不仁不用。"如人坐久压着一边，亦为麻木。③

中医认为"麻木"是肢体肌肤的血气经络运行不畅，甚至闭塞不通而导致的。"麻"是初始的感觉，严重了就变成"木"，"不仁"意指肢体肌肤由"麻"到"木"，以致失去原有的知觉而不知冷热痛痒的病症，故辨证治疗方法以疏通经络以及调补气血为主。其实，就算是健康之人，手脚长时间被束缚或者压着之后，也会有"麻木不仁"的经验，然而，只要及时恢复血气的流通，又会渐渐恢复原有的感知功能。由"不仁"的"不通"和"无知无觉"来反观之，则"仁"就是"感通"和"知觉"。

古代医家善用仁的"不通"和"不觉"之意来描述麻木不仁的症状，甚至使"麻木不仁"渗透到日常百姓的用语之中，引申为形容人心的麻木不仁。而学者则以医学上的"不仁"来反说"仁"体。北宋大儒程明道先生说："医书言手足痿痹为不仁，此言最善名状。"④ 认为医书说的"痿痹不仁"最能比喻说明仁与不仁的状态。不仁者，如手足气血不通而麻木不仁，对身边之物毫无感觉，故己是己、物是物。仁者，则如手足气血贯通而能知能觉，故人与物相连相通，万应无穷。

二、心在则仁

举一反三，生理上除了肢体触觉的仁或不仁之外，还有舌头味觉的仁或不仁，鼻子嗅觉的仁或不仁，眼睛视觉的仁或不仁，耳朵听觉的仁或不仁，以及脑子意识思维的仁或不仁。这六种感知功能的"仁"必须满足生理机能健全这个物质条件，比如，有健全的双眼才能看到各种东西，视力所及都是"仁"之所及，称为"明"；有健全的双耳才能听到各种声音，听力所及都是"仁"之所及，称为"聪"。眼盲或因眼疾导致的失明，视力就处于"不仁"的状态；耳聋或因耳疾导致的失聪，听力就处于"不仁"的状态。

眼疾康复的瞬间，眼前光明，视力一下恢复到"仁"的状态；耳疾康复的一瞬，耳旁动听，听力即刻恢复到"仁"的状态。换言之，没有眼睛的正常机能，人想看也看不到；没有耳朵的正常机能，人想听也听不到。眼睛虽然暂时失明，但是"视心"尚在，一旦机能正常，则又眼观六路；耳朵虽然暂时失聪，但是"听心"尚在，一旦机能正常，则又耳听八方。

---

① 朱熹《四书章句集注》，《新编诸子集成》本，北京：中华书局，2012年（2015年5月重印），第24页。
② 朱熹《四书章句集注》，《新编诸子集成》本，北京：中华书局，2012年（2015年5月重印），第240–241页。
③ 方春阳《中国医药大成》，长春：吉林科学技术出版社，1994年，第738页。
④ 程颢、程颐《二程集》，北京：中华书局，1981年（2019年9月重印），第15页。

《大学》说："心不在焉，视而不见，听而不闻，食而不知其味。"虽然眼睛的机能处于"仁"的状态，然而心不在所视的对象上，则心"不仁"，故有视无觉，视而不见；虽然耳朵的机能处于"仁"的状态，然而心不在所听的对象上，则心"不仁"，故有听无觉，听而不闻；虽然舌头的机能处于"仁"的状态，然而心不在所食的对象上，则心"不仁"，故有食无觉，食而不知其味。反之，心与眼同在，则视而见；心与耳同在，则听而闻；心与舌同在，则食而知味。其他的触觉、嗅觉、意识思维等亦然。由此观之，"眼、耳、鼻、舌、身、脑"等都是相应功能的器官而已，功能之主宰都是"心"，可谓一心多用。归根究底，仁或不仁决定于心，而不取决于身，心在则"仁"，心不在则"不仁"。

三、仁者一体感通

从身心感知功能的角度来说仁，只要是感通无碍的，则心眼同在之所及均是仁，心耳同在之所及均是仁，心鼻同在之所及仁均是仁，心舌同在之所及均是仁，心手同在之所及均是仁，心脑同在之所及均是仁。人居住在相同的生活环境，就会养成共同的生活方式与感受，以至形成共通的人文精神。《孟子·告子章句上》说：

> 口之于味也，有同嗜焉；耳之于声也，有同听焉；目之于色也，有同美焉；至于心，独无所同然乎？心之所同然者何也？谓理也，义也。圣人先得我心之所同然耳。故理义之悦我心，犹刍豢之悦我口。①

口对于味道，有相同的嗜好；耳对于声音，有相同的听觉；眼对于形色，有相同的美感；至于心，就独无相同之处吗？那心的相同之处是什么呢？是道理，是仁义。圣人先于我得到心的相同之处而已。所以，理义之愉悦我心，犹如美味之愉悦我口。《孟子·尽心章句下》说：

> 人皆有所不忍，达之于其所忍，仁也；人皆有所不为也，达之于其所为，义也。人能充无欲害人之心，而仁不可胜用也；人能充无穿逾之心，而义不可胜用也。②

人都有自己不忍伤害的人和物，亦有自己忍心伤害之人和物，能够将不忍伤害之心通达至于自己尚忍心伤害之人和物，这就是仁心。人都有自己不愿意做的事情（比如不愿意伤害亲人），亦有自己尚在做的事情（比如伤害疏远之人或动物），能够将不愿意做之心通达到自己尚在做的事情之上，这就是义行。人能够扩充其不愿意伤害人之心，则其仁心不可胜用也；人能扩充其耻于偷盗之心，则其行事无不义也。《孟子·公孙丑章句上》说：

> 人皆有不忍人之心。先王有不忍人之心，斯有不忍人之政矣。以不忍人之心，行不忍人之政，治天下可运之掌上。③

---

① 朱熹《四书章句集注》，《新编诸子集成》本，北京：中华书局，2012年（2015年5月重印），第336页。
② 朱熹《四书章句集注》，《新编诸子集成》本，北京：中华书局，2012年（2015年5月重印），第380页。
③ 朱熹《四书章句集注》，《新编诸子集成》本，北京：中华书局，2012年（2015年5月重印），第238-239页。

"不忍人之心"是人在感通共情之下的恻隐之心和不忍伤害人的心,所以,正常人都有不忍人之心。先圣王有不忍伤害人的心,以此施行不忍伤民之政,则治天下如运转圆球于掌上一般。《孟子·梁惠王章句上》说:

> 老吾老,以及人之老;幼吾幼,以及人之幼。天下可运于掌。……故推恩足以保四海,不推恩无以保妻子。古之人所以大过人者无他焉,善推其所为而已矣。①

将亲爱自己亲人的心推及至别人的亲人,由亲及疏,由近及远,由小及大,如是推及恩情,则足以保四海之大;若自私自利,毫不推恩,则连妻子都保护不了。古代君王之所以大有作为,只是善于推己及人,以安四海而已。

四、求仁工夫

如此推衍开来,一个人与生俱来的仁性本与万物一体感通,故《孟子·尽心章句上》说:

> 万物皆备于我矣。反身而诚,乐莫大焉。强恕而行,求仁莫近焉。②

万物皆具备于我的周围,待我感通而用。因此,程明道先生说:"仁者,以天地万物为一体,莫非己也。认得为己,何所不至?若不有诸己,自不与己相干。如手足不仁,气已不贯,皆不属己。"③ 仁者与天地万物为一体,一体而感通,外在的人和物皆与自己息息相关,莫非自己。体认得天地万物与己一体,则仁心无所不及,不可胜用。反之,若不能一体共情而感同身受,则天地万物与己有何相关?

《中庸》说:"修身以道,修道以仁。仁者人也,亲亲为大。"④ 所谓修身,就是从实现仁性的工夫之上来落实,而实现仁性的日常工夫则以事亲爱亲为最大。

又说:"顺乎亲有道:反诸身不诚,不顺乎亲矣。诚身有道:不明乎善,不诚乎身矣。"⑤ 孝顺双亲是有道义的,其义是"诚",自身都"不诚",则不是真的孝顺。"诚身"之道在于"明善",即明辨善恶是非,善则行,恶则去,绝不自欺,心安理得,故真诚自足而乐,这是"理义之悦我心"(《孟子·告子章句上》)之乐,"乐其道而忘人之势"(《孟子·尽心章句上》)之乐,是"尊德乐义"(《孟子·尽心章句上》)之乐,所以说"反身而诚,乐莫大焉"。

又说:"诚者,天之道也。诚之者,人之道也。诚者不勉而中,不思而得,从容中道,圣人也。诚之者,择善而固执之者也。"⑥ "诚"是天道自然的本体状态,"诚之"即孟子说的"思诚",⑦ 是

---

① 朱熹《四书章句集注》,《新编诸子集成》本,北京:中华书局,2012年(2015年5月重印),第209-210页。
② 朱熹《四书章句集注》,《新编诸子集成》本,北京:中华书局,2012年(2015年5月重印),第357页。
③ 程颢、程颐《二程集》,北京:中华书局,1981年(2019年9月重印),第15页。
④ 朱熹《四书章句集注》,《新编诸子集成》本,北京:中华书局,2012年(2015年5月重印),第28页。
⑤⑥ 朱熹《四书章句集注》,《新编诸子集成》本,北京:中华书局,2012年(2015年5月重印),第31页。
⑦ 《孟子·离娄章句上》:"是故诚者,天之道也;思诚者,人之道也。"见朱熹《四书章句集注》,《新编诸子集成》本,北京:中华书局,2012年(2015年5月重印),第287页。

人道勉然的工夫。所谓"诚"，是不用勉强而中规中矩，不用刻意思虑而得，举止从容而合乎中道的原则，这是圣人的状态。所谓"诚之"，就是明辨善恶的同时，勇于择善而固守不失，这是君子修身的工夫，是贤者的状态。

又说："诚者自成也，而道自道也。诚者物之终始，不诚无物。是故君子诚之为贵。诚者非自成己而已也，所以成物也。成己，仁也；成物，知也。性之德也，合外内之道也，故时措之宜也。"① 这段话进一步说明"诚"的重要性。"诚"是万物自然成长的本然状态，"诚"贯穿于万物发展的始终，一有不诚干预其中，就会改变本然的状态和偏离天然之理，导致成长发展不顺，甚至中途夭折，故说"不诚无物"。因此之故，君子修身的工夫以"诚"为贵。做到"诚"的话，不只是自我成就自己而已，并且因为成就了自己，所以也同时成就了事物。成就自己，就是实现了自己的"仁"；成就事物，就是实现了自己的"知"。"诚"是"仁义礼知"等天性的一种直心而行的纯真的状态，是合内在的自己和外在的事物一并成就的正道，故宜时时事事用"诚"的工夫。

明白了《中庸》对于"诚"的阐述，就能够理解孟子说的"万物皆备于我矣"，其关键在于"诚"，以及反身而诚的"诚之"工夫。不诚，则万物虽具备于我，奈何不能感通而与己毫不相干，亦等同无物一般。所以，《孟子·离娄章句上》说："至诚而不动者，未之有也；不诚，未有能动者也。"②《中庸》说："忠恕违道不远，施诸己而不愿，亦勿施于人。"③ "忠从中从心，谓中于心也；恕从如从心，谓如其心也。人同此心，心同此理，是所谓良心也。忠恕者，推其良心而行者也。"④ 所以，"强恕而行"就是勉强自己，力行推己及人的意思。"违道不远"即离道不远，故说"求仁莫近焉"。

"万物皆备于我"是仁的境界，"反身而诚"即《大学》的"明明德"工夫，"强恕而行"即力行《大学》的"亲民"事业，这是最为接近实现仁性的工夫。以上是孟子关于"诚己"求仁的工夫。那么，孔子关于求仁的工夫又是什么呢？《论语·颜渊第十二》说：

> 颜渊问仁。子曰："克己复礼为仁。一日克己复礼，天下归仁焉。为仁由己，而由人乎哉？"颜渊曰："请问其目。"子曰："非礼勿视，非礼勿听，非礼勿言，非礼勿动。"⑤

宋代学者吕大临先生解析说："仁者以天下为一体，天秩天叙，莫不具存。人之所以不仁，己自己，物自物，不以为同体。胜一己之私，以反乎天秩天叙，则物我兼体，虽天下之大，皆归于吾仁术之中。一日有是心，则一日有是德。有己，则丧其为仁，天下非吾体。忘己，则反得吾仁，天下为一人。故克己复礼，昔之所丧，今复得之，非天下归仁者欤？安仁者，以天下为一人而已。"⑥ 吕先生从"天秩天叙"的角度来理解礼，认为仁者以天下万物为一体，则体现天秩天序之礼莫不与己具存。人因一己之私而与万物分体对立，行为则有违天秩天序之礼，所以丧失其天性之仁。能够克服一己之私，恢复到依循天秩天序之礼而行的状态之中，则物我重归一体之仁，故说"克己复礼

---

① 朱熹《四书章句集注》，《新编诸子集成》本，北京：中华书局，2012 年（2015 年 5 月重印），第 34 页。
② 朱熹《四书章句集注》，《新编诸子集成》本，北京：中华书局，2012 年（2015 年 5 月重印），第 287 页。
③ 朱熹《四书章句集注》，《新编诸子集成》本，北京：中华书局，2012 年（2015 年 5 月重印），第 23 页。
④ 陈柱《中庸通义 中庸注参》，《历代文史要籍注释选刊》本，上海：华东师范大学出版社，2011 年，第 15 页。
⑤ 朱熹《四书章句集注》，《新编诸子集成》本，北京：中华书局，2012 年（2015 年 5 月重印），第 132 – 133 页。
⑥ 陈俊民《蓝田吕氏遗著辑校》，北京：中华书局，1993 年（2012 年 10 月重印），第 454 页。

为仁"。一日克己复礼，则天下虽大，万物虽多，皆回归于物我一体的仁心之中，故说"一日克己复礼，天下归仁焉"。仁者以天下为一体，所以天下为一人，所谓"仁者安仁"，① 以天下为一人而已。

为申明己意，吕先生还专门撰写了一篇《克己铭》："凡厥（音 jué，其）有生，均气同体，胡为不仁？我则有己。立己与物，私为町畦（音 tǐng qí，田界，界限），胜心横生，扰扰不齐。大人存诚，心见帝则（天理），初无吝骄，作我蟊贼（音 máo，食禾苗根部的虫叫蟊，食茎节的虫叫贼）。志以为帅，气为卒徒，奉辞于天，孰敢侮予？且战且徕（音 lái，招来），胜私窒欲，昔为寇雠（音 kòu chóu，仇敌），今则臣仆。方其未克，窘我室庐（屋舍），妇姑勃豀（音 bó xī，争吵），安取厥余（其余）？亦即克之，皇皇四达（堂皇盛大，通达四方），洞然八荒（贯通八方），皆在我闼（音 tà，门内）。孰曰天下，不归吾仁？痒疴疾痛，举切吾身。一日至之，莫非吾事，颜（指颜回）何人哉？睎（音 xī，仰慕）之则是。"②

孔子告诉颜回为仁的工夫就是"克己复礼"。"复礼"的言外之意是已经在"非礼"的状态了才要"复"，即要将"非礼"的状态恢复到"礼"的状态，而恢复的工夫是"克己"，就是修己正己的意思。王龙溪先生说"克己而后能忘己，忘己则与物为体，天下皆归于吾仁之中矣，非以效言也"③。一旦修正自己，恢复到"礼"的状态之中，则天下万物皆复归于我本然一体感通的仁性之中，这种"天下归仁"的状态只是对于"求仁"的个体而言的，并非指天下人都一起复归于仁的教化效果，故孔子接着就说"为仁由己"做主，不假外求，并进一步指出为仁的具体工夫是"非礼勿视，非礼勿听，非礼勿言，非礼勿动"。王龙溪先生说："一念妄动谓之非礼，妄复于无妄，是之谓复礼，而仁在其中矣。"④又说："心无妄动而性自定，不求静而静在其中矣。"⑤在日常行为之中真切地实践无妄之视、无妄之听、无妄之言、无妄之动等工夫，则不求仁而仁在其中矣，故孔子说："仁远乎哉？我欲仁，斯仁至矣。"（《论语·述而第七》）又说："求仁而得仁，又何怨？"（《论语·述而第七》）君子求仁得仁，求义得义，不假外求，全由自己做主，没有什么好抱怨的。以上是孔子关于"克己"求仁的工夫。

这一节尝试说明"仁"的相关学问。仁是人与生俱来的天性，是人之所以为人的前提，也是人性无上尊贵的依据。仁心使无比渺小的个人与天地万物一体感通成为可能和现实，并因此赋予人生无比崇高的意义和价值追求。仁心使"义、礼、知、信"成为有源之水和有根之木，万古一心，不舍昼夜又生生不息。人之不仁，是因为"不诚"，故孟子有"反身而诚"的"诚己"求仁工夫；因为"非礼"，故孔子有"克己复礼"的"克己"求仁工夫。那么，如何在射箭的过程之中去做体证仁道的工夫呢？

---

① 《论语·里仁第四》："不仁者不可以久处约，不可以长处乐。仁者安仁，知者利仁。"见朱熹《四书章句集注》，《新编诸子集成》本，北京：中华书局，2012 年（2015 年 5 月重印），第 69 页。
② 陈俊民《蓝田吕氏遗著辑校》，北京：中华书局，1993 年（2012 年 10 月重印），第 590 页。
③④⑤ 吴震《王畿集》（阳明后学文献丛书），南京：凤凰出版社，2006 年，第 110 页。

第二节　正己求仁

　　射求正诸己，己正而后发；发而不中，则不怨胜己者，反求诸己而已矣。

　　参考译文：射箭讲求身心正直和技术到位，做到心正、身直和技术到位，然后才发射；射不中目标，则不怨天尤人，而是向自身反求原因，修正后再发射。

　　道必体而后见，必学而后明。继"射者，仁之道也"一句开宗明义之后，接着概述体证仁道的工夫原则，总原则是"射求正诸己"，包括三大方面：第一是"己正而后发"，第二是"不怨"，第三是"反求诸己"。

　　在这里，"射求正诸己"的"正"字包括身、心和技术等方面的内容，这些内容会在后面的第四节"具体工夫"里详细说明。简而言之，"正而后发"就是做好身、心和技术的整体状态，然后再发射；发而不中，就在身、心和技术的整体状态上来反省，修正后再发射，工夫全在"正"与"反求而正"上落实，都由自己做主，所以不用怨天尤人。《中庸》说：

　　正己而不求于人则无怨。上不怨天，下不尤人。故君子居易以俟命，小人行险以徼幸。[1]

　　君子与小人的人生态度决定了各自的行为。君子做事时讲求"先正己而后再行动"，再根据行动的结果来反省修正自己，而不是向外找借口，所以不会怨天尤人，故君子能够乐道安命，恶虽小而不为，善虽小而为之。反之，小人不讲求做事的应有道理，而是急于求成，失败了就怨天尤人，故小人做事常常会冒险冲动，以求徼幸成功。

　　做事的目的是为了什么呢？一般人会认为做事就是为了谋利而已，或者直白地说就是为了"谋食"。这都是本能的意见，而孔孟之道的态度则是：人生当然要"谋食"，而前提是"谋道"，即"君子爱财，取之以道"。《论语·为政第二》记载弟子请教获得俸禄的方法：

　　子张学干禄。子曰："多闻阙疑，慎言其余，则寡尤；多见阙殆，慎行其余，则寡悔。言寡尤，行寡悔，禄在其中矣。"[2]

　　孔子的回答就是谨言慎行，言行以道（谋道），则俸禄（谋食）自在其中。而在《论语·卫灵公第十五》中，孔子更为直接：

---

① 朱熹《四书章句集注》，《新编诸子集成》本，北京：中华书局，2012年（2015年5月重印），第24页。
② 朱熹《四书章句集注》，《新编诸子集成》本，北京：中华书局，2012年（2015年5月重印），第58页。

子曰："君子谋道不谋食。耕也，馁在其中矣；学也，禄在其中矣。君子忧道不忧贫。"①

孔子直接表明了"君子谋道不谋食"的通达人生观。他的理念是：君子对自己应有更高的要求，人生不能只是为了谋求衣食而活着。从消极的一面来说，就算为了谋食而辛勤地耕作（求之有道），也会有饥饿的时候，因为收成的好坏还决定于天时和地利（得之有命）；而从积极的一面来说，在生活上切实地学习修身之道，俸禄反而就在其中。故君子应该担忧自己的存心和行为是否合乎道义，而不是担忧会否贫穷。依据这种理念，我们就能够理解《孟子·离娄章句下》说的"君子有终身之忧，无一朝之患"，②"终身之忧"就是"忧道"，一生唯道义是求，并不担忧突如其来的祸患。

可见，《射义》说的"射求正诸己，己正而后发。发而不中，则不怨胜己者，反求诸己而已矣"与孔孟提倡的人生理念若合符节，依照孔子的话来说就是"君子求正不求中。正也，中在其中矣"。

第三节　君子之争

孔子曰："君子无所争，必也射乎。揖让而升下，而饮，其争也君子。"

参考译文：孔子说，君子追求与天地万物为一体感通的仁者境界，所以，君子不是无所争，而是与世无妄争，在当仁不让的射礼之中，必定要尽心尽力去竞争的。举行射礼的时候，大家揖让而升堂射箭，揖让而下堂复位；到举行"饮不胜者礼"的时候，也一样揖让而升下，这是当仁不让之争，是君子之争。

第二节说到"君子谋道不谋食"，好像君子都是不食人间烟火似的。其实，无论"谋"个什么，都要有个竞争的心才行，只是目的和手段有不同罢了。君子"谋道不谋食"的另一种表述就是"争道不争食"，即不与世人妄"争食"，但必"争道"。射箭是君子体证仁道的实践工夫，属于"争道"之事，应该当仁不让，所以说"必也射乎"。

接下来这句"揖让而升下，而饮"就费解了。首先是断句的问题，有学者断句为"揖让而升，下而饮"，认为"揖让而升"是升堂射箭的描述，"下而饮"则是比赛完毕后的饮酒环节，这样子不仅合文法，文句也更顺口。看似顺理成章的，其实不然。笔者主张断句成"揖让而升下，而饮"。"揖让而升下"所描述的是升堂和下堂的礼仪过程，即"揖让"地升堂和"揖让"地下堂；"而饮"所描述的是射礼中一个非常独特而有意义的"饮不胜者礼"，"而饮"前面其实是省略了"揖让"两字而已，如果补上两字而变成"揖让而升下，揖让而饮"就通了，不但文句是通的，并且所描述的情形与《仪礼·大射仪》和《仪礼·乡射礼》所记载的相符（参看本书第三篇"礼"第二章

---

① 朱熹《四书章句集注》，《新编诸子集成》本，北京：中华书局，2012 年（2015 年 5 月重印），第 168 页。
② 朱熹《四书章句集注》，《新编诸子集成》本，北京：中华书局，2012 年（2015 年 5 月重印），第 303 - 304 页。

"古代射礼程式与意义"）。

　　在射礼的过程中，无论是升堂射箭，还是射毕下堂，大家都要作揖和礼让。比赛后举行的"饮不胜者礼"，也是揖让而升堂，揖让而下堂的。在射箭比赛的过程中，融入礼乐的精神和仪式，将"射箭"转变成"射礼"，将"争胜"转化为"争道"，将"小人之争"升华至"君子之争"，故曰"其争也君子"。

第四节　具体工夫

　　故射者进退周还必中礼，内志正，外体直，然后持弓矢审固，持弓矢审固，然后可以言中。此可以观德行矣。

　　参考译文：因此，射者进退周还等举止都必须做到有礼有节，要体现出敬重的精神与面貌。保持内心的平正，不为得失所动，而外体则挺拔正直，然后开弓靠箭，目审身固，接着果断发射。唯有如此，才可以有射中之把握。通过在射礼过程中的表现，可以观察到射手德行的高低，以选人才；而射手则可以进行自我反观，以求进步。

　　射礼，顾名思义就是"有礼之射"，或者说是"有射之礼"，是用礼来节制射箭的过程，也是在射箭的过程中体现礼的精神。如何是"进退周还必中礼"？请参看本书第三篇"礼"第三章"中礼之义"。简而言之，"中礼"强调内心的"诚心诚意"，是"诚于中，形于外"的一种德行体现。

　　"射求正诸己，己正而后发"是概述以射箭体证仁道的工夫原则，而具体的落实处则在于"内志正，外体直，然后持弓矢审固"。简要而言，就是内心要"正"，外体要"直"，技术要做到"审"和"固"。

一、心正

　　那何为心正呢？《中庸》说："喜怒哀乐之未发，谓之中；发而皆中节，谓之和。"[1] 这"中"与"和"的状态可以说是心正的状态，这是从正面来描述。但是，要充分理解何为心正的话，还要从反面的角度来说明。《大学》里"修身在正其心"那一章节里揭示了几种导致心不正的缘由：

　　　身有所忿懥，则不得其正；有所恐惧，则不得其正；有所好乐，则不得其正；有所忧患，则不得其正。心不在焉，视而不见，听而不闻，食而不知其味。此谓修身在正其心。[2]

　　"忿懥"是言行愤愤不平，甚至怨怒的状态，所以说是"身有所忿懥"。心是身的主宰，身体妄

---

[1]　朱熹《四书章句集注》，《新编诸子集成》本，北京：中华书局，2012 年（2015 年 5 月重印），第 18 页。
[2]　朱熹《四书章句集注》，《新编诸子集成》本，北京：中华书局，2012 年（2015 年 5 月重印），第 8 页。

动,内心的不正就不言而喻了。"恐惧"是内心惊慌害怕,心瞬间失重落空,丢了魂一般的,当然是不正的。"好乐"就是偏好偏执,顾名思义,偏就是不正了。"忧患"是一种患得患失,无处安放的心态。然而,理解这段文字的关键是"有所"这两个字。"忿懥、恐惧、好乐、忧患"等情绪欲望都是一个人感物而动的反应,我们称之为"动心"或者"生心",但是,动心生心了并不等于心就不正,心正与否的关键在于"心住"与否。《金刚经·庄严净土分第十》说:"不应住色生心,不应住声、香、味、触、法生心,应无所住而生其心。"其中的"色、声、香、味、触、法"是佛家讲的"六尘",所谓"六尘"是指眼、耳、鼻、舌、身、意等"六根"所接触到的六种外境,如尘埃一般,这六种外境一旦"落定",就能污染人们清净灵明的心,所以称为"六尘"。王日休说:"谓不当住于有形色者而生心,亦不当住于有声音、馨香、滋味、及所触、及一切法者,而生其心。当无所住而生其心者,谓不可生心以住著于六尘,唯可于无所住著处生心也。"[1] 人非枯木顽石,岂能不生心?只是不要住留在触感而生的心绪状态之中而已。《金刚经》说"无所住",即心触感而生,但不住留,事过境迁,不住痕迹。《大学》说的"有所"就是"有所住"的意思,即住留在某种状态之中,"有所忿懥"就是住留在忿懥的状态之中,"有所恐惧"就是住留在恐惧之中,"有所好乐"就是住留在好乐之中,"有所忧患"就是住留在忧患的状态之中。人心一旦处于一种状态之中而出不来,恍如心神走失一般,故曰"心不在焉",心都不在了,所以才会视若无睹、充耳不闻以及食不知味,处于这种状态时才称为不正。所以说,修身的工夫要在"正心"上来做。同理,射箭表面上是身体的运动,其实是内心在主宰着身体,并最终决定了结果的得与失。王阳明先生在《观德亭记》一文中阐述了君子如何在射箭之中做人生的大学问[2]:

> 君子之学,求以得之于其心,故君子之于射,以存其心也,是故:慄于其心者,其动妄;荡于其心者,其视浮;歉于其心者,其气馁;忽于其心者,其貌惰;傲于其心者,其色矜;五者,心之不存也,不存也者,不学也。
>
> 君子之学于射,以存其心也,是故:心端则体正,心敬则容肃,心平则气舒,心专则视审,心通故时而理,心纯故让而恪,心宏故胜而不张,负而不弛。七者备而君子之德成。[3]

先生首先列举了五种不正心态和相应的不当行为,以警醒学者。他说,君子为学之目的是求得"心正",故君子在射箭时的真正目标是存养"正心"而已。所以,心"慄"(音 cǎo,焦虑不安)不正时则胡乱妄为,心"荡"(放荡不羁)不正时则目空一切,心"歉"(亏欠不足)不正时则垂头丧气,心"忽"(内心轻视)不正时则懒惰散漫,心"傲"(心中怠慢)不正时则神色自大。以上五种不正的心态和相应的不当行为都可称为"心之不存"表现,究其原因就是不明为学的真正目的。

---

① 明永乐皇帝集编《金刚经五十三家集注》,台北:老古文化事业股份有限公司,1996 年 5 月台湾初版,第 121 页。

② 王阳明(1472—1529),名守仁,字伯安,自号阳明子、阳明山人,学者尊称阳明先生。吸穆宗隆庆元年(1567),诏赠新建侯,谥文成,赞誉为"两间正气,一代伟人,具拨乱反正之才,展救世安民之略"。明神宗万历十二年(1584),诏从祀孔庙,称"先儒王子"。先生德垂青史,功济当时,言传百世而不惑,被誉为古往今来真正的"立德、立功和立言"的三不朽圣人。学说主旨有"心即理""知行合一",最后归宗为"致良知"。

③ 吴光、钱明、董平、姚延福《王阳明全集》,上海:上海古籍出版社,1992 年(2006 年 4 月重印),第 246 页。

然后，先生提示学者要在射箭之中存养七种正心的状态，所以"心端"（端就是正）则身体正直，"心敬"（敬就是诚）则容体严肃，"心平"（平就是安）则气息舒缓，"心专"（专就是一）则能明察，"心通"（通就是顺）则能应时顺理而动，"心纯"（纯就是净）则礼让不争而谨慎，"心宏"（宏就是宽）则获胜而不张扬，告负而不懈怠。在射箭中体察和贯通"端、敬、平、专、通、纯、宏"等七种心态，以养成君子之德行。

《孟子·离娄章句下》说："君子所以异于人者，以其存心也。君子以仁存心，以礼存心。仁者爱人，有礼者敬人。爱人者人恒爱之，敬人者人恒敬之。"① 然而，虽然知道存心的重要，也去爱人，也去敬人，但是并不一定有相应的回报，这时要如何做呢？孟子在《孟子·离娄章句上》的回复是："爱人不亲反其仁，治人不治反其智，礼人不答反其敬。行有不得者，皆反求诸己，其身正而天下归之。"② 这是一种自觉修养的精神，与《射义》说的"己正而后发，发而不中，则不怨胜己者，反求诸己而已矣"一样可贵。"其身正，而天下归之"就是"一日克己复礼，而天下归仁焉"的另一种说法而已。我们虽然很想在射箭中去学习"存心"，但是别忘了自己这个多年养成的私"我"会是多么的顽固不化。譬如，经过一段时间的学习，虽然有些"胜而不张，负而不弛"的影子了，但是患得患失的心态还会不断出现，这是因为这个固化的"我"长期养成的得失心已经根深蒂固的缘故，此时正是"行有不得，反求诸己"的做工夫的最佳时机，切勿就此放过。

《孟子·告子章句上》说："仁，人心也；义，人路也。舍其路而弗由，放其心而不知求，哀哉！人有鸡犬放，则知求之；有放心，而不知求。学问之道无他，求其放心而已矣。"③ "仁"是人之所以为人的天赋之本心，"义"是成就一个人的正路。孟子哀叹世人舍弃正路而不走，本末倒置，家里的鸡犬放养后还知道去寻找，但自己天赋的仁心走丢后竟不知道要寻求回来。所以说，学问之道没有别的，就是"寻求放走掉的仁心"而已。"求其放心"而后"心存焉"，而后"心在焉"，故视而见，听而闻，食而知其味，射而知其得与失。这就是"内志正"的真正所指。

二、体直

"内志正"是学射的核心追求，是"心的学问"，其要领是"正"。然而，射箭不是心想就能事成的"神技"，必须依靠身体来实现，这就是"身的学问"，其要领是"直"。身心两种学问互相成就，缺一不可。所以，追求"内志正"的同时，接着就要讲求"外体直"。明代李呈芬《射经》一书中这样形容"外体直"：

> 夫人之射，虽在乎手，其本主于身。……端身如干，直臂如枝，左臂毫发不动，巧力尽用之右手，是射家极则也。……是前力也，后巧也。④

① 朱熹《四书章句集注》，《新编诸子集成》本，北京：中华书局，2012 年（2015 年 5 月重印），第 303 页。
② 朱熹《四书章句集注》，《新编诸子集成》本，北京：中华书局，2012 年（2015 年 5 月重印），第 283 页。
③ 朱熹《四书章句集注》，《新编诸子集成》本，北京：中华书局，2012 年（2015 年 5 月重印），第 340 页。
④ 张唯中《弓箭学大纲》，1934 年，第 156 - 157 页。《射经》二卷，全书分为利器、辨的、明彀、志正、身法、手法、足法、眼法、审固、指机、马射、神奇、考工等十三篇，是明代难得流传至今的一本射书，很有参考价值。

"端身如干"，是指身体如树干一般端正站立。"直臂如枝"，是指持弓臂的肩、肘、腕等关节与推弓点成一直线支撑，所以才"左臂毫发不动"，就是所谓的"前力也"。"后巧也"则是指"满弓背紧"以及后肘持续伸展的同时，拉弦手应机而发，若出天然，所以才说"巧力尽用之右手"。

因此，"体直"是开弓方法的重要基础。射手用力张开弓体的同时，身体会受到来自弓体的压力，即弓体的反作用力。这种张力和压力大小相等，方向相反，并且是直线式的，其表现特征符合牛顿第三定律，即相互作用的两个物体之间的作用力和反作用力总是大小相等，方向相反，作用在同一条直线上。

为了有效地开弓和抵抗弓的反作用力，我们应该最大限度地运用人体的结构特征，来建立一个稳固的直线用力系统：骨骼结构直线支撑，肌肉做功以稳固结构。正直的身姿是射箭的根基，从"立身""开弓"直至发射完毕都必须保持这个根基，其特征就是"直"。请参看本书《艺篇》第一章"射法八节"的"立身"和"开弓"两节内容。

三、审固

"审"与"固"是发射前的关键技术要领。"审"是瞄准技术，"固"是加强核心力量的技术，是在"体直"的基础上同时实现的，即一边"审"一边"固"，一边"固"一边"审"。"审"的技术包括三方面的内容：注视，判断，修正。满开弓之后，将箭杆靠在颌骨上，让箭杆处在主视眼的正下方，并利用箭杆来正对目标，以确立"瞄准直线"，同时利用箭头与靶心之间的视觉距离来调整"瞄准角度"，这样就可以在同一时间内确立"瞄准直线不左不右"和"瞄准角度不高不低"，为之后的"发射直线不左不右"以及"发射角度不高不低"奠定合理的前提。这种"审的"方法称作"箭杆审的法"。

所谓"固"，就是"持固"，是持续稳固的意思，现代射箭叫作"持续加力"（expansion）。开弓进入到完美的满弓状态时，其特征就是人与弓的相互作用力平衡，身体的骨骼架构有效地抵抗了来自弓的压力，以降低对肌肉群的要求。这种完美的满弓状态所建立起的直线力结构和力量方向，为接下来的持固、发射以及发射后的"顺势撒投"（follow-through）奠定了良好的基础。概而言之，"审固"是发射前的最后技术动作，所以要把注意力集中在"审固"的技术执行上，而不是放在患得患失上，即是说：与其顾虑是否射中，不如坚持审固。请参看本书第二篇"艺篇"第一章"射法八节"的"开弓"一节内容。

四、四大变量

从"中礼"，到"志正"，到"体直"，到"审固"，这些都是"射求正诸己"的具体工夫，做到这些要求后再发射，才叫作"己正而后发"。"发而不中，则不怨"这句话的言外之意就是：虽然做到"正直审固"了，也不能保证一定射中。所以，"持弓矢审固"的后面接着说"然后可以言中"，而不是说"可以必中"，这才是实事求是的说法。

心"正"，体"直"，的"审"，身"固"，而后发射，则可以言中；心虽"正"，而体不"直"，则的难"审"，身难"固"，不可以言中；心虽"正"，体虽"直"，身虽"固"，而的不"审"，亦不可以言中；心虽"正"，体虽"直"，的虽"审"，而身不"固"，亦不可以言中；体虽

"直"的虽"审"，身虽"固"，而心不"正"，终亦不可以言中。由以上的关系可以看出，"正直审固"为射中目标的四大变量。其中，"直"是发力做功的基础结构变量，"审"是观察、判断与修正的技术变量，"固"是躯干核心力量运用的技术变量，而"正"则是根本的变量。因为"正"是根本的变量，故以"射求正诸己"来概括射之大道。

一方面，"射求正"不等于只求"正"，甚至为"正"而"正"，求"正"的工夫并不是悬空地去求一个抽象的"正"的状态，而是要落实在"中"的结果上。另一方面，"射求中"不等于只求"中"，甚至为"中"而"中"，求"中"的结果要以求"正"的工夫为前提。因此，"射求正诸己，己正而后发"这句话蕴含深意："中"以"正"为前提，"正"以"中"为依归。

"正直审固"不仅是发射前的具体的"求正"工夫，还是发射后的"反求诸己"的具体工夫，即可以具体地反求：是否心"正"？是否体"直"？是否的"审"？是否身"固"？如此习射，以养成"正己而后发""反求而后正"的一个良性循环的为学工夫的习惯。学习射道，就是要在这"正直审固"的四大变量之中切实地做工夫，一丝不能忽略，一毫不能放过。如此，则"射者，仁之道"不是一句抽象的话，而是可以在射箭之中具体付诸实践，可以在一射之中体证的；如此，则明白为何本来是"杀生之射艺"，竟然可以升华至"生生之仁道"。

五、观德行

"故射者进退周还必中礼，内志正，外体直，然后持弓矢审固，持弓矢审固，然后可以言中。此可以观德行矣。"前面短短的几句话就把射道的精髓一一道出，而最后一句话则点出"观德行"的重要理念。"此"就是指"中礼、正心、直体、审固"，从"此"反观到自己的德行修养，也可以从"此"观察到别人的德行修养水平的高低。就是说，当射者自己习射时，"观德行"的"观"字则强调"反观"自身的一面；当观看别人习射时，则强调"观察"别人的一面，然后"择其善者而从之，其不善者而改之"（《论语·述而第七》）。如此，则无论是"反观"还是"观察"，"观德行"都是为学的工夫。其实，"观"字大有学问，不仅是学射时的"观德行"，还可以在日常生活上去观察别人、去旅游观光等。对于如何去观察一个人，《论语·为政第二》记载了孔子的方法：

> 子曰："视其所以，观其所由，察其所安，人焉廋哉？人焉廋哉？"[1]

"视其所以"是看此人做些什么事，"观其所由"是观察此人如何做这些事，"察其所安"是考察此人为何做这些事，即其心安于什么。从"做什么、如何做以及为何做"这三方面去观察和判断一个人，此人的真实面貌就无法掩藏了。依照孔子这个方法来点评一下《射义》，可以这样说："其所以"者，射也；"其所由"者，"己正而后发，发而不中，则不怨胜己者，反求诸己而已矣"；"其所安"者，"仁之道"也。对于如何在射箭的实践中去观德行，明代射学大家高颍先生在《武经射学正宗·辨惑门·涵养未纯之惑第十二》一文中说：

> 夫射之一技，根于灵性，其举止动荡，张弛发纵之机械，实一身精神心术之所著也，

---

[1] 朱熹《四书章句集注》，《新编诸子集成》本，北京：中华书局，2012年（2015年5月重印），第56页。

胆勇气魄之所沛也……故引弓迅者，心必躁；持弓固者，虑必沉。未彀而先思发者，殀之征也；已彀而熟思凝视者，缜密之士也；发矢刚毅者，果锐而明敏；雍容和平者，宽柔而雅素；欲发不发，比发而不中节者，狐疑不断者也；忽左忽右，大小无常者，蒙昧而乖张者也；变性百出，莫知其端者，浮滑之徒；偃塞滞涩，宜脱不脱者，困陋之士；始引则是，发矢忽乖张者，老而贪；荡荡无忌，疾满而速出者，少而显；彀弓急促，而发辄中节者，饱腹而无余；未彀而急发，巧中而不继者，始饶而终悫；又有彀弓似稳而不固，矢发顺利而无味者，庸常贫薄无疑；又有满手皆病，自以为妙，而视天下无一是法者，暗浅鄙陋，没齿无成可知。夫人品之不齐，虽不尽然，而其大略已自可见，此射所以为观德之具也。①

　　射箭虽然是一种技术，但其根本在于心性。表面上是身体动作和气力的结果，其实，持弓审固以至于发射的瞬间，无一不是应心而动，更是胆气和志气的充分表现。所以，拉弓迅猛的人，心情一定是急躁的（心必躁）；持弓稳固的人，思虑一定是深沉的（虑必沉）。弓还没开满，就想着发射的习惯，是夭折的征兆（殀之征）；弓已经开满，还在全神贯注、凝视审察，是做事缜密的人（缜密之士）；发射刚毅的人，果断、敏锐而自信（果锐而明敏）；举止雍容平和的人，心境宽广、柔和而素雅（宽柔而雅素）；欲射不发，前后发射没有节奏和章法的，是疑心重、不果断的人（狐疑不断）；一射偏左，一射偏右，一射偏高，一射偏低，飘忽不定的，是不明事理而乱套的人（蒙昧而乖张）；举止不定，不知所谓的，是轻浮油滑的人（浮滑之徒）；动作困顿、不流畅，应该发射而不发射的，是心理困厄的人（困陋之士）；开始拉弓时还有些章法，但发射时又忽然乱套的，是技术老练而又贪心的人（老而贪）；放荡不羁，急拉急放的，是技术稚嫩而爱显摆的人（少而显）；满弓急促，而发射却有些章法的，是自满和不求上进的人（饱腹而无余）；拉弓未满而急于发射，碰巧射中而又不能持续的，是有始无终的人（始饶而终悫）；又有满弓时看似稳稳的，其实并不牢固，发射虽然顺利而又不足一观的，是平庸浅陋的人（庸常贫薄）；又有手法皆病，还自以为妙，视天下射法一无是处的，是浅薄鄙陋、终身无成的人。种种人品，虽然不能全部列举，但自己大概可以举一反三的，这就是射箭可以观德的原因。

第五节　射圃的由来

　　孔子射于矍相之圃，盖观者如堵墙。

　　参考译文：孔子与弟子们在矍相这个地方的一个射圃里举行射礼，围观者多如人山，密如人墙。

　　《礼记·乐记》说："德成而上，艺成而下，行成而先，事成而后。"② 接下来，《射义》以孔子

---

① 高颖《武经射学正宗》，杨修龄校定，明崇祯十年刻本。
② 孙希旦《礼记集解》，《十三经清人注疏》本，北京：中华书局，1989 年（2007 年 8 月重印），第 1012 页。

和弟子们举行射礼的故事来强调"观德行"的重要性。因为这个故事，并且依据"矍相之圃"这几个字，后世产生了"矍相圃""射圃"等专有名称，不少书院还设有"射圃"，甚至有以"射圃"来命名的书院。据《江西通志》记载："射圃书院，即湖口县射圃亭址。先是嘉靖间知县沈诏建观德亭，翼以号舍。崇祯十年，知县陈文德增建大堂三楹、左右学舍四十余间，为诸生肄业之所。"①今摘录《中国书院制度研究》一书中的相关介绍，以作参考：

及至明代，地方官学恢复久废的"射礼"。受其影响，修射圃、习武事的书院就多起来了，常见于史志记载。如正德年间，长沙岳麓书院山长陈论即奉督学陈凤梧、张邦奇之令，与长沙卫指挥杨博"相地兴射圃，备弓矢"，"为圃为亭，储器数以待学者肄习"。嘉靖六年（1527），胡子亚以郡赞摄宁国县事，在凤山书院创建射圃，令县学训王皞掌其事，并作记以纪其成，其称"予将居诸生于其间，考业修文，以相砥砺，暇时则取弓矢而习射，观其成，庶几不孤于其职，而胡子鼓舞之感心亦为无负矣"。万历三十二年（1604），嘉定县知县韩浚创建明德书院于儒学东偏，占地九亩多，中立讲堂五间，左建斋舍十余楹，"右立射圃亭三楹，其的可立五十步外，以待士之习射观德者"。万历三十四年，常熟知县耿橘在《请修子游书院申》中也有"设射圃于书院之后，意者多士讲习之暇，即赴此习射，盖文武并进之术也"的记载。②

在各地书院创建"射圃"的同时，也产生了大量的"射圃记"之类的文章，射礼文化复兴可见一斑。2011年，北师港浸大（UIC的中文简称）在校外宿舍区设立了一个临时性的简易射圃，以供学生体验射道文化，取名"一阳射圃"。2013年，将射圃迁回旧校区，并且正式为大二学生开设射道选修课程，有一个学分。2018年，在新校园建设正式的"一阳射圃"。2019年3月15日，回顾多年的实践与坚持，感慨良多，笔者因此直抒胸臆，写了一篇《一阳射圃记》，并装裱在射圃的"观德亭"里，以记其事，以明其志。今录全文如下，以资分享：

弓矢者器也，射者艺也；其器能穷远洞坚，其艺能征战杀猎；用其小堪称百步之威，用其大足以威服天下。故曰："兵器三十有六而弓为称首，武艺一十有八而射为第一。"故弓矢者国之利器也，射者男子之事丈夫之志也，其尚久矣；圣贤事之尽礼乐，以敦教化，以选贤能，以观盛德，其利用广矣。

昔有射礼行焉，君臣有义，长幼有序，比耦有数，举止有容，进退有节，胜有逊让，不胜有饮，是故其礼盛矣。"大射"以择贤士而与于祭，"宾射"以接往来而联诸侯，"燕射"以通上下而明大义，"乡射"以习礼乐而正风俗，是故其制重矣。射者，仁之道也，射求正己而后发，失诸正鹄，反求诸身。故射以正心志，节容体，观德行，安人立命，是故其道大矣。射道养吾民之身心也久，育吾民之精神也大，善莫大焉。后世以降，文武分途，义利失常，代有弓马称霸，鲜见礼乐之射行焉，终致国典不立，校政不修，虽代有志士倡行，然历岁既久，但见射圃遮天草，不闻堂下中鹄声。

---

① 谢旻《江西通志》，《钦定四库全书》史部（雍正十年刻本），卷二十二《书院二》，第37页。
② 陈谷嘉、邓洪波《中国书院制度研究》，杭州：浙江教育出版社，1997年，第511页。

今有北师港浸大于珠海联合办学，教宗博雅，育旨全人，艰辛拓展，享誉内外，惠及四方。吾校海纳百川，创新教育，是以首开射道课程，迄今七载矣。2011 年，于校外宿舍区辟一隅为道场，名曰"一阳射圃"，寓意一阳来复，春回大地。2013 年，射圃迁至旧校园。2018 年，于新校园再建射圃。感念天时地利人和之难遇，自当敬重珍惜，故沿用旧称，以自励一切从头做起。今射圃落成，射道有根，用心培育，参天有日。善哉！吾辈正当力行其前，后生继承其后，然前路也远，肩任也重，志士不可以不弘毅。是为记。

第六节　摒小人

射至于司马，使子路执弓矢出延射，曰："贲军之将，亡国之大夫，与为人后者，不入，其余皆入。"盖去者半，入者半。

参考译文：射礼进行到"司马命张侯、倚旌"这个环节时，孔子使学生子路手执弓箭，出去延请想参加射礼的人，说道："败军之将，亡国的大夫，以及认贼作父的人，不得进来，其余的都可以进来。"听到这话，一半人走了，一半人进来。

故事首先从消极的"摒小人"开始。开头的这个"射"字，不是射箭的意思，而是代指"射礼"，是指射礼进行到"司马命张侯、倚旌"这个环节。据《乡射礼》的记载，这个"司马命张侯和倚旌"的环节是第一番射礼开始前的必要程序之一，原文："司正为司马。司马命张侯，弟子脱束，遂系左下纲。司马又命获者倚旌于侯中。获者由西方坐取旌，倚于侯中，乃退。"[①] 射礼开始时，司马一职由原来的司正兼任。司马命令张开箭靶的靶面，负责的弟子应声将靶面张开并系好。然后，司马又命令负责报靶的弟子取旌旗倚靠在箭靶的中间。报靶弟子应声跪坐取旌旗，接着从场地的西面走到箭靶的位置，把旌旗倚靠在箭靶的中间，最后退回原位等候命令。

整个射礼的过程中，司马和司射担任关键的角色，他们之间相互配合操作，使射礼能够顺利进行，比如：司马负责命令箭靶的安置、箭的分配和回收等每一轮射箭之间的节奏以及准备工作；而司射负责射箭技术和礼仪的示范、射手的匹配、过程的管理和安全督导等工作。按照《乡射礼》的流程，在"司马命张侯和倚旌"的同时，司射则负责"请射"和"比耦"的环节。首先是"请射"："司射适堂西，袒、决、遂，取弓于阶西，兼挟乘矢，升自西阶，阶上北面告于宾曰：'弓矢既具，有司请射。'宾对曰：'某不能，为二三子许诺。'司射适阼阶上东北面告于主人曰：'请射于宾，宾许。'"[②] 接下来是"比耦"："司射不释弓矢，遂以比耦于堂西。三耦之南，北面命上射曰：'某御于子。'命下射曰：'子与某子射。'"[③] 因此，"子路执弓矢出延射"这句话说明子路担任司射一职，但他的"延射"内容与《乡射礼》的"请射"内容差别很大。笔者认为这是合情合理的，

---

①③　杨天宇《仪礼译注》，《十三经译注》本，上海：上海古籍出版社，2004 年（2005 年 5 月重印），第102 页。

②　杨天宇《仪礼译注》，《十三经译注》本，上海：上海古籍出版社，2004 年（2005 年 5 月重印），第101 页。

《乡射礼》所记载的是射礼贯穿始终的流程，射礼的前期有邀请嘉宾，当日还有迎宾等隆重的仪式，所有嘉宾都是受邀参与的，并没有参与资格的问题，因此用"请射"才合乎情理。而子路的"延射"，是面向围观者发出邀请时说的话，按照射礼的精神，当然要质询参与者的资格了，之后公罔之裘和序点所说的内容也必然要如此。

第七节　尊德行

又使公罔之裘、序点扬觯而语。公罔之裘扬觯而语曰："幼壮孝悌，耆耋好礼，不从流俗，修身以俟死者不？在此位也。"盖去者半，处者半。序点又扬觯而语曰："好学不倦，好礼不变，旄期称道不乱者不？在此位也。"盖仅有存者。

参考译文：又让学生公罔之裘和序点在众人中举杯邀请嘉宾。公罔之裘举杯说道："年轻时孝顺父母，敬事兄长，六七十岁时还能好礼，不同流合污，修身自爱，死而后已，诸位中有这种德行的人吗？有则请上嘉宾位。"听到这话后，一半人走了，一半人留了下来。接着，序点举杯说道："好学不倦，好礼不变，八九十乃至一百岁的高龄还能言行合乎道义，诸位中有这种德行的人吗？有则请上嘉宾位。"这时，仅有少数人能够留下。

上面从消极的"摒小人"开始，即"抑恶"；接下来，则是积极的"尊德行"，即"扬善"。孝悌是中国传统人本文化和人伦精神的基础以及出发点，"孝"是对父母慈爱的回报，"悌"是对兄长姐妹的友爱。所谓"父慈子孝，兄友弟恭"，人伦的关系都是相对的，并不只是单方面的要求。

那么，"幼壮""耆耋"以及"旄期"在古代是如何定义的呢？《礼记·曲礼上》说："人生十年曰幼，学；二十曰弱，冠；三十曰壮，有室；四十曰强，而仕；五十曰艾，服官政；六十曰耆，指使；七十曰老，而传；八十、九十曰耄……百年曰期，颐。"[1] 就是说：十岁称作"幼"，是开始学习的年龄；二十岁称作"弱"，可以参加"冠礼"，表示已成人，但经验尚不足，所以称"弱"；三十岁称作"壮"，有妻儿家室；四十岁称作"强"，出仕任职；五十岁称作"艾"，经验丰富，老练成熟，所以服务于政事；六十岁称作"耆"，已到晚年，不再亲自劳碌，可当指导、指使；七十岁称作"老"，已经衰老，人生七十古来稀，应当是将自己的学识和智慧传与后辈了；八十、九十岁，视力、听力、记忆力都已老化衰退，故称作"耄"；百岁则已满百年周期，故称作"期"，当颐养天年。

从幼年学习到壮年成事的阶段，人生的人伦关系主要讲求"孝"与"悌"。到了六十、七十岁的晚年阶段，所谓"受气媳妇熬成气人婆"的阶段，家庭大都三代同堂了，在家庭的地位自然最尊贵，加上一下子从社会的中坚变成"闲人"一个，心里百般滋味的不好受，很容易养成"倚老卖老"和"为老不尊"的脾气，破坏家庭以及社会的和谐氛围，成为令人讨厌的"剩人"了。因此人到晚年更要注意修身好礼，特别是孔子讲的"及其老也，血气既衰，戒之在得"（《论语·季氏第十

---

① 孙希旦《礼记集解》，《十三经清人注疏》本，北京：中华书局，1989 年（2007 年 8 月重印），第 12 页。

六》)，应该从心归零，从心做人了。观古察今，能够做到"幼壮孝悌，耆耋好礼，不从流俗，修身以俟死"的人实在是难能可贵。

什么是"好学不倦"呢？当被问及弟子中有谁好学时，孔子的回答是："有颜回者好学，不迁怒，不贰过。"（《论语·雍也第六》）"不迁怒"是说待人接物做到就事论事，怒所当怒，但有怒也不向外迁移。"不贰过"是指同样的过失，不犯第二次。颜回知道"怒"当中节，故"不迁"；知道"过"的不善，故"不贰"。所以，孔子又赞叹颜回说："有不善未尝不知，知之未尝复行也。"（《周易·系辞下传》）可见，所谓好学是指在事上磨炼自己德行的实践工夫，并不是指学习知识技能。用阳明先生的话说，好学就是"知行合一"，就是"致良知"。

表面上看，这个故事是描述参与射礼的资格问题，其实质则是强调"尚德"之大义。有所不同的是，子路侧重在消极的一面，先来淘汰那些苟且偷生的围观者，公罔之裘和序点进而在积极的一面，鼓励和邀请好学好礼者参与。从这个意义上来说，这个故事就是"观德行"的生动案例。

第八节　射以明志

> 射之为言者绎也，或曰舍也。绎者，各绎己之志也。故心平体正，持弓矢审固，持弓矢审固，则射中矣。故曰：为人父者，以为父鹄；为人子者，以为子鹄；为人君者，以为君鹄；为人臣者，以为臣鹄。故射者，各射己之鹄。

> 参考译文：这样说来，射箭还可以表达道义上的追求，或者说射中"心之所止"的意思。所谓绎，就是不断地追求自己的志向。正因为要追求道义上的目标，所以射者可以不为得失所困扰，只求心平气和，身体正直，从容开弓，目审身固，如此反而能够有射中的把握。所以说：身为父亲的射者，可以将"为人父，止于慈"作为自己当下的道义目标来射；身为儿子的，可以将"为人子，止于孝"作为自己当下的道义目标来射；身为国君的，可以将"为人君，止于仁"作为自己当下的道义目标来射；身为人臣的，可以将"为人臣，止于敬"作为自己当下的道义目标来射。就是说，射者各自把箭靶当作自己的道义追求来射。

"射者，仁之道也。射求正诸己，己正而后发。发而不中，则不怨胜己者，反求诸己而已矣。"将看似普通的一种射箭技艺升华至一种体证仁道的工夫方法，并且是"大道至简"的内证工夫，自得的工夫，就像孟子所主张的："君子深造之以道，欲其自得之也。自得之，则居之安；居之安，则资之深；资之深，则取之左右逢其源。故君子欲其自得之也。"（《孟子·离娄章句下》）可以说，射箭自古以来就被赋予了积极的意义。

"绎"的本义是抽丝，引申为不断地寻求道理的意思。元代陈澔说："绎己之志者，各寻其理之所在也……舍，止也；道之所止，如君止于仁，父止于慈之类。"（《礼记集说》）明代郝敬解析"舍"字为："止也，心思不乱而后能审，志气安止而后能固，此能中之道也。"（《礼记通解》）"各绎己之志"，是说射者在射箭的过程中寻求实践自己的志向，因而专心致志，所以"心平体正，持弓矢审固，持弓矢审固，则射中矣"。正因为要追求道义上的目标，所以射者可以不为得失所困扰，只求心平气和，身体正直，从容开弓，目审身固，反而能够确保射中。

"鹄"指靶心，即目标、目的。宋代方性夫说："鹄，一也，而有父子、君臣之异名，何也？各随其所志，以为之鹄。为人父者所志在于为父，故以所射之鹄为父鹄。言射中其鹄，乃可以为人父故也。所谓子也、君也、臣也，亦若是而已，夫是之谓各绎己志也。"（《礼记集解》）明代郝敬说："以射喻人道之皆有鹄也。君子生平无不中道，然后可以自试于射。不然，虽巧力俱，亦曲艺而已。故曰：射者各射己鹄，非射栖皮之鹄，申明上文各绎己志之意。"（《礼记通解》）这就是说，射箭不仅要射中物质上的目标，还可以通过射箭来不断地探究自己在道义上的追求。例如：为人父者，以慈父为目标；为人子者，以孝子为目标；为人君者，以仁政为目标；为人臣者，以敬业为目标，即不同身份和地位的射者各有自己的本分追求，即陈澔《礼记集说》中所说："射己之鹄者，各中其道之当然也。"

第九节　人道之始

　　故男子生，桑弧蓬矢六，以射天地四方。天地四方者，男子之所有事也。故必先有志于其所有事，然后敢用谷也，饭食之谓也。

　　参考译文：因为射箭有这样积极的意义，古代就形成了一种礼俗：男子出生时，家人就会用桑木做的弓和蓬杆制作的箭射向天地四方。因为天地四方被视为男子毕生事业之所在，所以用这种方式表达男儿"志在四方"的追求。这种仪式寓意：必须将心志安放在所做的事上，努力付出，然后才敢获取物质的回报，这就是先尽心尽力而后求回报的原则——所谓饭食之道。

　　因为射箭被赋予了积极的意义，所以逐渐形成了一些"射以明志"的礼俗。《礼记·内则》记载："子生，男子设弧于门左，女子设帨于门右。三日，始负子，男射女否。"[1] 郑氏曰："男子生则设弧于门左，三日负之，人为之射，乃卜食子也。"[2] 清代学者孙希旦解释说："人莫不饭食，其初生也，先射天地四方，而后饭食，以示为人者必能治天地四方之事，而后可以饭食也。然则其所以责之者重矣。"[3] 上古男子出生时，家人先在家门口左侧悬挂木弓木箭，这是"悬弧"礼。三日后，再举行射天地四方以及"饭食"的仪式。

　　《礼记·郊特牲》："孔子曰：'士使之射，不能则辞以疾，悬弧之义也。'"[4] 悬弧之义，就是寓意男子汉志在四方，因而在那个时代，男子汉是羞于不会射箭的，如果被邀请一起射箭时，不会的话就要以身体不适来推辞。因此之故，后世则以"设弧之辰""垂弧之旦""悬弧之庆"等词

① 孙希旦《礼记集解》，《十三经清人注疏》本，北京：中华书局，1989年（2007年8月重印），第761页。
②③ 孙希旦《礼记集解》，《十三经清人注疏》本，北京：中华书局，1989年（2007年8月重印），第1447页。
④ 孙希旦《礼记集解》，《十三经清人注疏》本，北京：中华书局，1989年（2007年8月重印），第683页。

语来专门指称男子的生日，可见射箭对于人生的积极意义。贾谊《新书》对"悬弧之义"有更为详细的描述：

> 为王太子悬弧之礼义。东方之弧以梧，梧者东方之草，春木也；其牲以鸡，鸡者东方之牲也。南方之弧以柳，柳者南方之草，夏木也；其牲以狗，狗者南方之牲也。中央之弧以桑，桑者中央之木也；其牲以牛，牛者中央之牲也。西方之弧以棘，棘者西方之草也，秋木也；其牲以羊，羊者西方之牲也。北方之弧以枣，枣者北方之草，冬木也；其牲以彘，彘者北方之牲也。五弧五分矢，东方射东方，南方射南方，中央射中央，西方射西方，北方射北方，皆三射。其四弧具其余各二分矢，悬诸国四通门之左；中央之弧亦具余二分矢，悬诸社稷门之左。①

这是针对王太子出生时的"悬弧之礼"，包括射五方、祭祀以及悬弧等仪式。用代表东、南、西、北、中等五方的木材来制作五把弓，然后分别朝每个方向发射三箭。祭祀用的五种牲畜，分别是代表东方的鸡、代表南方的狗、代表中央的牛、代表西方的羊、代表北方的猪，仪式不详。最后，将代表东、南、西、北方向的四把木弓各配两支箭，分别悬挂在国家城墙的四通门（东门、南门、西门、北门）左侧；将代表中央的木弓及两支箭，悬挂在祭祀土地神和五谷神的社稷庙门的左侧。

第十节　饰以礼乐

> 射者，男子之事也，因而饰之以礼乐也。古者诸侯之射也，必先行燕礼；卿、大夫、士之射也，必先行乡饮酒之礼。故燕礼者，所以明君臣之义也；乡饮酒之礼者，所以明长幼之序也。

参考译文：可见，射箭在古代已成为男子人生中的大事，因而以礼乐文化来文饰射箭的过程，逐渐融合成射礼的形制。古代天子与诸侯举行"大射礼"时，必定先进行"燕礼"（宴饮礼）；而卿大夫及士人等举行的"乡射礼"，则必定先行"乡饮酒礼"。进行"燕礼"旨在表明君臣上下级的应有本分，而进行"乡饮酒礼"则旨在表明长幼的应有次序。

这一节的关键字是"饰"。从世界各地原始部落的考古文物中，我们可以发现各种纹饰，就算是最基本的实用性的器皿，也会出现或多或少的图纹符号，这些纹饰可以分别、可以寄托、可以祈求、可以崇拜、可以辟邪等，线条和颜色不仅具有美化的作用，更是人文精神的体现。所以，"饰之以礼乐"，不仅使射箭的过程具有形式的美感，更是以礼乐的形式来体现人文的精神追求。

《荀子·君道》说："上以饰贤良而明贵贱，下以饰长幼而明亲疏。上在王公之朝，下在百姓之

---

① 贾谊《新书》，《钦定四库全书》子部一（乾隆四十六年刻本），卷十《礼容语下》，第516页。

家，天下晓然皆知其非以为异也，将以明分达治而保万世也。故天子诸侯无靡费之用，士大夫无流淫之行，百吏官人无怠慢之事，众庶百姓无奸怪之俗、无盗贼之罪，其能以称义遍矣。"① 徐复观先生在《荀子政治思想的解析》中对"饰"字做如下的解说："按照类的等级加以标志，使其易于分别，并含有鼓励的作用，谓之'饰'，亦称'文饰'、'藩饰'。……饰系各就其分位以为等差，不相凌越，这种情形谓之'节'，所谓'礼，节也'。"② 从《仪礼·大射》《仪礼·乡射礼》的记载来看，徐先生所言极是，故下文接着说："其节，天子以《驺虞》为节，诸侯以《狸首》为节，卿大夫以《采蘋》为节，士以《采蘩》为节。"

第十一节　节射之诗

其节，天子以《驺虞》为节，诸侯以《狸首》为节，卿大夫以《采蘋》为节，士以《采蘩》为节。《驺虞》者，乐官备也；《狸首》者，乐会时也；《采蘋》者，乐循法也；《采蘩》者，乐不失职也。

参考译文：举行射礼的时候，射者还要应和着诗乐的节奏来射箭。天子以《驺虞》的节奏来射，诸侯则以《狸首》的节奏来射，卿、大夫则以《采蘋》的节奏来射，士人则以《采蘩》的节奏来射。《驺虞》之诗颂扬天子仁政和选贤任能。《狸首》之诗颂扬诸侯按时朝贡天子。《采蘋》之诗颂扬卿、大夫遵循法度。《采蘩》之诗颂扬士人不失职守。

《礼记·乐记》说："礼节民心，乐和民声。"在举行射礼的过程中，唱奏表达相应志向的诗词和音乐节奏，使参与射礼的人对诗词所表达的志向内化于心，以此达到人文教育潜移默化之目的。下面，分享笔者对这几首诗的理解，以供参考。首先是《诗经·国风·召南·驺虞》：

> 彼茁者葭，壹发五豝，于嗟乎驺虞！
> 彼茁者蓬，壹发五豵，于嗟乎驺虞！③

"茁"，是指植物才生长出来的样子。"葭"（音 jiā），指初生的芦苇。"豝"（音 bā），常跟随在母猪身边的小猪，亦泛指小兽。"于嗟"（音 yú jiē），表示赞叹。"驺虞"（音 zōu yú），古代掌管山泽鸟兽的官吏，在君王打猎时担负驱赶禽兽的职责。"蓬"（音 péng），指蓬蒿。"豵"（音 zōng），豕之小者谓之豵，亦泛指小兽。"彼茁者葭"和"彼茁者蓬"都是代指草木茂密生长的春季，"壹发五豝"和"壹发五豵"皆是指"驺虞"驱赶怀孕的母兽或者跟在母兽身边的小兽，故此诗是描述春季打猎前的驱兽活动，以免君王围猎时，伤害了母兽和小兽。

---

① 荀况《荀子》，济南：山东友谊出版社，2000 年，第 309 页。
② 徐复观《徐复观全集·中国思想史论集续篇》，北京：九州出版社，2014 年，第 487 - 488 页。
③ 方玉润《诗经原始》，北京：中华书局，2006 年，第 117 页。

《左传·隐公五年》记载："故春蒐，夏苗，秋狝，冬狩，皆于农隙以讲事也。"春季打猎称"蒐"（音 sōu），夏季打猎称"苗"，秋季打猎称"狝（音 xiǎn）"，冬季打猎称"狩"。杜预注："蒐，索，择取不孕者。"母猪一胎多生，射杀一头母猪，则其所有幼崽都难以存活。此诗赞叹"驺虞"的仁义之举，好一个德才兼备的官员。故天子以《驺虞》为节，以表明志在选贤与能，以备职官，终以仁政为务。《狸首》为古代逸诗篇名，所以没有文字记录下来。下面是《诗经·国风·召南·采蘋》：

> 于以采蘋？南涧之滨；于以采藻？于彼行潦。于以盛之？维筐及筥；
> 于以湘之？维锜及釜。于以奠之？宗室牖下；谁其尸之？有齐季女。①

"于以"是疑问词，往哪儿的意思。"蘋"是多年生水草。"涧"，山夹水为涧。"藻"指水生植物。"行潦"（音 háng lǎo），流动的水。行，水沟；潦，路上的流水、积水。"筥"（音 jǔ），圆形的筐，方形的称筐，圆形的称筥。"湘"，烹煮祭祀用的牛羊等。"锜"（音 qí），有足锅；釜，无足锅。"奠"，放置的意思。"牖"（音 yǒu），指窗户。"尸"，主祭祀的意思。"齐"（音 zhāi），即斋字，指祭祀前的斋戒沐浴，以整洁身心的意思。"季"指少小的意思。

在古代，祭祀是国家大事，故礼法完备，礼物、礼器、礼仪以及主礼等事宜均有法可依，不能擅作主张。此诗以"循涧滨以采蘋、循行潦以采藻、循筐筥以盛放、循锜釜以烹煮、循牖下以奠之、循季女以主祭"来比喻做事必须依循法度。最后一首是《诗经·国风·召南·采蘩》：

> 于以采蘩，于沼于沚；于以用之，公侯之事。于以采蘩，于涧之中；
> 于以用之，公侯之宫。被之僮僮，夙夜在公；被之祁祁，薄言还归。②

"于以"，问哪里的意思。"蘩"（音 fán），白蒿，古代常用来祭祀。"沚"（音 zhǐ），水中小洲。"事"，指祭祀之事。"涧"，山夹水为涧。"宫"，指大的房子，庙堂。"被"即彼（音 bǐ），指准备祭祀工作的人。"僮僮"，（音 tóng），恭敬、谨慎的样子。"公"，指公庙。"祁祁"，安详娴静的样子。

此诗描述了众妇人为准备祭祀而起早摸黑，跋山涉水以采蒿草，并夜以继日地在公庙中忙碌，比喻做事兢兢业业，不失职守。

第十二节　功成而德行立

是故天子以备官为节，诸侯以时会天子为节，卿、大夫以循法为节，士以不失职为节。故明乎其节之志，以不失其事，则功成而德行立。德行立则无暴乱之祸矣，功成则国安。

---

① 方玉润《诗经原始》，北京：中华书局，2006 年，第 100 页。
② 方玉润《诗经原始》，北京：中华书局，2006 年，第 96 页。

参考译文：天子应以选贤任能和施行仁政为本职操守，诸侯应以按时朝贡天子为本职操守，卿、大夫应以遵循法度为本职操守，而士人应以不失职守为本职操守。因此，各自明白诗乐所要表达的深意，恪守本分，尽责尽职，则各有建树，功成名就，而且能够涵养德行，安身立命。各自修养德行，安身立命，天下就不会有暴乱的人祸。各自建功立业，则国泰民安，天下社会就和谐了。

上一节列举了几首节射之诗及其所颂扬之义，这一节则说明礼乐对人生和社会所起的积极影响。《周易·节卦》说："天地节而四时成，节以制度，不伤财，不害民。"又说："安节，亨。"就是因为天地有一种节制调整的力量存在，所以才有一年四季的交替轮回，自然界的生命因此而生生不息。同样地，用礼、乐、刑、政等制度来节制人欲，才能生财养民。所以，无论是天地之道，还是人道，只要安于节制之道，就能够和顺亨通。这里的"节"是气节操守的意思，表明处在相关位置上的人所应有的素养以及品格。

"明乎其节之志，以不失其事"这句话非常重要，这里的"明"字很关键。老子说"自知者明"，孟子说"有诸己之谓信"（《孟子·尽心章句下》），都是指经过实践的磨炼之后而内化出来的对事对己的真切认知，如人饮水，冷暖自知，基于这种真切的认知，才叫作"明"，才能因明而自"信"。因此，所谓"明乎其节之志，以不失其事"就是说：一个人不但在具体的事上磨炼心志，无论顺逆都能够坚持自己应有的"气节操守"，而且还能够完成任务。我们称这种人叫作"德才兼修""德才兼备"，是在成事时成德，在成德时成事，是知行合一，故"功成而德行立"。

第十三节　贤能之射

孔子曰："射者何以射？何以听？循声而发，发而不失正鹄者，其唯贤者乎！若夫不肖之人，则彼将安能以中？"

参考译文：孔子说："射者如何进行射箭？如何听着唱诗和音乐的节奏来射箭？能够循着诗乐的节奏来发射，并且能够射中靶心的，大概只有贤能之人才能做到吧。如果是无德无才之人，又怎么能够做到呢？"

古代射礼专用的箭靶称作"侯"，"正鹄"两字指"侯"的中心位置。"侯"的形制从外到中心分别是："侯"中有"鹄"，"鹄"中有"正"，"正"中有"质"，① "质"就是最中心的部位。笔者认为，这种形制的"侯"寓意"正"中求"的"，表达"射求正诸己，己正而后发"之义。

---

① 《周礼·卷七·司裘》："王大射，则共虎侯、熊侯、豹侯，设其鹄。诸侯，则共熊侯、豹侯。卿大夫，则共麋侯。皆设其鹄。"郑玄注："方十尺曰侯，四尺曰鹄，二尺曰正，四寸曰质。"见郑玄注《周礼》，《汉魏古注十三经》本，北京：中华书局，1998年，第52页。

"发而不失正鹄者"与《诗经·猗嗟》说的"终日射侯,不出正兮"所指的都是射中靶心的意思。"射者何以射?"前文已经做了详细的阐述,概而言之就是"射者进退周还必中礼,内志正,外体直,然后持弓矢审固,持弓矢审固,然后可以言中"。"何以听?"听诗词唱奏的节奏,然后"循声而发,发而不失正鹄"。最后,孔子感叹道:"其唯贤者乎! 若夫不肖之人,则彼将安能以中?"就是说,只有贤能之人才能做到这样子吧! 如果是无德无才之人,又怎么能够做到呢? 孔子将射者的表现与德行修养联系起来评论,即"此可以观德行矣"。

第十四节　当仁不让

　　《诗》云:"发彼有的,以祈尔爵。"祈,求也,求中以辞爵也;酒者,所以养老也,所以养病也,求中以辞爵者,辞养也。

　　参考译文:《诗经》说:"有的放矢,祈求不用被罚饮酒。"祈是求的意思,务求射中而不被罚饮酒。因为酒是用来养老和养病的,务求射中而不被罚饮酒,就是要证实自己是身心健康的,有德有能的,无须依靠饮酒来滋养身心。

　　《诗》是指《诗经·宾之初筵》这一首诗,诗的第一章描述射礼的情形:"……钟鼓既设,举酬逸逸;大侯既抗,弓矢斯张;射夫既同,献尔发功;发彼有的,以祈尔爵。……"①《射义》只引用了最后两句。"发彼有的,以祈尔爵"与"揖让而升下,而饮,其争也君子"互相呼应,都是指古代射礼中的"饮不胜者礼"。"爵"是盛酒的器皿,故"辞爵"就是"辞养",不被罚饮酒的意思,这正说明"饮不胜者礼"的意义就是鞭策射礼参与者要追求德行修养,当仁不让。
　　"爵"字除了指盛酒的器皿之外,还特指某种身份象征的爵位,比如周代有"公、侯、伯、子、男"等五种爵位。孟子则将人的天赋德性比喻为"天爵",以强调德性的无上尊贵。《孟子·公孙丑章句上》说:

　　夫仁,天之尊爵也,人之安宅也。②

　　孟子说,"仁"是无上尊贵的"天爵",是人生安身立命的无上安泰的"归宿"。《孟子·告子章句上》说:

　　有天爵者,有人爵者;仁义忠信,乐善不倦,此天爵也;公卿大夫,此人爵也。古之人修其天爵,而人爵从之。今之人修其天爵,以要人爵;既得人爵,而弃其天爵,则惑之甚者也,终亦必亡而已矣。③

---

① 方玉润《诗经原始》,北京:中华书局,2006 年,第 450 页。
② 朱熹《四书章句集注》,《新编诸子集成》本,北京:中华书局,1989 年(2007 年 8 月重印),第 240 页。
③ 朱熹《四书章句集注》,《新编诸子集成》本,北京:中华书局,1989 年(2007 年 8 月重印),第 342 页。

每个人天生就具有"天爵",人世间则有象征身份地位的"人爵"。"仁""义""忠""信"是人天赋而有的"天爵","公""卿""大夫"是人所欲求的身份爵位。古人以修养自己的"天爵"为本,而其身份爵位随之而来。今人修其"天爵",以获取身份爵位;一旦获得了身份爵位,就放弃了"天爵"的修养,实在是迷惑至极,因为没有"天爵"为其根本,最终连所谓的身份爵位也会失去的。所以,《易经》说"厚德载物",是说唯有内在的德性敦厚,才能承载外在的一切。从"天爵"和"人爵"的关系来说,所谓"辞爵"还有一种深意,就是辞"人爵"之养,而以修养"天爵"为根本,故"当仁不让"。

第十五节　修身莫若射

故事之尽礼乐而可数为,以立德行者,莫若射,故圣王务焉。

参考译文:可以经常举行,以尽显礼乐精神以及修身立德行的,都不如射礼,所以古代圣王都致力于推行射礼。

对于"射"与"德"的内在关系,历代学者和射家都有很高的评价。宋代学者吕大临先生说:

礼射必先比耦,故一耦皆有上射下射,皆执弓而挟矢。其进也,当阶及阶,当物及物,皆揖;其退也,亦如之。其行有左右,其升降有先后,其射皆拾发。其取矢于楅也,始进揖,当楅揖,取矢揖,既搢挟揖,退与将进者揖。其取矢也,有横弓却手,兼弣、顺羽、拾取之节焉。卒射而饮,胜者袒、决、遂,执张弓;不胜者袭,脱决、拾,加弛弓,升饮,相揖如初,则"进退周还必中礼"可见矣。夫先王制礼,岂苟为繁文末节,使人难行哉?亦曰"以善养人而已"。盖君子之于天下,必无所不中节然后成德,必力行而后有功。其四肢欲安佚也,苟恭敬之心不胜,则怠惰傲慢之气生,怠惰傲慢之气生,则动容周旋不能中乎节,体虽佚而心亦为之不安;于其所不安,则手足不知其所措,故放辟邪侈,逾分犯上,将无所不至,天下之乱自此始矣。圣人忧之,故常谨于繁文末节,以养人于无所事之时,使其习之而不惮烦,则不逊之行,亦无自而作,至于久而安之,则非法不行,无所往而非义矣。君子敬以直内,义以方外,敬义立而德不孤,则不疑其所行矣。[1] 故发而不中节者,常生乎不敬。所存乎内者敬,则所以形乎外者庄矣,内外交修,则发乎事者中矣,故曰"内志正,外体直,然后持弓矢审固;持弓矢审固,然后可以言中"也。射,一艺也,容比于礼,节比于乐,发而不失正鹄,是必有乐于义理,久于恭敬,用志不分之心,然后可以得之。则其所以得之者,其德可知矣,故曰"可以观德行矣"。[2]

---

[1] 《周易·坤卦》:"直,其正也;方,其义也。君子敬以直内,义以方外,敬义立而德不孤。直、方、大,不习无不利,则不疑其所行也。"见王弼注:《周易》,《汉魏古注十三经》本,第 229 页。

[2] 陈俊民《蓝田吕氏遗著辑校》,北京:中华书局,1993 年(2012 年 10 月重印),第 399 – 400 页。

吕先生说，射礼之中讲求进退周还必中礼，并不是有意为难人，而是"以养人于无所事之时，使其习之而不惮烦，则不逊之行，亦无自而作，至于久而安之，则非法不行，无所往而非义矣"。所以，射礼之中"容比于礼，节比于乐，发而不失正鹄，是必有乐于义理，久于恭敬，用志不分之心，然后可以得之。则其所以得之者，其德可知矣"。明代射学大家高颖先生说：

> 夫射之法深且繁矣，然以道通之，则又至简而至易。何以明其然也？习射之初，以法求射，则见其繁。习之滋久，法熟而理畅，理畅而机洽，机洽而道通，则千条万绪皆可一贯，安见射法之繁乎？颖弱冠时，<u>以好功名之心好射</u>，遂忘寒暑。晚年颇得力于射，而通其道。遂以好道之心好射，并忘功名。行住坐卧，非射不思；闲居燕处，非射不乐；忧患，非射不息；怨仇，非射不解；疾痛疴痒，非射不忘。推之九地九天，触目惊心之事，无之非射也者。今年齿虽渐加长，而好乐不倦。不知予者，以为劳且苦，而予则弥觉其乐也。知予者，以为乐且痴，而不知予之乐，皆从苦中来也。夫射之道，<u>外粗而内精，形动而神静</u>；功非骤得，养非袭取；其存心欲虚，取益欲广；志欲猛，力欲实，胆欲旺，气欲和平，精进欲无已；然后可以收其功，而推其用。其<u>精神心术之微，涵养持循之功，无非至道</u>。通其道而游之，与之上下，非可一艺目矣。①

"以好功名之心好射"，这是多数人学射时的通病，足见人的习气至深，难以根除。孔子说："志于道，据于德，依于仁，游于艺"（《论语·述而》），"通其道而游之"即是游于射艺，由射通于道的意思。"与之上下"即"下学而上达"，② 由"下学"之射艺"上达"至道德的涵养，故说"非可一艺目矣"，即不可将射箭只看作是一种技艺而已。清代学者颜元③先生说：

> 孔门习行礼、乐、射、御之学，<u>健人筋骨，和人血气，调人情性，长人仁义</u>。一时学行，受一时之福；一日习行，受一日之福；一人体之，锡福一人；一家体之，锡福一家；一国、天下皆然。小之却一身之疾，大之措民物之安，为其<u>动生阳和</u>，不积痰郁气，<u>安内捍外也</u>。④
> <u>礼、乐、射、书、数似苦人事，而却物格知至，心存身修而日壮；读书讲论似安逸事，而却耗气竭精，丧志痿体而日病。</u>非真知学者，其孰能辨之！⑤

诚如颜元先生所言，射箭可以"健筋骨，和血气，调情性，长仁义"，对个人、家国、天下都是一种"锡福"。他指出"礼""乐""射"等"六艺"之学与读书讲论有实质性的不同：前者"似

---

① 高颖《武经射学正宗》，杨修龄校定，明崇祯十年刻本。
② 《论语·宪问第十四》："子曰：'不怨天，不尤人，下学而上达，知我者其天乎！'"见朱熹《四书章句集注》，《新编诸子集成》本，北京：中华书局，2012 年（2015 年 5 月重印），第 158 页。
③ 颜元（1635—1704），字易直，又字浑然，号习斋。先生毕生投身教育事业，提倡实学，反对务虚之学，主张培养文武兼备、经世致用的人才。带领学生从事"礼""乐""射""书""数"的学习，探究兵、农、水、火等实用之学。主要学术著作有《四存篇》《习斋记余》等。学生李塨（1650—1733），字刚主，号恕谷，著有《学射录》传世，继承和发展了颜元的学说，形成了著名的"颜李学派"。
④ 颜元《颜元集》，《理学丛书》本，北京：中华书局，1987 年（2009 年 2 月重印），第 693 页。
⑤ 颜元《颜元集》，《理学丛书》本，北京：中华书局，1987 年（2009 年 2 月重印），第 645 页。

苦人事，而却物格知至，心存身修而日壮"，后者"似安逸事，而却耗气竭精，丧志痿体而日病"。可惜，学者大多喜安逸，好沽名，此等"苦人事"自古乏人问津。对此，顾镐《射说》中说得更加明白：

> 古今来以文章名世者传不胜载，而以射学传世者指可屈数，是诚何故？盖文章唯在学问有得，便不易忘。天资明敏者，且日有进，而晚年日纯。若夫射，虽学之已成，假令一日不思即疏，三日不射即乱，半月废弃即忘，迨年岁增而力渐衰，精神耗而巧日减，已成之功，咸归于尽，口虽能言，而心手不能自主矣。以是知射学之传，指可屈数，无足怪焉。试就文章与性理言之。如文章但能熟读古人著作，运用于胸中，便可自成一家，或数月不展卷，而出笔亦不至荒谬。若性理之学，非正心诚意，身体力行，动定坐卧，毫无违间，断不能造乎精微。射之一道，德所备焉，实与性理之学同源，名居六艺之科，圣贤亦数言其理，是射固不可与文章同年而语也。①

顾先生认为射箭之道与性理之学同源，都讲求"正心诚意，身体力行，动定坐卧，毫无违间"，实在是真知灼见。孔子说："君子无终食之间违仁，造次必于是，颠沛必于是。"（《论语·里仁第四》）就是说，君子哪怕在一顿饭之间也不会违背仁道，即使在仓促匆忙之时也必定如此守道，即使在颠沛流离之时也必定守道如此。《中庸》也说："道也者，不可须臾离也；可离，非道也。"修身之道就像呼吸对于生命一般，片刻离身都感觉难受才行。射道亦然，一日不学就生疏，一念不存就偏离，每一次的发射都是身心状态的表征，故箭路即心迹，真实不虚，童叟无欺。前面九十九箭都射中，一念松懈可致前功弃，故须谦虚而谨慎；前面九十九箭都射偏，持之以恒可使百发中，故应自信而刚毅。

北宋大学者张载说："为学大益，在自求变化气质。"② 又说："变化气质，孟子曰：'居移气，养移体'，况居天下之广居者乎！居仁由义，自然心和而体正。更要约时，但拂去旧日所为，使动作皆中礼，则气质自然全好。"③ 人的天赋气质有刚有柔，适中的刚柔都是善的，但经后天习气的日积月累，不是过刚就是过柔，甚至于为恶还自以为是。"刚"与"柔"是禀赋的气质表征，但"怒"与"慑"则是应物起念时的意气用事，所谓的变化气质，就是要内外交修，做到"刚气不怒，柔气不慑"。④ 阳明先生说：

> 变化气质，居常无所见，惟当利害、经变故、遭屈辱，平时愤怒者到此能不愤怒，忧惶失措者到此能不忧惶失措，始是得力处，亦便是用力处。⑤

---

① 唐豪《清代射艺丛书》，上海市国术协进会，1940 年，第 26 – 27 页。
② 张载《张载集》，《理学丛书》本，北京：中华书局，1978 年（2014 年 12 月重印），第 274 页。张载（1020—1077），字子厚，世称横渠先生，是北宋儒学大家，理学创始人之一，其名言"为天地立心，为生民立命，为往圣继绝学，为万世开太平"，一直传诵至今，影响深远。
③ 张载《张载集》，《理学丛书》本，北京：中华书局，1978 年（2014 年 12 月重印），第 265 页。
④ 孙希旦《礼记集解》，《十三经清人注疏》本，北京：中华书局，1989 年（2007 年 8 月重印），第 1000 页。
⑤ 吴光、钱明、董平、姚延福《王阳明全集》，上海：上海古籍出版社，1992 年（2006 年 4 月重印），第 154 页。

"当利害、经变故、遭屈辱"就是孔子说的"造次"和"颠沛"之时，能够在冲突无常之际守道如初，才是真修道，才是实修身。射箭之际，虽不至于"当利害、经变故、遭屈辱"这样严重，但其动心忍性，直面身心的真情切意，不是其他艺术修养所可以同日而语的。所以说，修身莫若射。

第十六节　以射选才

《射义》说："射者，仁之道也"，又说："此可以观德行矣"，又说："事之尽礼乐而可数为，以立德行者，莫若射"。射之一道，通仁道，通政道，故射可以养人，射可以选人。

是故古者天子，以射选诸侯、卿、大夫、士。

参考译文：鉴于射礼的独特意义和社会价值，古代的天子以射礼来考察、甄别诸侯、卿、大夫以及士人的德行和才艺。

选才的时间和场地是：

天子将祭，必先习射于泽。泽者，所以择士也。已射于泽，而后射于射宫。

参考译文：天子举行祭祀礼之前，必定先在"泽"这种特定场地进行习射，而所谓"泽"就是选择贤才的意思。在"泽"习射后，再到"射宫"参加射礼。

赏罚措施是：

射中者得与于祭，不中者不得与于祭。不得与于祭者有让，削以地；得与于祭者有庆，益以地。进爵绌地是也。故天子之大射，谓之射侯。射侯者，射为诸侯也，射中则得为诸侯，射不中则不得为诸侯。

参考译文：符合资格的就能参加祭祀，不符合资格的就不能参加了。不得参加祭祀的诸侯国君就要遭到谴责，并被削减封地；而能够参加祭祀的诸侯国君就会受到赏赐，并增加封地，这就是"进爵黜地"的赏罚措施。从这个意义上来说，天子所举办的"大射礼"叫作"射侯"，所谓"射侯"，就是"以射选诸侯"的意思，即通过射礼来考核诸侯的贡献，符合资格的可以继续成为诸侯，不符合的就不能成为诸侯了。

考核标准则是：

是故古者天子之制：诸侯岁献，贡士于天子，天子试之于射宫。其容体比于礼，其节比于乐，而中多者，得与于祭；其容体不比于礼，其节不比于乐，而中少者，不得与于祭。数与于祭而君有庆，数不与于祭而君有让；数有庆而益地，数有让而削地。故曰：射者，射为诸侯也。

参考译文：古代天子的制度规定：诸侯国必须定期朝会天子和举荐贤士，天子则在"射宫"中考核那些被举荐的贤士。谁的容体符合礼仪（中礼），动作合乎诗乐节奏（中节），并且射中目标（中的）之次数多的，就可以参加天子的祭祀；相反，谁的容体不符合礼仪，动作不合乎诗乐节奏，而且射中目标次数少的，就没有参加天子祭祀的资格了。诸侯国所举荐的贤士能够多次参与天子的祭祀，其国君就能获得赏赐；反之，多次没有资格参加祭祀的，其国君就会遭到谴责。经常获得赏赐的国君就会被加封领地，而经常遭到谴责的国君就会被削减领地。所以说，射礼之目的就是"射为诸侯"——以射选诸侯。

可见，古代射礼的所谓射"中"，必须同时达到三个要求，即"中礼""中节""中的"。"揖让而升下"就是"中礼"，"循声而发"就是"中节"，"发而不失正鹄"就是"中的"。满足这三个要求的，就是孔子说的"其唯贤者乎"！所以，"射中则得为诸侯，射不中则不得为诸侯"里面的"中"字，也应作如是理解才能通达事理。

第十七节　观盛德

既然射礼成为一种制度，并且关乎天下英雄的名誉和地位，是公认的安身立命的一种措施，所以，天下人自然闻风而动，争相从事。

是以诸侯君臣尽志于射，以习礼乐。夫君臣习礼乐而以流亡者，未之有也。故《诗》曰："曾孙侯氏，四正具举；大夫君子，凡以庶士；小大莫处，御于君所；以燕以射，则燕则誉。"言君臣相与尽志于射，以习礼乐，则安则誉也。是以天子制之，而诸侯务焉。此天子之所以养诸侯而兵不用，诸侯自为正之具也。故曰：射者，所以观盛德也。

参考译文：因此之故，诸侯国的君臣都尽心尽力去从事射礼，并且在射礼中学习礼乐。君臣都用心学习礼乐而被放逐、流亡的事，从来没有过。《诗经》说："王的曾孙诸侯，在完成献宾、献公、献卿、献大夫等四献之礼后，就开始射礼了。在座的大夫君子与众士人等济济一堂，不分大小，共同侍奉在国君处。既行燕饮礼又行射礼，既安乐又荣誉。"也就是说，君臣在射礼中各尽本分，同修礼乐，各自安适、欢乐和受人赞誉。所以，天子把射礼作为定制，而诸侯则致力于从事，这是天子之所以不用武力就能够安养天下诸侯，而诸侯能够自我修正，恪守本分的政治措施。故说，射礼之用，小则修身立德行，大则尽礼乐，治国平天下，所以观察天下是否有盛德。

什么是盛德呢？《礼记·聘义》是这样说的：

聘、射之礼，至大礼也。质明而始行事，日几中而后礼成，非强有力者弗能行也。故强有力者，将以行礼也，酒清人渴而不敢饮也，肉干人饥而不敢食也，日暮人倦，斋庄正齐而不敢解惰，以成礼节，以正君臣，以亲父子，以和长幼。此众人之所难，而君子行之，故谓之有行。有行之谓有义，有义之谓勇敢。故所贵于勇敢者，贵其能以立义也；所贵于立义者，贵其有行也；所贵于有行者，贵其行礼也。故所贵于勇敢者，贵其敢行礼义也。故勇敢、强有力者，天下无事则用之于礼义，天下有事则用之于战胜。用之于战胜则无敌，用之于礼义则顺治。外无敌，内顺治，此之谓盛德。故圣王之贵勇敢、强有力如此也。勇敢、强有力而不用之于礼义、战胜，而用之于争斗，则谓之乱人。刑罚行于国，所诛者乱人也。如此，则民顺治而国安也。[①]

《聘义》认为"聘礼"和"射礼"是至大之礼。那什么是聘礼呢?《聘义》是这样说的："故天子制诸侯，比年小聘，三年大聘，相厉以礼……诸侯相厉以礼，则外不相亲，内不相陵，此天子之所以养诸侯，兵不用，而诸侯自为正之具也。"也就是说，聘礼是诸侯之间相互慰问、相互勉励，和睦相处的一种礼制，有每年一次的"小聘"和三年一次的"大聘"两种。其目的与射礼一样，都是天子不用武力就能安养和制约诸侯的一种措施，所以说"聘、射之礼，至大礼也"。

有关聘礼的细节可以参阅《仪礼·聘礼》，而关于射礼的详情则可以参阅《仪礼·大射》和《仪礼·乡射礼》。这两种大礼都是天刚亮就要开始，几乎直到中午而后才能礼成，不是身体强健有力的人是不可能行这种礼的。渴而饮，饥而食，倦而惰，都是一般人的本能反应，但是在行聘礼和射礼时，能够做到"人渴而不敢饮""人饥而不敢食""人倦而不敢解惰"，并且一直保持"斋庄正齐"的状态，以成礼节之文，以正君臣之义，以亲父子之情，以和长幼之序。这种行为一般人难以做到，因为不明其中的意义；而君子不但明白其中的深意，并且能够切实地执行。君子见义而行，行而有义，有行有义，故谓之勇敢。这里所说的勇敢，贵在能够"立义"；所谓"立义"，贵在"有行"；所谓"有行"，贵在"行礼"。所以说，勇敢贵在于"行礼义"——身体力行，体悟礼中之大义。因此，不是勇敢的人是不可能行这种礼的。也就是说，必须是勇敢而强健有力的人才能够切实地执行聘礼或者射礼。

勇敢而强健有力的人，其安身立命之道就是"天下无事则用之于礼义，天下有事则用之于战胜"。有战胜的才能，则外面无人敢敌而安全；有立礼义的德行，则内在顺应自治而和平。这对于个人、家国和天下都是通用的。天下外无敌患，内能顺治，才可称为有"盛德"，所以圣王非常重视如何培养勇敢而强健有力的人才。勇敢而强健有力，如果不用在实行礼义和战胜敌人之上，反而用于相互争斗，就会成为祸乱之人，而刑罚施行于国中，所要诛杀的就是这种"乱人"。《礼记·乐记》说："礼以道其志，乐以和其声，政以一其行，刑以防其奸。礼、乐、刑、政，其极一也，所以同民心而出治道也。"[②] 如此，则天下实现"民顺治而国安"的盛德之世。

---

① 孙希旦《礼记集解》，《十三经清人注疏》本，北京：中华书局，1989 年（2007 年 8 月重印），第 1465 页。
② 孙希旦《礼记集解》，《十三经清人注疏》本，北京：中华书局，1989 年（2007 年 8 月重印），第 977 页。

第二章 | 求仁工夫再论

第一节 | 阳明论仁

仁是中国儒家文化的核心理念，是中国人之所以为中国人的文化基因和精神符号，是中国人追求安身立命的人生观和价值观。历史上论述仁道与求仁工夫的学者很多，但孔孟之后，莫如王阳明先生。先生承前启后，体道深切，论道圆融：

> 大人者，以天地万物为一体者也，其视天下犹一家，中国犹一人焉。若夫间形骸而分尔我者，小人矣。大人之能以天地万物为一体也，非意之也，其心之仁本若是，其与天地万物而为一也。岂惟大人？虽小人之心亦莫不然，彼顾自小之耳。是故见孺子之入井，①而必有怵惕恻隐之心焉，是其仁之与孺子而为一体也。孺子犹同类者也，见鸟兽之哀鸣觳觫，② 而必有不忍之心，是其仁之与鸟兽而为一体也。鸟兽犹有知觉者也，见草木之摧折而必有悯恤之心焉，是其仁之与草木而为一体也。草木犹有生意者也，见瓦石之毁坏而必有顾惜之心焉，是其仁之与瓦石而为一体也。是其一体之仁也，虽小人之心亦必有之。是乃根于天命之性，而自然灵昭不昧者也，是故谓之明德。小人之心既已分隔隘陋矣，而其一体之仁犹能不昧若此者，是其未动于欲，而未蔽于私之时也。及其动于欲，蔽于私，而利害相攻，忿怒相激，则将戕物圮类，无所不为其甚，至有骨肉相残者，而一体之仁亡矣。是故苟无私欲之蔽，则虽小人之心，而其一体之仁犹大人也；一有私欲之蔽，则虽大人之心，而其分隔隘陋犹小人矣。故夫为大人之学者，亦惟去其私欲之蔽，以明其明德，复其天地万物一体之本然而已耳，非能于本体之外，而有所增益之也。③

---

① 《孟子·公孙丑章句上》："所以谓人皆有不忍人之心者，今人乍见孺子将入于井，皆有怵惕恻隐之心。非所以内交于孺子之父母也，非所以要誉于乡党朋友也，非恶其声而然也。"见朱熹《四书章句集注》，《新编诸子集成》本，北京：中华书局，2012 年（2015 年 5 月重印），第 239 页。

② 《孟子·梁惠王章句上》："吾何爱一牛？即不忍其觳觫，若无罪而就死地，故以羊易之也。"见朱熹《四书章句集注》，《新编诸子集成》本，第 208 页。觳觫（音 hú sù），恐惧、颤抖。

③ 吴光、钱明、董平、姚延福《王阳明全集》上海古籍出版社，1992 年（2006 年 4 月重印），第 968 页。

上文是阳明先生就其弟子提问《大学》中的问题所做的答复。《大学》一文是关于"学做大人"的必读文章，因此以"大人"与"小人"对比来阐述。先生所说的"大人"，其实就是指与天地万物为一体的"仁者"。仁心与天地万物"一体感通"，并且是每个人"根于天命之性"而本来具有的。人之所以会"不仁"，是因为仁心被私欲蒙蔽，使自己与外界分隔开来，成为一个与他人"二体对立"的"小人"了。所谓的"大人"或者"小人"，并不是天生而恒定的，而是相对的，或大或小取决于人的存心，是一念一行之间可以转化的。因此，要成为"仁者"，只要去除私欲的障蔽，恢复自己天赋"一体感通"的本来状态就是了。

阳明先生从"一体"来解说仁，强调人与天地万物"一体感通"之心即是仁的流行，故有"恻隐""不忍""悯恤""顾惜"等共情的体现。说得浅白一些，就像人体对温度、湿度、粗细、大小、轻重等都能够感觉一样，人心对周边出现的人、事、物保持敏锐的感觉，甚至是感同身受，这都是仁的发用流行。所以，从仁的发用流行处来说的话就是"一体感通"。

第二节　一体与感通

然而，"一体感通"不会无缘无故地发生，要有事实的基础才行，这事实的基础就是人与万物共同生长在天地之间，即"一体共生"的事实。"一体共生"的关系可以是：从一个人到一个家庭，从一个家庭到一个社区，从一个社区到一个乡镇，从一个乡镇到一个市，从一个市到一个省，从一个省到一个国家，从一个国家到一个大洲，从一个大洲到全世界，然后从人类到万物，从万物到天地，各种共生关系无比复杂，同时又无比重要，共同构成了我们赖以生存的这个神奇而美丽的蓝色星球。在天地万物"一体"的大前提之下，"共生"关系良好而且是可以持续发展的相关物种，大都是繁衍状态较好的，反之就差，甚至于导致物种的灭绝。因此，单单从物种繁衍的角度来说，人类都要无比珍惜"一体共生"的事实环境和"一体感通"的天赋德性。

在"一体共生"的事实环境和"一体感通"的生活体验的基础上，华夏大地开启出如孟子所说的"亲亲而仁民，仁民而爱物"的伦理文化。其表征就是"亲"和"爱"，即从自己推及亲人，从亲人推及他人，从他人推及其他物种，直至天地万物。由此，我们中国人非常重视这种共情所衍生出的各种"关系"，并相应地发展出"协和万邦""和而不同""天人合一"等和谐观念。所以说，早期对仁的解说多从"亲""爱"以及"关系"这些日用之处来。然而，从日用之处来理解虽然较为亲切，但也会导致两个副作用：一是过于庸俗化，即太接地气；二是过于抽象化，即太不接地气。庸俗化，则会有"用人唯亲""帮亲不帮理""有家无国"等过于自私的弊病；抽象化，如"兼爱""博爱"等，则会有"无己""无亲""无家""无国"等过于大公的弊病，甚至于"只有信仰"而"无是非对错"。

有人问："何墨氏兼爱，反不得谓之仁？"阳明先生说：仁是造化生生不息之理，虽弥漫周遍，无处不是，然其流行发生亦只有个渐，所以生生不息。如冬至一阳生，必自一阳生而后渐渐至于六阳，若无一阳之生，岂有六阳？阴亦然。惟其渐，所以便有个发端处；惟其有个发端处，所以生；惟其生，所以不息。譬之木，其始抽芽，便是木之生意发端处，抽芽然后发杆，发杆然后生枝生叶，然后是生生不息。若无芽，何以有杆有枝叶？能抽芽，必是下面有个根在。有根方生，无根便死。无根何从抽芽？父子兄弟之爱，便是人心生意发端处。如木之抽芽，自此而仁民而爱物，便是发杆、生枝、生叶。墨氏兼爱无差等，将自家父子兄弟与途人一般看，便自没了发端处。不抽芽，便知得他无根，便不是生生不息，安得谓之仁！孝悌为仁之本，却是仁理从里面发生出来。①

阳明先生强调，仁要"有个渐""有个发端处""有个根在"，才会像一个有机的生命体一般，生生不息。"亲""爱""孝""悌"都是发端处，同时又都是从仁德发生出来的体证仁道所依据的下手工夫。

第三节　阳明说《大学》工夫

因此，要体证仁的境界就要在具体而切实的工夫上下手。阳明先生融会贯通《大学》所说的为学工夫，并在其《大学问》一文中做了详细的阐述：②

> 身、心、意、知、物者，是其工夫所用之条理，虽亦各有其所，而其实只是一物。格、致、诚、正、修者，是其条理所用之工夫，虽亦皆有其名，而其实只是一事。

"格物""致知""诚意""正心""修身"等概念都出自《大学》一文，都是为学的工夫。"身""心""意""知""物"是其工夫所作用的层次名称，虽然各有所指，但其实质都是"一物"而已。为什么呢？阳明先生解析说："指其充塞处言之，谓之身；指其主宰处言之，谓之心；指心之发动处，谓之意；指意之灵明处，谓之知；指意之涉着处，谓之物；只是一件。"③ 所指不同则名称有异。"格""致""诚""正""修"是各个层次所用的工夫，虽然各有侧重，但其实功都是"一事"而已。这是解说为学工夫层次的异同。

> 何谓身？心之形体运用之谓也。何谓心？身之灵明主宰之谓也。

何谓身呢？为心所运用的形体就叫作身。何谓心？主宰形体运动的那个灵明觉知的就是心。这是说明身与心的本义。

> 何谓修身？为善而去恶之谓也。吾身自能为善而去恶乎？必其灵明主宰者欲为善而去恶，然后其形体运用者始能为善而去恶也。故欲修其身者，必在于先正其心也。

① 邓艾民《传习录注疏》，上海：上海古籍出版社，2012 年（2015 年 1 月重印），第 59 页。
② 吴光、钱明、董平、姚延福《王阳明全集》，上海：上海古籍出版社，1992 年（2006 年 4 月重印），第 971－972 页。
③ 邓艾民《传习录注疏》，上海：上海古籍出版社，2012 年（2005 年 1 月重印），第 180 页。

何谓修身？修身就是为善去恶的过程。然而，我们的身体能够自行地为善去恶吗？当然不行，一定是灵明主宰的心有了为善去恶的意念，然后其身体才会被调动起来，然后做为善去恶的事。因此，要做到修身的话，必定先要做到正心。

对于修身与正心的关系，阳明先生还有更为详细的阐述："《大学》之所谓身，即耳、目、口、鼻、四肢是也。欲修身便是要：目非礼勿视，耳非礼勿听，口非礼勿言，四肢非礼勿动。要修这个身，身上如何用得工夫？心者，身之主宰。目虽视，而所以视者心也；耳虽听，而所以听者心也；口与四肢虽言动，而所以言动者心也。故欲修身，在于体当自家心体，常令廓然大公，无有些子不正处。主宰一正，则发窍于目，自无非礼之视；发窍于耳，自无非礼之听；发窍于口与四肢，自无非礼之言动，此便是修身在正其心。"①

> 然心之本体则性也，性无不善，则心之本体本无不正也。何从而用其正之之功乎？盖心之本体本无不正，自其意念发动，而后有不正。故欲正其心者，必就其意念之所发而正之。凡其发一念而善也，好之真如好好色，发一念而恶也，恶之真如恶恶臭，则意无不诚，而心可正矣。

然而，心的本体就是人的本性，本性无不善，则心的本体原来是无不正的。那么，对无不正的心要如何使用"正"的工夫呢？其实，心的本体原来是无不正的，自"心"发起意念后，才有不正的时候。所以，要做到正心的话，一定要在"心"发起意念的时候去做"正"的工夫。一念善的，就如喜好美色一般地喜好这一善念；一念恶的，就如讨厌恶臭一般地讨厌这一恶念。能够做到这样子的话，心所发起的意念就是真诚的，而心也就可以"正"了。

对于诚意的工夫，阳明先生还有类似的阐述："然至善者，心之本体也，心之本体哪有不善？如今要正心，本体上何处用得功？必就心之发动处才可着力也。心之发动，不能无不善，故须就此处着力，便是在诚意。如一念发在好善上，便实实落落去好善；一念发在恶恶上，便实实落落去恶恶。意之所发，既无不诚，则其本体如何有不正的？故欲正其心，在诚意。工夫到诚意，始有着落处。"②

> 然意之所发，有善有恶，不有以明其善恶之分，亦将真妄错杂，虽欲诚之，不可得而诚矣。故欲诚其意者，必在于致知焉。

然而，意念发起时，有善有恶，如果不知如何分辨善恶，就会真妄错杂，虽然很想做到诚意，也是有心无力而已。因此，想要做到诚意的话，一定是基于致知才行。

①② 邓艾民《传习录注疏》，上海：上海古籍出版社，2012 年（2005 年 1 月重印），第 263 页。

致者，至也，如云"丧致乎哀"之致。① 《易》言"知至，至之"。② 知至者，知也；至之者，致也。致知云者，非若后儒所谓充扩其知识之谓也，致吾心之良知焉耳。③ 良知者，孟子所谓"是非之心，人皆有之"者也。是非之心，不待虑而知，不待学而能，是故谓之良知。是乃天命之性，吾心之本体，自然灵昭明觉者也。

"致"的意思是做到，与"丧致乎哀"（居丧，就要做到哀伤）的"致"是一个意思。《周易·乾卦》说："知至，至之。""知至"是觉知到，"至之"就是做到。因此，<u>致知并非像后世儒家学者所说的扩充知识的意思，而是说做到吾心良知所觉知到的</u>。所谓良知，就是孟子所说的"是非之心，人皆有之"的良知。是非之心，不用思虑就可以觉知，不用学习就可以做到，所以称作良知。<u>良知是天命之性，吾心之本体，自然灵明觉知。</u>

凡意念之发，吾心之良知无有不自知者。其善欤？惟吾心之良知自知之；其不善欤？亦惟吾心之良知自知之。是皆无所与于他人者也。故虽小人之为不善，既已无所不至，然其见君子，则必厌然掩其不善而著其善者，④ 是亦可以见其良知之有不容于自昧者也。

<u>凡是意念发起的时候，吾心良知没有不觉知的</u>。此意念是善的吗？只有吾心良知自知。此意念不善吗？也只有吾心良知自知而已，都与其他人无关。因此之故，就算小人作恶多端，无所不用其极，然而遇见君子时，也会极力掩饰其恶的一面，而显出其善的一面，于此可以看出，小人的良知亦有不容许自欺的时候。

今欲别善恶以诚其意，惟在致其良知之所知焉尔。何则？意念之发，吾心之良知既知其为善矣，使其不能诚有以好之，而复背而去之，则是以善为恶，而自昧其知善之良知矣。意念之所发，吾之良知既知其为不善矣，使其不能诚有以恶之，而复蹈而为之，则是以恶为善，而自昧其知恶之良知矣。若是，则虽曰知之，犹不知也，意其可得而诚乎？今于良知之善恶者，无不诚好而诚恶之，则不自欺其良知而意可诚也已。

现在要分别善恶以做到"诚意"的话，只有在做到良知所觉知到的才行。为什么呢？意念发起时，吾心良知觉知到这一念是善的，假使不能真诚地喜好这一善念，反而背道而驰，则是以善为恶，

---

① 《论语·子张第十九》："子游曰：'丧致乎哀而止。'"见朱熹《四书章句集注》，《新编诸子集成》本，北京：中华书局，2012年（2015年5月重印），第192页。

② 《周易·乾卦》："知至，至之，可与几也；知终，终之，可与存义也。是故居上位而不骄，在下位而不忧。故乾乾因其时而惕，虽危无咎矣。"见中华书局编辑部《汉魏古注十三经》（附四书章句集注），王弼注《周易》，北京：中华书局，1998年，第2页。

③ 《孟子·尽心章句上》："人之所不学而能者，其良能也；所不虑而知者，其良知也。孩提之童，无不知爱其亲者；及其长也，无不知敬其兄也。亲亲，仁也；敬长，义也。无他，达之天下也。"见朱熹《四书章句集注》，《新编诸子集成》本，北京：中华书局，2012年（2015年5月重印），第360页。

④ 《大学》："小人闲居为不善，无所不至，见君子而后厌然，掩其不善而著其善。人之视己，如见其肺肝然，则何益矣？此谓诚于中，形于外。故君子必慎其独也。"见朱熹《四书章句集注》，《新编诸子集成》本，北京：中华书局，2012年（2015年5月重印），第7页。

而自欺吾心知善的良知了。意念发起时，吾心良知觉知到这一念是不善的，假使不能真诚地厌恶这一恶念，反而明知故犯，则是以恶为善，而自欺吾心知恶的良知了。真是这样子的话，这个所谓的知道，其实是真的不知道，这又怎么可以做到"诚意"呢？现在，对于良知所觉知到的善念或恶念，能够做到无不真诚地喜好或者真诚地厌恶的话，就是不欺良知，而意念才可真诚。

　　然欲致其良知，亦岂影响恍惚而悬空无实之谓乎？是必实有其事矣，故致知必在于格物。物者，事也，凡意之所发必有其事，意所在之事谓之物。格者，正也，正其不正以归于正之谓也。正其不正者，去恶之谓也；归于正者，为善之谓也，夫是之谓格。《书》言"格于上下"、①"格于文祖"、②"格其非心"，③格物之格实兼其义也。

　　然而，要做到良知所觉知到的，岂能凭空去做？必须在具体的事上去做，所以说"致知"必定在"格物"的基础上去做。"物"就是事的意思，凡意念发起时必在相应的事上，而意念所在之事就叫作"物"。阳明先生说："如意用于事亲，即事亲为一物；意用于治民，即治民为一物；意用于读书，即读书为一物；意用于听讼，即听讼为一物。"④"格"就是"正"，是在具体的实事上"正其不正"，以"归于正"的意思，"正其不正"即是"去恶"，"归于正"即是"为善"，这就是所谓的"格"字之义。《尚书》上说的"格于上下""格于文祖""格其非心"等格字的含义，都包含在这个"格物"的"格"字当中了。

　　良知所知之善，虽诚欲好之矣，苟不即其意之所在之物而实有以为之，则是物有未格，而好之之意犹为未诚也。良知所知之恶，虽诚欲恶之矣，苟不即其意之所在之物而实有以去之，则是物有未格，而恶之之意犹为未诚也。

　　虽然想诚心地喜好良知所觉知到的善念，但如果不在意念所在的事物上切实地为善的话，则这一"物"就没有"格"到，而所谓喜好的"意"就没有真"诚"。同样的，虽然想诚心地厌恶良知所觉知到的恶念，但如果不在意念所在的事物上切实地去恶的话，则这一"物"就没有"格"到，而所谓厌恶的"意"就没有真"诚"。这是从反面来说，格物必须在意念所在的事物上切实地去做。

　　今焉于其良知所知之善者，即其意之所在之物而实为之，无有乎不尽；于其良知所知之恶者，即其意之所在之物而实去之，无有乎不尽。然后物无不格，吾良知之所知者，无有亏缺障蔽，而得以极其至矣。夫然后吾心快然无复余憾而自慊矣，夫然后意之所发者，始无自欺而可以谓之诚矣。

---

　　① 《尚书·虞书·尧典》："允恭克让，光被四表，格于上下。"见中华书局编辑部《汉魏古注十三经》（附四书），孔安国传《尚书》，北京：中华书局，1998年，第3页。

　　② 《尚书·虞书·舜典》："舜格于文祖，询于四岳，辟四门，明四目，达四聪。"见中华书局编辑部《汉魏古注十三经》（附四书章句集注），孔安国传《尚书》，北京：中华书局，1998年，第6页。

　　③ 《尚书·周书·冏命》："惟予一人无良，实赖左右前后有位之士，匡其不及，绳愆纠谬，格其非心，俾克绍先烈。"见中华书局编辑部《汉魏古注十三经》（附四书章句集注），孔安国传《尚书》，北京：中华书局，1998年，第79页。

　　④ 邓艾民《传习录注疏》，上海：上海古籍出版社，2012年（2015年1月重印），第104页。

现在，对于良知所觉知到的善念，就意念所在的事物上而切实地为善，无有不尽力而为的；对于良知所觉知到的恶念，就意念所在的事物上而切实地去恶，无有不尽力而为的。如此，则"物"无不"格"，吾心良知所觉知到的也不会有所亏缺和障蔽，而得以做到极致了；如此，则吾心快乐安泰，了无遗憾，心满意足；如此，则意念的发起才不会有自欺，而可以说是真的"诚"了。这是从正面来说，格物必须在意念所在的事物上切实地去做。

故曰"物格而后知至，知至而后意诚，意诚而后心正，心正而后身修"。盖其工夫条理虽有先后次序之可言，而其体之"惟一"，① 实无先后次序之可分；其条理工夫虽无先后次序之可分，而其用之"惟精"，② 固有纤毫不可得而缺焉者。此格、致、诚、正之说，所以阐尧舜之正传，而为孔氏之心印也。

所以，《大学》说："物格而后知至，知至而后意诚，意诚而后心正，心正而后身修"。其工夫的层次，虽有先后次序的说法，而从吾心本体的"惟一"上来说，其实是不分先后次序的；其层次的工夫，虽无先后次序的分法，而从吾心发用的"惟精"上来说，固有丝毫不能缺失这种次序的缘由。这种"格、致、诚、正、修"的学说，是阐述尧舜的正宗传承，是孔孟之道的心印。

上述是阳明先生对《大学》的修身之道的一大发明，贯通身心内外之道，真切实在。概而言之，其下手工夫就是：就意念所在的事物上，切实地依据良知所觉知到的善恶而为善去恶，即致良知。

第四节　致良知工夫

阳明先生自 50 岁开始便全力主张致良知的学说，而对于有人问他如何致良知，先生总是诲人不倦：

随时就事上致其良知，便是"格物"；着实去致良知，便是"诚意"；着实致其良知，而无一毫意必固我，便是"正心"。③

又说：

尔那一点良知，是尔自家底准则，尔意念着处，他是便知是，非便知非，更瞒他一些不得。尔只不要欺他，实实落落依着他做去，善便存，恶便去。他这里何等稳当快乐！此便是格物的真诀，致知的实功。若不靠着这些真机，如何去格物？我亦近年体贴出来如此分明，初犹疑只依他恐有不足，精细看，无些小欠阙。④

①② 《尚书·虞书·大禹谟》："人心惟危，道心惟微，惟精惟一，允执厥中。"见中华书局编辑部《汉魏古注十三经》（附四书章句集注），孔安国传《尚书》，北京：中华书局，1998 年，第 10 页。
③ 邓艾民《传习录注疏》，上海：上海古籍出版社，2012 年（2015 年 1 月重印），第 167 页。
④ 邓艾民《传习录注疏》，上海：上海古籍出版社，2012 年（2015 年 1 月重印），第 186 页。

又说：

> 我辈致知，只是各随分限所及。今日良知见在如此，只随今日所知扩充到底，明日良知又有开悟，便从明日所知扩充到底，如此方是精一功夫。与人论学，亦须随人分限所及。如树有这些萌芽，只把这些水去灌溉，萌芽再长，便又加水，自拱把以至合抱①，灌溉之功皆是随其分限所及。若些小萌芽，有一桶水在，尽要倾上，便浸坏他了。②

第五节　一贯之道

从孔子的"克己复礼"，到孟子的"反身而诚"，再到阳明先生的"致良知"，一脉相承，求仁的工夫明确真切。明确是指工夫方向对己对内，真切则指工夫落实在具体的人生所事之上，是在事上做工夫以求仁。对此，徐复观先生有深入而精辟的论述：

> 孔子对学生的教示，总是从工夫上以显示仁体之意义为多。其工夫的关键，端在一个人面对自己的反省、自觉，因为只有这样，才一开始便凑拍上了仁，有个真实下手处。程明道常常以医家的"麻木不仁"来从反面形容仁。没有反省、自觉的人，即是对自己没有感觉的麻木不仁之人。对自己麻木不仁，对他人当然更不会有休戚相关的感觉。因此，从反省、自觉，及由反省、自觉而来的切实向上的处所说仁，实在更把捉到了仁的精髓，较之从"爱人"方面去说仁，实更为现成而深切。③

又说：

> 道德的自觉自反，是由一个人的"愤""悱""耻"等不安之念而突破自己生理的制约性，以显出自己的德性。德性突破了自己生理的制约而生命力上升时，此时不复有人、己对立的存在，于是对"己"的责任感，同时即表现而为对"人"的责任感。人的痛痒休戚，同时即是己的痛痒休戚，于是根于对人的责任感而来的对人之爱，自然与根于对己的责任感而来的无限向上之心，浑而为一。经过这种反省过程而来的"爱人"，乃出于一个人的生命中不容自己的要求，才是《论语》所说的"仁者爱人"的真意。即是先有"仁者人也"的反省、自觉，然后才有"仁者爱人"的结论。在此结论以前的过程，皆是"为仁"的工夫，亦即是"仁"自身的逐步呈露，"为仁"的工夫之所在，即仁之所在。所以《论语》上的仁，真正是"即工夫，即本体"。④

---

① 拱把，指树干小，只用两手掌就可以握住；合抱，指树干大，须要张开两手臂才能抱住。
② 邓艾民《传习录注疏》，上海：上海古籍出版社，2012 年（2015 年 1 月重印），第 197 页。
③ 徐复观《徐复观全集·中国思想史论集续篇》，北京：九州出版社，2014 年，第 405 页。
④ 徐复观《徐复观全集·中国思想史论集续篇》，北京：九州出版社，2014 年，第 404 - 405 页。

又说：

　　由自反的向上，是自己生命无待于外的扩大，生命因此种扩大而得到真的安顿、圆满，自己能够把握住自己的生命，便会"乐以忘忧"，此即所谓"孔颜乐处"。生命之扩大，同时即系由自然的、生理的生命所形成的制约性的解除，于是对自己之责任感，同时即涵摄着对人类之责任感，自己向上的努力，同时即涵摄着希望人类向上的努力，所以"老安""少怀"之愿，实即冥合于"忘忧""忘食"之中。自己向上，系出于自反自觉的不容自己之心；希望人类之向上，也同样出于自反自觉的不容自己之心……孔子实现自己向上的是"学"，实现人类向上的是"诲"。"学不厌""诲不倦"，在他原是"人己双成"的一件事，即是他的仁……从《论语》中所看出的孔子，完全是仁的自我实现。①

又说：

　　要人我一体，则只有从自己自反自觉的实践工夫中翻腾上去，由"我"中转出"人"，于是"人"乃非与"我"对立之人，爱乃成为不容自己的无限的爱。所以就仁的本体来说，必兼摄"人""我"以为言，而且"克己"的工夫，亦即是仁的本体。②

第六节　射道工夫

　　孔子说："仁远乎哉？我欲仁，斯仁至矣。"（《论语·述而第七》）"欲仁"是发端处，也是工夫的起点，当下落实求仁的"克己"工夫，唯"复礼"才是"斯仁至矣"的境界。孔子这句话并不是主张"心想事成"的主观唯心论，而是强调本体和工夫的主宰在自己，体证仁道完全是自己的自觉和反求的结果。
　　孔子的"克己复礼"，孟子的"反身而诚"，阳明的"致良知"，射道的"反求而正"，说法虽异，工夫实同，是求仁的一贯之道。"克己复礼"的重点在"礼"，在"礼而后行"；"反身而诚"的重点在"诚"，在"诚而后行"；"致良知"的重点在"知"，在"知而后行"，在"知行合一"；"反求而正"的重点在"正"，在"正而后行"。"礼"的核心精神是"诚"，诚必先明乎善，明辨善恶是非即"知"，致知而后意诚，意诚而后心正，故"礼""诚""知""正"，名虽有异，其实则一。因此，射道"反求而正"的工夫也可以是"反求复礼""反求而诚""反求致知"等多种说法，即融会贯通后，自然横说竖说，核心的还是那个工夫而已。从《中庸》"诚者自成也，而道自道也"的角度来论射道，则射道没有射箭者，只有射箭本身；从《中庸》"诚者，物之终始，不诚无物"的观点来说射道，则射道不诚无射，不正无射。一旦有利害得失的人欲参与其中，则射箭本然之天理不在，心不在焉，心不存焉，故射而不正，不正不中。

---

① 　徐复观《徐复观全集·中国思想史论集续篇》，北京：九州出版社，2014年，第408页。
② 　徐复观《徐复观全集·中国思想史论集续篇》，北京：九州出版社，2014年，第418页。

　　学习射道，就是要在"正直审固"的四大变量之中切实地做工夫，而根本的工夫则是"正"，一丝不能忽略，一毫不能放过，如孔子说的"君子无终食之间违仁，造次必于是，颠沛必于是"。（《论语·里仁第四》）也如顾镐先生所说"文章但能熟读古人著作，运用于胸中，便可自成一家，或数月不展卷，而出笔亦不至荒谬。若性理之学，非正心诚意，身体力行，动定坐卧，毫无违间，断不能造乎精微。射之一道，德所备焉，实与性理之学同源，名居六艺之科，圣贤亦数言其理，是射固不可与文章同年而语也"①。如此，则"射者，仁之道也"不是一句抽象的话，而是可以在射箭之中具体付诸实践，可以在"正直审固"这个"一射工夫"之中体证的，诚如徐复观先生说的"为仁的工夫之所在，即仁之所在"②。

　　总而言之，"己正而后发，反求而后正"是射之正道，是在成就射箭技艺的过程之中，践行正心修身的工夫，使人心在日常发挥作用的同时，不容自己复归"正位"，从而不断地呈现出天赋的与天地万物"一体感通"的仁性。这就是"射者，仁之道也"的立论依据。

---

①　唐豪《清代射艺》，上海市国术协进会，1940 年，第 26 – 27 页。
②　徐复观《徐复观全集·中国思想史论集续篇》，北京：九州出版社，2014 年，第 405 页。

第三章 | 性相近 习相远

第一节 仁性相近

仁是人与生俱来之性，犹如种子之仁一般，生命的动静、情感、善恶以及意义等皆从仁生发而来，顺之则茂盛，逆之则凋零，甚至于败亡。人人天赋的仁性相近，但成长过程中的环境和养护不同，则生命所呈现的状态就会千差万别。所以，《论语·阳货第十七》中孔子说：

> 性相近也，习相远也。①

夫子高度概括，既为我们道出人生的事实与缘由，又指出人生的方向和意义。"性相近"道出人生的起点相近，给予我们希望与无限的可能。"习相远"则指出人生的过程渐行渐远，鞭策我们努力的方向和不懈的恒心。人性从起点处来说是"性近"，而从源头处来说则是"性善"的，故《孟子·告子章句上》说：

> 人性之善也，犹水之就下也。人无有不善，水无有不下。今夫水，搏而跃之，可使过颡；激而行之，可使在山。是岂水之性哉？其势则然也。人之可使为不善，其性亦犹是也。②

人性之善，犹如水性之就下而流，都是天理自然的。所以，人性无有不善良的，水性无有不下流的。现在，以手击打水面使它跳跃起来，可使水高过额头；阻挡住水势让它倒流，可以引水上山。这难道是水的本性吗？形势迫使它这样而已。人可以被迫使为不善，其原因也是像这样的。

---

① 朱熹《四书章句集注》，《新编诸子集成》本，北京：中华书局，2012 年（2015 年 5 月重印），第 176 页。
② 朱熹《四书章句集注》，《新编诸子集成》本，北京：中华书局，2012 年（2015 年 5 月重印），第 331 页。

第二节　居养相远

　　下面，笔者引用孔子和孟子的相关言论，尝试对"习相远"做进一步的阐述，以资"志于道"者之参考。《论语·卫灵公第十五》中孔子说：

　　　　群居终日，言不及义，好行小慧，难矣哉！①

　　如果群居终日，总是言不及义，又好耍小聪明，这样的人很难办啊！《论语·阳货第十七》中又说：

　　　　饱食终日，无所用心，难矣哉！不有博弈者乎？为之犹贤乎已。②

　　饱食终日，无所用心，无所事事，这样的人很难办啊！不是还有下棋的事吗？下下棋，也聊胜于无吧。在《论语·季氏第十六》中，孔子进一步说交友之道：

　　　　孔子曰："益者三友，损者三友。友直，友谅，友多闻，益矣；友便辟，友善柔，友便佞，损矣。"③　孔子曰："益者三乐，损者三乐。乐节礼乐，乐道人之善，乐多贤友，益矣；乐骄乐，乐佚游，乐宴乐，损矣。"④

　　孔子说，结交三种人有益，结交三种人有损。结交正直之人，结交诚实之人，结交博学多闻之人，结交这三种人是有益的；结交习于奉承之人，结交善于柔媚之人，结交巧言善辩之人，结交这三种人是有损的。又说，有三种乐是有益的，有三种乐是有损的。乐于以礼乐节制自己，乐于称道别人的善举，乐于多交贤友，这三种乐是有益的；乐于骄傲自恣之乐，乐于纵情游荡之乐，乐于宴饮之乐，这三种乐是有损的。群居是人类社会性的一种生活模式，互助合作的同时，也相互影响而产生人群染习的效应。可见，群居交友须谨慎。群居交友谨慎之外，还必须谨居慎养，故《孟子·尽心章句上》说：

　　　　孟子自范之齐，望见齐王之子，喟然叹曰："居移气，养移体，大哉居乎！夫非尽人之子与？"孟子曰："王子宫室、车马、衣服多与人同，而王子若彼者，其居使之然也，况居天下之广居乎？"⑤

---

①　朱熹《四书章句集注》，《新编诸子集成》本，北京：中华书局，2012年（2015年5月重印），第166页。
②　朱熹《四书章句集注》，《新编诸子集成》本，北京：中华书局，2012年（2015年5月重印），第182页。
③　朱熹《四书章句集注》，《新编诸子集成》本，北京：中华书局，2012年（2015年5月重印），第172页。
④　朱熹《四书章句集注》，《新编诸子集成》本，北京：中华书局，2012年（2015年5月重印），第173页。
⑤　朱熹《四书章句集注》，《新编诸子集成》本，北京：中华书局，2012年（2015年5月重印），第367页。

孟子从范邑到达齐国的都城，望见齐国王子时，喟然感叹地说："居住环境可以变化气质，饮食供养可以变化体质，居住和供养的影响实在是太大了！他难道不也是人的儿子吗？"孟子说："王子的居室、车马、衣服多半与人相同，而王子却是那样的与众不同，这是他所居住的环境使他变化成这样的，何况是居住在天下最宽广的'仁居'之中呢？"《孟子·滕文公章句下》还从正面展开来说：

> 居天下之广居，立天下之正位，行天下之大道。得志，与民由之；不得志，独行其道。富贵不能淫，贫贱不能移，威武不能屈，此之谓大丈夫。①

居住在天下最为广大的居所里（仁），站立在天下最为端正的位置上（礼），行走在天下最为光明的大道中（义）。得志的时候，与民遵循道义而行；不得志的时候，独行其道。富贵所不能淫乱，贫贱所不能转移，威武所不能屈服，这样子的人可称为大丈夫。《孟子·离娄章句上》则从反面来说：

> 言非礼义，谓之自暴也。吾身不能居仁由义，谓之自弃也。仁，人之安宅也；义，人之正路也。旷安宅而弗居，舍正路而不由，哀哉！②

言语不合礼义的谓之自暴，不能以仁居心，不能由道义而行的谓之自弃。仁是安身立命的住宅，义是做人做事的正路。空旷着安身立命的住宅而不居，舍弃了做事做人的正路而不循，悲哀啊！在《孟子·告子章句上》之中，孟子以养树比喻说：

> 拱把之桐梓，人苟欲生之，皆知所以养者。至于身而不知所以养之者，岂爱身不若桐梓哉？弗思甚也。③

对于一棵手掌就可以把握住的桐梓小树，人如果想要它生长起来，都知道如何去培养它。至于自己的身体，却不知道如何去培养，难道爱身体还不及爱桐梓树吗？太不用心思辨罢了。然后说养身的区别：

> 人之于身也，兼所爱，兼所爱，则兼所养也。无尺寸之肤不爱焉，则无尺寸之肤不养也。所以考其善不善者，岂有他哉？于己取之而已矣。体有贵贱，有小大。无以小害大，无以贱害贵。养其小者为小人，养其大者为大人。④

人对于身体，每部分都爱护，都爱护，则都保养。没有一尺一寸的肌肤是不爱护的，则没有一尺一寸的肌肤不保养。所以，考虑保养的善还是不善，难道还有别的办法吗？在于自己的取舍而已。身体有贵重的部分，也有轻贱的部分，有小的部分，也有大的部分。所以，不要因为小的而损害了大的，不因为贱的而损害贵的。保养小的为小人，保养大的为大人。弟子公都子接着就问：

---

① 朱熹《四书章句集注》，《新编诸子集成》本，北京：中华书局，2012 年（2015 年 5 月重印），第 270 页。
② 朱熹《四书章句集注》，《新编诸子集成》本，北京：中华书局，2012 年（2015 年 5 月重印），第 286－287 页。
③④ 朱熹《四书章句集注》，《新编诸子集成》本，北京：中华书局，2012 年（2015 年 5 月重印），第 341 页。

"钧是人也，或为大人，或为小人，何也？"孟子曰："从其大体为大人，从其小体为小人。"曰："钧是人也，或从其大体，或从其小体，何也？"曰："耳目之官，不思而蔽于物，物交物，则引之而已矣。心之官则思，思则得之，不思则不得也。此天之所与我者，先立乎其大者，则其小者不能夺也。此为大人而已矣。"①

公都子问道："都是人，有些成为大人，有些成为小人，为何呢？"孟子说："保养其大体的为大人，保养其小体的为小人。"公都子再问："都是人，有些保养大体，有些则保养小体，是何故呢？"孟子说："耳朵、眼睛的官能感受到外物之后，如果不加以思辨的话，就会被外物所遮蔽，如此一物交接一物，则只能被外物所牵引罢了。心的官能则是思辨，思辨时则有所取舍以及自得，不思辨时则无所取舍与无所得。此心是天赋与人的大体，故先确立此大体，爱护和保养此大体，则其他小体就不能夺爱了。这就是成为大人的缘故。"孟子还以"天爵"与"人爵"的对比来揭示"大体"的尊贵。他说：

有天爵者，有人爵者。仁义忠信，乐善不倦，此天爵也；公卿大夫，此人爵也。古之人修其天爵，而人爵从之。今之人修其天爵，以要人爵。既得人爵，而弃其天爵，则惑之甚者也，终亦必亡而已矣。②

有人的天性爵位，有人的社会爵位，仁义忠信，乐善不倦，这是人的天性爵位；公卿大夫，这是人的社会爵位。古人重在修养自己的天性爵位，而社会爵位只是从属罢了。今人修养其天性爵位，以要求其社会爵位。一旦得到其社会爵位，反而放弃其天性爵位的修养，那就太糊涂了，如此则最终连其社会爵位也会丧失的。

孟子以居养为喻，提醒人当谨慎生活之中的所居所养，最后落实在追求超越物质条件的居养，而注重存养人之"大体"。所以，《孟子·离娄章句下》又说："君子所以异于人者，以其存心也。君子以仁存心，以礼存心。"③ 人性相近，存养相远。小人图利，处高堂亦不免其戚；君子居仁，在陋巷也不改其乐。

第三节　学什么？立什么

居养的不同决定了人生的差异。那么，人要如何去修其"天爵"与养其"大体"呢？我们以孔子为例，《论语·为政第二》说：

吾十有五而志于学，三十而立，四十而不惑，五十而知天命，六十而耳顺，七十而从心所欲，不逾矩。④

① 朱熹《四书章句集注》，《新编诸子集成》本，北京：中华书局，2012 年（2015 年 5 月重印），第 341–342 页。
② 朱熹《四书章句集注》，《新编诸子集成》本，北京：中华书局，2012 年（2015 年 5 月重印），第 342 页。
③ 朱熹《四书章句集注》，《新编诸子集成》本，北京：中华书局，2012 年（2015 年 5 月重印），第 303 页。
④ 朱熹《四书章句集注》，《新编诸子集成》本，北京：中华书局，2012 年（2015 年 5 月重印），第 54 页。

孔子说自己十五岁志于学，学个什么呢？三十而立，又是立个什么呢？孔子曾说："志于道，据于德，依于仁，游于艺。"（《论语·述而第七》）可见，"志于学"就是"志于道"，但学道不能凭空悬学，必须有所依据，故接着说"据于德"和"依于仁"，即必须在学道的路上确"立"仁德作为依据。对于"学"与"立"，孔子还在《论语·子罕第九》中说过：

可与共学，未可与适道；可与适道，未可与立；可与立，未可与权。[1]

可以一起共同求学，未必可以一起志于道；可以一起志于道，未必可以一起确立德行；可以一起确立德行，未必可以一起权衡变通。程子曰："可与共学，知所以求之也。可与适道，知所往也。可与立者，笃志固执而不变也。权，称锤也，所以称物而知轻重者也。可与权，谓能权轻重，使合义也。"[2] 戴东原说："同一所学之事，试问何为而学？其志有去道甚远者矣，求禄利声名者是也，故'未可与适道'。道责于身，不使差谬，而观其守道能不见夺者寡矣，故'未可与立'。虽守道卓然，知常而不知变，由精义未深，所以增益其心知之明，使之全乎圣智者未之尽也，故曰'未可与权'。"[3] 其实，不单在"共学"的时候存在此种现象，一个人的"独学"亦然。

以学习射箭为例。初学时一心求中，以为射箭全凭感觉，故对技术道理不求甚解，只会一味地盲目练习，这就是"未可与适道"。后来，虽然喜好各种技术理论，但是又不懂取舍，也无法练成有效的技术规范，这就是"未可与立"。好不容易学有所得，也确立了自身的技术规范，在熟悉的环境之中，表现也有模有样的。一旦环境变化了，就感到手足无措，甚至对自身的技术动作产生怀疑，这就是"未可与权"。

以学习射道为例。射箭和礼仪都只是外在的载体和表现形式，其内在的志向是正心修身，故名射道。《射义》说："内志正，外体直，然后持弓矢审固，持弓矢审固，然后可以言中。""正"字指心志纯粹地专注在射箭之上，没有被外在的欲望所引偏，这是技术动作得以正常发挥的前提；"直"字指身体结构的正直挺拔，这是开弓气力得以有效运用的前提；"审"字指瞄准、判断以及修正，这是审视目标方向与角度的前提；"固"字指身体结构与气力的坚实的状态，这是固守目标方向与角度的前提。就是说，做到"正直审固"这四大前提时，才可以说有射中的把握。"正直审固"是学习射道必须确立的德行依据，并在不同环境的射箭过程之中，因地制宜地灵活运用，直至得心应手。唯有如此，才可以真正理解《射义》所说的"射求正诸己，己正而后发。发而不中，则不怨胜己者，反求诸己而已矣"的内在深意。唯有如此，才可以在成就射箭的同时，一并成就自己。

《礼记·乐记》说："德成而上，艺成而下。"孔子说："不怨天，不尤人，下学而上达。"（《论语·宪问第十四》）世间的各种技艺都属于"下学"，故说"艺成而下"。由下学之艺而上达至"天爵"的仁义之德，故说"德成而上"。技艺虽属下学，却是立德的基础。因此，孔子在说完"志于道，据于德，依于仁"之后，还特别强调"游于艺"。

---

[1][2]　朱熹《四书章句集注》，《新编诸子集成》本，北京：中华书局，2012年（2015年5月重印），第116页。
[3]　黄式三《论语后案》，南京：凤凰出版社，2008年，第250-251页。

为什么用"游"字来表示人与技艺的关系呢？人在深水中能够自由活动的行为，我们称作"游"，如游泳等。会游泳的人可以根据需要随时进入水中畅游一番，故用"游"字来表示人对于水的主动性与自主性。相反，如果人不懂水性的话，入水的后果往往被形容为溺水，用"溺"字来形容人对于水的被动性以及无可奈何。生活中的各种技艺可以谋生，可以润生，但是过于执着和依赖的话，就像人沉浸在水中而不能自主一般的"溺于艺"了。所以，孔子用"游于艺"来形象地表达出人对于技艺应有的态度，以"游"字来强调学者应该自由出入于技艺之中。

由此可知，孔子说的"十有五而志于学"不仅是学艺，更是志于学习修身之道，"三十而立"就是十五年的矢志不移，直到三十岁时确"立"了内在的"仁德"依据。确立了德行依据，又懂得权衡变通，以应物理事，才能够无入而不自得，故说"四十而不惑"。不然的话，也只是固执己见，墨守成规，甚至为害不浅，《孟子·尽心章句上》将此形容为"贼道"：

> 孟子曰："杨子取为我，拔一毛而利天下，不为也。墨子兼爱，摩顶放踵利天下，为之。子莫执中。执中为近之，执中无权，犹执一也。所恶执一者，为其贼道也，举一而废百也。"①

孟子说："杨子执守为我的一端，拔一根汗毛而有利于天下的事都不肯干。墨子执守兼爱的一端，摩秃头顶，走破脚跟，只要对于天下有利的事都肯干。子莫则执守在杨子与墨子的中间。执守在中间就接近道了，但执守中道而无所权衡变通，犹如执守一端而已。所以厌恶执守一端的原因，就是因为它贼害了道义，以致举一废百，挂一漏万的缘故。"孟子所说的"执一"现象，古今中外比比皆是，特别是"执一善"而自以为是的。子路勇于为善，但其偏失也是明显的，《论语·阳货第十七》记载说：

> 子曰："由也，女闻六言六蔽矣乎？"对曰："未也。""居，吾语女。好仁不好学，其蔽也愚；好知不好学，其蔽也荡；好信不好学，其蔽也贼；好直不好学，其蔽也绞；好勇不好学，其蔽也乱；好刚不好学，其蔽也狂。"②

孔子让子路坐下，而后告诉他说："喜好仁而不好学，其蔽塞不明的表现是愚昧；喜好智而不好学，其蔽塞不明的表现是放荡；喜好信而不好学，其蔽塞不明的表现是贼信（破坏信义）；喜好直而不好学，其蔽塞不明的表现是绞直（急躁而率直）；喜好勇而不好学，其蔽塞不明的表现是动乱；喜好刚而不好学，其蔽塞不明的表现是狂妄。"孔子列举出多种"执一善"而蔽塞不明的表现，以此强调"好学"的重要性，以救子路之偏。

---

① 朱熹《四书章句集注》，《新编诸子集成》本，北京：中华书局，2012年（2015年5月重印），第364页。
② 朱熹《四书章句集注》，《新编诸子集成》本，北京：中华书局，2012年（2015年5月重印），第178－179页。

第四节　何谓好学

好学如此重要，那么何谓好学呢？鲁哀公曾就此问过孔子。《论语·雍也第六》记载：

> 哀公问："弟子孰为好学？"孔子对曰："有颜回者好学，不迁怒，不贰过。不幸短命死矣！今也则亡，未闻好学者也。"①

哀公问孔子："弟子当中谁称得上好学？"孔子对答说："有个弟子颜回称得上好学，他不迁怒于别人，不犯同样的过错。不幸短命死了！如今则无，未闻好学之人啊。"程子曰："颜子之怒，在物不在己，故不迁。有不善未尝不知，知之未尝复行，不贰过也。"②

清代学者李颙在《四书反身录》中说："学所以约情而复性也。后世则以记诵闻见为学，以诵习勤、闻见博为好学。若然，则孔子承哀公之问，便当以博学笃志之子夏、多闻多识之子贡对。夫何舍二子而推静默如愚之颜氏为也？即推颜氏，何不推其诵习如何勤，渠闻见如何渊博，而乃以不迁不贰为好学之实？可见，学苟不在性情上用功，则学非其学。性情上苟不得力，纵夙夜孜孜，博极群籍，多才多艺，兼有众长，终不可谓之好学。"③（《四书反身录·上论语·雍也篇》）孔子还将好学落实在言行两大方面，如《论语·学而第一》记载：

> 子曰："君子食无求饱，居无求安，敏于事而慎于言，就有道而正焉，可谓好学也已。"④

君子在饮食上不追求满足，在居住上不追求安逸，做事勤敏而出言谨慎，对照有道义的人和事来规正自己，这样子可以称得上好学了。《易经·大畜卦》说："君子以多识前言往行，以畜其德。"君子多认识些先贤的言论和故事，以培养自己的德行，这也是"就有道而正焉"的好学行为。

综上所述，所谓"好学"可以概括为"志道""立德"以及"权通"三大方面，工夫则在"学而时习之"。

①② 朱熹《四书章句集注》，《新编诸子集成》本，北京：中华书局，2012 年（2015 年 5 月重印），第 84 页。

③ 李颙《李颙集》（张波编校），西安：西北大学出版社，2014 年，第 430 页。

④ 朱熹《四书章句集注》，《新编诸子集成》本，北京：中华书局，2012 年（2015 年 5 月重印），第 52 页。

第五节　如何时习

那如何体现"时习"呢?《论语·述而第七》中记:

> 子曰:"三人行,必有我师焉。择其善者而从之,其不善者而改之。"①

就算是三人同行,也必定有我可以师从学习的方面。我可以从中选择出善的一面来跟从学习,又从中分辨出不善的一面来对照改正。其实,"三人"并不是具体的数字,而是概括性的泛指,一人指自己,一人指代善的一面,一人指代不善的一面,故"三人行"可以理解成自己在社会生活之中遇到的"善行"与"不善之行"。孔子还说:"见贤思齐焉,见不贤而内自省也。"② 可见,这是在日常生活之中的时习工夫,善与不善,贤与不贤,皆可以为师,故善学者无常师,随遇而习。《论语·里仁第四》中载:

> 子曰:"君子无终食之间违仁,造次必于是,颠沛必于是。"③

君子没有一顿饭的时间会违背仁义,仓猝匆忙时必如此,困顿挫折时必如此。无违仁就是不违反天然的秩序,不违背天理,时时事事都依照事物的本然之理来做。《中庸》则以"素行"来具体说明:

> 君子素其位而行,不愿乎其外。素富贵,行乎富贵;素贫贱,行乎贫贱;素夷狄,行乎夷狄;素患难,行乎患难,君子无入而不自得焉。在上位不陵下,在下位不援上,正己而不求于人则无怨,上不怨天,下不尤人。故君子居易以俟命,小人行险以徼幸。子曰:"射有似乎君子,失诸正鹄,反求诸其身。"④

"素"是本色的、本来的意思,"素其位"是指无论处于何种位置和处境都不改变其本色,"素其位而行,不愿乎其外"即安于当下所处的位置和状态,皆"由仁义行"(《孟子·离娄章句下》),依循本分的道义来行动,而不会有分外的愿望与欲求。

"素富贵,行乎富贵",即处于富贵之时,"由仁义行"于富贵;"素贫贱,行乎贫贱",即处于贫贱之时,"由仁义行"于贫贱;"素夷狄,行乎夷狄",即处于野蛮之地,"由仁义行"于野蛮之地;"素患难,行乎患难",即处于患难之时,"由仁义行"于患难。以上几句是"素其位而行"的具体表述。所以,对于君子来说,无时不是为学行道之时,无处不是为学行道之地。无论入于何种

---

① 朱熹《四书章句集注》,《新编诸子集成》本,北京:中华书局,2012 年(2015 年 5 月重印),第 98 页。
② 朱熹《四书章句集注》,《新编诸子集成》本,北京:中华书局,2012 年(2015 年 5 月重印),第 73 页。
③ 朱熹《四书章句集注》,《新编诸子集成》本,北京:中华书局,2012 年(2015 年 5 月重印),第 70 页。
④ 朱熹《四书章句集注》,《新编诸子集成》本,北京:中华书局,2012 年(2015 年 5 月重印),第 24 页。

境地，无论入于何种时势，无论入于何种人群，无不"居仁由义"（《孟子·离娄章句上》），不求于外，故能"无入而不自得"。

"在上位不陵下，在下位不援上，正己而不求于人则无怨，上不怨天，下不尤人"就是"不愿乎其外"的具体表述。处在上位之时，"爱人不亲，反其仁；治人不治，反其智；礼人不答，反其敬。行有不得者，皆反求诸己"（《孟子·离娄章句上》），故能不盛气而凌驾于其下。处在下位之时，"欲仁而得仁，又焉用贪"（《论语·尧曰第二十》），以及"万物皆备于我，反身而诚，乐莫大焉"（《孟子·尽心章句上》），故能不委屈而攀援其上。君子时时处处正己而后行，独立自主而不求于人，所以能够不怨天尤人。

君子"素其位而行"，修身在己，自由自在，故"居易"。"不愿乎其外"，不怨天尤人，富贵贫贱，听之自然，故能"俟命"。小人则唯利是图，甚至不惜铤而走险，故说"行险"。"徼"是求的意思，"幸"是不应得而得之的意思。富贵名利都是身外之物，"求之有道，得之有命"（《孟子·尽心章句上》），得失并不是人力可以强求的，故说"徼幸"。

《射义》说："射求正诸己，己正而后发；发而不中，则不怨胜己者，反求诸己而已矣"，正如君子"正己而不求于人"，故孔子说"射有似乎君子"。《中庸》又从"诚"的角度来说：

诚者物之终始，不诚无物。是故君子诚之为贵。诚者非自成己而已也，所以成物也。成己，仁也；成物，知也。性之德也，合外内之道也，故时措之宜也。①

如果用一个字来概括"君子素其位而行，不愿乎其外"的话，这个字就是"诚"。"诚"是万物自然成长的本然状态，"诚"贯穿于万物发展的始终，一有不诚干预其中，就会改变本然的状态和偏离天然之理，导致成长发展不顺，甚至中途夭折，故说"不诚无物"。因此之故，君子修身的工夫以"诚"为贵。做到"诚"的话，不只是自我成就自己而已，并且因为成就了自己，所以也同时成就了事物。成就自己，就是实现了自己的"仁"；成就事物，就是实现了自己的"知"。"诚"是"由仁义行"，即依循天性直心而行的一种纯真的状态，是合内在的自己和外在的事物一并成就的正道，故宜时时事事用"诚"的工夫。

李颙先生在《四书反身录》中说："性因习远，诚反其所习而习善，相远者可使之复近。习之不已，相远者可知之如初。是习能移性，亦能复性。《书》曰：'习与性成，惟圣罔念作狂，惟狂克念作圣。'亶其然乎？习字则字成，习文则文成，以至百工技艺，莫不由习而成，况善为吾性所本有，岂有习之而不成者乎？成善斯成性，成性斯成人矣。"② 有人问"习之"之实，李先生说："亲善人，读善书，讲善端，熏陶渐染，惟善是资，存善念，言善言，行善行，动静食息，惟善是依，始也勉强，久则自然。"③（《四书反身录·下论语·阳货篇》）"时习"工夫，全由自己做主，"诚"更是同时成己成物，无所亏欠，还有什么更能使人心满意足的呢？因此，孟子说："反身而诚，乐莫大焉。"（《孟子·尽心章句上》）孔子则在"学而时习之"之后，接着说"不亦说乎"。

---

①　朱熹《四书章句集注》，《新编诸子集成》本，北京：中华书局，2012 年（2015 年 5 月重印），第 34 页。
②　李颙《李颙集》张波编校，西安：西北大学出版社，2014 年，第 476 – 477 页。
③　李颙《李颙集》张波编校，西安：西北大学出版社，2014 年，第 477 页。

第四章　射求正而中在其中

第一节　求的智慧

《射义》说："射求正诸己，己正而后发；发而不中，则不怨胜己者，反求诸己而已矣。"为什么说"射求正"，而不说"射求中"呢？孟子对于"求"之道有通达的智慧，《孟子·尽心章句上》说：

> 求则得之，舍则失之，是求有益于得也，求在我者也；
> 求之有道，得之有命，是求无益于得也，求在外者也。①

有些欲求，求时就可以得到，舍弃时就会失去，是可以预料的，这些欲求有益于得，因为求不求在于我，得不得亦在于我；有些欲求，虽然方法得当，并且尽心尽力了，然而得还是不得，则无法预料，这些欲求无益于得，因为得不得不在于我，还在于外部因素的影响。

我们虽然尽心尽力，但生活中的许多事情不是我们可以决定的，特别是取决于诸多外在因素的事情。射箭求中虽有道（如：内志正，外体直，持弓矢审固），但"得之有命"（有时也会"发而不中"，故得失不一定），因为"求在外者也"（中或不中的结果还取决于其他不能自主的外在因素）。

"射求正"是指求"心正"和"身正"两大方面。《射义》又说："内志正，外体直，然后持弓矢审固，持弓矢审固，然后可以言中。"这句话把射中目标的四大基础性的变量概括了，这四大变量就是"正、直、审、固"，是射箭水平高低以及能否射中目标的决定性前提。其中的"正"是指"心正"这一面，而"直、审、固"则指"身正"的一方面。心态正或不正完全取决于自己的要求，自求则正，不求则不正，因为"求在我者也"（求不求在于我，得不得亦在于我，能够自我做主）。"心正"的同时，身体结构与技术也要合乎正法，即身正而后可以言中。高颖先生说得最为切实：

> 颖尝诲人："习射只要合法，不急求中。"人辄曰："高先生诲人只要射一个法，不要中者，何如我辈只要中的，不必拘于法乎？"嗟嗟！何不思之甚也！夫不必法而中者，此

---

① 朱熹《四书章句集注》，《新编诸子集成》本，北京：中华书局，2012 年（2015 年 5 月重印），第 357 页。

偶中，不可训也。何也？无法而中者，久射机熟，故中机不可执，无法可守。久不射，则机窒不能中矣。或临场得失介怀，则不中；或临难丧胆，则亦不中矣。故曰偶中。予所谓不求中而求合法者，法合而中存，不求中而无不中者也，此中非偶也。如以予言为非是，则孔子"禄在其中"之意非欤？①

先生曾经对人说："习射只要合乎正法，不要急于求中。"有人就说："高先生教诲人只要学射一个法，不要学射中，哪里像我辈只要学射中，而不必拘泥于什么射法呢？"先生感叹说：这是何等不用心思辨的见解呀！不合射法而中的，也只是偶然射中而已，不可作为效法的准则。为何这样说呢？无法而射中的，只是久射而导致机巧熟练的结果，故射中之机巧不可保持，也无定法可守。长时间不习射的话，则机巧窒碍不灵，就不能射中了；或者临场特别介意得失，则又不能射中；或者面临死难之际而丧胆，则又不能射中了。所以说，只是偶然射中而已。我所说的不急于求中而求合法的原因，是因为射法合理的话，则射中之机自然存于其中，故不求中而无不有中，这时的射中并非是偶然的。如果以为我所说的不对，则孔子说的"禄在其中"的意义也不对吗？

"禄在其中"这句话出自《论语》。有人请教孔子获得俸禄的方法，孔子说："多闻阙疑，慎言其余，则寡尤；多见阙殆，慎行其余，则寡悔。言寡尤，行寡悔，禄在其中矣。"（《论语·为政第二》）孔子的回答就是谨言慎行，言行以道，则俸禄自在其中。而在另一次的讲学中，则直接说道："君子谋道不谋食。耕也，馁在其中矣；学也，禄在其中矣。君子忧道不忧贫。"（《论语·卫灵公第十五》）孔子更是直接表明了"君子谋道不谋食"的积极人生观。他的信念是：君子对自己应有更高要求，人生不能只是为了谋取衣食而活着。从消极的一面来说，就算为了谋食而辛勤地耕作，也会有饥饿的时候；而从积极的一面来说，在生活上切实地学习修身之道，俸禄反而就在其中。所以，与其担忧是否会贫穷，不如担忧自己是否做到"取之以道"。

《中庸》说："正己而不求于人则无怨，上不怨天，下不尤人。故君子居易以俟命，小人行险以徼幸。"这是说君子与小人的人生态度决定了各自的行为。君子做事时讲求先正己而后再行动，再根据行动的结果来反省修正自己，而不是向外找借口，所以不会怨天尤人。君子"正己而不求于人"是"求则得之，舍则失之，是求有益于得也，求在我者也"，无论居于何时何地，都是自求而正，己正而后行，故能"居易"。行有不得，反求诸己，不怨天不尤人，贫富得失，听之自然，故能"俟命"。小人则唯利是图，甚至不惜铤而走险，故说"行险"。"徼"是求的意思，"幸"是不应得而得之的意思。小人不讲求做事的应有道理，而是急于求成，失败了就怨天尤人，故做事常常会冒险冲动，以求徼幸成功。

可见，"射求正"，是"居易以俟命"，是君子之行；急于"射求中"，是"行险以徼幸"，是小人之举。"射求正"是孟子说的"求则得之，求在我者也"，"射求中"则是孟子说的"求之有道，得之有命，求在外者也"。虽然"射求正"不一定必中，但"正"犹树根，"中"如枝叶花果，工夫只在根上做，只管浇灌得根本得当，枝叶花果自然发生，故射的工夫只管在"正"上求，"中"在其中——工夫娴熟时，自然不勉而中。"正"与"中"的关系是：<u>正是中的前提，中是正的依归</u>。可以看出，"射求正诸己"与孔子提倡的人生信念若合符节，依照孔子的话来说就是<u>"君子求正不求中。正也，中在其中矣"</u>。所以，《射义》不说"射求中"，而说"射求正诸己"。

---

① 　高颖《武经射学正宗·辨惑门·妄射藁砧之惑第三》，杨修龄校定，明崇祯十年刻本。

第二节　射求正

高颖先生在 67 岁时，将其一生所学所习的心得写在《武经射学正宗》一书中。先生说："夫射之有法，犹匠之有规矩也。匠能与人以规矩，不能与人以巧者，以规矩有形而巧无形，有形者可言，无形者不可言也。巧虽不可言，而所以适于巧之路，与害巧之弊，以助其巧之具，未始不可言。古今言射者众矣，第言如何而善，如何而不善。言善，而不言所以适于善之路；言不善，而不言所以去其不善之根。则虽终日教人射，总属浮言，是欲其入而闭之门也。学射而不得其所以适于善之路，与去其不善之根，则虽终日习射而茫无畔岸，是不得其门而入也。"①

先生针对急于求中的普遍现象，结合自己习射四十多年的切身经验与教训，从十二个方面详细阐述了自己的见解，并取名为《辨惑门》。笔者有幸得闻其道，不忍其无传，故分条摘录《辨惑门》的大部分内容，并加以点评，裨益同道人存养之资。②

一、辨惑序

初习射之人，挟弓矢升场，见弯弓角射者纷纷，人自多其能，贤否莫辨，真赝混淆，何异小儿入市，百货具陈，燕石混玉，鱼目混珠，乌知其非。见纷纷角射中有一人中的多者，就以为善而学之，不知若人之中，未必合正法。或者其人多力，前手能强持而中；或弓力劲锐，偶然对的而中；或日逐习射，机熟而中；或年少得意，神扬气旺，得失不介怀而中；或其人少有小慧，独创一见而中。此总属偶然，非正法也。今日用之而中，他日守之未必中也；此人用之而中，他人学之未必中也。偶也，非可为训也。可训者，正法也。

侥幸而偶中，不知所以然，不可为训。正而后中，知其所以然，故可为训。

夫正法者，其引弓也，骨节相对，坚持岳立，不可摇也；其审视也，明如日月，大小左右，锱铢不爽，不可溷也；其持盈也，浸进有节，③ 无停机也；其发矢也，轻松脆裂，无凝滞也；其欲射物也，精神毕赴，意思精专，利害不惕，不可纷也。其道坦夷，如大路然。

引弓时，骨节相对，前后肩臂平直如衡，如山岳般坚持不动；审"的"时，明如日月，高低左右，毫厘不爽；持固加力时，箭头徐徐浸进，一气呵成；发矢时，轻巧果断，毫不迟滞；射物时，全神贯注，一心一意，利害得失不萦于心。这是射之正法。

---

①② 高颖《武经射学正宗》，杨修龄校定，明崇祯十年刻本。
③ 《论匀法第三》："弓彀之时，臂力将尽，以肩力继之，前肩极力下卷，后肩坚持泻开，则箭镞从弓弝中间，徐徐而进，如水之浸渍然，岂非匀之正法乎。"见高颖《武经射学正宗·捷径门》，杨修龄校定，明崇祯十年刻本。

　　教人者，可以循规按法，昭告于人；学法者，可以由浅入深，循序而进。如此则是，舍此则非。只有一条大路，皆出自然，绝无勉强矫拂之难。如天之生人，只有仁义为正路，舍此即为旁门恶径，祸端百出矣。

　　虽其学法既成之后，巧拙由人而殊。初学入门必须按法，安可舍此正路而妄趋哉？若初学之人，一见其人偶然中的，不辨真赝，遂尔学之，举其陋态恶习，尽皆学成，相习既久，病入骨髓。当初学时，病根未深，或年少力强，引弓可救，犹可中的，习射稍久，病根一深，年力未及衰老，引弓必渐不满，中数必不能如前之多，倘其人无志而退委者，不思改图，不必论矣。即有志之士，欲变其旧习者，何从而学哉？

　　尝观弯弓角射之人，其间合正法者，百不一睹也。合正法之人，肯一见倾倒，欲立欲达者，又有几人？安得其人而遇之？即遇其人矣，肯直言倾倒矣，彼犯病之人未必不以先入之言为主，孰肯尽弃其学而学乎？即肯尽弃其学而学矣，奈病根已深，卒难拔去。故有心知其法之善，而手不能卒学。心知己病之当去，而手不能遂改，才一动弓，旧病立见，扼腕叹息，无可奈何，平生壮志付之浩叹而已。向使初学时，即得正门而入之，岂至此哉！惟初不知辨，故为邪径所惑，孰知误之至于此哉！此辨惑之不可不早也。

教与学都持守正法，循序渐进。入门不正，则越练越偏，以致执一为善，日后知错亦难改。"心知己病之当去，而手不能遂改，才一动弓，旧病立见"，一举一动积累久了就成为惯性，一旦习惯形成，则心有余而力不足。接着，先生以自身学射的经历来说明正法的重要性。

　　颖少好射，习章句时，便有立功万里之志，与人交便有披肝裂胆之怀。窃慕相如、信陵之风，尝读其传而悦之。

少年时便有立功万里之志。

　　弱冠时，辄与邑中善射者游，而孙履正、孙履和、李茂修，其选也。时与之讲道，肆业而射，日益进。然履和之力居多焉，其人豪爽慈惠，多大节，朴而能文，仁而能断，颖深师之，敢云友也。

20岁左右开始亲近师友，讲道习射。

　　又有钱三持者，邑中先达贤豪也，征东大捷归。辛丑年间，时谒其门而问业焉，得其《射评》而读之，而射日益进，犹不敢自足也。更与海上诸营士，及三吴射学者游。有片长一善，必虚心访问焉。数年间，不避寒暑，广稽博采，历试屡更，比十年而射法成。

钱三持即钱世桢，三持是他的别号，明代嘉定县人。"征东大捷"是指明万历二十一年（1593）入朝抗击倭寇之事，著有《征东实纪》与《射评》。辛丑年是明万历二十九年（1601），先生31岁时登门拜谒钱三持，并学习《射评》一书。数年间，虚心访学，博采众长，屡试屡改，前后十年才确立自己的射法。

癸卯年，应试乡举，开弓破的，几无虚矢，一时三吴同志者相推许焉，颇自谓有得。偶遇一名射，江上人也，形貌伟俊，开弓迅发，应弦而中。辄喜而学之，孰知其法固可嘉，其病不能无也。当时胸中真赝未明，学其法，并学其病。比三年，而病入骨，引弓日渐不满，中的亦稍减。心知其非，未能遂改也。

明万历癸卯年（1603），先生33岁参加省城举办的地方性乡试（考中的称为举人，故说"应试乡举"），开弓中的几无虚发，颇受同道认可，自以为是。后来，向一位来自江上的名射学习射法，同时也把其射法之弊一并学习了，连续三年之后，一身射病。

又三年，癸丑应试京师时，颖年已四十三矣。纵观九州岛及九边列镇诸材士，挟弓驰射者猬集，乃遍简其尤者，与之讲究失得，无论射中之善与射中之弊，无不毕知，并善中之弊，与不善中之美，转展相因，根连蔓引之病，无不考竟，乃恍然大悟，欲一改旧习。忘寝食者五年，而病不能恃，乃益奋其力于弓矢，多方改图，日夕不倦。又三年，而筋力劳疲，病根益深，引弓益不能彀，变怪百出。胸中射法了然，奈两臂之不为我用也，时年已四十五矣。知病终不能去，又不忍弃置，于是更为左射，以精验之法训。新习之手，病未生而法备，其比五年而机熟，应弦命中亦几如意。

明万历癸丑年（1613），先生43岁时到京师参加全国性科举考试（考中的称为贡士），并与各路英雄切磋射艺，讲究个中得失。虽然深知自身之射病，奈何病根使然，身不由心。乙卯年（1615），45岁时开始改用左手来扣弦引弓，以验证新法。

丙辰年，又游京师。为时论所推，燕、赵、齐、秦之士云集而观，其尤知味者，率其子弟相从不舍也。然旁观者虽曰善，予心知其非至也。何也？左射者，后手弱，不能敌前手之强，强弱不调，发矢终乖。犹作乐者，琴瑟不调，虽强鼓而成音，不知乐者，妄称其善，终不能入钟子期之听也。乃又更为右射，盖喜右手久不习射，病根消而易改，且不忍右手二十余年之功，一旦弃掷耳。乃遂大加更改，以弱弓微弦涤去旧病者五年，射始合法，中微及远稍亦如意。然病根之入骨者，犹存十之一二。时或间发其端，中数亦不能如癸卯年之多，而筋骸已渐惫矣。

明万历丙辰年（1616），先生46岁游学京师，虽然被同道所推举，但自己知道问题之所在，并不以为是。所以，改回右手习射，以弱弓练习5年的时间才合正法，然而病根犹存一二，故射中数量也不及33岁时的了。

嗟嗟！颖今年已六十有六，习射四十余年，始知受病之根，而悔已无及早能辨射法之真赝，不为江上人所惑，亦奚知流毒至此？予身受其惑之害，且又知去害之苦，虽用苦功以去病，而病根转深，皆从初之不辨，失也。今天下好射者比比，诚不忍其忽于惑而不知辨也，辨而不及改也。故作《辨惑》篇以觉之，略举其惑之大者十余条，详示其由，其余俟明者类推焉。

明崇祯丙子年（1636），高颖先生已经66岁了，观"天下好射者比比，诚不忍其忽于惑而不知辨也，辨而不及改也"，所以结合自己习射四十余年的经验教训，特作下述十二条辨惑项目，指示学射入门正法，裨益学者类推反求，不走歧途，可谓用心良苦。

二、引弓潦草之惑第一

　　初学射之人妄自引弓，不讲正法者，初虽满，后渐不满，此必趋之势，人所不解。入门一差，到老难改。极力用功者，不过三五年，不满之病即见，以其用功勤，筋力易疲，故不满速。不用功者，日逐不射，筋力即疲，虽多延几年，然不满之病久后亦见。此病受过者，闻言始信而已，不及改。不曾受过者，闻言不信也。初射者反以为谤己，误矣。予友陶成之者，始犯此病，闻言不信，后竟不能改，悔之无及其他，一时同射之友，犯此病而不信者，如卫、如马、如刘，不能遍举。嗟嗟！天下之未为成之诸友者，可以思矣。

初学者"不讲正法"而"妄自引弓"的现象，大都由于求中心切的本能冲动所使然。然而，欲速不达，事与愿违，真心学射者必须深思之。

　　羿之教人射，必至于彀。今之射者亦知争言彀矣，然卒莫能彀者，人但知求彀，而未知所以彀法也。得其所以彀之法，不求彀而自彀矣，不得其所以彀之法，虽竭力求彀，能乎哉？

射箭先求引弓至满，而后可以极力发矢。满弓为"彀"，所谓讲求正法，先要"求彀"。

　　或有勇力之人，勉强求彀，此仅可彀一时，未必能求久。故有朝彀，而暮未必彀者；有今岁彀，三四年后未必彀者；甚者，一回箭之中，前四、五枝可彀，后七、八、九枝即不彀者。此曷故哉？彼恃力而彀，非以法彀也。恃力而彀者，筋力用事；恃法而彀者，骨力用事。筋力用事者，前肩耸而两臂皆低，骨节不直，虽有力之人，引弱弓而手已颤，射不及久而力已疲，如何能彀？骨力用事者，骨节相对，前后肩臂平直如衡，虽无力之人，引劲弓而久射，悠然不动，此彀之所以易也。故学射者，可不求所以彀之法，而徒云彀也乎哉？所以彀之法云何？

但是，"求彀"有法。"恃法而彀者，骨力用事"，指利用身体的骨骼来构成直线力支撑的引弓姿态，以骨骼结构去抵抗来自弓体的反作用力，所谓"骨节相对，前后肩臂平直如衡。虽无力之人，引劲弓而久射，悠然不动，此彀之所以易也"，所以说是"骨力用事"，是"恃法而彀"。"恃力而彀者，筋力用事"，是指骨骼结构不正不直，只用肩臂肌肉来勉强引弓至满，以筋腱肌肉之力去抵抗来自弓体的压力，所谓"骨节不直，虽有力之人，引弱弓而手已颤，射不及久而力已疲"，所以说是"筋力用事"，是"恃力而彀"。

彀法既合，骨节平直，终日习射，不劳于力，既彀之时，自能坚持不动，迟速操纵无不如意。既到如意地步，则前《捷径》工夫皆从此出。

正确的"彀法"是审固和发矢得法的前提基础，所谓"工夫皆从此出"。

若初习射时，即便潦草引弓，前肩一耸，数日之后，便觉安闲，熟习全不费力，一月之后，机势既得，便能中的，比前下肩法，容易百倍，而旁观者啧啧称美，即自己亦以为射法之妙，资禀之敏，他人莫及矣。

就算"潦草引弓"，一旦熟习之后，也能射中，此时最易自欺欺人，自以为是。

抑孰知前肩一耸，骨节不直，日复一日，专用筋力开弓，不三年而筋疲力惫，引弓必渐不满，中的亦渐减。又三年，而不满之病益著。始之不满者半寸许，今则二三寸矣；又未几而二寸者，将半尺许。此时，百病俱发，终日习射，无中的之矢。

细说"骨节不直"以及"筋力开弓"而导致"不满之病"的恶化过程。

回视昔年，初射而中者，已不可得。在明者，或悔其初引弓之非而已，不及改。愚者，竟托之命蹇而犹不悟，岂不悲哉！此皆颖所亲试而亲见者甚众，非敢漫言欺世也。嗟夫！潦草引弓之惑一至，此初射中第一大惑，故首举之，以示智者采焉。

以自己所"亲试"和"亲见"，强调"潦草引弓"为初射时的第一大迷惑行为。

【小结】初射时，切勿"恃力引弓"，不讲法理。必先求引弓"彀"满，务使"骨节相对，前后肩臂平直如衡"，所谓"骨力用事"，这是审固和发矢得法的前提基础，所谓"工夫皆从此出"。

三、郊射太早之惑第二

骨节相对，引弓虽合彀法，而射法尚未演习，手法、身法、审法茫然，若遂往郊射，精神外骛，无暇致详于手，百病萌生而不自知矣。故引弓合彀法之后，必在藁砧上演习。

引弓虽合彀法，但是还没熟习发射等技术，就急于到郊外射箭，精神心力全在得失之上，无暇顾及射法，以至一身射病而不觉。所以，必先在"藁砧"草靶上熟习。藁（音gǎo），指稻、麦等中空的秆子，藁砧是稻草秆扎制而成的箭靶，形似砧板，古称"椹质"。此种草靶的制作以及习射法在《射史·射法直述图说·演射法》中有图文记载，可参看本书第一篇"器"第五章"箭靶"中的《材质与形制》一文与图99明代"椹质式"卷草靶。

【小结】引弓"彀"满，切勿急于到郊外去试射求中，务必先在"藁砧"草靶上熟习射法。

图 231　双膝跪射卷草靶图（敦煌壁画，图片取自网络）

图 232　日本弓道稻草靶

四、妄射藁砧之惑第三

　　人亦有初习射而演藁砧者矣，老而无成，何邪？盖藁砧虽学法之具，亦入迷涂之具也。故学法而射者，得益甚捷；不知法而妄射者，取害尤速也。何也？射藁砧者，一日可发数百矢。在家射藁砧，一日可当郊射十日之功。是以学法而射藁砧者，合法愈熟，去病愈远，不一月，而法机熟。入门既端，将来渐入巧妙，皆基于此。不学法而妄射者，此非以学法也，学病矣。不一月，而病机熟，入病愈深，去法愈远矣。一日之误，遂成终身之惑，可忽乎哉？是以虚心好学之人，虽天资敏妙，不敢私心自用。

　　虽然在"藁砧"上熟习射法是一种有效的途径，但不能善用的话，亦会误入迷途，老而无成。利用"藁砧"来练习时，为"学法而射"的，则得益很快；而"不知法而妄射"的，则为害更快。原因是，"藁砧"靶一般是安置在家的，每日随时习射，而且近在眼前，发矢数量远远超过在郊外的练习。所以，"学法而射"，则"合法愈熟"而"渐入巧妙"；"不学法而妄射"，则"入病愈深"而"去法愈远"。正因为如此，虚心好学的人不敢自以为是，任情妄为。

　　对藁砧端立，搭箭引定不发，必极于彀。前肩下卷，两臂平直，熟视藁砧心一块，少顷而弛弓。一日之间，如此数百次，须十余日，前肩下卷熟习，不劳而定，此为练肩。

　　学法练肩：面对"藁砧"靶端正站立，只搭箭引弓，对的彀满而不发。一日数百次，十多日时间坚持练习，直至前肩卷压熟习，不劳而定。

　　审视详明，举目便见藁砧中物，不为弓弝所障，此为练目。

　　学法练目：审靶时，双眼始终聚焦在靶心之上，不为弓弝所障碍视线。

　　前后肩臂平直，一引便彀，一彀便齐，坚持不动，此为练臂。

图 233　撒放挂靶

射道筑基法

　　笔者制作的 EPE 珍珠棉片合成挂靶，使用方便，可随时更换中部损坏的材料片。

　　学法练臂： 力量由肩至臂，动作一气呵成，前后平直，审固不动。

　　如此又十余日，此射家筑基法也。

　　如上练目、练臂又十多日，与练肩合共一个月左右的时间，这是"射家筑基法"。

　　筑基既定，然后向藁砧发矢。其法必俟引弓彀时，前肩下卷得十分坚实，方能从下达上，送前掌托出，后肩及肘从高平泻，向后背而止，是谓发矢法。……如此百日箭发，顺利而如意，藁砧之功方足，乃可向郊野演试。

　　学法发矢： "筑基法"确立后，才开始向"藁砧"靶上发矢。通过百日的发矢练习，直至称心如意，然后可以到郊外进行试射。

　　凡习射者试藁砧上，虽合法；在野外，则射法俱变。所云演者，演藁砧上所习之法也，使郊野之射，身法、手法与藁砧上一样，方是习射之正法，不堕世俗妄射之惑矣。

所谓"演"，就是演试在"藁砧"靶上所练习的射法，使郊外的试射与在"藁砧"靶上的射法一致，才是习射的正法。在"藁砧"靶上练习，容易专注与合法，而一旦到郊外试射，潜伏着的求中之心被激荡起来的话，则又堕入到引弓妄射的迷惑行为之中而不觉。所以，习射者在"藁砧"靶上习射虽然合法，而在郊外则射法全变，其原因就在于此。

　　郊演而或变，则又向藁上温习射法，温习而无弊，又复试之郊野，再温再演，不厌烦琐，必求合法，而中在其中矣。

在郊外试射后，发现射法不正时，则又返回在"藁砧"靶上重新温习，温习好之后，再到郊外试射，如此温习再试，学而不厌，必求正法，则不求中而中在其中了。

　　【小结】初射者要用"藁砧"草靶来练习正法。先练肩、练眼和练臂，约一个月的时间，此为"筑基法"。"筑基法"确立后，才开始向"藁砧"靶上练习发矢，时间约百日。称心如意之后，才到郊外进行试射。发现问题，则重新在"藁砧"靶上温习正法，而后再到郊外试射，如此学而不厌，必求正法，则不求中而中在其中了。

五、早射劲弓之惑第四

　　今人亦有射藁砧而合正法者矣。然多历年所，而引弓时，前后臂辄动摇，此又何也？射劲弓太早耳。初习射之人，前臂虽下卷而未熟，骨节虽平直而犹疎，若遂用劲弓，前后手为劲弓所制，竭周身之力彀弓且不给，何暇用力复下前肩，何也？初射之人，骨节俱僵，欲下前肩已极费力，若用力彀劲弓，必无力下前肩。前肩未下，骨节俱虚，引弓安得不摇？发矢又安能准？

《射经·利器第一》说："荀子曰：'弓矢不调，羿不能以必中。'夫调之云者，矢量其弓，弓量其力。盖手强而弓弱，是谓手欺弓；弓强而手弱，是谓弓欺手。余所交游善射之友，有能引满数十力弓者，其所常习无过九力之弓，所以养勇也。"[1] 可见，弓的强弱是与人力相对而言的，"弓强而手弱"则弓劲，劲弓欺人，勉强支撑，于射何益？

　　故初射藁砧，只用铺筋软竹弓，约三十余斤，百日之后，射法渐熟，弓渐劲，日增倍之，俟下前肩熟习之后，骨节自直。直则生力，熟则生势。虽无力之人，可彀劲弓，况强有力者乎？此行远自迩之理。

初射"藁砧"草靶，以习正法，用弓由弱渐强，直至养得一身正直，势力自生。

---

① 李呈芬《射经》，见张唯中《弓箭学大纲》，1934 年，第 153 页。

予诲人射,莫不由渐而入,人多嫌其太迟,而不知始之徐徐者,乃其所以速;而世之欲速者,正其所以迟也。彼偏见者,辄曰:"弓勿用软,初射而用弓软,遂成痼疾,终身不能用劲。"此说非也!予辟之曰:"信如所言,今人教小儿学步者,循墙而走,则终身便不能急趋乎?"

破除偏见,欲速则不达。养得根本在,参天自有时。

【小结】射"藁砧"草靶以习法,用弓必须由弱渐强,以养成正直而有势有力的身体结构。

六、郊射用大的太早之惑第五

射藁砧之功既尽,射俱合法矣。而郊射对大的,则不能合法,射辄不中,何也?用大的太早耳。初射之人,遂用大的,见为易,与好胜之心一生,发矢时精神俱驰骛于中的,何暇顾其身法乎?身法一乱,则目审、肩臂、指掌之法俱乱,安能中的?间有精心谨密之人,亦知检点。然欲中之心,岂能尽去?一身之间,未免顾此失彼。增一分胜心,精神亦增一分外驰矣。外驰之心增一分,检点射法之心亦减一分矣。岂非用大的太早乎?

郊外试射时,面对大"的"感觉容易,懈怠之心与好胜之心一生,则射无章法,甚至不知检点。

是以郊射之法,始初不用大的,只用大竹稍一根,长七尺,以尺布为旗,以为的。的小,则求中之心泯,精神常聚于手,所云"审、彀、匀、轻、注"法,合与不合之由,可以潜心检察矣。察之而法渐合,病渐去,久之而法熟机生,随手迅发,皆中规矩。小的可中,况大的乎?此用大的太早之惑宜辨也。射法既熟之后,用的只宜合式为准,不可过小。若平时常用小的,场上忽见大的,以为近而忽之,视远若近,发弓必小,故居常用的,以合式为准。

所以,先用小"的",以助收心检察,熟习射法。正法确立后,射"的"大小,以合适为准,不可偏执一端。

【小结】到郊外试射时,切勿先射大"的",以免贪易妄射,乱了章法。务必由小至大,射法熟习之后,用"的"只要合适,也不可一味追求小"的"。

七、前拳握弓徒紧之惑第六

郊射始用小的,演习得法,是宜中的矣。然发矢忽有左右大小之偏,此又何也?则前拳握弓徒紧而未得其窍也。

提醒注意：发矢后的左右高低偏差与前拳的握弓方法有关。

> 大抵射学工夫只有三大端。始焉引弓欲彀，中焉浸进欲匀，终焉发矢欲稳。彀之根蒂在前肩之下卷，匀之根蒂在后肩之旋运，稳之根蒂在前拳之把握。

总结射学的三大工夫：开始时的引弓要"彀"，审固时的持续加力要"匀"，终结时的发矢要"稳"。"彀"的根本在前肩卷压，"匀"的根本在后肩旋运加力，"稳"的根本在前拳的把握技术。

> 前肩、后肩有不合法，其形立见，人易知而改之。犹人患外症，药石可攻，针砭可施也。惟前拳握弓之病隐在掌心，无形可见，犹心腹之疾，人不易知。初学者亦不自觉，何从而改？孰知握弓不妥，发矢皆偏。纵使外貌得法，而中的者寡矣。是谓一惑而丧百善，可无辨与？

前后肩的动作明显，稍不合法，人易知而改。前拳握弓之病暗藏，难知难觉，握弓不妥，则发矢皆偏。所以，握弓法必须分辨明白。

> 夫握弓之法……将前掌根托实弓心，次以小指、无名指卷握弓弝，而食指、中指屈曲附丽于弓，不必用力。发矢时，与大指一同直叉对的。如此把握，掌根虽寔，而虎口不仰，矢不患大；虎口虽寔，而掌根不虚，矢不患小。小指、无名指握弓虽紧，而不患撇左，以掌根寔也；食指、中指虽不用力，而直叉出，则不患偏右，以出矢得势也。如此握弓为第一法，人号曰大鹰爪。

大拇指和食指之间的叉口部位是虎口，中指与无名指卷曲所抵住的部位为掌心，小指卷曲所抵住的部位为掌根。高先生描述的握弓方法是：掌根托实弓弝，小指与无名指则卷握弓弝，食指和中指屈曲依附（附丽）着弓弝，但不必用力，并与大拇指一同构成直叉对"的"之形态。如此握弓，掌根虽实，而虎口不会上仰，故发矢不患偏高；虎口虽实，而掌根不虚，故发矢不患偏低；小指与无名指握弓虽紧，而掌根实，故不患偏左；食指和中指虽不用力，而与拇指一并直叉对"的"，使出矢得势，故不患偏右。此为握弓第一法，称作"大鹰爪"。

> 若不讲于此，而妄自握弓，虎口或紧而掌根虚，则矢垂头而小；掌心实而虎口仰，则矢插天而大。前拳五指俱握紧，则用力太过，必撇出而矢偏左，恐其偏左而不敢撇，则出无势而又偏右。纵合"审、彀、匀、轻、注"法，发矢一偏，百法不验，皆从握之一字失也。可不辨与？

如果妄自握弓，发矢一偏，功亏一篑。比如：虎口紧而掌根虚，则发矢偏低；掌心实而虎口仰，则发矢偏高；五指都紧握弓弝，因用力过大，发矢时顺势撇出弓弰的话，则矢偏左；如果恐怕偏左而不敢顺势撇出弓弰的话，不但出矢无势，而且又致矢偏右。

【小结】握弓手法大有学问，各部位以及各手指应各司其职，不可一概紧握弓弝，全做苦力工夫。无名指、小指卷握，与掌根一并握紧弓弝，负责弓体的稳定；食指和中指屈曲依附在弓弝上，辅助握弓而不用力，大拇指搭在中指上，并用力伸直，与食指一同构成直叉对"的"之形态，以助出矢得势。如此握弓，则掌根和虎口皆实，力直而势顺。

八、习射作辍之惑第七

前拳握弓既稳，自宜舍矢破的矣。然有始初演射便能中的，人服其敏，乃历春，而夏而秋而冬，中数不加。今岁不进，来年复然，时序推迁，颜发几改，而射犹夫人者，何也？作辍之过也。

法正而中在其中，这是一定之理。但是，贵在坚持不懈。

夫水不流则腐，器不用则蠹，人之精神不淬励则昏，肢体形骸不勤行修炼则脆弱而无用。况射者，发捷于指掌之间，中微于百步之外，甘苦疾徐之机，得心应手之巧，非精气凝注，形神凑泊者，不能到。

水不流则腐，器不用则蠹（音 dù，蛀蚀），神不淬励（激励）则昏，体不勤则弱，射不习则疏。

若以作辍之心乘之，手与弓不相习则法滞，法滞则机死，机死则巧不着，何以破微于百步之外哉？故能洞的于百步之外者，其气魄光焰常盖数百步者也。精气能盖数百步者，必其操持远大，旁若无人，能吞吐一世者也。岂作辍弛废者所可能哉？

人与弓不相熟习，则射法生疏迟滞，射法生滞则得心应手之机亡，机亡则巧不生。所以，学射贵在操持涵养。

郊射演试必合窾会。众人喧哗，我独静思，舍矢虽多，无不暗记，今日增何法？去何病？明日更当进何法？去何病？寸累铢积，精进之功新与日俱，相习滋久，机神自畅。巧妙之来，发于骨髓，随其意之所投，无不中矩，而命中之技在是矣。

演试必合窾会（音 kuǎn huì，要害，关键）。正己而后发，反身而后求。学而时习之，精进而不已。

昔李广在军中饮酒游戏，必以射为快心。刘锜握兵，暇时常射，矢窒水桶隙，更拔而更射中之。岳武穆学射于周同，尽其巧而后已。同死，朔望为之致祭。古人好学之勤，下人之专，用意之厚，所以卒成名将，声施到今，非偶然也！

列举古人好学故事。《史记·李将军列传》："广讷口少言，与人居则画地为军阵，射阔狭以饮，专以射为戏，竟死。"《宋史·刘锜传》记："刘锜，字信叔，德顺军人，沪川军节度使仲武第九子也。美仪状，善射，声如洪钟。尝从仲武征讨，牙门水斛满，以箭射之，拔箭水注，随以一矢窒之，人服其精。"《宋史·岳飞传》载："少负气节，沈厚寡言，家贫力学，尤好《左氏春秋》《孙武兵法》。家贫，拾薪为烛，诵习达旦，不寐。生有神力，未冠，挽弓三百斤，弩八石。学射于周同，尽其术，能左右射。同死，朔望设祭于其冢。父义之，曰：'汝为时用，其徇国死义乎！'"

今人学法未就，便思命中，稍能中的，便欲弃置卒之。弓手龃龉，艰于中的，反不若不学法而好射者，机熟而多中也。语云："巧生不如拙熟。"此之谓欤！或曰："拙而熟反胜于巧而生，则不习法者多射亦可中矣，奚以法为？"曰："不然，不学法而中者，机熟也；学法而中者，纪律也。机熟之中，由于多射；其中，时于偶然，不识不知者也；其中也，不知合何法；不中也，不知犯何病。既使久射机熟，一临利害，中心无主机，不知何处去矣。故终身习射，总为瞎射。"

妄射之人，久射机熟而中，是偶中，其中与不中皆不知所以然，故终身习射亦是瞎射。

学法之人，百法俱备，百病皆知，胸中利弊了然。其中也，知合何法；其不中也，知犯何病。即有中的之矢，亦知其犯何病，以幸合何法而不害；虽中，不为全美。亦有不中之矢，知其合何法，以犯何病而不救；虽不中，不为全非。见一善，知遵而守；见一病，知戒而改。善日增，病日改。射之精也，可计日而待。纵久不习射，亦可计日而温。或临利害，中心有主，手法不乱。其合法者，固已中的，稍不如意者，亦离的不远。所谓节制之师，能大胜，不能大败者也。不学法之射，犹无纪之兵，不大胜，即大败者也。此学与不学之辨也。乌得以不学法之熟而多中，遂谓不必学法乎？

正射之人，得心应手而中，是正中，其得失皆知所以然。精进不已，又得中知其所失，失中知其所得，故正射一生，一生正射。

但学法之人，亦宜多射，不可作辍，以致生疏，即后羿亦难命中。后羿之善射，宁独资性过人哉？要亦好射中来也。孔子大圣，犹欲假年以卒学，况其他乎？

《史记·孔子世家》记载："孔子晚而喜《易》，序《彖》《系》《象》《说卦》《文言》，读《易》，韦编三绝。曰：'假我数年，若是，我于《易》则彬彬矣。'"《论语·述而》说："加我数年，五十以学《易》，可以无大过矣。"圣人好学不倦，我辈自当学射不辍。

【小结】学贵操持涵养，勤操持则技艺精进，长涵养则中心有主，邪正分明。

九、信道不笃之惑第八

　　学射而不作辍，宜巧妙日生，乐善不倦矣。乃又有躁进之人，嫌法无速效；好胜之人，谇法为无奇。忽趋他途，而不宜率由正法者，何也？信道不笃也。

急于求中之人，嫌正法收效慢；好胜逞强之人，谇（音 suì，责问）正法为无奇。信道不及之人最易改弦更张。

　　历变未周之人，邪正未分，识见未定，与之图事，必然中变。幸而有不变者，必其人寡交索居耳，不闻邪说，目不睹匪人耳。倘一遇暗浅执拗之夫，道以可喜、可奇之巧，何苦守法而不变乎？初习射之人，偶遇先辈授之法，胸无定见，信而学之，实未尝见吾法之必善，安能信他法之必不善乎？

　　况正法犹大路然，多坦夷平直，无新奇可喜之说，将来得益虽巨，其初入门必以序，渐升而无速效。故一见旁门异说，道以省便之功，歆以且夕之效，用力小而成功多，孰不欣然学之？况旁门异说能歆动人者，其初亦有小效，但后来之害中入骨者，一时未见，安能禁识见未定之人，不尽弃其学而学乎？不三五年，病根渐深，丑态渐露，新学之捷法既不获效，往时之正法又不可追，而病根之入骨者，卒未能拔，岂不深可惜哉！

邪法新奇而花俏，心无定见之人最易被牵引。正法至简而平直，但入门必以序，功成无速效。

　　是故，欲以法授人者，必择明通孝谨之士，与之讲射论德，则砥砺渐磨之久，得力于射者必深，而相资于德业者自远。立功图事，宁有既乎？此必不可得者也，上也。

所以，欲传授正法，首选明白通达、孝悌以及谨言慎行的人士，可与讲射论德，深造之以道。

　　其外莫若择射稍久之人，因而求伸者，与之言射，彼于射中利弊，亦已备尝，授之以法，必觉今是昨非，而守之不失矣。然其人学射既久，病入已深，虽知吾法之善，未必能遂改，第无中变之患耳，次也。

次选已经学射既久，并且欲求突破的人士。

　　又有愚昧之人，以先人之言为主，而天下无复有是者。此必不可入尧舜之道也，下也。嗟夫！上智之士绝少，次者亦不多见也。得其次者而可矣，况其上者哉！

愚昧自是之人难矣哉！

【小结】笃信射道，学而时习之。

十、私心自是之惑第九

得法而笃信，固可进于道矣。然或病生于不测，而不自知。只觉控弦无势，骨节不妥，审注未明，发矢多不如意，此又何也？则以私心自是，不思虚怀访问，离群索居，而乏箴规之友也。

夫<u>至勇之人，不能自举其身；至明之目，不能自鉴其形</u>。射法胸中虽已照然，而身之形迹状貌，手之合法与否，已不得见也。则习法之久，偶失检点，势不得不趋于弊，控弦决机之顷，彼虽自以为法，旁人见之，则非法也。彼虽自以为非病，旁人视之，则病也。<u>旁人之明，非必过于我也，旁观之清，不若当局之迷也</u>。故得法之射，必赖二三同志之友，更相鉴戒，见己之所不见，言己之所不知，乃可去病而守法。己亦须虚心询问，时为体认，然后病根可去，法为我有。

古代受限于自我鉴别的条件，故好学者必寻师访友，切磋技艺，相互鉴戒。现今有录像等技术手段，可助学射者自我审察与改进，各有利弊，不可一概而论，唯虚怀好学之心不可或缺。

若少有自足之色，忠言不闻，驯至病根一深，离法渐远。始虽不觉而偶犯，既焉，则以为常；终焉，则以为故矣。痼疾一深，虽痛加更革，势必无及。况射中之病此法百之，故曰："一法立，而百弊生。"凡事皆然，不独射也。<u>兵家不能尽知用兵之害者，必不能尽知用兵之利。故欲尽守射中之法，安可不求射中之弊而尽去之哉？然射中之弊难以徧举，只是守法而已</u>。

唯正法是守，守法则弊自显，弊显即去。

射之正法，犹人身之元气，元气不固，百病皆入矣。良朋之言，犹对病之药石，药石一入，百弊可消矣。百弊消而元气固，正法可常守矣。<u>养生者不可废药石，习射者可去良朋乎哉？或曰："先生之射学，但言其法，未尝言病，良朋乌得而知之？"曰："法可言，而病则随人而变，因时而形者也</u>，安能预拟？若临事而见之，当自有对病之箴，笔不能尽。故曰：'书不尽言，言不尽意。'非不欲言也，不能耳，惟能得之言外者，真良朋也。"

正法为本，本固则病难入。但得正法，何惧不知射病？

【小结】虚心好学，唯正法是求。射求正，而中在其中。

十一、不辨风气之惑第十

虚心询问，百病消而百法备，是可命中矣。乃一遇风尘四起，矢不免有左右大小之偏，此又何也？则不辨风气之故也。夫风有大小，又有四方之殊；气有燥湿，亦有四时之别。

夫射而止于数十步之内,弓矢劲锐,风气不能夺,即不辨可也。若四十步之外,<u>射渐远,</u><u>则矢力渐弱,大小左右皆为风气所使</u>。此而不辨,发矢皆偏矣。

射程渐远,矢力渐弱,受风气的影响而偏航,所以,要分辨风气而权变。

大抵春气多湿,夏气多炎,秋气多燥,冬气多冽。气炎湿,则风和;气燥冽,则风劲。此其大概也。然四时之中,又有寒热不常,则就一时之中,亦有燥、湿、炎、冽之气,风亦随之以变矣。燥冽之风劲,矢遇之而多偏;炎湿之风和,矢遇之而少偏。且风劲,则弓亦劲,发矢常远;风和,则弓力弱,发矢常近。

四时风气的特性以及对弓矢的影响。

故善射者,将欲发矢,必先辨风气。东风,则发矢宜顶的之左;西风,则发矢宜顶的之右;对面风,则发矢宜顶的之首;背后风,则发矢宜顶的之足。而顶之多寡,一因弓力之强弱不齐,与风气燥湿炎冽大小之不同,而为之参酌,变而通之,存于其人,不可执一。故曰:"运用之妙,存乎一心。"

郊外试射,先辨风气,再做出提前量的权变调整。以射者面向西站立,从北面射向南面之"的"来说明:吹东风,则发矢宜偏向"的"之左侧;吹西风,则宜偏向"的"之右侧;吹对面的逆风,则发矢宜偏向"的"之顶部;吹背后的顺风,则宜偏向"的"之底部。至于偏向程度的多少,要视乎弓力强弱与风气大小来斟酌变通。

【小结】正法为规矩,运用在变通。郊外试射,先辨风气。

十二、识见未充之惑第十一

风气既辨,发弓左右大小宜如意矣。然或当得失死伤之际,便尔色变不能自持,此又何也?则识之未充也。夫得失之地莫如应试,<u>死伤之地莫如临敌。人惟识见未充,当功名</u><u>之场便营得失,临战斗之际便忧死生</u>。得失死生之念,熏灼于心,不觉神惊气夺,何暇持弓审固乎?王坦之倒执笏板,殷渊源竟达空函,皆此念也。

利害得失致使方寸失据。笏板(音 hù bǎn),又称手板、朝笏或朝板,是中国古代臣下上朝面君时的一种记录工具,以防止遗忘。"倒执笏板"的故事出自《晋书·谢安传》,描述王坦之害怕被杀,吓得汗流浃背,惊慌之中倒执笏板的失态行为。"竟达空函"之事则出自《晋书·殷浩传》:"温将以浩为尚书令,遗书告之,浩欣然许焉。将答书,虑有谬误,开闭者数十,竟达空函,大忤温意,由是遂绝。"殷渊源即殷浩,他在功名富贵面前患得患失,生怕《答书》有误而反复查验,以今天的话来说就是强迫症严重,以致送达了一份空函,结果事与愿违。

　　若识见远到之人，谓功名富贵过眼浮云。唐虞揖让，只同杯酒；汤武征诛，犹棋一局。况藐小功名，得之未必非祸，失之奚必非福欤？其位极人臣而戚戚，何如一丘一壑而肆志哉？见识及此，又何得失介意乎？至于临敌遇变，益不足虑。古人谋定而战，决机虽在临事，胜权握于事先。故曰："胜兵先胜，而后求战。"又何色变乎？若使果遇大敌，蹈不免之祸，丈夫既以身许国，马革裹尸，壮志已毕，又何足患？况大智之人，必能上知天，下知地，中知人事。事机可为，则出身以殉国；时不可为，则明哲以自全。彼其出身以赴难者必其才之足以报称者也。失机应变，胸中自有定衡，当其持弓，自能神闲意定，斟酌而出，动中机宜者也。又何仓皇失措乎？

　　《菜根谭》说："物莫大于天地日月，而子美云：'日月笼中鸟，乾坤水上萍。'事莫大于揖逊征诛，而康节云：'唐虞揖逊三杯酒，汤武征诛一局棋。'人能以此胸襟眼界，吞吐六合，上下千古，事来如沤生大海，事去如影灭长空，自经纶万变，而不动一尘矣。"①

　　从人的角度来说，物莫大于日月的了，而杜甫（字子美，唐代诗人）却说"笼中鸟"，即日月也只是宇宙巨笼之中的两只小鸟而已；又莫大于天地的了，杜甫却说是"水上萍"，即天地乾坤也只是宇宙洪水之上的一片萍草罢了。事莫大于揖逊禅让和征伐诛灭的了，而邵康节（邵雍，字康节，北宋哲学家）却说："唐尧将天下禅让给虞舜，这么伟大动人的义举也仅有喝三杯酒的情怀而已；商汤征伐夏桀而建立商朝以及周武王诛灭商纣而建立周朝，这么惊天动地的事件也不过是下一局棋的风光罢了。人要是有这般气吞六合的胸襟和识见，则生死得失如泡沫幻影，功名富贵亦过眼浮云，岂可动心？"

　　孟子说："君子有终身之忧，无一朝之患"（《孟子·离娄章句下》），"终身之忧"者，"忧道"也；"一朝之患"者，患得患失也。又说："广土众民，君子欲之，所乐不存焉。中天下而立，定四海之民，君子乐之，所性不存焉。君子所性，虽大行不加焉，虽穷居不损焉，分定故也。君子所性，仁义礼智根于心。"（《孟子·尽心章句上》）孟子说："拥有广大的土地和众多的人民，虽然是君子的欲求，但其乐趣不在于此。立于天下的中心位置，平定四海的人民，君子虽然乐而为之，但其天性的追求不在于此。君子天性所追求的，虽然功盖天下而不见增加，虽然穷困隐居而不见减损，这是因为与生俱来的本分已经确定了的缘故。君子天性所追求的，是根于心的仁义礼智这些本性。"君子见识高远，居仁由义，扩而充之，可保四海，而况一时之利害得失乎？

　　昔孔子射于矍相之圃，观者如堵，语以修身好学之道，且曰："用以临民，则顺治；用以战阵，则无敌。"夫射一技也，孔子以临民战胜之略在是，则射之道广矣！大矣！射之巧，信非大识之人不能持矣。彼未能充其识而习射者，必其射之未精者也。能精于射者，死生利害不能动也。然欲精于射者，盍于识充之哉！世有鄙其射为不足学者，未足与语识也。

　　"孔子射于矍相之圃"的典故出自《礼记·射义》。原文是："孔子射于矍相之圃，盖观者如堵墙。射至于司马，使子路执弓矢出延射，曰：'贲军之将，亡国之大夫，与为人后者，不入，其余

---

① 洪应明《菜根谭前后集》，台北：老古文化事业股份有限公司，1981 年（1998 年 12 月重印），第 16 页。

皆入。'盖去者半，入者半。又使公罔之裘、序点扬觯而语，公罔之裘扬觯而语曰：'幼壮孝悌，耆耋好礼，不从流俗，修身以俟死者不？在此位也。'盖去者半，处者半。序点又扬觯而语曰：'好学不倦，好礼不变，旄期称道不乱者不？在此位也。'盖仅有存者。"观其大义，是以修身好学之道为标准，来决定可以参与射礼的资格。

"用以临民，则顺治；用以战阵，则无敌。"这一句的语源则出自《礼记·聘义》，原文说："聘、射之礼，至大礼也。……天下无事则用之于礼义，天下有事则用之于战胜。用之于战胜则无敌，用之于礼义则顺治。"天下无事时，射之一技可用于礼义教化；天下有事时，射之一技可用于战阵胜敌。用之于战阵胜敌，则外面无人敢敌而安全；用之于礼义教化，则内在顺应自治而和平。

【小结】不能扩充其见识而习射的人，必定是其学射而不"志于道"；真能精于射道时，死生利害不能动其心。因此说，"射之道广矣！大矣！射之巧信，非大识之人不能持矣"。

十三、涵养未纯之惑第十二

又有平居习射，偏能中的，或当分曹角射时，荣辱共睹，未免竞持，失其故步，此又何也？则养之未纯也。夫射之一技，根于灵性，其举止动荡，张弛发纵之机械，实一身精神心术之所著也，胆勇气魄之所沛也。

射箭虽然是一种技术，但其根本却在于心性。表面上是身体动作和气力的结果，其实，持弓审固以至于发射的瞬间，无一不是应心而动，更是胆量、勇气和气魄的充分表现。所以，平时习射看似正常，一旦分曹角射（曹，偶的意思，分曹列偶，两两比对，即射礼中的"比偶"），往往得失荣辱激荡于心，大失水准。

古人论射，以其容貌比于礼，节奏比于乐。礼也乐也，非有德者不能为也，而射与之同条共贯。故欲精于射者，必务养其德也；欲养其德，惟在于度。度量弘，而人己之形忘，胜负之心泯。分曹角射，胜固欣然，败亦可喜，犹东坡之奕也，又何过为竞持而失其度乎？

射与礼乐同条共贯，就像长在同一枝条上，贯穿在同一条串绳上一样，三者事理相通，精神学养一脉相承，有德之人才能够兼备，所以，古人论射时兼论"容体比于礼""其节比于乐"。故欲精于射艺，务必培养德行；欲培养德行，下手处在于心胸度量。一个人度量宏大，则忘记人己的外形分别以及泯灭胜负之心。两人比试射艺，胜负泰然处之，就像苏东坡《观棋》诗中说的"胜固欣然，败亦可喜"，又怎么会为了竞争而失去自己的心胸度量呢？

又在养其胆。胆者，勇之决也，胆不足则神寒，居闲且馁，当局必靡。胆旺之人果而锐，健而能久，百折不能移，奇险不能惕。是伯昏氏之射也，曾何利害之足以动心？

欲精于射艺，又在于培养胆量。胆量决定了一个人的勇气，胆量不足则精神畏惧，日常闲居且馁怯畏缩，面对挑战时必然顺势倒下不起。胆量旺盛的人果断而敏锐，强健而能恒久，百折不能挠，奇险不能惧。就像伯昏无人射箭的故事一般，何曾被利害动摇了心志？

这个故事源自《列子·黄帝篇》，原文是："列御寇为伯昏无人射，引之盈贯，措杯水其肘上。发之，镝矢复沓，方矢复寓。当是时也，犹象人也。伯昏无人曰：'是射之射，非不射之射也。当与汝登高山，履危石，临百仞之渊，若能射乎？'于是无人遂登高山，履危石，临百仞之渊，背逡巡，足二分垂在外，揖御寇而进之。御寇伏地，汗流至踵。伯昏无人曰：'夫至人者，上阚青天，下潜黄泉，挥斥八极，神气不变。今汝怵然有恂目之志，尔于中也殆矣夫！'"①

故事大意是：列御寇（即列子，战国前期道家代表人物）为伯昏无人表演射箭。他拉满弓，叫人把装满水的杯子放在持弓臂的肘部上面。发射时，箭头能够射穿前一箭的箭尾，前一箭刚刚射出，后一箭就已经扣在弓弦上。当时，他就像木偶（像人）般稳稳站立，只是重复着发射的动作而已。表演完毕，伯昏无人说："射技够讨巧的了，可惜，还停留在为个人私意欲求而射的状态而已，还没到超越人欲而复归射箭本身的层次。来！我们登上高山，踩在高而陡峭的岩石上，面临着万丈深渊，看你还能射吗？"说罢，伯昏无人便登上高山，踩踏在高而陡峭的岩石上，走近万丈深渊，背逡巡（音 qūn xún，倒退而行），双脚已有三分之二悬空了，才拱手作揖，邀请列御寇过来。列御寇趴伏在地上，汗流浃背，甚至流到了脚后跟。伯昏无人气定神闲地说道："真正有道之人，上阚（音 kuī，窥）青天，下潜黄泉，挥斥八极（挥斥：奔放，纵放；八极：八方之极），神气不变。现在你全身发抖，心中充满恐惧，看来是不可能再射中的了！"

> 又在养其气。气者，难持之物也，盈则骄，馁则怯。骄者，神奋而疏；怯者，神短而惧。疏者，发矢多大而无当；惧者，多小而偏斜。此善养气者，贵和平而不挠也。所谓木鸡之养者，此也。

欲精于射艺，又在于养气。气这种东西难以保持，盈满则骄傲，不足则怯懦；骄傲则精神兴奋而发散，怯懦则精神贫乏而忧患。发散，则发射大多过高而无章法；忧患，则发射大多过低而左右偏斜。所以，善于养气的人注重心态平和而不妄动，就像列子所说的"木鸡"一般。

"木鸡"的典故也源自于《列子·黄帝篇》，原文是："纪渚子为周宣王养斗鸡，十日而问：'鸡可斗已乎？'曰：'未也，方虚骄而恃气。'十日又问。曰：'未也，犹应影响。'十日又问。曰：'未也，犹疾视而盛气。'十日又问。曰：'几矣。鸡虽有鸣者，已无变矣，望之似木鸡矣，其德全矣，异鸡无敢应者，反走耳。'"②

这个故事的大意是：纪渚子为周宣王驯养斗鸡。过了十天，周宣王问："鸡可以斗了吗？"纪渚子回答说："不可以，它还处在虚浮、骄矜、自恃意气的阶段。"十天后，周宣王又问，回答说："不可以，它还处在看见影子就跳、听见响声就叫的阶段。"十天后，周宣王又问，回答说："不可以，它还处在怒目而视、盛气凌人的阶段。"十天后，周宣王又问，纪渚子回答说："时机到了。别的鸡即使打鸣，它已经不为所动，看上去就像木鸡一般，它的德行培养已经全面完备，别的鸡没有敢于应战的，只有掉头逃走。"

① 杨伯峻《列子集释》，《新编诸子集成（第一辑）》本，北京：中华书局，1979 年，第 51－53 页。
② 杨伯峻《列子集释》，《新编诸子集成（第一辑）》本，北京：中华书局，1979 年，第 86－87 页。

夫度量之弘也，胆勇之壮也，气局之和平也，皆射之所托，以行其巧妙者也。舍此三者而徒言法，法岂为其所用哉！彼射而不知法者，固不足道，知法而不托根于三者，法固不灵也。此射之大惑也，不可不辨也。

度量宏大，胆勇强壮，气局平和，这些都是欲精于射艺所须托付的基础，以践行射箭的巧妙之道。缺乏这三方面的基础而徒讲射法，则射法也没有运用的依据。射箭而没有技术章法，固然不值一谈，但只是知道射法，而不立足于这三方面的基础，则所谓的射法也是不能灵光有效的。这是学射时极易犯的迷惑行为，不可不分辨清楚。

【小结】孔子说："志于道，据于德，依于仁，游于艺。"（《论语·述而第七》）射志于道，可谓见识高远，然而必以仁德为依据，以确立人生的道义规矩，在成就射艺的同时成就自己。所以，一时之得失不必介怀，技艺之高低无须执着，唯"正"是求，涵养至纯，故说"游于艺"。

十四、辨惑总结

夫射之惑，非止一端，而仅举其十二条者，此皆相承相倚，射中必趋之弊，惑之大者也。有一于此，必且以误成误，弊端互起，而射法紊。犹植嘉谷者，恶草不除，势必蔓延，而嘉谷废。故善植嘉谷者，必先尽去害苗之草，而嘉谷自茂。工于射者，必先尽去迷心之惑，而射法始纯。况射之巧至微而至精，发于心而应于手。胸中稍有所惑，则心无主而神摇，神摇则气馁而机沮。机神摇沮，发矢皆偏，虽有巧法，无所复施。此惑之不可不辨，而辨之不可不早也。辨之，早之，去之尽，满腔之中，无之非道。日习巧妙，勿助勿忘，手舞足蹈，皆中绳墨，而机巧自生矣。故曰："树德莫如滋，去害莫如尽。"知此者，可与进道，可与语射矣。

上述十二条辨惑项目，只是惑之大端，会得时自可举一反三。此十二条目，总括了"艺成"与"德成"两大方面。其中之"艺成"条目包括：（1）引弓彀满；（2）近靶习法；（3）用弓渐强；（4）握弓正法；（5）郊外试射；（6）用的渐大；（7）依法变通。"德成"条目包括：（1）信道笃实；（2）操持不辍；（3）虚心好学；（4）扩充见识；（5）涵养至纯。以上十二条目，虽然都是从反面去揭示个中的弊端，裨益学射者先辨其害，而后知去其惑，辨之早，去之尽，但是，好学者大可从正面来做工夫，然后守法操持，则射中之弊自辨，所谓"射中之弊难以遍举，只是守法而已"。

第三节　高颖先生及其著作介绍

高颖先生，字叔英，嘉定县人。笔者据上述《辨惑序》里面记载的时间与事件，推算其出生于明隆庆庚午年（1570）。

高先生“少好射，习章句时，便有立功万里之志”；20 岁左右开始亲近师友，讲道习射；1601 年，31 岁时拜谒钱三持，得其《射评》一书学习；1603 年，33 岁时参加省城举办的地方性乡试，开弓中的几无虚发，受同道认可，自己亦颇以为是；1613 年，43 岁时到京师参加全国性科举考试，并与各路英雄切磋射艺，讲究个中得失；1615 年，虽然深知自己的射病所在，但苦于一时难以纠正，45 岁时开始改用左手来扣弦引弓，以验证新法；1616 年，46 岁时游学京师，射艺虽然被同道所推举，却不以为是，并改回右手习射，以弱弓练习 5 年的时间才重回正法，然而病根犹存一二；1624 年，54 岁时作《射略》；① 1627 年，57 岁时作射法三十余条，总名之为《射学入门》；② 1636 年，66 岁时撰写《辨惑序》；③ 1637 年（崇祯丁丑年），67 岁时完成《武经射学正宗》的撰写，④ 全书由《射学入门》与《射学正宗指迷集》两集构成。

可见，高颍一生都在习射学道，实在是“博学、审问、慎思、明辨、笃行”的学者典范。《高叔英先生像赞》一文说：“崒然而见者，高子之骨遒苍；穆然而藏者，高子之神清泚；前观百世者，高子之洞晓壬奇；捷中秋毫者，高子之精能弓矢。若此者举非高子也？必也！风光本地，描之不成；面目本来，画之不似。夫然后谓之高子。”⑤

据其友人江起龙在《武经射学正宗·序武经射谱》中所说“谱为吾友叔英先生手著，耗十年之苦心，罗生平之秘学”，此书原名很可能称作《武经射谱》，是高先生耗时十年的苦心之作。笔者目前看到的版本有以下两个。

一个是明代杨修龄版，书名《武经射学正宗》，封面内页注明“高氏箭谱大全”“一集《射学入门》”“一集《射谱指迷》”“大司马杨修龄定”“金阊翁得所梓”等介绍语句，正文篇首则注明“杨修龄先生校定武经射学正宗”“疁城高颍叔英父著”与“茂苑江起龙靖侯点次”。是明崇祯丁丑（即十年）刻本。

另一个是日本弓道版，附录在《武经射学正宗同指迷集译解》一书中，⑥ 合有《武经射学入门正宗》与《武经射学正宗指迷集》两集。下面摘录书中目录内容，以窥先生为学之博，习射之勤，见识之深，用心之切。其中，《射学入门正宗》包括：

---

① 《武经射学入门正宗后序》：“甲子春，有毛连生，名广者，娄阴人也，好学乐善。予爱而授之，几尽其法，而又性懒，恐其不能记臆也，因作《射略》以遗之。”见高颍《武经射学正宗》，杨修龄校定，明崇祯十年刻本。

② 《武经射学入门正宗后序》：“丁卯春，遂作射法三十余条。分之为三门，则各自为始终，而为一小成；合之为一门，则共为始终，而为一大成。自表及里，由粗入细，肢节相承，各有其序。如四时之代谢，不可紊也；如脏腑之相因，不可缺也。使学者得望道而趋，历阶而进，故总名之为《射学入门》。”见高颍《武经射学正宗》，杨修龄校定，明崇祯十年刻本。

③ 《辨惑序》：“颍今年已六十有六，习射四十余年，始知受病之根，而悔已无及早能辨射法之真赝。”见高颍《武经射学正宗》，杨修龄校定，明崇祯十年刻本。

④ 《武经射学正宗指迷集序》：“夫射之正法，前《射学入门》已详具之矣。此又录诸说之利弊，而条著之，庶几天下后世不为邪说所惑，而直趋正道，故名其集为《射学正宗指迷》云。”《武经射学正宗指迷集后序》又说：“射学两集，乃予四十余年射癖所钟，要皆考集四方射家之精意，出于天成自然之节，非有勉强矫拂之偏，一朝尽吐，传之其人者，亦尝窃计之矣。”见高颍《武经射学正宗》，杨修龄校定，明崇祯十年刻本。前后两篇两序言都署名“崇祯丁丑仲春既望高颍识”，明崇祯丁丑年即 1637 年，先生 67 岁。

⑤ 黄淳耀《陶庵全集》卷七，《钦定四库全书》集部六（乾隆四十五年刻本），第 13 页。

⑥ 小泽濵《武经射学正宗同指迷集译解》，日本：广道馆，昭和二年七月。此书是日本武德会弓道教士小泽濵所著，由广道馆发行。此版本是笔者 2007 年到日本考察弓道文化时，由当时担任日本北海道学生弓道联盟副会长、北海道大学弓道部监督的须田泰行先生所赠送，虽然是复印件，却十分珍贵。

《捷径门》

论审法第一、论彀法第二、论匀法第三、论轻法第四、论注法第五。

《辨惑门》

引弓潦草之惑第一、郊射太早之惑第二、妄射藁砧之惑第三、早射劲弓之惑第四、郊射用大的太早之惑第五、前拳握弓徒紧之惑第六、习射作辍之惑第七、信道不笃之惑第八、私心自是之惑第九、不辨风气之惑第十、识见未充之惑第十一、涵养未纯之惑第十二。

《择物门》

弓力强弱宜择第一、弓套大小宜择第二、弓材料宜择第三、弓体式宜择第四、弓靶大小宜择第五、弓弦长短宜择第六、箭长短宜择第七、箭轻重宜择第八、箭竹宜择第九、箭体式宜择第十、指机式宜择第十一、竹木箭宜择第十二。

《武经射学入门正宗前序》说："所云捷径门者，所以适于巧之路也；辨惑门者，所以去其不善之根也；择物门者，所以助其巧之具也。由其径，去其惑，执其物，而射之道昭如也。学者由此而进，庶乎得其门而入，不为旁门别径所惑，故名为《射学入门正宗》云。"

《武经射学入门正宗后序》说："夫射之法深且繁矣，然以道通之，则又至简而至易。何以明其然也？习射之初，以法求射，则见其繁。习之滋久，法熟而理畅，理畅而机洽，机洽而道通，则千条万绪皆可一贯，安见射法之繁乎？"

《射学正宗指迷集》则包括：

《录古人射法遗言》

孔子射于矍相之圃、礼记射者志正体直、礼记古者天子以射选诸侯、弓工妻对楚王、烈女传说、纪昌师非卫、伯昏瞀人。

《录纪效新书射法》

量力调弓、打袖只因把持不定、持弓矢审固、矢摇而弱皆因镞不上指、论发矢审于临发之际、射法审义与大学虑字同、大指压中指把弓法、发矢宁高无低说、场中校射须业业、中的宜从容闲暇、射至五六矢之外犹未中的更要从容审决、射法如手推泰山、射法先近后远说、对敌发矢胆力为先论、马须饲养调度、骑射以满为准、骑射把箭以三矢为率、教骑射必势如追风、骑射搭箭勿视手法。

《录武备要略射法》

汉射胡射法说、足法随射改移说、射家大架子势说、中平架子势说、小架子坐马势说、身法六忌说。

《杂录古今射法遗言》

莫患弓软服当自远说、镞不上指同于无目说、前手撑紧不由不狠说、息气怒气说百弩千弓万弹说、唐荆川纂辑武编发矢说、或问射法得失。

《录古今射法体势图》

引弓体势图说、武备要略搭箭图、武备要略大架子图、武备要略中平架子图、武备要略小架坐马势图、武备要略撒放势图、射学正宗指迷集尺蠖势开弓图、指迷集尺蠖势引弓将彀图、指迷集尺蠖势引弓极彀图、指迷集尺蠖势撒放图。

《武经射学正宗指迷集序》说："古人得力于射者深，故其发之言也切，夫是以言简意精，诚不欲以射中隐如跃如之机趣，滞之于言语文辞之粗，而存其甘苦疾徐之妙于微辞婉转之间，以俟人之自悟，未可知也。无奈后人不能深惟其奥，往往以文害辞，以辞害意，失之毫厘，谬之千里，而射法之不明于世，所从来矣。且又有好事者，创为偏执迂疏之说以惑世，而愚者争趋之，则愈趋愈远，而射法益不可明矣。"

又说："夫射之正法，前《射学入门》已详具之矣。此又录诸说之利弊，而条著之，庶几天下后世不为邪说所惑，而直趋正道，故名其集为《射学正宗指迷》云。虽然迷一途指矣，知而行之其在人欤。知而弗明，犹弗知也；行而弗致，犹弗行也。知明而行致，文弱者懦而不前，凡庸者浅而不入，勇悍刚锐者，又粗浮而不精。一切勤始惰终，欲速苟简者，皆不足以语此也。精深独到者，惟明智沉雄之士称焉。"

又说："夫射一技耳，习之者不过一张弛焉止矣，何射学两集数千言不止也？无乃意尽而言不止耶？非也，射虽一技乎，而其道至大。大道至一也，而害道之说则至纷。惟其道纷然杂出，则一言一行之偏皆足为道之蠹，而道始不明于天下，无惑乎！"

又说："今之论射者辄曰：'射之道，始而开弓，不过两手平直如衡而已；既而发矢，不过两臂轻匀而已；终焉中的，又不过审视详明而已。则射之道，两言尽之，奚以多言为也？'不知所以如衡，所以轻匀，所以精详而明辨者，其间先后疾除，合宜中节之道，则不可胜穷也。而天下邪僻迂疏之说，足以蠹我宜节之道者，又不可胜穷也。夫邪正不两立，利害不同途。"

《武经射学正宗指迷集后序》说："今欲尽举射中之法，安得不搜射中之弊而详示其端，则予之书不为无意，而有意之言是为至言。以至言告天下，天下必有以诚应者。故是书也不借贵人言以弁其首（笔者注：为书籍作序文的意思），亦不假文士之笔以饰其辞，而直书其所自信者，示人以明白详显之辞，发射中隐微之秘，昭如日星，辨于眉列，使后世博雅君子见之，知其为理之正；厚重少文者读之，亦能晓畅而通其意。"

又说："射学两集，乃予四十余年射癖所钟，要皆考集四方射家之精意，出于天成自然之节，非有勉强矫拂之偏，一朝尽吐，传之其人者，亦尝窃计之矣。丈夫不能为将相以安邦，亦当为良医以济世。"

《武经射学入门正宗后序》说："深恨少年初射时，以无人指示之故，广求博采，淘洗更革，不知几番变易，徒罢筋骸。或以片时可得之法，而流汗数年；或以不费丝力之法，而深求玄算，形神俱槁。此何异欲寻友于咫尺之地，不知其家处所，乃周行千里，辙迹几遍天下，复还故处，而遇之者乎？回视四十余年艰辛之苦，今幸得之，虽可喜也，亦可悲矣。是以一见持弓妄逞之人，何惜一开口之劳，不以破人终身之惑？无奈知音者绝少，徘徊四顾，无与为偶。"《武经射学正宗指迷集后序》说："知我者必虚心好学之士，未为拙射所惑，而惟理自听者也。罪我者必多闻自是之老积学，滋久而以先入之言为主者也。自是者愈趣愈远，弊与岁增；虚心者率由正道，功可日计。"

第五章 《乡射礼疏》释义

　　《乡射礼疏》是明代学者李之藻先生所撰《頖宫礼乐疏》中的一篇。文章虽然不长，但引述内容丰富而重要，对古代射礼文化进行整体性的梳理，并以《乡射礼》为例，简明扼要地说明射礼的主要程式以及其中蕴含的深义，甚至发前人所未发，点出圣人制定射礼文化的良苦用心。《乡射礼疏》是学习和理解《射义》的珍贵资料，所以，笔者增补了相应的插图，并分段加以详细的释义。

第一节　射近于道

　　六艺之教，礼乐为急，而射则次焉。射者丈夫之事也，古人祈子而带弓韣①，生子而悬桑弧②，成童③而教以射，贡士而试以射。一艺之细，而自孩童以至耄期④，自士庶以至诸侯天子，尽人没齿以存乎其间。而圣人因而教之，令其容体必比于礼，节奏必比于乐，戢⑤其飞扬远鹜之志，而束之以揖让擎跽⑥之仪，又悦之以和平雅正之节，俾其规规焉德是务究，而愤盈之血气常有所敛约而不得逞。养德于是，选士于是。艺近于道，力化于德，武止于文，而天下亦遂圃⑦于礼陶乐和之化，而非心骜⑧志渐革而不自知。

【注释】

　　①韣：音 dú，弓套。《礼记·月令》："乃礼天子所御，带以弓韣，授以弓矢。"这是天子为有孕的宫女祈求生男孩的仪式。

　　②家门左侧悬挂桑木做的弓，古称"悬弧之义"。

　　③成童，十五或十五稍上的年纪。

　　④耄：八九十岁的年纪。期：百岁。

　　⑤戢：音 jí，收敛，止息。

　　⑥擎：音 qíng，托举。跽：音 jì，长跪，两膝着地，挺直上身。《庄子·人间世》："擎跽曲拳，人臣之礼也。"

　　⑦圃：音 yòu，天子狩猎场，引申为范围。

　　⑧骜：音 áo，傲慢，不驯服。

参考译文：古代有"礼、乐、射、御、书、数"等六艺的教育，其中"礼""乐"为当务之急，而"射"则紧随其后。射箭是男子一生的大事。古人有带弓套以祈求生男孩的仪式，当有男孩出生时，在家门左侧悬挂桑木弓的"悬弧"礼俗。十五岁以上的"成童"年纪，就开始教习射艺。被推举为"贡士"时，则以射礼来考试。射箭一艺虽小，然而，自孩童以至于百岁，自百姓和士人以至于诸侯和天子，尽人一生到老，射艺存乎其间。圣人因时制宜，倡导射礼的教育，令学射者容体中礼、节奏和乐，以收敛其飞扬不羁的心志。用揖让、奉举、跪坐等仪式来约束外体，又用和平雅正的乐节来愉悦内心。使学射者规规矩矩，务求与讲究德行。又使其愤盈充溢的血气常常有所收敛约束而不得逞强斗胜。以射养德，以射选士。以艺进道，以德化力，以文止武，使天下渐渐规范于礼乐陶冶的教化之下，令邪心和傲志渐渐革除而不自觉知。

《周礼·地官司徒第二·保氏》说："保氏掌谏王恶，而养国子以道。乃教之六艺：一曰五礼，二曰六乐，三曰五射，四曰五驭，五曰六书，六曰九数。"其中："礼"包括吉礼、凶礼、宾礼、军礼以及嘉礼等五种礼（据郑玄《注》），"乐"包括《云门》《大咸》《大韶》《大夏》《大濩》《大武》等六种舞乐（据郑玄《注》），"射"包括大射、宾射、燕射、乡射以及主皮之射等五种射礼，"驭"包括鸣和鸾、逐水曲、过君表、舞交衢以及逐禽左等五种车马驾驭法（据郑玄《注》），"书"包括象形、会意、转注、指事、假借以及形声等六种造字法（据郑玄《注》），"数"包括方田、粟米、差分（衰分）、少广、商功、均输、方程、赢不足以及旁要（勾股）等九种数学计算方法（据郑玄《注》）。

"礼乐"是人道教育和为政之道的根本，所以最为重要和紧急，故说"六艺之教，礼乐为急"。《周易》说"弦木为弧，剡木为矢，弧矢之利，以威天下"，射艺是古代射猎谋生以及杀敌战胜的主要技术。《射义》说"射者，男子之事也，因而饰之以礼乐也"，圣贤事之尽礼乐，以敦教化，以选贤能，以观盛德，故说"射则次焉"。

从"带弓求子"，到男子生而"射天地四方"和"悬弧之义"，到"成童习射"，直到"以射选诸侯、卿、大夫、士"，自幼以至于老，自天子以至于百姓，射艺伴随人的一生。圣人因时制宜，倡导射礼的教育，裨益学者正心修身，变化血气之质，无事则用之于礼义，有事则用之于战胜。因此，射以养德，射以进道，射以选士，射以治国平天下。所以说：射艺虽细，其用至大。

第二节　射教亲切

窃谓成周之以射教也，犹唐之诗赋，宋之经义，而今日制举之文也，皆所以宠驭英雄，而弓旌辟致①之，使之屈志以就吾用。而至其辨贤愚，明长幼，厚人伦，美风俗，则射之于教化也更为亲切，而其义更广大而精深。射与礼乐相比而行，而庠序②之教急焉，彼御也，书也，数也，均之为艺，然而教化则缓，故不以程士③，不以命有司④，听有志者之自习而已矣。

【注释】

①弓旌：古代征聘之礼，用弓招士，用旌招大夫，泛指招聘贤者的信物。辟致：征召并授官。

②庠序：音 xiáng xù，古代的学校。

③程士：即选士。程，本义是一种长度单位，引申为度量衡的标准。

④古代设官分职，各有专司，故称有司。命有司：指授命专司某项职能。

参考译文：西周制度化的射礼就像唐代的诗赋、宋代的经义，以及明代的科举文章一般，都是用来宠利和驾驭英雄的措施。采用"弓旌"招贤和"辟致"纳士的方式，使天下英才屈志以成就家国所用。至于分辨贤能与愚昧，明辨长幼的秩序，敦厚人伦，和美风俗等，则射礼对于这些教化更为亲切，其中的意义更为广大而精深。射艺与礼乐相比来施行，使学校的教化效果显著。那些"御"艺，"书"艺，"数"艺，虽然都是艺，但是教化的效果缓慢，所以不用来选拔人才，不用来授命专司某项职能，任由有兴趣者自行学习而已。

为了进一步说明，先生摘引古书之中与射礼相关的内容，首先是《周礼》。

《周礼·乡师》："正岁①，稽乡器②。党共射器③。"《州长》："春秋以礼会民，射于州序。"《乡大夫》："以乡射之礼五物询众庶：一曰和，二曰容，三曰主皮，四曰和容，五曰兴舞。"和者六德之终，容者六行之首。主皮则射，和容则礼④，兴舞则乐⑤。六德之中惟问和，六行之中惟问容，六艺之中惟问礼乐射，则圣王所以陶世范俗之旨，固可思也。

【注释】

①正岁：正月。

②稽乡器：查核乡饮酒礼的器具。

③党共射器：党正供应射礼的器具。

④和容则礼：即"其容体比于礼"。

⑤兴舞则乐：兴舞即起舞，即"其节比于乐"。

参考译文：《周礼·乡师》记载"正月，查核乡饮酒礼的器具，党正供应射礼的器具"，《周礼·州长》记载"在春秋两季，以礼会聚州内民众，并在学校之中举行乡射礼"，《乡大夫》记载"举行乡射礼时，以射礼的五种标准向乡民咨询射者的表现。一看心志是否平和？二看仪容是否庄重？三看是否射中皮质的目标？四看进退是否中礼？五看举止是否合乎诗乐的节奏？""和"德是"知、仁、圣、义、忠、和"等六德之终，"容"行是"孝、友、睦、姻、任、恤"等六行之首。"射"要贯穿皮质的目标，"礼"讲求"和容"中礼，"乐"讲求"兴舞"合节。"六德"之中只问"和"，"六行"之中只问"容"，"六艺"之中只问"礼、乐、射"，圣王对于"陶世范俗"的宗旨，实在值得深思。

《周礼·乡师》说："正岁，稽其乡器，比共吉凶二服，闾共祭器，族共丧器，党共射器，州共宾器，乡共吉凶礼乐之器。"乡师的职责是掌管其所治理之乡的教化，以及考核乡中官吏的治理情况。"比"指比长，"闾"指闾胥，"族"指族师，"党"指党正，"州"指州长，"乡"指乡大夫，是不同行政区域的长官名称。据《大司徒》的记载，周代行政区域是这样划分的："令五家为比，使之相保；五比为闾，使之相受；四闾为族，使之相葬；五族为党，使之相救；五党为州，使之相赒；五州为乡，使之相宾。"所以，五家人组成一比，使大家相互担保；二十五家组成一闾，使大家相互托付；一百家合成一族，使大家共同祭祀先祖；五百家合成一党，使大家相互救助；二千五百家合成一州，使大家相互周济；一万二千五百家合成一乡，使大家相互尊贤。

《周礼·州长》说："春秋，以礼会民，而射于州序。"在春秋两季，依礼会聚州内民众，并在学校之中举行乡射礼。《周礼·乡大夫》说："三年则大比，考其德行、道艺，而兴贤者、能者……退而以乡射之礼五物询众庶：一曰和，二曰容，三曰主皮，四曰和容，五曰兴舞。此谓使民兴贤，出使长之；使民兴能，入使治之。"在乡中，每三年进行一次大型的人才比校，考核乡民的德行和道艺，以举荐贤德的人以及有才能的人……举行乡射礼，并以射礼的五种标准向乡民咨询射者的表现：一是看心志是否平和？二是看仪容是否庄重？三是看是否射中皮质的目标？四是看进退是否中礼？五是看举止是否合乎诗乐的节奏？这就是，让民众来举荐有贤德的人，作为对外代表的长官；让民众举荐有才能的人，作为对内治理的官吏。

李先生引述"乡射之礼五物"，然后结合"乡三物"来进一步说明射礼对于教化的作用重大。《周礼·大司徒》说："以乡三物教万民，而宾兴之。一曰六德：知、仁、圣、义、忠、和。二曰六行：孝、友、睦、姻、任、恤。三曰六艺：礼、乐、射、御、书、数。"可见，"六德"的最后一个就是"和"，而"六行"之中并没有"容"，那么说"容者六行之首"，要如何理解呢？六行，顾名思义就是六种伦理行为，"孝"是善待父母长辈，"友"是善待兄弟以及同辈，"睦"是邻里之间亲和，"姻"是婚后结成的关系，"任"是担当，"恤"是推己及人的救助。六行的特征就是要身体力行，而如何身体力行就涉及"容体"的学问了。《礼记·玉藻》说："君子之容舒迟，见所尊者齐遬，足容重，手容恭，目容端，口容止，声容静，头容直，气容肃，立容德，色容庄。""舒迟"即娴雅。"齐"通"斋"，整洁身心的意思；"遬"，音 sù，窘迫不安的样子。唯有将这些"体容"切实地运用到"六行"之中，"六行"才有真实的意义，所以《礼记·冠义》说："礼义之始，在于正容体。"也就是说，容体是六行的首要讲求，故说"容者六行之首"。

《仪礼·乡射礼》说："礼射不主皮。主皮之射者，胜者又射，不胜者降。"按照古礼，制度化的射箭有"礼射"和"主皮之射"，"礼射"讲求中礼、中节和中的，但不要求贯穿箭靶。"主皮之射"不仅要射中，还必须贯穿皮质的目标，表明射者有力而善射，所以胜方继续比射，而负方退出，就像今天的淘汰赛一样。两种形式的射箭，只是因为射者的力量大小而有区别，所以孔子说："射不主皮，为力不同科，古之道也。"因此，"主皮"是指"主皮之射"，所以说"主皮则射"。"和容"即"进退周还必中礼"，所以说"和容则礼"；"兴舞"是应节起舞，即"其节比于乐"，所以说"兴舞则乐"。李之藻先生因此而指出：在古代的乡射礼中，同时公开地对射者进行了多方面的考核，如"六德"之中的"和"，"六行"之中的"容"以及"六艺"之中的"礼、乐、射"，可见圣王教化天下的良苦用心。所以《射义》说："故事之尽礼乐而可数为，以立德行者，莫若射，故圣王务焉。"接着，先生摘引《尚书》的内容。

《益稷》①云："侯以明之。"《太甲》②云："若虞机张③，往省括于度则释④。"《盘庚》⑤云："若射之有志。"

【注释】

① 《益稷》：音 yì jì，是《尚书》中的篇名。

② 是《尚书》中的篇名。

③ 机张：张开弓弩。

④ 省：视。括：箭尾。度：弩机瞄准器上的刻度。释：释放。

⑤ 《盘庚》：是《尚书》中的篇名。

参考译文：《益稷》说："以侯明义"。《太甲》说："就像张开弓弩后，从箭尾直至箭头省视目标，审度好后就发射。"《盘庚》说："就像射箭有目标志向，各绎己之志。"

《益稷》说："侯以明之。""侯"是古代射礼用的箭靶，有规范的形制，规定不同身份的人射不同形制的"侯"。例如，《乡射礼》中的篇后《记》是这样说的："凡侯，天子熊侯，白质；诸侯麋侯，赤质；大夫布侯，画以虎豹；士布侯，画以鹿豕。"为何要这样来加以区别呢？《白虎通义》说："天子射熊何？示服猛，远巧物也。熊为兽猛巧者也，非但当服猛巧者，示当服天下巧佞之臣也。诸侯射麋何？示远迷惑人者也，麋之言迷也。大夫射虎、豹何？示服猛也。士射鹿、豕何？示除害也，各取德而能服也。"所以，"侯以明之"有"各取德而能服"的寓意。

另外，射礼中还有"祭侯礼"，《周礼·梓人》说："祭侯之礼，以酒脯醢，其辞曰：'惟若宁侯，毋或若汝不宁侯，不属于王所，故抗而射汝。强饮强食，诒汝曾孙诸侯百福。'"据《乡射礼》的记载，在第二番射礼完毕后，就举行祭侯礼，叫作"司马祭侯，献获者"，然后才准备第三番的诗乐节射礼。司马先以酒、脯（肉干）、醢（音 hǎi，酱）行进献礼，然后说道："祝福安顺而有功德的诸侯，而对于不安顺，不按时朝会天子的诸侯，现在张侯行射，以示警戒。尽量饮酒享食吧，给后世做诸侯的子孙多多积福。"因此，从上述祭侯的说辞就可以知道，"侯以明之"还有张侯行射，以象征警戒的寓意。对此，《白虎通义》也有说法："名之为侯者何？明诸侯有不朝者，则当射之。君子重同类，不忍射之，故画兽射之。"可以说，"侯以明之"就是强调"有的放矢"。

接着引用《太甲》说："若虞机张，往省括于度则释。"意思是：就像张开弓弩后，从箭尾直至箭头省视目标，审度好后就发射，这是"审度目标"的要领。最后是《盘庚》说的"若射之有志"，其大意就是《射义》的"各绎己之志……为人父者，以为父鹄；为人子者，以为子鹄；为人君者，以为君鹄；为人臣者，以为臣鹄。故射者，各射己之鹄。"从上述《周礼》《尚书》中有关射的文字记载来看，我华夏自古以来就非常重视射艺，而到西周时期，射礼的体制已经非常完备，天下英才皆尽志于射。接下来，先生详细地介绍了在西周时期形成的"大射礼""宾射礼""燕射礼""乡射礼"等四种射礼。

第三节　射义精深

一、射礼大义

　　盖射艺自古重之，而成周其制大备，朝廷之上，躬以习射倡焉。将祭祀则射，将养老则射，诸侯来朝则射，诸侯相朝则射，燕使臣或与群臣饮酒则射，而总名曰大射、宾射、燕射，三等皆射礼也。大射之礼不及于士，燕射、宾射士皆有之。《射人》[①]云："射犴[②]侯，二正"，是士有宾射也。《乡射记》[③]曰："士布侯，画以鹿豕"，是士有燕射也。而乡射之礼，又在三射之外，其官则乡大夫、州长主之，礼则皆士礼也，是故随处而可行也。将大射，必行燕礼；将乡射，必行乡饮酒礼。燕礼所以明君臣之义，乡饮所以辨长幼之序。燕饮，则有恩；明君臣，辨长幼，则有义。恩联义笃，而后与之射焉，以观其德行，而后人乐趋焉，则先王之教，亦可谓委曲而多术者矣。

【注释】
①《射人》：是《周礼》中的篇名。
②犴：音 àn。《说文》："犴，胡地野狗。"
③《乡射记》：指《仪礼·乡射礼》的篇后记。

　　参考译文：射艺自古就重视，发展到西周时期则形制完备，朝廷之上，以身作则来倡导习射。举办祭祀礼之前，行射礼；举办养老活动时，行射礼；诸侯来朝贡天子时，行射礼；诸侯相互朝见时，行射礼；宴饮使臣或者与群臣宴饮时，行射礼。总的来说，有大射、宾射和燕射三等射礼。大射礼没有士人参与，而宾射礼和燕射礼则皆有士人参与。《周礼·射人》说："射犴皮侯，二正"，说明有士人参与宾射礼。《仪礼·乡射礼记》说："士人用布侯，侯中画上鹿的头像或豕的头像"，说明有士人参与燕射礼。但是，乡射礼在以上三等射礼以外，其主礼官则以乡大夫、州长为主。其礼制都是士人之礼，所以能够随处举行射礼。将要举行大射礼，必定也举行"燕饮酒礼"；将要举行乡射礼，必定举行"乡饮酒礼"。举行"燕饮酒礼"以明君臣之义；举行"乡饮酒礼"，以辨长幼之序。举行"燕饮酒礼"，可以推恩；明君臣，辨长幼，则可以及义。恩联义笃，而后大家一起参与射礼，从中观察参与者的德行，而后人人乐于从事射礼。可见，先王的教化措施，可谓委婉迂曲，用心良苦。

　　"大射礼"是天子将要祭祀，或者诸侯朝会天子，并向天子举荐士人时所举行的射礼，射礼前先举行"燕饮酒礼"，以明君臣之义；"宾射礼"是诸侯朝会天子，或者诸侯相互朝见时所举行的射礼；"燕射礼"是宴饮使臣，或者与群臣燕饮时所举行的射礼；"乡射礼"则是乡大夫或者州长所主办的地方性射礼，射礼前先举行养老尊贤的"乡饮酒礼"，以明长幼之序。举行射礼之目的，就是"考其德行、道艺，而兴贤者、能者"（《周礼·乡大夫》）。李先生说"大射之礼，不及于士"，但据《射义》所记载的"天子将祭，必先习射于泽。泽者，所以择士也，已射于泽，而后射于射宫……诸侯岁献，贡士于天子，天子试之于射宫"。这说明，"大射礼"也是有士人参与的。总而言之，射礼是在饮食、射箭与礼乐合一的过程中达成"推恩及义""以观德行""以射选士"的人文教化的目标。所以说，圣王教化天下的措施可谓委婉迂曲，别出心裁。接下来，以"乡射礼"来说明射礼中的主要过程与要求。

二、乡饮酒礼

乡饮酒之礼，彬彬如也。

参考译文：乡饮酒礼的过程，大家举止彬彬有礼。

孔子说："质胜文则野，文胜质则史，文质彬彬，然后君子。"（《论语·雍也第六》）只有逞能斗勇的射箭，则过于"质"；只有繁文缛节的仪式，则过于"文"。射礼之前，先行"乡饮酒之礼"，以明"长幼之序"，所以说"彬彬如也"。

三、比耦之法

迨射，而上耦下耦，比其才力。

参考译文：等到进行射礼时，先对比参与者的水平和力量，然后分成"上射""下射"以及"上耦""下耦"。

等到举行射礼时，司射则比较射手的技术水平的高低或者力量的大小，把接近的两人组成一耦，较强的一耦称为"上耦"，较弱的一耦称为"下耦"。一耦之中，较强的射手称为"上射"，较弱的射手称为"下射"。这是说"比耦"的方法。

四、画射位

上物下物，画其尺寸。

参考译文：依照尺寸的要求，在射堂地面画上"上射"的射位和"下射"的射位。

"物"，是指画在地面上的射位符号，形状类似"十"字。"上物下物"，即是"上射"的射位符号和"下射"的射位符号。"物"的纵画长三尺，横画长一尺二寸，两个"物"之间相隔六尺的距离。这是说射位符号的尺寸规格。

五、报靶方式

举旌偃旌，中其宫商①。

【注释】

①宫商："宫、商、角、徵、羽"是中国古代音律的五种声调的名称，与现代音乐简谱的对应关系是：宫（1，do）、商（2，re）、角（3，mi）、徵（5，sol）、羽（6，la）。

参考译文：报靶者以举旗或者放下旌旗的方式来报靶，报靶的声调要符合"宫商"的音律要求。

《乡射礼》记载："获者坐而获，举旌以宫，偃旌以商。"获者就是报靶的人，坐着"唱获"。当射手射中目标时，获者用"宫"声唱道："获……"，同时举起旌旗；放下旌旗的同时，变成"商"声。"宫"声等于 do，"商"声等于 re。因为是在户外空旷的地方，所以报靶的人要用高亢的"do"声和"re"声来唱获。这是说举旗报靶的方式（见图234）。

图234　举旗报获图
［取自韩国奎章阁资料丛书仪轨篇《大射礼仪轨》，
乾隆八年（1743），第11页］

六、别等级饰威仪

侯乏福中，辨其等威。

参考译文：安置不同形制的箭靶、屏风、盛箭器、盛筹器，以分辨不同参与者的身份等级。

"侯"，指箭靶。"乏"，指避箭的屏风，专供报靶的获者安全藏身，以唱获举旌。"福"，指盛箭器。"中"，指盛筹器，筹是用来统计射中数量的条状物。按照射者的身份提供不同的"侯"与"中"，所以说"辨其等威"。比如，《周礼·司裘》说："王大射，则共虎侯、熊侯、豹侯，设其鹄；诸侯，共熊侯、豹侯；卿、大夫，共麋侯；皆设其鹄。"《乡射礼》的篇后《记》说："天子熊侯，白质；诸侯麋侯，赤质；大夫布侯，画以虎豹；士布侯，画以鹿豕。"

"乏"（见图235），也称"容"或者"防"，形状类似屏风，长、宽都是七尺。《仪礼·大射》记载："设乏西十，北十。凡乏用革。"每个"乏"，分别安放在每个"侯"的西边十步以及北边十步的位置。凡是"乏"，都用皮革制成。《大射》还记载了"乏"的使用过程："司马正……立于物间，左执弣，右执箫，南扬弓，命去侯。负侯皆许诺，以宫趋直西，及乏南又诺，以商至乏，声止，授获者。"意思是：司马正……站立在两个"物"（射位）之间，左手握着弓弣，右手执着弓箫，向南面举起弓，命令负侯者离开"侯"（箭靶）。站在各个"侯"前面的负侯者都以高亢的"宫"声唱道："诺……"，同时一直往西走，到"乏"的南边时，变成高亢的"商"声，到达"乏"的位置时才停止唱声，并将旌旗授予获者。

《乡射礼》的篇后《记》说："福长三笴，博三寸，厚寸有半，龙首，其中蛇交，韦当，福髤。横而奉之，南面坐而奠之，南北当洗。"意思是："福"长三尺，宽三寸，厚一寸半，两头为龙首形，中间为两蛇尾相交之形，当中覆盖一张红黑色的皮革（见图236）。"福"身油漆成红黑色。"福"的使用场合是：等到所有射手发射完毕后，司马命设"福"，弟子双手横捧着"福"，南面跪坐而后将"福"放下，南北方向安置，并正对着"洗"（古代盥洗用的器皿）。接着，司马命取箭，弟子依礼取回所有箭，然后把箭安放在"福"上，箭尾朝北，箭头朝南。接着，司马依礼到"福"前坐下，左右两手将箭分成四支一组，

图235　射器"乏"图
（取自程宗猷《射史》，卷七，第5页）

图236　射器"福"图
（取自程宗猷《射史》，卷七，第7页）

分放在"楅"上。接下来就是"三耦拾取矢"，即三耦射手依礼轮流到"楅"前坐下取箭的仪式。

《乡射礼》的篇后《记》说："鹿中髤，前足跪，凿背，容八筭，释获者奉之先首。"意思是：鹿身形象的"中"油漆成红黑色，双前足跪着，背上凿开一个大口，可以放置八支筭筹，计算射中数量的释获者安放"鹿中"时，将鹿头朝前捧着。这是说明"中"的形制以及用法，而对于在不同场合，或者不同身份的人如何使用不同的"中"，则说："君国中射，则皮树中，以翿旌获，白羽与朱羽糅。于郊，则闾中，以旌获。于境，则虎中，龙旜。大夫兕中。各以其物获。士鹿中，翿旌以获。"意思是说：国君在国中举行射礼，则使用皮树兽形象的"中"，报靶的获者举翿（音dào，古代跳羽舞所用的旌旗）旌来唱获，翿旌用红、白两色的羽毛杂糅而成。国君在郊外举行射礼，则使用闾兽（像驴的一种兽，独角，岐蹄）形象的"中"，获者举羽毛旌来唱获。在边境举行射礼，则使用虎身形象的"中"，获者举龙旜（音zhān，画有龙的旌旗）来唱获。大夫参与射礼时，则使用兕（音sì，类似野牛的一种独角兽）兽形象的"中"。不同级别的大夫，获者就举相应的旌旗来唱获。士人参与射礼，则使用"鹿中"，获者也是举翿旌来唱获（见图237、图238）。至于如何用"中"内的筭筹来记录射中的数量，细节可以参阅《仪礼·乡射礼》的相关内容。以上是介绍弓箭以外的礼器。

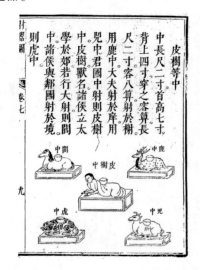

图237　射器"中"图
（取自程宗猷《射史》，卷七，第9页）

图238　射器"翿旌"图
（取自程宗猷《射史》，卷七，第7页）

七、揖让而升下

其行有左右、有升降、有先后，其进退有当阶、及阶、及物之揖。

参考译文：射者的行进路线有左右之分，有升堂射箭，又有降堂复位，射箭时"上射"先射，"下射"后射。进退的过程中，有正当台阶时的"当阶揖礼"，有行到台阶时的"及阶揖礼"，有行至射位时的"及物揖礼"。

《乡射礼》记载："上耦揖进，上射在左，并行。当阶，北面揖。及阶，揖。上射先升三等，下射从之中等。上射升堂少左，下射升。上射揖，并行。皆当其物，北面揖。及物，揖。皆左足履物，还，视侯中，合足而俟……乃射，上射既发，挟弓矢，而后下射射。拾发以将乘矢。获者坐而获，举旌以宫，偃旌以商……卒射，皆执弓，不挟，南面揖，揖如升射。上射降三等，下射少右从之中等。并行，上射于左。与升射者相并，交于阶前，相揖。"这段文字详细记录了射耦如何升堂、发射、降堂以及与另一耦相遇时的礼仪，其过程是：上耦二人先向东作揖，然后向东并行，上射在左边。行到正对堂下西边台阶的位置时，一起向北作揖，接着向北行进。行到西阶跟前，再次一起向北作揖。上射先升三级台阶，然后下射跟着上升一级，与上射之间相隔一级台阶。上射升堂后，稍稍偏左站立，给下射升堂时预留出站立的位置。下射升堂，上射向东作揖，然后一起并行向东。二人行进到正对着北边的"物"（射位）时，向北作揖，接着向北并行。到达"物"的跟前，又向北作揖。二人都用左脚踏在"物"上，并转身面向西站立，接着转头向南，双眼注视"侯"的中心，然后低头摆正双脚（俯正足），等待发射的命令……司射命射之后，就开始发射。上射先射一箭，接着从腰间抽出第二支箭，并搭扣好弓箭。然后，下射才开始发射其第一箭。二人就这样依次各自发射完四支箭。射中"侯"时，获者在"乏"的后边，跪坐着举旌唱获（方式如前面"举旌偃旌，中其宫商"一节所述）……发射完毕，二人都执弓，向南作揖。然后循着原路反向退堂，行进以及作揖的礼仪都与升堂时一样。行到西阶要下堂时，上射先下三级台阶，然后下射稍稍靠右跟着下一级，与上射之间相隔一级台阶。都下堂后，二人向南并行，上射走在左边。这时，下一耦刚好并行向北，进行着升堂的过程，所以二耦在西阶前并行而过，交错时，二耦相互行作揖礼。以上是介绍进退、升降以及依次发射的礼仪过程。

八、司射诱射与司马命去侯

其司马、司射有诱射[①]、扬弓、钩楹[②]、搢扑[③]之式。

【注释】
①诱射：示范进退、升降以及射箭的仪式。诱，教导、引导。
②钩楹：绕过堂前的柱子。楹，堂前的柱子。
③搢：插。扑：长条状，类似戒尺。

参考译文：司马有"扬弓命去侯"，即命令报靶者离开箭靶的仪式。司射有"示范射礼"的仪式。司马和司射升堂后都有绕着柱子行进的过程，司射降堂复位后还有取"扑"安插在腰带上的仪式。

《乡射礼》记载："司射东面立于三耦之北，搢三而挟一个。揖进。当阶，北面揖。及阶，揖。升堂，揖。豫则钩楹内，堂则由楹外。当左物，北面揖。及物，揖。左足履物，不方足，还，视侯中，俯正足。不去旌，诱射，将乘矢。执弓，不挟，右执弦，南面揖。揖如升射，降，处于其位南，适堂西，改取一个挟之，遂适阶西，取扑搢之，以反位。"意思是：司射面向东，站立在三耦的北边，三支箭插在腰带上，一支箭挟在手上。先向东作揖，然后向东行。行进到正对西阶的位置时，向北作揖。接着北行，行到西阶下，向北作揖，然后升阶上堂。升堂后，向东作揖，接着向东行进。"豫则钩楹内，堂则由楹外"是指向东行进时，面对堂前柱子的位置不同，有绕着柱子的内侧（即北侧）而继续东行的，也有由柱子的外侧（南侧）直接东行的。行到正对左边的"物"（射位）时，向北作揖，接着北行。行到"物"的位置时，向北作揖。然后，左脚踏在"物"上，右足跟上，但不与左足合并，转身面向西站立，转头向南，双眼注视"侯"的中心，然后低头摆正双脚的位置。此时，不用拿开倚靠在"侯"中的旌旗，司射就开始示范射箭的仪式，直至射完四支箭。发射完毕，只执弓，不挟箭，右手执弓弦，向南作揖。下堂过程的礼仪与升堂时一样。下堂后，从司射原先站立的位置南面经过，直到堂西，另取一支箭挟在手上，接着又到西阶的西边，取"扑"（类似戒尺）安插在腰带上，然后返回原位。这是说司射"诱射"的进退过程（见图239）。

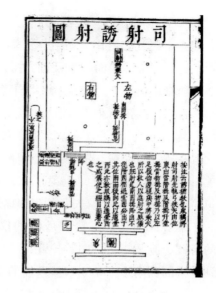

图239　司射诱射
（取自程宗猷《射史》，卷二，第13页）

《乡射礼》记载"司马命去侯"的仪式则是："司马适堂西，不决、遂，袒，执弓，出于司射之南，升自西阶，钩楹，由上射之后，西南面立于物间。右执箫，南扬弓，命去侯。获者执旌许诺，声不绝，至于乏，坐，东面，偃旌，兴而俟。司马出于下射之南，还其后，降自西阶，反，由司射之南适堂西，释弓，袭，反位，立于司射之南。"意思是：司马走到堂的西边，不戴指机（决），不戴护臂（遂），袒露执弓手的肩臂，手执弓，然后经过司射的南面，再从西阶升堂。升堂后，绕着柱子的内侧（即北侧）而继续东行，从上射的身后行进到两个"物"（射位）之间，面向西南站立。接着，左手执弓弝，右手执弓弰，向南面举弓，命令获者离开"侯"（箭靶）。获者执举着旌旗向西走，并用高亢的"宫"（do）声应诺，边走边应诺道："诺……"，声不绝于耳，走到"乏"的后面时，变成高亢的"商"（re）声调。然后，面向东跪坐，把旌旗放下，再起身站立以待命。司马命令"去侯"之后，从下射的南面绕一周，走到其身后（北面）再向西行进，从西阶降堂，由原路返回，经司射的南面，一直走到堂的西边，把弓放回原处，穿上袒露的衣袖（袭，动作与"袒"相反），再返回到原位，站立在司射的南边。

九、取箭仪式

其取矢于福也，始进揖，当福揖，取矢揖，退于将进者揖。其取矢也，有横弓，却手，兼弣，顺羽之节。

参考译文：进行轮流取箭的仪式时，有行进前的"始进揖礼"，有面对盛箭器时的"当福揖礼"，有行到盛箭器时的"取矢揖礼"，有取箭后复位，并面对将要进场取箭者时的揖礼。取箭时，有将弓在身前横放执持，却手取箭，将箭与弓弝并挟住，并顺着箭杆捋顺箭羽的动作环节。

《乡射礼》记载："三耦拾取矢，皆袒，决，遂，执弓，进立于司马之西南。司射作上耦取矢，司射反位。上耦揖，进。当楅，北面揖。及楅，揖，上射东面，下射西面。上射揖，进，坐，横弓，却手自弓下取一个，兼诸弣，顺羽，且兴，执弦而左还，退反位，东面揖。下射进，坐，横弓，覆手自弓上取一个，兴，其他如上射。既拾取乘矢，揖，皆左还，南面揖，皆少进，当楅南，皆左还北面，搢三挟一个，揖，皆左还，上射于右，与进者相左，相揖，反位。"这是"三耦拾取矢"的过程描述，具体如下：

三耦要进行交替（拾）取箭的仪式时，都袒露执弓手的肩臂，佩戴指机，佩戴护臂，手执持着弓，从堂西行进到司马的西南边，站立等候取箭的命令。

司射命令（作）上耦取箭，然后返回原位。上耦听到命令后，先向东面作揖，然后向东行进。行到"楅"的南边并且正对"楅"的位置时，向北作揖。接着，二人分别行进到"楅"的东西两边，上射在西边向东作揖，下射则在东边向西作揖。

然后，上射作揖，再向东行进到"楅"的跟前时，跪坐下来，执弓手将弓在身前横着执持，掌心向下。取箭手的掌心向上（却手），与执弓手的掌心正相对，在弓弣的下面伸手取一支箭，然后将箭通过弓弣下面兼并到执弓手拇指一侧，与弓弣（弣）并挟住。接着，取箭手顺着箭杆捋向箭羽，然后起身。起身后，取箭手挟住弓弦扣箭的位置，与执弓手一起将弓放回身体的左侧，然后退回原位站立，再向东作揖。

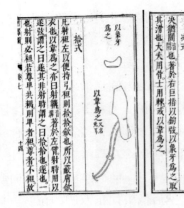

图 240　决式

（取自程宗猷《射史》，卷七，第 13 – 14 页）

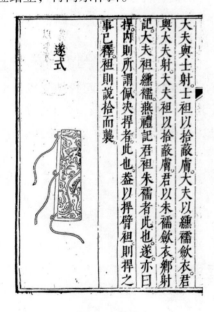

图 241　遂式

（取自程宗猷《射史》，卷七，第 14 页）

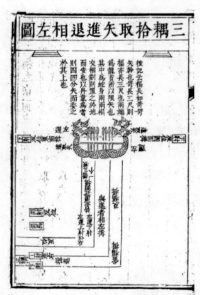

图 242　三耦拾取矢

（取自程宗猷《射史》，卷二，第 20 页）

上射礼毕，然后下射先作揖，再向西行进到"楅"的跟前时，跪坐下来，执弓手将弓在身前横着执持，掌心向下。取箭手的掌心向下（覆手），与执弓手的掌心相同，在弓弣的上面伸手取一支箭，再将箭通过弓弣上面兼并到执弓手掌四指一侧，与弓弣并挟住。接着，取箭手顺着箭杆捋向箭羽，然后起身。起身后，取箭手挟住弓弦扣箭的位置，与执弓手一起将弓放回身体的左侧，然后退回原位站立，再向西作揖。

二人依礼取完四支箭（乘矢）之后，同时相向作揖，接着都转身面向南作揖，然后同步稍稍向南行进，行到正对"楅"的南边位置时，二人都左转身，向北站立。立定后，将三支箭插在腰间，一支箭挟在手上。一起向北作揖，然后左转身，并行向西行进，上射走在右边，这时正好与向东进场取箭的次耦相遇，相互从对方的左侧交错而过，交错时互相作揖。最后，上耦直行，返回原位等候。这是有关取箭的礼仪（见图242）①。

十、饮不胜者礼与比耦之深义

其卒射而饮①也，有胜者袒，决，遂，执张弓②；不胜者袭，说决、拾，加弛弓③之异。有升饮相揖④之文。而又比耦⑤而释获⑥，不以一人胜，不以一人负，胜者无所露其矜能长傲之念，而不胜者不至于独露其短，然而内愧自反，亦不得掩其拙于侪⑦耦。

【注释】

①饮：指"饮不胜者礼"。

②执张弓：胜方保持袒露持弓手肩背、佩戴指机、佩戴护臂、执持上好弦的弓。

③加弛弓：负方给袒露的持弓手肩背穿上衣袖、脱下指机、脱下护臂、执持卸下弦的弓。

④升饮相揖：各耦依次升堂饮不胜者，上下堂时相交相揖。

⑤比耦：将两位射艺水平相当或者身份地位相当的射者合成一耦进行比赛。

⑥释获：计算射中的数量。

⑦侪：音 chái，等，辈。

参考译文：比射完毕之后进行的"饮不胜者礼"，胜方要袒露持弓手一侧的胸和手臂，佩戴好指机和护臂，执持上好弦的弓。负方则穿回持弓手一侧袒露的衣襟和袖子，脱下指机和护臂，执持卸下弦的弓，以示胜负有异。升堂饮酒而相互揖让，以明"君子之争"的人文精神。比耦射箭来计算成绩，以定胜负，所以，不以胜于一人为胜，不以负于一人为负，胜方无所露其逞能傲慢的念头，而负方也不至于独自暴露其短处，然而负方内心有愧而自我反求，亦不得掩饰其与同耦相比的不足。

这一段文字是说"饮不胜者礼"的。"比耦而释获，不以一人胜，不以一人负"这一句发前人所未发，指出"比耦"射箭来比胜负的深意所在：获胜也只是胜于同耦的一个人而已，告负也只是负于同耦的一个人而已，所以，不以胜于一人为胜，不以负于一人为负，使胜方不得骄傲，负方不必气馁，同时还可以让双方反观自察，以自强不息。

---

① 笔者注：上述取箭过程的动作描述只作参考，不通之处无须拘泥。

第四节　射以观德

盖于易争之地，特教之以不争，而其骄吝刻忌与夫粗浮邪戾之气，无得以干乎其间，而又节之以《驺虞》、《狸首》、《采蘋》、《采蘩》之乐，使其持弓审固。何以射？何以听？循声而发，发而中乎正鹄，而非志正体直，养定而习素者，固必不能。故曰：射可以观德行也。德行未修，则教之以习射，习射即习礼乐也。夫礼乐之于德行也，固不可以道艺①岐②矣。

【注释】

①《周礼·地官》："乡大夫大比，考其德行道艺，而兴贤者能者。"

②岐：通"企"，踮起脚跟。

参考译文：在最容易争胜的场合，特教以不争强好胜的射礼，使其骄傲、吝啬、刻薄、妒忌的心态，以及粗暴、浮躁、邪恶、暴戾的气质无从干扰心间。又以《驺虞》《狸首》《采蘋》《采蘩》的诗乐来节射，使其持弓审固。如何射？如何听？循声而发射，发而中的，非"志正体直"，养心安定，熟习不懈的人，必定不能做到。所以说，射礼之中可以观察德行。德行未修，先教以学习射礼，学习射礼即学习礼乐。礼乐对于德行修养的效果，不是一般技艺可以企及的。

射箭最容易激起人的得失与胜负之心，而古圣贤特在射箭的过程之中融入礼乐的精神与形式，又用诗乐来节制身心，要求进退中礼，志正体直，持弓审固，循声而发，发而不中，反求诸己，不争胜负，只争仁义。所以，习射即是习礼乐，习射就是修德行，故说：射可以观德行。

第五节　射以选士

古之选士以射，今之选士以文。文与射皆所谓艺也，而文以传圣贤之神，射以比礼乐之节。徒以文，则能言之鹦鹉；徒以射，则野外之绵蕞①。然而具眼者，自能识焉，故古今取士异制，而得人则同。但古人试贡士于射宫，更有深意，凡人之贤不肖②，于威仪揖让间，尝露其倪，而其好恶取舍之情，于行同能耦③间，更验其实④。故节之礼乐，以观其德，比之以耦，以观其类，而人之才品，将有所不能廋⑤者。以此言之，试射之显徵，校文之暗索，其将谁优乎哉？是故射礼虽废，而古道不可以不讲也。

【注释】

①蕝：音 jué，通"蕝"。《史记·刘敬叔孙通列传》记载："与其弟子百余人为绵蕝野外。"这是指叔孙通为汉高祖刘邦创立朝仪而在野外演习时的措施：引绳为"绵"，束茅以表示身份位置为"蕝"。故后世称制定朝仪典章之事为"绵蕝"或"绵蕞"。

②贤：德才兼备。不肖：无德无才。

③行同能耦：同耦比射。

④验其实：观其行，知其人。

⑤廋：音 sōu，隐藏。《论语·为政第二》："子曰：'视其所以，观其所由，察其所安，人焉廋哉！人焉廋哉！'"

参考译文：古代以射礼来选士，如今以文章来选士。文章与射礼都是属于艺，而文章可以传承圣贤的精神，射礼则可以合于礼乐的节奏。徒以文章记诵为能事，则如能说话的鹦鹉，人云亦云；徒以射礼形式为能事，则如野外之"绵蕝"，虚有其表。然而独具眼光的人自能识别，所以，古今取士制度虽异，而选得人才则同。但是，古人在射宫考试贡士的方式更有深意，因为凡人的贤能或者不肖，会在射礼中的威仪揖让之间暴露其端倪，而其好恶取舍的情绪，也会在同耦比赛之间更能检验其真实的反应。因此，节之以礼乐，以观其德行；比之以同耦，以观其品类。就这样，人的才能品德，将无不彰显。从这方面来说，比试射礼的明显徵验，与比较文章的暗藏难索，哪个更加优胜呢？因此之故，古代的射礼形式虽然不复存在，而礼乐之道不可以不讲也。

选贤任能，贤者在位，能者在职，这是我们中国政治文化的原则和传统，我们现在的高考制度，可以说是这种传统精神的延续。古代通过射礼来选拔人才，对于今天的我们来说是匪夷所思的，但把这种现象放在当时的封建时代背景，以及中国所独有的礼乐文化的背景之中来理解，亦是自然而然的。其实，以射礼选士的方法和原则就是孔子说的"视其所以，观其所由，察其所安，人焉廋哉！"从德行与能力并重的人文精神的角度来说，当然优于只见其文而不见其人的科举制度以及现如今的高考了。但是时代不同，因应人类社会的需求变化，对人才的培养与选拔的方式也会相应地调整，我们应该理性客观地看待这些不同，不能厚古薄今，也不能厚今薄古。有些人文精神是超越时空的，每当人们发现缺少某些人文精神的时候，就会有发自内心的呼唤。所以，李之藻先生说："射礼虽废，而古道不可以不讲也。"讲也者，传也，习也，追求也。

第六章　居仁由义

第一节　象义与义象

《道篇》行文至此，虽然"书不尽言，言不尽意"，[①] 但信豪杰之士自可"深造之以道，欲其自得之也"（《孟子·离娄章句下》）。究其实，《道篇》所言之大义不出《射义别裁》第一章的内容，总而言之，则归于"射义"两字。"射"虽一事也，一象也，其有大"义"存焉。受"射义"一词的启示，笔者引申而发明"象义"和"义象"两词，尝试对《射义别裁》的首章文义做一番新的说明。

所谓的"象义"，是指每一种表象都有其天然之道义。"射"是一种表象，"射者技艺也"是对这种表象的一个客观的陈述而已，"射者，仁之道也"则是在射箭这种客观表象之上，进而揭示其"道义"之所在。换言之，把射箭的物质性的追求上升至讲求价值和意义的精神性的目标，故总名"射义"，宗旨"仁之道也"。

"射者，仁之道也"这个"象义"确立后，就要在射箭过程的表象中体现出"义"来，即"义象"。所以，《射义》又说"射求正诸己，己正而后发"。同样是射箭的过程，但是，已经从"射求中"上达至"射求正"——即追求成就射者自身了。不中则反求而正，己正而后发，这是体证"射者，仁之道也"这个"象义"的"义象"原则。

接着，《射义》引用孔子的话来描述如何在射礼之中实现"义象"的原则。"揖让而升下"，是说射者揖让而升堂射箭，又揖让而下堂复位。"而饮"，则是指比出胜负之后所举行的"饮不胜者礼"，是胜负双方一起揖让而升堂，负方饮酒后，又共同揖让而下堂的过程。整个射礼过程就是一个"义象"的过程，所以说"其争也君子"。所谓"君子无所争？必也射乎"，君子不是不争，只是不妄争，在立"义"为"的"之射礼中，必定是见"义"而勇为，当仁不让的。

最后，《射义》具体说明落实"义象"原则的工夫，即"射者进退周还必中礼，内志正，外体直，然后持弓矢审固，持弓矢审固，然后可以言中"。"进退周还必中礼"，是要求在过程的"象"中以慎行来体现诚敬之"义"。"内志正"则要求射者专注于诚敬的生命状态，不被得失荣辱所牵引，所遮蔽。"外体直"是"诚于中，形于外"的自然表现，也是射箭技术对身体结构的必然要求，

---

① 《周易·系辞上》："子曰：'书不尽言，言不尽意，然则圣人之意，其不可见乎？'"见中华书局编辑部《汉魏古注十三经》（附四书章句集注），王弼注《周易》，北京：中华书局，1998年，第53页。

是由内而外的"义象"体现。内志诚，则不求急中而能精"审"；外体直，则开弓彀满而能持"固"。做到"持弓矢审固"，则可以说有射中的把握。概而言之，"正、直、审、固"就是落实"射求正诸己"这个"义象"原则的四大工夫，是孟子说的"集义"[1] 工夫落实在习射过程之中的体现。"正、直、审、固"虽然用在成就射箭之中，实则同时涵养身心德行，还是"反求诸己"的具体依据。故说"此可以观德行矣"。

如此，则"射箭"一事简单明了，活泼泼又生生不息，成就射箭的同时，一并成就人生。这是人文性的追求，正是笔者所提倡的"中华射道"之精神。而射箭只求中，甚至是急于求中，这大都缘于人欲之做作，在简单的射箭之中掺杂了太多的人欲私意。如此，则射箭不再是简单的"射箭之本身"，其重点反倒落在了射箭之外的私欲上来。即是说，射箭的过程之中，只有患得患失的射箭者在挣扎纠缠，反而扰乱了射箭应该有的心态、技术以及节奏等天然之道义，就像《列子·黄帝篇》中伯昏无人说的"是射之射，非不射之射也"，只是停留在为个人得失而射的状态而已，还没到超越人欲而复归射箭本身的层次。在《练习的心态：如何培养耐心、专注和自律》这本书中，有对"正确练习的本质"的阐述，颇有异曲同工之妙："你挑出一个网球，瞄准垃圾篓，投出第一个。如果那个球落在垃圾篓前面的地板上，你发觉到了，并根据观察到的信息，决定调整一下球在空中飞行的弧度以及投掷下一个球的力度。每次投掷的时候，你都要继续这个过程，使得当前这一刻的反馈能够帮助你优化投球的技能……如果我们把精力集中在过程上……我们将不动任何感情地观察每次尝试的结果。是什么样的结果，我们就接受什么样的结果，不会去做判断……判断会重新引导并浪费掉我们的精力……判断给我们带来一种对或错、好或坏的感觉。我们这里做的事情，客观地观察和分析了每次尝试的结果。这种观察，仅用于指导我们下一次的努力。当我们在任何一项新的活动中运用这种思维方式时，会吃惊地发现，所有的一切都改变了。首先，我们对自己变得有耐心了。我们不会急于达成某个预先确定的目标。我们的目标是停留在这个过程中，并且将我们的精力引导到当前选择的活动之中，不论这种活动是什么。只要做到了这一点，那么我们每一秒都在实现自己的目标。这个过程让我们内心感到平和，并且使我们产生了一种美妙的收放自如和充满自信的感觉。通过将注意力停留在过程之中，我们做到了收放自如，同时，也熟练掌握了自己致力于从事的任何一项活动。这就是正确练习的本质。"[2] 引而申之，"不射之射"即"义射"，"正确练习的本质"即"义习"。每一箭都做到"不射之射"，即是"集义"之射；每一次练习都能达到"正确练习的本质"，就是"集义"之习。

扬雄在《扬子法言·修身篇》中引用射箭之道来说修身，他说："修身以为弓，矫思以为矢，立义以为的，奠而后发，发必中矣。"吴祕注释说："事得其宜之谓义。言修身，正思，定而后发，俱中道之宜。"[3] 所谓"事得其宜"，就是按照事情的当然规律来做事，没有事情之外的人欲私意夹杂其中，这叫合"义"。所谓"立义以为的"，并不是空泛地树立一个人文目标来谈修养，而是在日常

① 《孟子·公孙丑章句上》："'敢问何谓浩然之气？'曰：'难言也。其为气也，至大至刚，以直养而无害，则塞于天地之间。其为气也，配义与道，无是，馁也。是集义所生者，非义袭而取之也。行有不慊于心，则馁矣。'"见朱熹《四书章句集注》，《新编诸子集成》本，北京：中华书局，2012 年（2015 年 5 月重印），第 232 – 233 页。
② 托马斯·M. 斯特纳《练习的心态：如何培养耐心、专注和自律》王正林译，北京：机械工业出版社，2016 年（2017 年 3 月重印），第 36 – 37 页。
③ 汉扬雄撰，晋李轨、唐柳宗元注，宋宋咸、吴祕、司马光重添注《扬子法言》，《钦定四库全书荟要·子部·扬子卷》，乾隆四十一年刻本。

生活之中，慎言慎行。慎言，即言皆及义，说事情本来该说的，说身份本身该说的，其反面则是"群居终日，言不及义"（《论语·卫灵公第十五》）；慎行，即做事情本来该做的，做身份本身该做的。所谓"素其位而行，不愿乎其外"（《中庸》）是也。《射义》说："为人父者，以为父鹄；为人子者，以为子鹄；为人君者，以为君鹄；为人臣者，以为臣鹄。故射者各射己之鹄。"阳明先生说："鹄也者，心也，各射己之心也，各得其心而已。"（《王阳明全集·卷七·观德亭记》）。所谓"各得其心"，就是在人生的各种身份之中，言行皆合其心之"义"。一个做了父亲的男人，其身份既是父母的儿子，又是自己儿女的父亲；既是兄的弟，又可以是弟的兄；既是一个领导的下属员工，又可以是一群下属员工的领导。一人身兼多重身份，而各种身份都有其天然之道义，故《大学》说："为人君，止于仁；为人臣，止于敬；为人子，止于孝；为人父，止于慈；与国人交，止于信。"身为儿子时，其义是"孝"；身为父亲时，其义是"慈"；身为兄时，其义是"友"；身为弟时，其义是"恭"；身为下属时，其义是"敬"；身为领导时，其义是"仁"；与国人交往，其义是"信"；射箭时，其义是"正"。从本然的一面来说，"孝""慈""友""恭""敬""仁""信""正"都是"象义"，是"为人子""为人父""为人兄""为人弟""为人臣""为人君""与国人交""为射"等表象应然之义；从当然的一面来说，则是"义象"，是做人做事"各得其心"的"集义"工夫。

第二节　集义与由义

"集义"是孟子在回答学生公孙丑问"何谓浩然之气"时提出来的工夫，说浩然之气的养成是因为"配义与道""是集义所生者"。朱熹先生注释说："配者，合而有助之意。义者，人心之裁制。道者，天理之自然……集义，犹言积善，盖欲事事皆合于义也。"[1]阳明先生说："心之本体原是不动的，只为所行有不合义，便动了。孟子不论心之动与不动，只是'集义'。所行无不是义，此心自然无可动处。若告子只要此心不动，便是把捉此心，将他生生不息之根反阻挠了，此非徒无益，而又害之。孟子'集义'工夫，自是养得充满，并无馁歉，自是纵横自在，活泼泼地，此便是浩然之气。"[2] 阳明先生又在《答伦彦式》一文中说："心，无动静者也。其静也者，以言其体也；其动也者，以言其用也。故君子之学，无间于动静。其静也，常觉而未尝无也，故常应；其动也，常定而未尝有也，故常寂；常应常寂，动静皆有事焉，是之谓集义。集义故能无祇悔，所谓动亦定，静亦定者也。心一而已。静，其体也，而复求静根焉，是挠其体也；动，其用也，而惧其易动焉，是废其用也。故求静之心即动也，恶动之心非静也，是之谓动亦动，静亦动，将迎起伏，相寻于无穷矣。故循理之谓静，从欲之谓动。欲也者，非必声、色、货、利外诱也，有心之私皆欲也。故循理焉，虽酬酢万变，皆静也。"[3]由此可知，"集义"是修养工夫的原则，"集"是积集的意思，"义"就是循理，依循各种表象的"天理之自然"而行，故"所行无不是义"，积养充满，以至浩然之气"塞于天地之间"。

---

① 朱熹《四书章句集注》，《新编诸子集成》本，北京：中华书局，2012 年（2015 年 5 月重印），第 233 页。
② 邓艾民《传习录注疏》，上海：上海古籍出版社，2012 年（2015 年 1 月重印），第 229 页。
③ 吴光、钱明、董平、姚延福《王阳明全集》卷五，上海：上海古籍出版社，1992 年（2006 年 4 月重印），第 182 页。

　　孟子提出"集义"原则的同时，把工夫落实在"居仁由义"上来，他在《离娄章句上》说："仁，人之安宅也；义，人之正路也。旷安宅而弗居，舍正路而不由，哀哉！"朱熹先生注释说："仁、义、礼、智，皆所与之良贵。而仁者天地生物之心，得之最先，而兼统四者……在人则为本心全体之德，有天理自然之安，无人欲陷溺之危。人当常在其中，而不可须臾离者也，故曰安宅。"①又说："义者，宜也，乃天理之当行，无人欲之邪曲，故曰正路。"② 孟子在《尽心章句上》说："居恶在？仁是也；路恶在？义是也。居仁由义，大人之事备矣。"人心安顿在哪里呢？当安顿在"仁"这个安宅之内，这是人生真正的安心；安顿的路径在哪里呢？就在"义"上，这是安心的必由之正路。所谓"大人之事备矣"，即《滕文公章句下》说的："居天下之广居，立天下之正位，行天下之大道。得志，与民由之；不得志，独行其道。富贵不能淫，贫贱不能移，威武不能屈。此之谓大丈夫。"朱熹先生说："广居，仁也。正位，礼也。大道，义也。与民由之，推其所得于人也；独行其道，守其所得于己也。淫，荡其心也。移，变其节也。屈，挫其志也。"③ 孟子还在《告子章句上》感叹地说："仁，人心也；义，人路也。舍其路而弗由，放其心而不知求，哀哉！人有鸡犬放，则知求之；有放心而不知求。学问之道无他，求其放心而已矣。"孟子提倡的"学问之道无它"，由"义"之正路求其放失之"仁"心，即"居仁由义"或者说"由义居仁"而已。孔子说："志于道，据于德，依于仁，游于艺。"（《论语·述而第七》）阳明先生说："只'志道'一句，便含下面数句工夫，自住不得。譬如做此屋，'志于道'是念念要去择地鸠材，经营成个区宅；'据德'却是经画已成，有可据矣；'依仁'却是常常住在区宅内，更不离去；'游艺'却是加些画采，美此区宅。艺者，义也，理之所宜也，如诵诗、读书、弹琴、习射之类，皆所以调习此心，使之熟于道也。苟不'志道'而'游艺'，却如无状小子，不先去置造区宅，只管要去买画挂做门面，不知将挂在何处？"④（《传习录》下）以此观之，所谓"射者，仁之道也"就是"居仁由义"之道，是在射箭的过程之中，贯彻"正、直、审、固"的"由义"工夫，使人心得以安顿在"仁"这个安宅之内，此即射道的本质所指。

---

①　朱熹《四书章句集注》，《新编诸子集成》本，北京：中华书局，2012 年（2015 年 5 月重印），第 240 页。
②　朱熹《四书章句集注》，《新编诸子集成》本，北京：中华书局，2012 年（2015 年 5 月重印），第 287 页。
③　朱熹《四书章句集注》，《新编诸子集成》本，北京：中华书局，2012 年（2015 年 5 月重印），第 270 页。
④　邓艾民《传习录注疏》，上海：上海古籍出版社，2012 年（2015 年 1 月重印），第 206 – 207 页。

第六篇 传

　　曾子说："吾日三省吾身，为人谋而不忠乎？与朋友交而不信乎？传不习乎？"（《论语·学而第一》）朱熹先生注释说："尽己之谓忠。以实之谓信。传，谓受之于师。习，谓熟之于己。曾子以此三者日省其身，有则改之，无则加勉，其自治诚切如此，可谓得为学之本矣。而三者之序，则又以忠信为传习之本也。"[1] 这个"师"不仅指"传道，授业，解惑"的教师，还指往圣先贤的"嘉言善行"；这个"传"不只是"出口入耳"的言传，更是"身心践行"的身教。所以，"传不习乎"的言外之意就是"传而习之"。

　　《礼记·学记》说："虽有佳肴，弗食，不知其旨也。虽有至道，弗学，不知其善也。是故，学然后知不足，教然后知困。知不足，然后能自反也。知困，然后能自强也。故曰教学相长也。《兑命》曰：'学学半。'其此之谓乎。"不亲尝佳肴，不知其味。不学习至道，不知其善。因此，通过学而习之，然后知不足；通过传而教之，然后知困惑。知不足，然后能够自我反省；知困惑，然后能够自强不息。故说教与学是相互长进的。《兑命》说："教人的过程，一半也是增益自己的。"说的就是这个意思吧。其实，把"教"字换成"传"字，把"学"字换成"习"字，"教学相长"即是"传习相长"。

① 朱熹《四书章句集注》，《新编诸子集成》本，北京：中华书局，2012 年（2015 年 5 月有关），第 48 页。

第一章 射道历程

一、2007 年

2007 年 5 月，笔者参加了韩国举办的首届"世界传统射艺节"（World Traditional Archery Festival），同年再到日本考察弓道文化，深感我们在各个方面都处于明显的劣势，复兴中华传统射箭文化的使命感油然而生。

图 243 韩国"天安亭"传统射箭场

图 244 射艺节参与者合影

　　8月，在珠海市淇澳岛开垦并建立第一个射道场，率先在国内倡导射道文化的复兴，并以此场地作为研究和推广的基地。

图245　淇澳岛道场内习射
（朱开文先生拍摄于2008年2月18日）

图246　淇澳岛道场内景（一）

图247　淇澳岛道场内景（二）

二、2009 年

2009 年 7 月，参加龚鹏程教授主办的"江西湖南国学研习营"，并做射道专题演讲及射礼示范。2009 年 9 月—2010 年 12 月，为广东省东莞市辰熙中英文学校教授射道课程。2009 年 12 月 11 日，在 UIC 举办的"第五届传统文化晚会"上演示射礼。

三、2011 年

2011 年 9 月，在 UIC 校外宿舍区建设临时的"一阳射圃"，并正式开设射道体验课程。

图 248　首个"一阳射圃"与道馆

四、2012 年

2012 年 5 月 18 日，参加香港树仁大学举办的"儒学国际学术研讨会"，并做射礼示范。

图 249　在香港树仁大学演示射礼

五、2013 年

2013 年 2 月，开始在 UIC 旧校园 G 区建设临时的"一阳射圃"，射道正式成为 UIC 全人教育的体育文化选修课程，有一个学分，标志着射礼文化正式回归大学教育领域。3 月，第三期射道体验课的学生自愿组织并成立 UIC"中华射道协会"。4 月 12 日，到四川都江堰文庙举办射道演讲、培训以及做射礼演示。6 月，正式开始射道晋级考核。

图 250　旧校园射道馆内景图（闫丽新拍摄）

图 251　旧校园的"一阳射圃"山门（UIC 新闻公关处同事拍摄）

图 252　射道馆与"一阳射圃"揭幕礼
2014 年 8 月 31 日，创校校长吴清辉教授、首任学术副校长徐是雄教授为"艺峯"揭幕（UIC 新闻公关处同事拍摄）

图 253　嘉宾与射道社团学生合影
吴清辉教授、徐是雄教授、全人教育办公室主任郭海鹏教授及嘉宾与射道社团成员合影（UIC 新闻公关处同事拍摄）

图 254　毕业生在"一阳射圃"合影
2016 年 5 月 19 日，中华射道协会的大四毕业生在旧校园的"一阳射圃"合影留念

图 255　韩启德先生来访
2014 年 11 月 17 日，第十二届全国政协副主席韩启德先生来校考察（UIC 新闻公关处同事拍摄）

六、2018 年

2018 年 5 月 23 日，UIC 新校园建成正式的"一阳射圃"。

图 256　新校园"一阳射圃"揭幕礼
2018 年 5 月 23 日，学校领导为"一阳射圃"种下一棵凤凰木，
祝愿射道文化扎根 UIC（UIC 新闻公关处同事拍摄）

图 257　"一阳射圃"全景

图 258　"一阳射圃"正面

图 259　射圃正门对联

正门对联由陈致教授所作，右联是"其争也尤君子"，左联是"所友者必端人"。

图 260　"观德亭"内景（一）

图 261　"观德亭"内景（二）

图 262　"一阳射圃"内景

图 263　靶堋正面

七、2019 年

2019 年 1 月 24 日，新校园"射道馆"正式落成。

图 264   "一射道馆"内景

八、2020 年

2020 年 2 月 2 日，中华射道选修课被广东省教育厅评为"广东省 2020 年度课程思政建设改革示范课堂"。

经过多年的努力实践，射道文化已经在 UIC 落地生根，现在主要有两种推广形式：第一种是为学生开设的中华射道选修课，有一个学分；第二种是学生社团组织——中华射道协会。

第二章　射道课程教学探索

2011 年 9 月，射道文化以体验课程的形式落地 UIC。2013 年开始，射道正式成为 UIC 全人教育体育文化模块中的一个选修课程——中华射道。发展至今，本课程已经成为 UIC 全人教育教学实践的一大特色精品项目。中华射道课已经开设了 21 期课程，共有 1002 名学生选修，其中男生占 57%，女生占 43%，整体教学效果良好。射道课的教学遵循"德成而上，艺成而下"的教学理念，以"射箭""射礼""射义""德行"等四大方面为主要的教学内容，着重"榜样式传授（Teaching by ex-ampling）"和"体验式学习（Learning by doing）"的教学方式，让学生学会传统射箭技艺，体知做人做事的正面态度与方法，培养其专注、坚毅、果断、反省等品格，以及启发学生追求更高之人生境界。

第一节　何谓射道

我们可以从"射"字的本义来引申说明。古文射字由弓、箭、手（代表人）三要素构成，表意充分（见图 265），本义是人运用弓箭射击目标。所以，射道首先是射箭之道。此阶段"志于靶心"。第一层的引申义是：人如何运用手上的资源来达成目标，即做事，因此，射道还是做事之道。此阶段"志于成事"。第二层的引申义是：人为三要素中的主体，人的表现决定了射事的成立与否以及最终的结果，即做人，所以，射道还是成人之道。人在成就射箭的过程中成就自己。此阶段"志于道义"。换言之，射道表面是在学习射箭，其实是在学习做事，核心则在成人。

图 265　古文"射"字
（取自高明《古文字类编》，第 361 页）

第二节　　教学理念

正是由于上述射道的内涵与追求，射道课程的教学理念可以用一句话来概括：德成而上，艺成而下。这句话出自古代礼书之一的《礼记》，此理念历来成为许多传统艺术传承的座右铭。"艺成"是成就射艺的做事之道，这是基础，故为"下"；"德成"则是成就德行的成人之道，是终极目标，故为"上"。在中国文化中，艺术的传承固然重要，但更重要的是传承艺术之人的德行修养，所以又产生"以艺进德"和"进德修业"等教育观念，即无论从事什么，归根到底还是要成就一个完整的人，可谓是古代中国式的全人教育理念。

第三节　　教学实践

一、教学目标

射道课的教学目标包括：让学生学会传统射箭技艺，体知做人做事的正面态度与方法，培养其专注、坚毅、果断、反省等品格，启发学生追求更高之人生境界等四大方面。为此设定的教学内容包括了上述四个方面。学习射箭之道，体悟做事之道，追求成人之道。

二、教学内容

第一是教学射箭。射道以射箭为"进德修道"的载体，所以必须学会射箭，但射箭的目标不同，射箭的方式就不同。射道以培养德行、成就人生为目标，所以特别注重学习的过程以及如何去教学。为此，将射箭的技术动作规范为八个环节——射法八节，这是射箭技术的过程管理，让学生在练习射箭的过程中体会"德行修养的意义"以及"过程管理在做人做事中的作用"。

第二是教学射礼。射道的修习有两大核心内容：一是射，以"射法八节"为基础；二是礼，以"同修射礼"为基础。"同修射礼"继承古代射礼中"比耦而射"的精神，所谓"耦"就是两人一组来合作，"比"就是比较两人的水平，让较高的担任"上射"，而较低的则担任"下射"。程序上，共同进退，依次发射；精神上，相互关注，当仁不让。面对结果，不以胜一人为胜，不以负一人为负。见贤思齐，精进德行，故名同修。

第三是教学射义。《射义》这篇短文 1 008 字，但言简意赅，记录了射礼文化在古代教育、政治、社会等方面的影响以及射箭文化的核心精神与追求，是学习射道文化的重要经典之一。

第四是立德行。《射义》说："射者，仁之道也。射求正诸己，己正而后发。发而不中，则不怨胜己者，反求诸己而已矣。"射道的学问之道无他，就是要在面对得失胜负的一射之中，求得"正心",即在射箭之中学习如何"正己而后动",学习如何"反求而后正",这就是修养德行的具体工夫方法,也是"克己复礼为仁"在射箭学习之中的体现。

三、教学进度

考虑到现阶段全人教育课程每周上课一次的特点,要实现上述教学目标及内容,我们需要 12 周以上的教学时长。每周定期一次课程,每次连续教学 3 学时(含课间休息)。第 1～5 周教学"射法八节"以及基础礼仪,这是个人基础技术与基础知识学习的阶段。第 6～11 周教学"同修射礼",这是体验团队合作精神的阶段。第 8～11 周教学《射义》,这是结合射箭及射礼的体验来加深理解射道文化的阶段,亦是启发学生追求更高之人生境界的阶段。第 12 周则安排期末技术考核和书面考试,这是检验学习成果的阶段,亦是学生系统反思整个射道课程学习以及自身变化的最后一堂课。

四、教学方式

射道课程是技艺与德行并重学习的课程,所以,教学方式会特别注重师生共同的身体力行。除了运用现代多媒体技术,如 PPT 和视频来方便教学外,学生需要大量的躬身体验,如每节课必须行"上课礼"和"下课礼",体验善始善终的精神。技术训练课开始前,必须站立诵读《射义》中重要的章节内容,一来锻炼体能和训练基础站姿,二来培养耐性,三来熟悉《射义》的内容,为后期讲解学习射道文化做好准备。

为启发学生的良知,笔者会因地制宜,利用环境来实施教育,譬如:每次学生来上课之前,都会把射道馆和射箭场地打扫得干干净净。弓、箭、箭靶、指机、护胸、护指、腰带、训练马甲等器具使用之后,要求学生共同合作,将所有物品工整地放回原处,其一整洁美观,其二有管理有效率,其三培养学生为他人着想的意识。每次把射出去的箭取回来之后,都需要清洗干净然后再用,以培养学生爱护教学器具以及敬重其事的意识。所有这些举措,都是在日常做事的过程中,潜移默化地启发学生关注细节、关注他人、关注环境和善始善终的良知良能。换言之,在整个教学的过程中,特别注重以身作则,在环境维护与关注细节方面为学生树立"即知即行"的榜样,并鼓励学生"意识到并做得到",以此来引导学生本有的良知良能,即培养其"德行"。笔者称之为体验式学习(Learning by doing)和榜样式传授(Teaching by exampling)。下面从"思政教育的融合设计"的角度来加以说明。

(一)教学射箭

1. 课程思政融入点
自律,正直,坚毅,担当,反省。
2. 融入方式与教学方法
在教学的过程中,让学生通过亲身的体验,而后适时加以启发。
(1)介绍弓箭结构和学习上弓弦时。
①有弦约束才是弓,人能自律方成事。正所谓:弓无弦不张,人无礼不立。
②弓箭正直为体,屈伸是用,做人亦然。

（2）在学生体验射箭的过程中。

①射求正诸己，己正而后发：欲射中，先求正，即"君子爱财，取之有道"的道理。

②射法八节：过程管理和循序渐进。

③开弓审固：成事贵在矢志不移和坚持不懈。

④反求诸己：学贵自得，在得失之中一并成就射箭和自己。

（二）教学射礼

1. 课程思政融入点

敬重其事，慎始慎终；共同进退，见义而勇为，当仁而不让。

2. 融入方式与教学方法

在教学和练习礼仪时，说明礼仪的形式及其寓意。

（1）躬身结手礼：结心为爱，复礼为仁，表达仁爱之义。

（2）躬身礼：进退之前，先行躬身礼，表达敬重之意。

（3）进退礼：行不举足，表达如履薄冰、行事谨慎的精神。

（4）搭箭礼：射前，在射位上面对箭靶而执弓搭箭行礼，表达尽心尽力和慎射之意。

（5）执弓礼：射后，在射位上面对箭靶而执弓行礼，表达慎终如始的精神。

（6）同修射礼：学习如何共同进退和依次发射，启发"君子之争"的精神。

（三）教学射义

1. 课程思政融入点

仁、义、礼、智，以及义利之辨。

2. 融入方式与教学方法

（1）每节课都站立朗读《射义》一文。

（2）结合射礼的体验，重点讲解"仁、正、反"等关键字，来说明射道之求仁工夫。

五、考核内容与方式

射道课程的考核内容包括三大项：第一项是"课程参与"，占总考核的40%（其中出勤率及学习态度占60%，课程中的表现占40%）。第二项是"期末技术考核"，占总考核的40%（其中的进场礼仪占25%，射法八节占30%，退场礼仪占25%，中靶的成绩只占20%）。第三项是"期末笔试"，占总考核的20%。

六、教学效果

整个的教学实践是以"德成而上，艺成而下"的理念为中心开展的，注重在过程中因地制宜来实施教与学，将射箭与日常行为结合起来引导和启发学生的"德行"培养，让学生在教学的过程中自我面对、自我认识以及自我超越。经过21期的教学实践，射道课程日益成熟，在体育文化教学方式以及传统文化的传承上摸索出一条独特而可行的路径。

第四节　学生感言

兹摘录各期学生的心得如下：

其间经历的一切，都是在这个美好青春里永远无法忘却的美好回忆。

从一开始对射道的完全不了解，只是冲着射道前面"中华"两字就去了。第一次上课，惊喜又担心，射道馆里的每一把弓、每一支箭，都静静地等着，却又散发着强大的生命力，老师的动作霸气又不失儒雅，真的好厉害，好开心自己阴差阳错地接触到这项活动，却又担心自己的笨拙有辱其蕴含的深意。

再后来每周六乘着小车和友人去射道馆，从一开始的"射法八节"，到后来的"同修射礼"，虽然人不多，但是我们都很开心很努力。我也很庆幸自己能遇到那么多志同道合的同学。"仁者如射"，每一次课都对这四个字有更深的理解。老师教导我们要正直——射箭，站立，行路，为人。在这里学到的不仅仅是外人所想的拉弓射箭，还有更多对这个世界的理解，对整个人修养的净化，和为人处世的道理。

第一节课，老师所叙述的个人经历让我崇拜而又羡慕，想不到真的遇到如此逸然于山水之间的人物。虽然老师用非常平稳的口气讲述这一段过往，好像在说别人的事一样，但是其间所背负的压力和经历的困难，想一想都觉得很艰难，还好老师坚持下来了，才有了我们今天的射道馆，谢谢您之前岁月的坚持努力，感恩常在。

其实，一开始的时候真的很累，一个动作就要坚持很久，做完之后整个人酸胀劳累，但是永远不会觉得后悔，自己喜欢的是付出再多都是值得的。记得第一次要真的开弓射箭的兴奋感，虽然射得乱七八糟，但都很兴奋，要不骄不躁，不计得失，和做人一样，不可因"胜利"而得意忘形，不可因"失意"而垂头丧气，射中了就射中了，那已经是过去的事情。没射中也不要失落，做好该做的。我是个闹哄哄的家伙，话很多，很聒噪，但并非轻浮躁气之人，想要努力做好老师的要求，虽然道路还很远，但总在路上走着。

每次和伙伴一起去捡箭也是非常开心的！虽然太阳很大很晒，有时候不小心捅到蚂蚁窝，被蚂蚁咬很痛很郁闷，每次都痒得极其难受，可是很开心！嗯，大家互相调侃就很搞笑，觉得自己加入这个集体是很神奇也很幸福的事情。

老师，真的非常感谢您所教导的这一切，不是能用语言来表达的感激。希望您能继续心中的坚持。也谢谢射道馆的同学们，每一个共同度过的周六都是快乐的日子。最后希望下学期小镇的射道馆能顺利开馆，一切都顺顺利利的！

——樊同学（女，公共关系与广告学专业，2012 年 5 月）

说起射箭，大概浮现在许多人脑海中的，是"会挽雕弓如满月"的豪放霸气。而源于中国的射礼文化，实际上也是文雅的，除了作为武器，亦是修身养性的一种方式。

中华射道，顾名思义是中国传统的射术，早在三千年前，华夏民族的祖先就已将这项活动充分地加以运用，不仅用于狩猎打仗，更把射箭融入礼乐教育当中，但可惜如今的中国人大多已将其淡忘。在日本弓道发展日趋成熟的今天，中国的传统射道才刚被拾起，因此我心怀感激，若不是因为这门课，我才不会了解到这么多富有价值但一直被我们忽略的珍宝。

在射箭的过程中，我体会到内心对于外在的控制。拉弓瞄准的时刻，内心保持平静放松，往往能收到比较好的效果。心态的平和能带动气息的均匀，以及身体的平衡稳定。因此，人们内心的力量是强大的，在考验细微之处和关键时刻尤为重要。运动的境界或许可分三种：首先是了解基本方法，接下来是对技巧的推敲，最后，就是对心态的修炼了吧。

上课时，老师常告诉我们，无论射中或不中，都要保持优雅的姿态，心如止水，不为得失所困的心态，是我们需要学习的，不仅对于射箭，对于生活同样适用。另外，在射箭的过程中会受到各种各样的干扰，来自人或物，归根结底还是自己要更加专注、平和。学习射箭的同时，我也在学习锻炼自己，不要让外物动摇内心。

对于老师，我很敬佩，我们都被老师的学问与人格所折服，虽然从不责备学生，态度谦恭，但我们都心怀敬畏。

春播一粒粟，秋收万颗籽。在射道课上学到的，也同种子一般会发芽，短短一个学期的课，但对我的影响却是长久的，大家一同学习的快乐实在难以忘怀。射道馆前的阳光绿草是不变的风景，门前的小树总是那么稚嫩又充满生机。希望这些树渐渐长大之时，中华射道也发展得越来越好，让更多的人了解、学习，分享到传统文化的精髓。

——唐同学（女，国际新闻专业，2012 年 5 月）

其实，选择这个体验课程，一开始是被名字吸引的——中华。呵呵，这并不代表我对中国古代文化感兴趣，只是看到"中华"二字格外亲切。而中国自古以来就有很善射的人才，我们总可以从电视上看到那些英姿飒爽的"古人"。于是抱着一种好奇和学习的心态，我选择了中华射道。

李老师是个很和蔼亲切，但对中华射道却很严谨谦卑的一个"隐士"。刚听说他辞去了高管的工作而选择了中华射道时，觉得很震惊，但是，随后又觉得很羡慕，因为老师找到了自己想走的路，并能排除非议，坚定地走了下来，希望不久后我也能找到我想要走的路，然后走下去。

老师不仅教我们射道，也教我们做人——自省，谦让，专注，从容，淡泊，不功利，有礼。老师给我们讲的那个令我印象最深刻：走路看起来最凶的人其实最胆小，他们像动物感到威胁时竖起全身的羽毛去保护自己那样，用伪装的强悍使别人不敢欺负他。每次上课老师都会比我们早到，不知道是早到了多久，反正每次去的时候他就早早地在那儿了，让我觉得很温馨，就像每次回家，爸爸妈妈也是在家等着。

尽管我学得比较勤快，但是我太性急了，总想一步到位，虽然懂得心急吃不了热豆腐的道理，但是这种事也不是一朝一夕能改的。还好，老师一次一次很耐心地提醒我，嗯，老师，您辛苦了！！！我其实还是有进步的啦——老师可鉴。每次下课，老师都会说："今天你们都有进步！"这种说法应该是真的吧?! 呵呵，反正我很受用啦！

——赵同学（女，英语作为第二语言教学专业，2012 年 5 月）

在选择这门课之初，更多的是抱着好奇的心态。从前的生活中，对这一类实践性的中华文化接触很少，大学有这样一次机会，觉得非常难得。我想，自己对传统文化也许不像其他同学一样热爱，只是一种好奇，然而却成为一种难以丢掉的习惯。

　　我的朋友知道我选报了中华射道课以后，他们通常都会问，这门课与弓道课有什么区别？有些会更干脆地问："你为什么不选报弓道？"身边的友人仿佛对"中华"二字产生了某种抗拒的心理，他们习惯于欧风美雨的洗礼，习惯于接受日韩、东南亚的所谓潮流文化，而"中华"于他们变得遥远而陌生。

　　记得自己最初上课时，看老师做演示，觉得射道是无比庄重而严肃的活动，而"射法八节"与"同修射礼"等许多礼节，在我的生活中，已几乎不见踪影。一节节课的练习，让自己慢慢熟悉了射道的礼节，可关于射道现状的不解与疑惑却越来越多。射道之礼，是中国古代众多"礼"制的一种具化体现，它也许诸多限制了当时人们的行动，但其庄重有序的内涵，能够影响习道的人，并因此学得稳重沉静的性格。

　　老师在课上教导大家不要在乎射的结果，每一次，只是为了下一次作为修正。因此，射道不仅以"礼"，更以不在乎成败，由心而生的淡然之态，来培养真正如水的君子品性。

　　我仅仅上了九节射道课，却觉得这些课为自己带来了良多益处，正如老师所说，在这几年之中坚持下去，一定会获得更多启示。

——朱同学（女，政治与国际关系专业，2012 年 5 月）

　　现在看来，当初选习射道的初衷，已是不大记得了。只记得第一节课过后，为老师认真勤恳的精神所感动。射道文化展览馆在学校一个较偏的角落，第一次走进这里，就被满屋的古代文物震撼着。而军阳老师对每一个物件的详细讲解，使我深深地沉入射礼悠长的文化中去。

　　本以为射箭是一项血腥的运动，射杀生灵，每一箭都太过功利致命，却没想到老师是位儒士。几字几言，将中华射道精确概括。

　　而随着修习的深入，对中华射道这一课程渐次了解，明白了军阳老师一直追求的目标，学会了在每一"立"，每一射中调节自我，甚而略微地触摸到了中华文化的内涵，也一心向往着一言一行的传统韵味，更爱上了持弓站立的飒爽英姿。

　　"射者，仁之道也。射求正诸己，己正而后发。发而不中，则不怨胜己者，反求诸己而已矣。"射道的一切神秘而又耐人寻味，而我通过十节课的修习，也只是粗略体验了大概而已，其间种种则更需潜心钻研方可体会。但是一个学期的体验课程结束并不代表着对中华射道追求的结束。作为中国传统的一项运动，我希望能够将这一文化发扬光大，能够为这样精粹的文化多加宣传，让更多的人去关注、去接触。

——张同学（女，文化创意与管理专业，2012 年 12 月）

　　开学之初，我们学习的是礼仪与姿势。一开始，我对这些内容很是反感，因为在学的时候很乏味、无趣，更何况我是冲着可以射箭来的。可后来，我发现在忙碌的一个星期结束后，再早起练练站姿、学学礼仪很能使人修身养性。每次练习时，教室里都是一片宁静，只剩下早晨那柔风吹动树叶的沙沙声与小鸟幽幽的鸣叫声，这种回到大自然的安静让我得到了全身心的放松。

　　后阶段，我们学习的是上靶并实践，这也是我们学生最喜欢的部分。我第一次射箭时很是紧张，手上的弓、箭仿佛成了时光机，把我带回了古时候，那种往常电视中看到的远眺射大雕的场景清晰地浮现于眼前。

其实，我觉得学习射道最难以及最能锻炼人的是审靶。上课时老师曾仔细地与我们分析如何审靶，但是不到实践真的很难明白。而且，就算明白，到了实践也很难射准。不过，正因为屡次的失败，才让我们有了机会反省改正。对于此，我的体会是，靶就在那里，不偏不倚，只要你控制好自己，总会有射中心仪之地的时候。对于射箭如此，做任何事情也是如此。射道，真是一门很棒的学问，希望以后能够继续流传。

——郑同学（女，文化创意与管理专业，2012 年 12 月）

射道教授的不仅仅是技术，还有一种处事的态度。射道讲究的就是道之射，换言之就是射箭之中的道法自然。这里的"道"指孔子儒家学说中的"中庸之道"，是一种方法，我们所学的射箭之术就传承了这种精神。

射法有八节，将看似简单的射箭分为八个细小的步骤来做，从一开始的进场之礼到射箭之术，再到退场之礼，每一个环节都有不同的要求，当然也对我们的心态有了更高的要求。射箭之时需心静，心静下来才能恰当地调整好自己的射姿，才能全神贯注于自身，才能不轻易被结果所影响。有些人会说，如果只关心射箭的过程，难道结果就不用在意了吗？非也！射道要求的八节皆是为最后的结果做铺垫，如果不打折扣地将八节做到位，结果自然是水到渠成。

其实，每周最喜欢上的就是射道课，在处理完一周的冗杂事情之后，能在一个舒适的早晨经历一次心灵的洗礼是一件多么惬意的事。当今社会上，人们的脚步越来越快，让身处其间的人们快要窒息了，这时就需要像中华射道这样的能够让人放慢脚步、倾听自己心灵声音的渠道出现，使我们能够畅快地呼吸。射道今，静心今。

——张同学（男，应用经济学专业，2012 年 12 月）

不知不觉，一个学期就过去了，伴随着学期的结束，我们的中华射道体验课也结束了。上这门课的时间虽然不长，但带给了我很多乐趣。

小时候，我对古代的兵器很感兴趣，尤其是弓，我非常喜欢弓箭，喜欢它的造型，喜欢射出时离弦的箭那呼啸而过的声音，所以，射箭是我从小的梦想。进入 UIC 后，听说有中华射道课，于是我便选择了加入这个课程。一开始很累，的确，要练习站桩和各种动作，一练就是两个小时，经常是上完课就腰酸背痛。说实话，中途肯定是有怨言的，但为了射箭的梦想，还是坚持了下来，最后终于实现了这个小小的梦想。

当初，我只以为是学射箭，但后来才发现要学很多礼仪。一开始，我不能理解为什么要学礼仪，而到后来我才理解"己正而后发"，古人通过射箭达到修身养性的目的。通过射道，我学到了要以平和的心态对待每件事，我也知道了，过去的事就像离弦的箭，不用再去管，下一箭才是最重要的。

最后，谢谢李老师教了我们这么多道理，让我受益终生！

——熊同学（男，应用经济学专业，2012 年 12 月）

一直觉得，射箭是需要很大力气的，妈妈曾经反对我去学射道就是因为这个原因。国人似乎对中华射道的认识很陌生，有些国粹，认识倒不如外国人。而且人们似乎都被连续剧误导，对射箭，更多的认识是比拼和竞争，反而忘了射箭也可以修身养性，还有一种超乎竞赛的体会。我们总是在一箭又一箭之中无意识地左右着自己的心情，随之恼，随之喜，而不能平心静气地看待。

妈妈总觉得，我学了射道之后，人走得比较正，把以前稍微的驼背修正过来。其实我自己是没有意识到的，毕竟自己看不到，不过对这个结果感到很开心很意外。可能这和老师所说的射道中的"正直"的要义有关。

我并不是一个可以静下来的孩子，很容易急躁，所以我曾对繁杂的"射法八节"感到很不满。你说，射箭就射箭，干吗慢吞吞，三步一个礼的。当然，这种想法的由来更多是来自于刚开始练习时的烦闷。只是一个站立姿势，就站了半小时有多，确实不是我的风格。后来习惯了，倒也不觉得礼节多有什么不好，毕竟不是要上场杀敌，于一种中国运动来说，这么多的礼节还蛮符合中国的特色。再者，在一层一层的礼中，动作慢下来了，心也随之静下来了，对一个急躁的人来说，不失为一个修身养性的好方法。

如果说，对射道课程中哪个时段、哪个练习最为感兴趣的就是射真箭。但若说哪个练习让我体会最深的，却是一开始练习站姿的时候。我们睁大眼睛站着的时候，除了时间久了后觉得累，其他倒没有太大的感触。但当我闭上眼睛，身体会不由自主地摇摆，虽然自己努力去稳定，但是还是会双脚前后微微颤抖。我们自己可能并没有什么太大感觉，自以为自己站正了、站直了，可别人看来我们的动作却有些缺憾有些滑稽，是斜的、歪的，形态各异。这个可能是我们自己从小对"正直"的站姿有着各异的理解，自以为直，实际上却不是。

总的来说，对于中华射道这个短短的课程体验，受益匪浅。不只是知识上的扩充，还有道德上的提升，都让我对这门课程抱有感激之情。

——梁同学（女，市场营销管理专业，2012 年 12 月）

对于我自己而言，这是一个学会静心做事的好机会……我发现，其实那些看似多余的礼仪，是个准备过程，它让你放慢节奏，体会到放松的心情，然后在慢节奏中看清目标，做好每一步……射道却能让我感受到中华文化怎样帮助我修炼身心，让我感到在文化上做一个中国人，要比在你的国籍一栏填上"中国"两字难得多。

——邱同学（男，应用经济专业，2013 年 5 月）

箭是由心而发，用心去审，只有心本身安静下来了，箭才能命中目标。"射法八节"，由"立"至"收"，"收"而复"立"，就像一个周而复始的圆，每一箭射完，都该让自己的心态归零，重新开始……射道课体现了对中华传统文化的一种较纯粹的回归。我入大学以前，学习语文，背诵诗词之类的，都没有这么强烈的真正体验到传统文化的感觉。射道课是一次新奇的体验，是对中华传统文化的一次真实的触摸。如何能让中国这么多优秀传统文化不流失，我们有许多地方需要做改变，但最基础的复兴文化的一环——就是体验，体验是使人产生认同感和归属感的开始，有了这个开始，我们才有意识去敬重它、维护它，继承并发展它……一学期的射道课让我受益良多，谢谢李军阳老师传道授业解惑，做文化需要一种纯粹。

——欧同学（女，文化创意与管理专业，2013 年 5 月）

我体会到除了老师的耐心教导之外，自己的态度也很重要，要多观察他人的动作，汲取他人的长处，思考自己的问题如何可以修正……如果说射箭的技术只是表层的东西的话，那么射道文化才是真正的内核，只有掌握了内层的东西，才能更好地推动外部的发展……比如说"行不举足"，就是要告诫自己随时保持平静，每一步都要走得踏实稳定……我相信我们学习的有关《射义》的知识也会在以后的生活中慢慢沉淀，可能现在体会不深的地方，以后就会幡然醒悟。

——翟同学（女，文化创意与管理专业，2013 年 5 月）

射箭最能矫正的就是人内心的东西，帮人戒骄戒躁，内心会更加平静。射箭只需和自己比，每一次的对手也都是自己，我用这种心理来应对其他事情，发现这样自己感受到的压力会更小，只想着如何去提高自己，所以专注度也能变高。总之，上射道这门课，让我体会最深的还是"静"，静自己的心，有任何事发生都不要一味地怪罪别人，想想自己何处没做好，下次要怎么去做，也就是所谓的"反求诸己"。

——杨同学（女，统计学专业，2013 年 12 月）

十二周的射道学习，更像是十二次的心灵反思，使我感悟良多。虽不敢说自身获得了多大的提升，但从中学到的哲理和技巧，却是别处从未接触、感受过的。射道学习对刚刚年满二十的我敲响了警钟，再多的知识都只是工具，而学习如何善用工具，如何对待自身，如何面对身边的人和事，才是人生中等待我上下求索的大学问。

——刘同学（男，政治与国际关系专业，2013 年 12 月）

射道不仅仅是传授一门技术的课程，更重要的是对人心的塑造，所以，这门课更似一堂哲学课。这门哲学课并不是重在解读其他事物，重在改变射者，使之成为一个"仁人"……中靶不一定是因为心正体直，但自省一定可以帮助射者趋于心正。

——罗同学（男，会计学专业，2014 年 5 月）

这一学期，我认为我个人在射道课学到的东西，最主要的是心态。其实射箭这件事本身对我们这些学生来说并没有那么重要，射得好坏不会影响我们未来生活的大方向，但是射箭背后的心态，也就是老师讲课时分享的那些经验和感受才是更有价值的……我从高中前和大学后，明显的不同就是"得失观"，这是射道中很有意思的一个方面。射箭是为了射中吗？这对于没有学过射道的人是没有争议的问题：射箭当然是为了射中，谁会为了不中而射箭？因为外人对射道的理解限制在了"中"与"不中"二者之中，而对于懂射道的人，则不在乎这一箭的得与失。一箭中又怎样？不中又能怎样？一场考试赢又怎样？输了又怎样？生活还是那样继续……心态好不是说出来的，是做出来的。射道就是可以让我用运动来锻炼心态……好的心态只能闭上嘴，去通过一些事情，比如射箭，去慢慢地感悟。身心的锻炼不是只有射箭才能进行，这门课结束后，我可能都很少有机会射箭了，但是对生活的学习不会停止。

——刘同学（男，会计学专业，2014 年 5 月）

射道的动作称不上复杂，却可以在多方面增强射箭人的心理素质。对动作的不断重复，可以使射箭人的心绪更沉稳、更专注，对自己动作的反复审视和反思，让人有明确的前进方向，不会轻易被周围打扰。而射箭最关键的撒放则要求射箭人兼具坚毅和果断两种精神品质，撒放前的坚持要求射箭人不破坏掉已有的姿势，同时校准目标，在不放弃努力的姿态下追求自己的（人生）理想。撒放的一瞬间，则要求射箭人的果断，要相信自己和自己之前的努力。

——程同学（女，会计学专业，2014 年 5 月）

除了静坐，射道课程也让我从网络媒介中逃离到贴近大自然的生活。由于场地和课程原因，或许只有射道课上学生们才不会与手机为伴，才不会看着钟表等待下课……射道课程不仅仅是技术的培训，更是修身养性的锻炼。在参加完射道课后，我明显感觉到自己比以前更有耐心完成一项烦琐复杂的功课，就好像与"射法八节"结合在一起一样，只要一步一步地做，无论什么功课都有完成的一天……一生一射，代表耐心，要有等待一生的耐心去成功；一射一生，代表恒心，要有坚持一辈子的恒心去做一件事。

——池同学（女，会计学专业，2014 年 5 月）

每一箭的射出都寄载着自身的灵魂，面对射中与不中的结果，都不应单纯停留在结果上。射中时要思考自己为什么可以射中，要怎样继续维持。射不中时更不应急躁地否定，而是反过来思考，回放整个过程，找出不中的原因，加以改正。在这个不断完善自己的过程中悟出自己的道才是根本目的……不断推翻自己、重塑自己和超越自己的过程是值得享受的。

——王同学（女，人力资源管理专业，2014 年 5 月）

我学会了在射箭中体会动作，不去单纯地只考虑结果。从小到大，考试是衡量我们水平的普遍手法，这让我习惯从事情的结果出发思考问题——往往陷入自责与懊恼。为什么和别人一起学的，我却没能比他强？为什么我付出了这么多却得到很少回报？这些无用的问题阻止我进步。如今，我更喜欢去看在过程中我做了哪些努力，我能从中学到什么，这才是有意义的。

——黄同学（女，会计学专业，2014 年 5 月）

射道让我发现一些我一直无法发现的人格盲区，让我收获了比射箭更多的东西。

——夏同学（男，会计学专业，2014 年 5 月）

从外表上看，射道给我整个人的气质带来不少变化。可能是平时比较随意，所以经常会坐没坐相、站没站相，给人一种懒懒散散的感觉。从进入射道的第一天，我们就开始练习站桩，每堂课都在帮助我们修正和完善自我。虽然手臂非常酸疼，但也能靠毅力撑过去，也给毅力的提升起到不小的作用。因为站桩讲究身形正直，所以一学期下来，整个人的精神状态也改变了不少，从外观上看，可能是身姿更挺拔了，但是内心却更加自信和坚毅了……射道不只是技艺，更是一种信念。

——张同学（男，会计学专业，2014 年 5 月）

之前枯燥乏味的练习，正是为后来的射靶打下坚实的基础，同时培养我们的耐心、毅力和果断。若是没有练习的积累，也不会有后面的成功。这正是射道这门课程所给予我的最深刻的体会……通过射道这门课程，我进行了一次身心修养的锤炼，使得我个人在毅力、果断和耐力方面都有所提升。

我学会如何在反省中提升自己，如何在得失中学会淡然面对。射道所追求的并不是成绩的高低，而是自身修养的调整与提升。

——黎同学（女，会计学专业，2014 年 5 月）

射道文化更注重人的身心，这其中能给我感受最深刻的便是专注和静心……那种看到目标便专注于此，内心变得简单平静的感觉，是我在射道课程中最奇妙的感悟，由动而静，由复杂变简单。

——王同学（男，会计学专业，2014 年 5 月）

射道的精髓不仅在于其本身，更在于能让我们将学到的精神用在生活中，用在任何事情上。其培养的专注、沉稳、从容和毅力也是有利于提升自身的修养境界的……射道让我改变了抱怨的态度，也使我的洞察力和专注度变得更强。

——钟同学（女，新闻学专业，2014 年 12 月）

射道课给我上的第一课就是"坚持"。万事开头难，只有坚持，才能看到雨后的彩虹。其实大多时候，我们都是看到希望才去坚持，殊不知，许多美丽的事物，是因坚持才能看到希望的，而坚持并非机械地保持，真正的坚持，是在快要放弃的时候再努力一下。

——吴同学（女，会计学专业，2014 年 12 月）

箭不仅是战场上的杀敌工具，更是观德行、考志向、正身心的量尺。细长的箭一发，便收不回来，这一箭是一个人当下的心态，下一箭或是已经不同了。每一射都是一把尺，中的与否，量的都是人心的此刻。

——侯同学（男，电影电视专业，2014 年 12 月）

射道的神奇，在于能够体现出自身一些细微的，在平时的生活和学习中都不一定觉察得到的缺点，使这些缺点在射箭的过程中被放大，被暴露出来，从而让自己有机会在学习射箭的过程中加以改进。这应该也就是所说的"射可以观德行"了吧。

——谢同学（女，电影电视专业，2014 年 12 月）

从一开始学射礼时感到烦琐，到后来能够庄重而尊敬地躬身行礼，我自己觉得行礼带给我的感受完全不同。前者，我是在未明白射礼的重要性的时候，后者则是在体会理解射礼的重要性的时候。其实，这只是一个很简单的道理，即人怎么待它，它就会怎么待你……重视当下，未来做得更好，这应该是射道最重要的道理吧。

——王同学（男，现当代英语语言文学专业，2014 年 12 月）

学习射道，让我感受最深的就是不要着急去完成一件事，而是耐下心来做好一件事。每一次射箭，最开心的并不是中靶，而是在吸取了上一箭的教训之后，把下一箭射得更好。在学习射道之后，更加懂得了反省的重要性。

——王同学（女，新闻学专业，2014 年 12 月）

不大的"持敬亭"内，系好腰带，插好羽箭，握着弓，轻简装备下，会突然产生一股沉甸甸的使命感。立，搭，整个人与大地、天空是相连的；审，固，可以感受到亭内吹过耳边的风声；发出去的一瞬间，其实结果就已注定，待收回，则是一场身心双重的洗礼。

——吴同学（女，电影电视专业，2014 年 12 月）

当做不好时，射不中是自然的，但是唯一要做的是向内找自己的原因。我会时时问问自己，你真的平静下来了吗？你真的在专注做事而不被别的事物影响吗？这种结果是哪一步哪个细节没有做好呢？这些问题，当我都能给自己一个回答时，我发现自己也在一次一次地进步和成长。通过射道的学习，不断反省自身，修正自己的身心是我最大的收获。

——李同学（女，新闻学专业，2014 年 12 月）

射道是一项修炼身心的运动，练习过程是对意志和身体的双重提升……射道训练中，我练习体会"成熟的时机"的感觉，不急躁，也不过缓，自然而坚决的行动（撒放）是达成目标的重要一环。

——曾同学（男，电影电视专业，2014 年 12 月）

射道是一项不仅讲求技巧，更讲求内心修炼的运动。它不是跟别人比较，而是跟自己做比较，与上一箭的自己相比。人自身总是在不断完善的过程，因而射箭是没有完美一箭之说的。

——林同学（女，政治与国际关系专业，2014 年 12 月）

从我们开始使用羽箭射远靶，一个人的性格，被隐藏的真性情会通过射箭透露出来……给我印象最深的那句话——一生一射，一射一生。我们这一生就像在进行一场庄严肃穆的射箭一样，为了达成目标，需要不断磨炼自己，反省自己，改进自己，当箭离开弓弦，就是我们已经准备好一切，向目标冲刺，而在之前的准备过程中，才是学到最多东西的，结局固然重要，但我们会更注重在过程中得到的。

——庄同学（女，电影电视专业，2014 年 12 月）

射道对人的改变，我想并不是一学期就可以立竿见影的，它改变的是一种心性，细细去看，才能发现它对你生活的影响和改变。

——黄同学（男，电影电视专业，2014 年 12 月）

当"真枪实弹"地上场时，感觉真的很棒。一直射不中，但会被激发更强烈的胜负欲与渴望，我一定得射中，就在下一箭。然而！但是！怎么办？当我真的射中了之后，我反倒是不知所措了，竟然真的射中了，我怎么做到的？完全不知道怎么回事啊。

——廖同学（女，会计学专业，2015 年 5 月）

射道这门课教会我们的，并不是百发百中的技巧，而是一种态度。以前，我一直不能理解，为什么每次射完箭，都得重新把箭上的泥污洗去，而不是等课后才做，这样减少了洗箭的次数，又多了一次射箭的机会。后来，我发现这是一种态度，若是单纯的射箭，当然可以"拾箭就射"，可我们是在学一门课，一门关于做人做事应有态度的学问。

——李同学（女，会计学专业，2015 年 5 月）

"射"虽然很重要，但体现如何射，用什么心态射的"道"，才是这门课的精髓。

——吴同学（女，会计学专业，2015 年 5 月）

在学习射道的过程中，也经历过一番内心的斗争，便是中与不中的纠结。求中是求利，是内心深处最朴实自然的部分，可称为"质"；而修习八节、进退场礼和同修射礼，则是习礼仪，明文化，可称为"文"。以"文"规范"质"，将"质"冠以"文"，进退中礼，容止及义，射而不中，反求诸己。不因中而喜，不因不中而悲，愈射而内心愈静愈稳，愈加通明。如此想来，这恐怕才是"文质彬彬"的本意。

——云同学（女，现当代英语语言文学专业，2015 年 12 月）

每次上完射道课，是我的心情最为平静的时候。我知道，在射道课上，我们虽然在练习射箭，但更多的还是在学习为人处世的道理。发现自身的缺点加以改正，发现自身的潜力加以弘扬。并且要练习自己的心态，平静地面对得失。在这里，我获得了真正的成长……射道给予我最大的收获，就是要有一个淡泊的心态，多去关注过程而不是结果。在练习射箭的过程中，我发现我全部的注意力都在目标上，时常忘记动作……现在，自己能深切体会到关注整个过程是多么重要，这样可以使你有一个大局观，对周围环境有一个清楚的认识，不被目标所诱惑。

——武同学（男，食品科学与工程专业，2015 年 12 月）

欲要中的，却愈中不着。偏偏放下那"逞能好胜"的心，不求中，只求发，反而更容易中的！何故？应该是放下了以后，心思都在"射法八节"的动作过程中，做到位了，自然有好的结果。故曰："内志正，外体直，持弓矢审固"，"己正而后发，发而不中，则不怨胜己者，反求诸己而已矣"。

——郭同学（男，社会工作与社会行政专业，2015 年 12 月）

在追求命中的同时，也是追求超越自我的同时。

——刘同学（男，金融数学专业，2015 年 12 月）

射道本身需要注重的细节很多，在表面上看，是在锻炼我们的耐心，但在我看来，更多的是让我们对事物形成一种尊敬的态度。

——崔同学（男，金融数学专业，2015 年 12 月）

射道是从内而外地进行修养与锻造，与只追求短期利益，只为了一个中或不中的结果的射箭有天壤之别。射箭求利，射道正心……射道，射的是养心之道。

——周同学（女，计算机科学与技术专业，2015 年 12 月）

到目前为止，自己依然还在学习如何"射好箭"。此处的"射好箭"除了有如何射中之意之外，更多包含的是如何从射箭中更多地去认识自己，更好地去完善自己，更多地去接近理想中所谓"完美的自己"。每一射，都不是单纯的射，而是从仪容到内心的一次调整，调整虽微小，但意义却重大。在这一次次的调整中，我渐渐学会如何将注意力更多地集中到当下，而不是想未来，亦非过去。"专注"二字是自己在享受过程之外，更为重要的体验了……射箭的确是生活中一件很普通的事，然而却是一件很难做好的普通事。你要用平常之心去看待它，但却要以很恭敬的态度去做好它，而非随意而为之。生活中其余的任何一件事都与射道一样，甚至连吃饭、睡觉也是一件很难做好的事，也是一门学问。因此，学射便是在学生活。

——陶同学（女，政治与国际关系专业，2015 年 12 月）

"弓"与"人"的距离，唯有心如止水的人可以把握好。"箭"与"的"之距离，只有专心致志的人可以丈量……据说，真正的射箭大师平日里的练习对象并不是百米开外的靶子，以练就百步穿杨的本领。反之，他们的靶子都近在眼前，咫尺之遥。待修炼到弓人合一，真正做到心中有志，以志为的之境界时，射远方的靶子必定百发百中。所以，我认为射箭是一种考察自身、思考自身的仁义之道，不仅需要娴熟的技术与标准的姿势，更需要坚若磐石的意志与明镜般的心境。

——周同学（男，现当代英语语言文学专业，2015 年 12 月）

射道跟我的想象不一样的地方，是相对于射，它更注重于射中的道，或者说，是从射中寻找道……礼仪之所以追求慢和稳，其实是要你展示你克制的能力，而这种克制的能力在很大程度上展现的是你的个人品格。

——区同学（男，金融数学专业，2015 年 12 月）

处理弓与自己的关系，就如同处理自己与他人、与社会的关系。

——冯同学（女，英语作为第二语言教学专业，2015 年 12 月）

人一浮躁，弓岂有冷静的道理？弓是人控制的，也可以说，弓也是有生命的，它会随着使用者的心态而变化。人也只有做到沉着冷静，动作规范，这时的弓便会与人合为一体，射中的可能性自然也就大大增加了……我在不断纠正我握弓姿势的同时，弓也在校正我那放荡不羁、爱自由的心，正是这相辅相成，才让我的箭越来越准，心态也越来越好。

——王同学（男，金融数学专业，2015 年 12 月）

无论是练习橡皮筋，还是"射法八节"，只有重复地练习，方能到达一个可以自然平衡、浑然一体的状态。一切都那么自然、标准。可能是乏味的、辛苦的，然而人与人的不同，大概从这里开始。

——李同学（女，电影电视专业，2015 年 12 月）

每一次来道场时，都能感受到老师的用心。干净的地面，摆放整齐的器物等，都是在提醒我们要认真对待这一门课程。射道正是这样的，通过学习了解，在生活中我们要注重细节、注重品质，而不是过多地去在意结果。

——谢同学（女，政治与国际关系专业，2015 年 12 月）

一直都知道自己是一个浮躁的人，做任何事情都是三分钟热度，毫无耐心可言；可是，射道偏要你放缓步伐，耐心瞄准。一直都知道自己不爱思考，喜欢最直接，甚至最暴力地解决问题；可是，射道偏要你几步一躬身，所有的礼仪都要做到。似乎，它就是为了改掉我的缺点而来。慢慢地，我好像习惯了走路挺直身体，不再低头看手机而导致撞到人，不再因为怕麻烦而把困难丢给他人……这都是射道给予我的，让我开始改变对生活的态度。

——朱同学（女，英语作为第二语言教学专业，2015 年 12 月）

初选射道课时，我认为这是一门重点在"射"上的课程，但是经过一学期的学习，我觉得这门课程更专注在"道"上……所谓牵一发而动全身，每一次射箭的过程都与自身的任何微小动作密不可分……当我们离靶心更近一尺一寸时，我是否还记得我刚才是如何做到的？如何确保这不是一个美丽的意外？这是最需要在今后的生活中不断学习与锻炼的。

——夏同学（男，电影电视专业，2015 年 12 月）

学习射道的过程，更重要的在于体验，不在于水平变得多么高超，而更注重的是自心的变化，就像《射义》中所说"内志正，外体直，然后持弓矢审固，持弓矢审固，然后可以言中"。这是一个修养德行的过程，结果不是中与不中，而是你内心是否比上一次更加平静。这种心态的学习，在当今这个浮躁的社会是很有用处的，也是人们很容易忽略的。所以说，射道并不过时，它更应被人们学习，更应得到推广，为这个浮躁的世界添一丝"正""直"和心安，这才是学习射道的意义。

——雷同学（女，金融数学专业，2015 年 12 月）

事实上，不可能每一箭都尽如人意，但每一箭都有其价值，都是一次给予自己的机会与面对自我。只要从中有所悟，有所得便足矣。

——甄同学（女，财务学专业，2016 年 5 月）

射道课贯穿了对人的完美，一切都围绕着改善人的心境，提高人的道德水平，而不是为人们带来竞技的快乐。

——梁同学（女，财务学专业，2016 年 5 月）

人生与射道是十分相似的，每一次尝试都像是在做一次选择，稍微偏移得到的可能就是完全不同的结果……永远没有完全适合一个人的环境，但人可以通过努力，调整自己以适应环境。

——张同学（男，财务学专业，2016 年 5 月）

"射"只是一种工具，一门技术，但通过这种工具技术，我们得以进入到自己的内心世界，得以发现，原来自己的内心世界还有这么多自己不了解的地方……安顿好这颗心，生命中的一些东西才能真正做主，而生命的品质也会一点一点改善。

——周同学（男，文化创意与管理专业，2016 年 5 月）

我在每一箭中寻找自己可改进的空间，射中与不中不再能轻易影响我的情绪，我的关注点转移到下一箭我该怎么射。射道教会了我这一点，使我在生活中活得更轻松，也更有方向和动力。

——罗同学（女，财务学专业，2016年5月）

因为下一箭还有机会而打起精神。没有射中的每一箭都值得我去反思，而思考这一过程，本身不就是一种收获么？

——梁同学（女，财务学专业，2016年5月）

在射道训练中，老师教导我们一步一步做到位，有顺序地慢慢来。以前的我是个很毛躁的人，也马马虎虎的，但上完射道课后，我开始慢慢整理自己的宿舍，把自己的书归类，也开始慢慢整理自己的生活。

——敖同学（女，财务学专业，2016年5月）

在进行"同修射礼"的学习时，我体会到静候等待，屏息凝神地去关注身边人的乐趣。这个过程让我慢慢静下心来。每当那个时候，都觉得世界很安静，只听见鸟鸣、风声和树叶的簌簌声，以及同学发射时"咻"的一声。心，是静的；等待，是值得的。

——陈同学（女，应用经济学专业，2016年5月）

射箭的过程也是一个自身反省的过程，只要专注于射箭，专注于自身，才能发现自身的问题……每一次发射都是独立的，不受之前或者之后的结果影响，所以不要过多注重中的与否，贵在过程。

——区同学（男，应用经济学专业，2016年5月）

人生需要审固。如果问我从射道课程悟得些什么，也许这句话就可以概括。

射道课程是短暂的，因为这课程以学期为终止。射道课程是漫长的，因为这堂课只是在漫漫人生开了个头而已。

人都有烦躁的，没有谁躲得开，又有谁不想寻得一份洒脱呢？可又有谁能够完全做到呢？记得我在第一堂课用纸条写给老师的问题：射道中是准备的过程重要，还是射中后的结果重要？老师的回答是都重要。而后来我用一学期的时间来解答这个问题。

人生和世界都是复杂的，人生和世界又都是简单的。好比射道，无非是一把弓、一杆箭而已嘛，可偏偏就是这简单的一弓一箭，却在用一种独特的方式阐释世间和人性的复杂。

关于过程与结果，我支持老师的答案：都重要。有人以习射来求修身，有人以修身来求精射，在我看来，两者不可缺。通过练习射道达到修身的目的，再通过修身来提高自己的射技，两者相辅相成。所谓过程，未达心里的期许之前都可以叫作过程。所谓结果，每一个动作的完成都可以叫作结果。无论过程和结果，都需要审固自己的人生。没有好的过程，得到好的结果也叫运气，不注重结果又拿什么来完善自己的过程？循环往复的审固，不拘于时，才能日积月累以求精进。不审固又何以言中？

我们无法预估一堂课带给自己的价值。谁知道呢？也许有一天，这是你穷其一生研究的学问。

也许有一天，这是你救命的稻草。也许有一天，在你记忆的角落里黯然生灰。但你无法改变的是一门课悄悄带给你的改变。读了十多遍的《射义》，至少每个人都记得"礼、正、直"。你也许一时发现不了自己学到了什么，直到有一天，你以礼待人，做人做事求个正直，就会发现有些东西悄悄地润物细无声地进入你的性格。

对于我而言，射道是大的，我摸得着却看不透；对于我而言，射道是小的，它就是我拿得起的那一弓一箭。这是一面镜子，可以用无声的方式让我看到自己的真实，这是一个诤友，不会对我说假话。以射会友，以射寻师，又从志同道合的人身上学习，更不失为一种审固。"射求正诸己，己正而后发"，从一件件小事到所谓的大事，再到整个人生，何尝不是一个正己而后发的过程呢？遇事求正己，己正而后发。

有人问，你从射道中学到了什么？我可能还是说不出什么。我只能说我说出的这些，是我审固的过程，所谓的结果在你那里，在我这里，不必言说。

——李同学（男，应用经济学专业，2016 年 5 月）

也许这些规矩在有些人眼中只是无聊的摆摆样子，走走形式，可是当我们用心地去做这件事，我们就会发现，从"入场礼仪"到"射法八节"，再到"退场礼仪"，那些简单的动作却可以体现出一个人做这件事时是否用心，反之，这些动作也可以帮助我们更深入地投入其中。一种仪式感让我们更加专注于它，只有这样我才能完整无误地完成这件事……我不再追求每次开弓之后是否会中靶，我努力调整自己的心态，不被上一箭的成绩影响下一箭的发挥，不在每次的得失上较真……弓在我手中，箭也在我手中，目标也摆在我的眼前，从始至终，我都参与其中，而且起着决定性的作用。

——付同学（男，现当代英语语言文学专业，2016 年 12 月）

射道带给我的不是那种大汗淋漓的拼啊搏啊的，更多的是一个过程、一种顿悟，放慢，摆正，射箭，做人，都一样。

——黄同学（女，新闻学专业，2016 年 12 月）

射箭并不是只射出那一箭的力量与速度，还有你在每个环节所投入的能量，你越认真，这一箭所承载的意义越深刻。

——张同学（男，新闻学专业，2016 年 12 月）

射道给我的印象就是严谨、负责和平静。射道是一门精确的活动，最后是否正中靶心，其实与射者射箭前和射箭时的每一项心理活动，动作姿态是密切相连的……射箭后需要把工具存放好，收拾干净才可离开，这是一个对下一位使用者负责的做法，也是对自己良好习惯和责任感培养的一个做法。射道处处藏着生活的哲学……射道是一门需要用心领悟的艺术，从一开始兴奋地期待射箭，再到中间新鲜期后的冷淡期，对烦琐的礼节感到厌烦，再到后来慢慢领悟到其中的哲理。从射道中学会的正直、善始善终、专注和严谨的精神，还有学会在短时间内让自己冷静下来，达到平静心态的做法，对我以后的生活都会有很大的帮助。

——陈同学（女，文化创意与管理专业，2017 年 5 月）

　　射道课是学校选修课中最与众不同的。不同于在纸上作画，在房中拨弦，它不能由绝对的"动"或"静"来评判。箭扣弦上，刹那间撒放。中靶，乍看是动的过程，但只有射者知道，那一瞬需要多么的静来造就。我迷恋这种和谐的氛围，也希望浮躁的内心能在某些时候安定，所以加入了这门课。

——袁同学（女，财务学专业，2017 年 5 月）

　　每发一箭，都是在检验此刻自我心境够不够笃定，都是对自我的反省。在蚊虫叮咬，疾风大雨，烈日当空，阴雨绵绵的各类天气下，控制着内心的平静，试着找到自己的节奏，舒服地把箭射出去，在得知结果后努力地练习，忽视最终中与不中的结果，集中在了自己动作中的不规范，在下一次中力求比上一次做得更好。

——黄同学（男，财务学专业，2017 年 5 月）

　　表面上看，是人拿着弓将箭射出，弓和箭像是被人利用的工具。其实，人也是一个工具，弓、箭、人在一起时更像是一个团队，只有互相协调、互相合作，达到最大利用率，才能正中目标，达到目的。

——郑同学（男，应用经济专业，2017 年 5 月）

　　我们行礼、开弓都是慢的，讲求一步一步慢慢来，让人专注于正在做的事。在发射的过程中，专注于目标，箭从弦出，就是一个"快"的过程，要求人做事集中，谨慎的同时又不失果断。"发"完之后到下一箭之前，就是一个调整心态的过程，要求人放下得失，重新看向前方。整个过程都在一种快慢交替中进行。射箭之所以能够修身养性，就是因为在射箭这种独特的节奏中，需要一个人很好地把握好身体和心态，调整自己的节奏，又在反思的过程中，培养一个人的品德。

——卢同学（男，金融数学专业，2017 年 12 月）

　　从不中时的失落，到现在不中只会让我一次次去纠正、去改错、去反思，在心智上毫无疑问算是一个飞跃吧。我认为心态比射得准更为关键，技术是天赋与汗水的结果，而心态是促进成功的催化剂，这也是中华射道所教给我的道理。

——郭同学（女，金融数学专业，2017 年 12 月）

　　虽然表面上看是一种竞争，而且也并非为不看结果的儿戏，但它并没有争强好胜的攀比之意，更多的是一种以完善自我、规范自我来影响外界，再由外界来产生种种因素作用于射者本身，最终达到实现自我、突破自我、成就自我的一个过程……在全神贯注下，身体能找到一种感觉，不再是用力去规范身体各部分，而是体会到一种集中的感觉，箭出之后也能成功感觉到此箭的结果如何。在已经受到外界因素影响的情况下，努力调整自我，以回到"志正"状态的过程，这种在注意力分散的时候刻意使自己"回神"的体验将是以后受用不尽的一笔财富。

——梁同学（男，应用经济专业，2018 年 5 月）

每一次的练习就是一次参悟，一次静下心来与自己对话的机会……射道课程正是提供了这样一个快速、低成本、拟真的环境让我们"红尘炼心"。

——尹同学（男，市场营销管理专业，2018 年 5 月）

礼仪在射箭中更像是支柱或灵魂，礼仪告诉射者射箭是为了什么，想得到什么。如果没有礼仪，射箭更像是没有缘由的游戏，从开始到结束，都没有灵魂。礼仪使射箭变成了一次有始有终的旅行，每一次射箭都是在与心灵对话。

——张同学（男，财务学专业，2018 年 5 月）

射道是一门在过程中迫使人反省，以臻完善境界的学问，它是一个先由外到内，再由内到外的过程。

——严同学（男，财务学专业，2018 年 5 月）

老师曾讲过，学习就是从一开始的装模作样，到像模像样，再到一模一样，最后是有模有样，学习更是一种自我的超越。

——张同学（男，人力资源管理专业，2018 年 5 月）

以前自己总觉得所谓的"礼"挺麻烦的，但是现在想想看，是不是自己麻木了呢？如果觉得烦，那也只能说明自己还需要磨炼。

——苏同学（男，金融数学专业，2018 年 12 月）

表面功夫做足了，但心不静，一心想着射中，没能足够专注地持弓矢审固。可见，射道教授的道理不仅仅是行为合乎"礼"那么简单，而是要从内心里，真心地来体会并把"礼"实践出来，只有这样才可以真正地改变心境，才可以射中……射道所倡导之礼仪，或者干脆说其所培养的这一种心境，不应只在拉弓的那一刻才呈现，这种心境应该被带出射道场，用以面对生活中更多的一个又一个的目标。

——吴同学（男，计算机科学与技术专业，2018 年 12 月）

不仅是射箭的过程影响我们，老师才是影响我们的主体。除了课程知识外，老师也以自己的品行告诉我们生活中的一些做人准则，用他自身的精神影响我们，这也是我上这门课的大收获。

——陈同学（男，金融数学专业，2018 年 12 月）

我真的真的超级感激老师，就是愿意把自己的人生经历、心得体会分享给我们。老师，以后您也这么教学生吧！真的可能，您的每句话对每个人的影响或大或小，但有时候，迷茫的人真的就需要这么一个分享，这么一个经验，这么一个故事。

——彭同学（女，食品科学与工程专业，2018 年 12 月）

"射"加之以"道"便有了无尽可以思考的内容……飞出的箭是诚实的，自己的动作会在箭上有完整的体现。这是简单的道理，自己的行动决定了结果。习射时，我会感觉全世界只剩下自己，自己会沉浸进去，只有我与远处的靶。那种专一的心境是射道所给我的。

——卓同学（男，电影电视专业，2018 年 12 月）

射箭就像在诠释我们的志向，把精神都集中在完成自己的志向上，心便"静"了。

——陈同学（男，金融数学专业，2018 年 12 月）

这门课给我最大的收获是以更大的格局去看待一些事和注重自身的修养和积累。

——黄同学（男，财务学专业，2019 年 5 月）

身由心生，箭由身发，所以心正箭也才能正。

——李同学（男，财务学专业，2019 年 5 月）

每次射箭前，我们都要遵守相对烦琐的礼仪，看似复杂，其实是我们自我调整、平心静气的过程。发射为一瞬间，一瞬间后的结果看似飘忽不定，实则反映了我们自身的心理过程。中与不中，这一种看似因为风速或空气湿度就会影响的结果，着实反映了我们的心理活动……而正是这样，射道才尤为珍贵。为了达到好的结果，我们只能专心致志，而专心致志只能通过我们自己达到。射出的每一箭，都是我们与心相交的过程。为何这么说？因为心里所想即为我们动作所表达，结果所呈现，当自己心静了，射出的箭才有价值。从拿起弓箭的那一刻，我们心里所思所想就应变得纯净单一，我们每一个动作都是心所导向。所以，射箭即为我们与心相交的过程，通过射箭结果，我们更可以看到我们的缺点，自我加强。

——范同学（女，人力资源管理专业，2019 年 5 月）

这门课不仅教会我如何射箭，更是一场知行合一的修炼，让我明确了自己想要成为一个什么样的人。

——张同学（男，人力资源管理专业，2019 年 5 月）

每次课程、每个阶段是否达到了标准，可以从那张精致的课后自评表中体现出来。从内心和身体两个角度可以清晰透彻地对自己进行一次"X 光"检查。有时，我与上一节课相比有了进步，有时也会发现自己不在状态。所以，这个自评表也教会我从不知如何评估自己到可以进行全面的自我反省，这是一个很大的收获，不单单可以运用在射箭上，之后的任何一件小事都可以用这种思路进行反省。

——马同学（男，应用经济学专业，2019 年 5 月）

射道教会我的，不单单是如何操弓搭箭，而是与弓箭合作，审视自己的动作规范，也审视自己的内心——内心的动摇、杂念，往往可能自己都不去察觉，无从得知，却通过动作的细微变化，由弓箭放大，体现在靶上。

——李同学（女，媒体艺术与设计专业，2019 年 12 月）

我认为自己在这一个学期的"修行"中真的有很大的改善。每周的射道课就是我一周之中的"反思时间"。在行礼、射箭、听老师讲课的过程中，我会非常沉浸，心无旁骛地反省自己。我悟出了些道理来，也学会重新找到自己可以喘息、平静的方式……老师对射圃、射道馆的建设和对工具的制造非常打动我。我是学艺术的人，在与艺术打交道的几年里，我深刻明白"匠人精神"的重要性。在摆放和使用工具的过程中，我总是发自内心地感叹老师的细心、周到和严谨。每一件物品，每一个细节，我都能感受到背后的心血。

——陈同学（女，媒体艺术与设计专业，2019 年 12 月）

为什么我们每次射完箭会有一个收拾身心的过程？这就是给我们"反"的时间。我们是人，不是机器，如果只会一遍一遍地射箭，那我们与机器又有何异？人是会思考和总结的，处于一种不断螺旋上升的状态。不仅在射箭这方面，在我们处事时，也要学会收拾自己的身心，反思总结，因为我们不可能一直处于正的状态。不可否认，我们会偏的，这就需要我们"反求诸己"了……射箭能让我知道自己对一件事情双腿有多专注。拉开弓时，全身的力量都在随动作而动，审固时，更让我知道如何控制自己的身心，让自己稳定。

——倪同学（男，计算机科学与技术专业，2020 年 12 月）

一次次的射箭失利却正像人生中的各种挑战和困难一样，不要想着"必胜"，而是努力尝试去争取，而后淡然接受任何可能的结果，之后调整自己的心态，为着下一次的挑战做好准备。不要着急证明自己，而是在一次次挫败中强大自身，厚积薄发。这是一学期的射道课教给我的，终身受用的道理。

——陈同学（男，食品科学与工程专业，2020 年 12 月）

下一箭永远是在上一箭的基础上得到改进的，而不是盲目练习。

——陈同学（女，应用心理学专业，2020 年 12 月）

一次习射，结果可能是中靶，可能是"的"之上下左右各个方位，但是每一种结果的出现都对应着它那一份独属的过程，结果可以反映过程，过程可以决定结果。

——陈同学（男，数据科学专业，2020 年 12 月）

李老师的点名方式很独特，需要我们答"在"而非"到"，说是取"人在心在"之意，希望我们专注练习。课上，李老师更是不知疲倦般一遍遍重复着口令，不断改正我们的动作。他的噪音浑厚，底气十足，相信这是射道带给他的，处处都能体现这般涵养。他教给我们的，不仅仅是箭术动作，还有受射道影响的人生态度。其中之一便是时刻学习，他亲口说道，每次上课都会从我们学生身上学到东西，我相信这完全不是一句谦虚话，以辩证的眼光看他人，再反求诸己，有则改之，无则加勉。

——徐同学（男，金融数学专业，2020 年 12 月）

射求中，即有所为而为之。将射箭的目标定义为"中"，使得射箭的全部价值被结果——是否中和中多少所决定，而忽略了再举弓、开弓等一系列步骤中感受自我的价值。射求正，即无所为而为之。将射箭这一行为定义为端正身心的修行。为求正，"射"要求人由内而外，先使精神上抛开杂念，再到身体的正直，再忍受与弓身的对抗，在其中屏息静气地审固，最后发矢。而最终是否命中了也并非所求，而是是否正直，对比自身是否有进步。

——杨同学（男，财务学专业，2021 年 5 月）

初入课堂，老师对于礼仪、着装等要求都使我惊讶，甚至于许多的细枝末节的东西也有章法可循。这让我从一开始就对射道课有了更多的敬重。而后每次正式射箭前的敬礼，《射义》和《观德亭记》的研读都让我更加意识到射箭绝不意味着去追求射中这样的结果。反而，射箭的一整套心理和生理过程才是更为重要的部分，或者说，这些才是射道的核心部分，才是我们真正应该去学习和感悟的部分。射法的学习，射道的熏陶，体育和文化的结合，使得我可以从身体和品德修养上都得到受益……记得，老师在第一节课上所示范的前两箭并没有射中，此时我心里就有了一些疑惑，老师不应该百发百中吗？而后，老师的后两箭均命中，我心里又有了些疑惑，老师怎么可以不受前两箭的影响呢？这两个问题虽被老师当场就解答了，但当时的我只处于听明白的状态。使我真正理解的，是在每节课的亲身体验：内志正，外体直，持弓矢审固，然后可以言中。

——余同学（女，会计学专业，2021 年 5 月）

我一直以为自己是努力而真实地做事的，但射道使我重新认识自己。在它面前，我好或是不好，心态正不正，姿势标不标准，都会直接地反映出来，反映到靶子上，也反映在我的心里，没有一点点掩饰的机会。因此到后来，也许是习惯了这种真实，我反而更放松和认真，"做好我能做的就够了"，我一直这样想着……射道课给了我勇气。在"心正"以后，我能够看到自己每一点的进步，有时候，即使靶子上看不出来，我也很清楚地感觉到"哦，这次离靶心近了一点"。每一次小小的进步，都让我相信，我永远可以提升……射道课就像是某个努力的过程的缩影，也像是整个人生的缩影。在过程中都需要完全地投入，认真地学习，及时调整方向，至于结果，虽然不是百分之一百的可控，但是努力过和没努力的结果一定是非常不同的。

——宋同学（女，财务学专业，2021 年 5 月）

在这门"射求正"的射道课上，我真正感受到了以提高自己为中心的体育文化。

——许同学（男，电子商务与资讯系统管理专业，2021 年 5 月）

老师让我们进行盲射去找感觉，在审固后闭眼，感受整体共同作用的关系。同时，也不着急睁眼看结果，等到下一箭瞄准审固时才看到上一箭的结果。这样一个训练，首先给我直观的感觉是很爽，心无旁骛地将箭放出，用感官去感受这个过程，我想这也是我可以从"射求中"到"射求正"的转折点，在这样的训练中，我深刻感受到身心的和谐律动。

——郑同学（女，会计学专业，2021 年 5 月）

射道课给我的启迪有两个：一个是"正"，正心；一个是"反"，自审。正，也可以看为"一止"，心止为一。将射箭前的情绪与对射后结果的焦躁放下，让自己仅仅处于当下，一射之间，心如止水。我曾经总是认为，箭所发出的那一瞬间是最重要的，因为结果就在那时定了，就如我曾经总认为考试才是最重要的，因为它能决定 GPA。然而在课上，我才学会，原来射道更注重"正"。射礼，射法八节，在这些过程中将心中的杂质与对结果的执念放下。这时即使不再谈"中"，也总能有"中"了。每一刻都是正心，察觉，而不是将一切寄托在发箭瞬间，我想这才是应有的生活态度。

——肖同学（女，电子商务与资讯系统管理专业，2021 年 5 月）

在习射的过程中，不仅是学习射箭的技术与文化，更是对自身的一次重新认识，对自我修养的一次重新审视与回炉再造。射箭时，感受身体每一部分的活动，感受当下周围的环境，感受弓箭的状态，以及过程中的一呼一吸，才能切实地将自我与射中之"道"结合起来，是为"射求正"。

——刘同学（男，市场营销管理专业，2021 年 5 月）

射道课不只是学会一门技艺，更是对于心灵的一次修行。从课堂体验上说，即使课堂节奏慢，但正因这种慢节奏，我们才能有更多的时间去吸收知识和感悟经验。发射后不中靶，是何缘故呢？体态正了吗？是射角大了吗？抑或是精神迷离了呢？这是一门在浮躁的现代社会中，给予你时间去感受自身的课程。当你在专业课上忙碌了一周，射道课上的慢节奏悄然地帮你抚去了浮躁，将心理状态再次平静稳定地运行起来。射道课的过程就是对个人身心双全的修炼，这是一门对于人生思考有关的课程。

——张同学（男，数据科学专业，2021 年 12 月）

印象最为深刻的就是几乎时时在强调的"做好过程，不问结果"，这种"心正"的态度第一次体现在点名时要求回答"在"，意指人在心在。在每一轮射箭的过程中，又专注于完成过程本身，不苛求结果的中与不中，并在一次次反思中纠正过程，反而比一门心思求中能收到更好的效果。

——万同学（男，会计学专业，2021 年 12 月）

射道其实是一种溯源的运动，你是一个怎样的人？你的问题与缺点是什么？你的欲求是什么？可以通过射道来观察与思考。

——邓同学（男，应用心理学专业，2022 年 5 月）

孔子说："性相近，习相远。"人其实从一出生并没有性格方面的巨大差异，而后天习惯的养成，则逐渐决定了一个人的人生道路和发展方向。每周的射道课，让练习站姿成为习惯，让诵读《礼记·射义》成为习惯，也让我在课后的自我反思、课下的平板支撑练习成为习惯。射道课告诉我让平凡的小事成为习惯也可以收获巨大的改变。

——陈同学（女，公共关系与广告学专业，2022 年 5 月）

射出的是箭，所求的反而是内心的正。射道表面上是向外的运动，其实是向内的审视。中的不只是靶，更可以是为人的品德。

——朱同学（男，工商管理专业，2023 年 2 月）

《礼记·射义》说："发而不中，则不怨胜己者，反求诸己而已矣。"这句话更像是对人生态度的感悟。当你自己没有射中时，不能因为失败而气馁，也不能因为他人成绩更好而生出嫉妒攀比之心，应该审视自己当下的不足。想要胜过他人，总不能指望他人犯错，应该想办法让自己更加优秀。

——林同学（女，创业与创新管理专业，2023 年 2 月）

学习射道的大部分时间，并不是追求射"中"了几箭，而是不断向着"正"的理想状态接近；也可以说，重要的并非是"射中"的结果，而是"如何射"的过程。当过程是完美的，射的意义也便实现了。

——仇同学（男，计算机科学与技术专业，2023 年 2 月）

射箭不仅是一种运动，它更是一个修心的过程。射箭前那些进退礼仪体现了对于射箭和目标的敬重，而标准的动作和心无杂念的专注，决定了这根箭的去向。

——姜同学（男，统计学专业，2023 年 5 月）

射道既是一门健体的课程，也是一种人生哲学。射道并不是一项力求命中的竞争运动，而是一个人在一次次尝试中，逐渐领悟"求正"的人生观，并融会贯通至生活的修炼过程。"求正"的人是乐观的，是严谨的，是对自己的内在有严格要求的。一名"求正"的射箭新手不会因为射中红心而欣喜若狂，因为他明白这不过是运气使然，明白自己远未达到正确的动作。一名"求正"的高手也不会因为脱靶而感到懊悔和丢人，因为他清楚这一箭的问题所在，他只会关注自身去修正下一箭而不在意外界的看法。我喜欢把"求正"的心理运用到我的唱歌练习中。作为一名新手，我需要一颗"求正"的心，关注自己的呼吸、口腔状态及腔体的协作，关注肌肉的参与情况，自然而然地慢慢唱出高音，唱出漂亮的声音。"求正"的哲理具有普适性，在面对新的挑战时，如果感到不确定，就请审视自己，依据"求正"的心去大胆尝试，终会一步步达到目标的。

——黎同学（男，应用翻译学专业，2023 年 5 月）

射道的一系列道理都与"心"相关，"正心"是指射箭前的一个心理准备。在去清洗箭头的路上，我注意到草坪边上有块石头刻着"洗心"二字，我认为这是对射箭之后的情绪整理，这箭头一洗，同时也清洗了这一箭的情绪，一切皆有机会改变。

——龚同学（女，财务学专业，2023 年 5 月）

心境对最终撒放的结果有很大的影响，当我内心平静及干脆果断时，能够获得不错的结果，反之，箭矢很容易脱靶。箭矢如射箭者的内心，射箭归根结底是一场对心境的考察和锻炼。在射箭的过程中，不应过分关注于"后发"，而应该是"正己"，即先正己而后发。只有当自己一开始的心态和动作摆正了，"后发"的结果才会有把握。

——李同学（女，财务学专业，2023 年 5 月）

射法八节是对射者自身的沉淀和修养。在每一次转注与审固中，我能明白，也可以感受到自己对远处目标的专注与耐心。一节一节地动作，一点点地调整，沉浸和享受这种专注集中的感觉，渐渐也不太在意结果的中或不中了。当然，不是说结果就不重要，结果的用处就是我应根据箭的位置来判断自己下一箭的动作该如何调整，只是这中靶的结果终究还是由过程导致的，我能做好"正己"的每一步，把握好每一个细节与过程，那么，导致"中"的结果也是自然而然的了。

——成同学（女，人力资源管理专业，2023 年 5 月）

李老师常说："射求正，而中在其中"。射者求的不是中，君子争的不是胜，而是一个"正"字。"求正"，求的是保持内心的平衡，身体正直与审固技术的到位。射道，不仅"求正"，还求观德。观谁的德？怎么观？应该是同修射礼时，通过观察他人的举止来反观自身。在同修射礼中，我感觉同修们就是一面面的镜子，他们有哪些动作与我不同，我很快就能察觉出来，再去寻找自身的偏差并修正；看到同修们在相互较劲，比较中靶数量时，我也同样警觉自身存在的问题。

——马同学（女，公共关系与广告学专业，2023 年 5 月）

射道文化的推广虽然起步较晚，但因为拥有久远而深厚的文化背景，以及依据可以"实践体认"的传统射箭技艺，加上教学理念与实践的紧密结合，射道课程不但顺利开设，并且从教学效果来看，对学生的意志力和身心锻炼效果显著，说明教学效果是良好的，达到教学目标的要求，能够体现"德成而上"的教学理念。

2021 年 2 月，"中华射道课"被广东省教育厅评为"广东省 2020 年度课程思政建设改革示范课堂"，这是莫大的鼓励，更是笔者教育使命的前进方向与动力。2021 年 8 月，笔者有幸作为代表参加"第一期广东省高校骨干教师暑期读书班"的学习，收获甚大。受到读书班的启发，笔者把"中华射道"的教学目标明确定位在培养"四有"人才之上，即习近平总书记说的"有理想信念，有道德情操，有扎实学识，有仁爱之心"，将个人的修身、学生的培养以及时代的使命融为一体，向着"经师"与"人师"统一的目标不懈努力。

结束语 射道的当今意义与工夫原则

◇ 立德树人

射道的文化源头是古代射礼，要说明射道的当今意义，就有必要回顾射礼文化对于立德树人所具有的特殊作用。明代学者李之藻说："六艺之教，礼乐为急，而射则次焉。射者，丈夫之事也。古人祈子而带弓韣，生子而悬桑弧，成童而教以射，贡士而试以射。一艺之细，而自孩童以至耄期，自士庶以至诸侯天子，尽人没齿以存乎其间……。<u>养德于是，选士于是，艺近于道，力化于德，武止于文</u>，而天下亦遂囿于礼陶乐和之化，而非心骛志渐革而不自知……。辨贤愚，明长幼，厚人伦，美风俗，则<u>射之于教化也更为亲切，而其义更广大而精深</u>。"① 礼、乐、射、御、书、数本来就是古代六艺教育的科目，而射礼则将"礼、乐、射"三艺有机地融合为一体，裨益士人百姓以至于天子，终其一生学而时习，以立德行，以移风易俗。射艺虽为"下学"，但"养德于是，选士于是，艺近于道，力化于德，武止于文"，"于教化也更为亲切，而其义更广大而精深"。

清代学者颜元先生说："孔门习行礼、乐、射、御之学，<u>健人筋骨，和人血气，调人情性，长人仁义</u>。一时学行，受一时之福；一日习行，受一日之福；一人体之，锡福一人；一家体之，锡福一家；一国、天下皆然。小之却一身之疾，大之措民物之安，为其动生阳和，<u>不积痰郁气，安内捍外也</u>。"② 又说："<u>礼、乐、射、书、数似苦人事，而却物格知至，心存身修而日壮；读书讲论似安逸事，而却耗气竭精，丧志痿体而日病</u>。非真知学者，其孰能辨之！"③ 这里要特别注意，颜先生所言特指孔门之学，即在具体技艺之上，体现礼乐精神而艺进于道的"礼、乐、射、御"之学，修习这些学问可以强健筋骨，和养血气，调平性情，存长仁义，对个人、家国、天下都是一种"锡福"。他指出"礼""乐""射"等六艺之学与读书讲论有实质性的不同，前者似乎辛苦，却是踏实的格物致知的工夫，故心存身修而日益强壮；后者看似安逸，却使身体与精气神日渐萎靡。

至于射学与读书讲论是如何不同的，清代的顾镐在《射说》中说得更加明白："古今来以文章名世者传不胜载，而以射学传世者指可屈数，是诚何故？盖文章唯在学问有得，便不易忘。天资明敏者，且日有进，而晚年日纯。若夫射，虽学之已成，假令一日不思即疏，三日不射即乱，半月废弃即忘，迨年岁增而力渐衰，精神耗而巧日减，已成之功，咸归于尽，口虽能言，而心手不能自主矣。以是知射学之传，指可屈数，无足怪焉。试就文章与性理言之。如文章但能熟读古人著作，运用于胸中，便可自成一家，或数月不展卷，而出笔亦不至荒谬。若<u>性理之学，非正心诚意，身体力行，动定坐卧，毫无违间，断不能造乎精微。射之一道，德所备焉，实与性理之学同源，名居六艺</u>

---

① 李之藻《頖宫礼乐疏·乡射礼疏》。
② 颜元《颜元集》，《理学丛书》本，北京：中华书局，1987 年（2009 年 2 月重印），第 693 页。
③ 颜元《颜元集》，《理学丛书》本，北京：中华书局，1987 年（2009 年 2 月重印），第 645 页。

之科，圣贤亦数言其理，是射固不可与文章同年而语也。"① 顾先生认为射之正道与性理之学同源，都讲求"正心诚意，身体力行，动定坐卧，毫无违间"，实在是真知灼见。孔子说："君子无终食之间违仁，造次必于是，颠沛必于是。"（《论语·里仁第四》）就是说，君子在一顿饭之间也不会违背仁义，即使在仓促匆忙之时也必定如此守道，即使在颠沛流离之时也必定守道如此。可见，射虽一艺，但"其义更广大而精深"，故《射义》说"事之尽礼乐而可数为，以立德行者，莫若射"。1934年，张唯中先生在其著作《弓箭学大纲》里专门谈到"射箭与德育、群育"的关系，现在读来同样发人深省。摘录原文如下：

　　现在学校的德育训练，大多是偏重消极的遏抑。因为积极方面，没有整个标准人格教育的感化，只好在消极方面去抑制，以敷衍训育设施的门面，维持学校的尊严。不过这种严厉校规的遏制，只能使学生屈服于一时，偶有放肆机会，未有不乘机捣乱的。学校中那几种设施是可以涵养德性，陶冶气质的呢？我们找不出具体的办法来。旧日教育，师道尊严，教师的人格，多为学生所敬仰，现在的师生好像似商业的关系，无所谓特别感情。音乐本来可以陶冶气质的，普通学校中不过风琴唱歌而已。此外如数学、物理、化学等科，除讲述专门学理外，鲜有谈及德行的。所以学校训育，大多偏于消极方面的遏制，缺乏积极方面的指导。

　　积极方面的指导，最好在体操运动上着手，因为在身体的活动当中，随时可以养成善良的习惯。人类生活要奖励积极的为善，不可专门在消极方面去抑制。为善要从习惯中练习起，要不其然而然的作出来，不是由于虚荣心的引诱，旧礼教的束缚，强制遏抑的作伪，所能养成的。这个习惯怎样养成呢？顶好是采用体训合一的运动，最好的是射箭。射箭是从运动的习惯中，能够陶冶人的气质，不是由它动作上的强制遏抑，来养成德行的。射箭时各部姿势，均取正直之意，两膝、两肩、两肘、两手皆取平直之势。如射一号长方形"射的"，志在射中红心，红心之中点即为正线与直线的交合点。此种练习，可以养成学者正直的行为，使其了解凡事必须正直，始能成功，不是欺诈取巧所能侥幸的。射箭的动作，用力要和平，要稳健柔缓，可以训练人的整齐有规律的精神，化除粗暴、鲁莽、草率的习气。放箭时要平心静气，忍耐勇敢，可以训练人临危难而镇静的精神，遇艰难困苦的境地，而能以忍耐勇敢的态度应付之。射中不过喜，射不中勿忧，可以训练人患得患失的心情。所以古人说，射箭时要"无动容，无作色，和其肢体，调其气息，一其心志"。这些动作，都是直接的修养德行，陶冶气质，随射箭的运动习惯自然养成，而不是强制遏抑的造作。

　　群育本来可以归并到德育里的，德育要有道德，群育亦不外要有公德。何谓道德呢？简单的说，道德是在一个共同生活中，大家公认的适当的行为。既然是大家公认的适当的行为，那么还不能算作群育吗？因此，如果承认射箭能够训练德育，同时它亦能训练群育吧。有人说射箭是个人的运动，不足以训练团体的精神。这是表面的观察，不是事实的内容，因为射箭不单是个人运动，亦能作团体运动，而且亦可以作团体的比赛。以前的射箭，大多是一个人站在那里去射，所以我们要说它缺乏团体的精神，殊不知射箭固然便于个人

---

① 唐豪《清代射艺丛书》，上海市国术协进会，1940年，第26—27页。

运动，同时亦能集多数个人共射一物，或两队比射一物，或两个团体比赛，如径赛中之接力比赛。不像球类运动，只能作团体的比赛，而不便于个人的活动。以作者推测，未来的射箭，要应用科学方法来发展它本质上一切的优点，或者能变成最好的团体运动。

张先生在八十多年前就指出："现在的师生好像似商业的关系，无所谓特别感情。音乐本来可以陶冶气质的，普通学校中不过风琴唱歌而已。此外如数学、物理、化学等科，除讲述专门学理外，鲜有谈及德行的。所以学校训育，大多偏于消极方面的遏制，缺乏积极方面的指导。"今天看来，这种"商业性"的师生关系、教育的状况有过之而无不及。为此，国家积极应对，结合国情与发展需求，不断探索如何落实立德树人的教育工作，为中华民族的伟大复兴打下坚实的人才基础。2022年7月25日，教育部、中共中央宣传部等十部门联合发布《全面推进"大思政课"建设的工作方案》的通知，据教育部社会科学司介绍："《工作方案》包括总体要求、改革创新主渠道教学、善用社会大课堂、搭建大资源平台、构建大师资体系、拓展工作格局、加强组织领导等七个部分。其中，22条举措主要围绕五个方面展开。一是突出主渠道建设。建构党的创新理论研究阐释和教育教学的自主知识体系、建强思政课课程群、优化思政课教材体系、拓展课堂教学内容、创新课堂教学方法、优化教学评价体系。二是强化实践育人。构建实践教学工作体系、落实实践教学学时学分。教育部会同有关部门，分专题设立一批"大思政课"实践教学基地，开发现场教学课程和资源。三是大力推进思政教育信息化。建设线上线下联动的全国高校思政课教研系统，推进优质教学资源供给侧改革，组织开发科学权威实用的课件、讲义，打造案例库、重难点问题库、素材库、在线示范课程库等优质教学资源库，不断推出一批思政"金课"。四是加强队伍建设。加大力度建设专兼结合的教师队伍。实行思政课特聘教授、兼职教师制度，深入实施马克思主义学院院长（书记）培养工程，进一步加强教师培养培训。五是拓展工作格局。分层分类开展"大思政课"综合改革试点，深入推进大中小学思政课一体化建设，扎实开展日常思政教育活动，加快构建高校思想政治工作体系"[①]。《工作方案》中还提出设立和用好"中华优秀传统文化、革命文化、社会主义先进文化专题实践教学基地"。在此划时代的大背景之下，射道文化理应发挥其固有的立德树人的教育价值，为优秀传统文化赋予全新的时代意义。

◇ 人生三观

在当今这个迅猛发展的商业化与信息化的时代，社会中的个人被强逼进步，仿佛一切都被"异化"，争取最大物质利益的同时，精神反而日渐空虚，人们普遍处于不得安宁的状态，大家都在发问人生的价值与意义何在？其实，作为中华文化核心的孔孟之道早就给出了答案，只是过于平实，上智与下愚者难以确信罢了。

孔子说："志于道，据于德，依于仁，游于艺。"（《论语·述而第七》）"道"是天地万物的本源，不可言说，故用"志"字来表达无上的追求，换言之，"道"的信仰是中华文化的世界观。"道"虽不可言说，却又在天地万物之中呈现，在人心的体现就是"德"，故用"据"字来强调"志于道"不是悬空而论，泛泛而谈的幻想，而是平实可据，依循人心德性来"明道"的。人心德性之根本是"仁"，是人心与天地万物一体感通，进而"明道"的依据，故用"依"字。

---

① 摘录自中华人民共和国教育部官网。

"道"虽无上，却无时无处不在，心仁则在，不仁则亡，我仁故我在。因此，"仁"是中华文化的人生观。

那么，什么是中华文化的价值观呢？汉代的徐干说："艺者，以事成德者也；德者，以道率身者也。艺者，德之枝叶也；德者，人之根干也。斯二物者，不偏行，不独立……。艺者，心之使也，仁之声也，义之象也。"（《中论·卷上·艺纪第七》）人生在世，必须做事以养身，而做事养身的同时，"以事成德者"称为"艺"。德与艺，两者"不偏行，不独立"，相互相成。"德"是人赖以自立的根干，"艺"就像"德"的枝叶，以滋养人的天赋德性，而"德"性的根干深厚，则"艺"的枝叶自然畅茂。"艺"由人心所主使，是心性的体现，是仁德的心声，是道义的表象。正如阳明先生所说："艺者，义也，理之所宜也，如诵诗、读书、弹琴、习射之类，皆所以调习此心，使之熟于道也。"（《传习录》下）由此可知，孔子用"游于艺"来指出"艺"之目的，不是为了获取外在的利益，而是在习艺之中，追求艺中之"义"来存养"仁"德，即"唯义是求"。

孔子说："君子义以为上。君子有勇而无义为乱，小人有勇而无义为盗。"（《论语·阳货第十七》）君子以"义"为上。君子有勇而无义则为乱，小人有勇而无义则为盗。又说："君子义以为质。礼以行之，逊以出之，信以成之。君子哉！"（《论语·卫灵公第十五》）君子以"义"为本。体现在行为上之义就是中"礼"，体现在言语上之义就是谦"逊"，体现在成事上之义就是诚"信"。又说："见义不为，无勇也。"（《论语·为政第二》）直至今天，我们仍然赞颂见义勇为。孟子说："生，亦我所欲也；义，亦我所欲也。二者不可兼得，舍生而取义者也。生亦我所欲；所欲有甚于生者，故不为苟得也；死亦我所恶，所恶有甚于死者，故患有所不辟也……。是故所欲有甚于生者，所恶有甚于死者，非独贤者有是心也，人皆有之，贤者能勿丧耳。"（《孟子·告子章句上》）人皆有良知。良知深明大义重于生命，所以不能苟且偷生；良知深恶不义甚于死亡，所以舍生取义。孟子所言不虚，无论是历代的革命义士，还是父母与子女之间，甚至是平民百姓之间，舍生取义的行为比比皆是。可见，中华文化的价值观是"义"，是在人世间落实人生的价值与意义，其价值与意义由人心取舍而定，合义则是，不义则非。

◇ 立义为的

无论处于哪种时代，人生的价值与意义都取决于如何安身立命。中华文化的精神是在现实人生之中安顿身心的，其安顿处是"仁"，其工夫路径是"义"。对此，《孟子》一书中说得最为直接而明白："仁，人心也；义，人路也。"（《告子章句上》）又说："仁，人之安宅也；义，人之正路也。"（《离娄章句上》）又说："居恶在？仁是也；路恶在？义是也。居仁由义，大人之事备矣。"（《尽心章句上》）所谓"大人之事备矣"，即《滕文公章句下》说的："居天下之广居，立天下之正位，行天下之大道。得志，与民由之；不得志，独行其道。富贵不能淫，贫贱不能移，威武不能屈。此之谓大丈夫。"可惜，人在现实社会之中很容易"旷安宅而弗居，舍正路而不由"（《离娄章句上》），或者说"舍其路而弗由，放其心而不知求"（《告子章句上》）。因此，孟子感叹道："哀哉！人有鸡犬放，则知求之，有放心而不知求。学问之道无它，求其放心而已矣。"（《告子章句上》）对于所放养而走失的鸡犬，人都知道如何找回来，但自己的心放失了，却不知不觉，更不用说如何寻求了。一言以蔽之，"学问之道"就在"由义"之正路，以寻求自己所放失之仁心，即复归于"居仁"的状态而已。

《礼记·射义》说："射之为言者绎也，或曰舍也。绎者，各绎己之志也。故心平体正，持弓矢审固，持弓矢审固，则射中矣。故曰：为人父者，以为父鹄；为人子者，以为子鹄；为人君者，以为君鹄；为人臣者，以为臣鹄。故射者，各射己之鹄。"射，可以说是"绎"，或者"舍"的意思。"绎"的本义是抽丝，引申为不断地寻求道义的意思。元代陈澔说："绎己之志者，各寻其理之所在也……。舍，止也，道之所止，如君止于仁，父止于慈之类。"（《礼记集说》）明代郝敬解析"舍"字为："止也，心思不乱而后能审，志气安止而后能固，此能中之道也。"（《礼记通解》）鹄，指靶心、标的。郝敬说："以射喻人道之皆有鹄也。君子生平无不中道，然后可以自试于射。不然，虽巧力俱，亦曲艺而已。"（《礼记通解》）这就是说，射箭之道可以类比做事做人之道。射箭，先立的；人道，首立志。射箭，弓量人力，箭量弓力；人道，量力而行，称份而为。射箭，开弓必彀；人道，道义必尽。射箭，心平体正，持弓审固；人道，知止而定，安虑而得。在射箭之中，体悟做事与做人的道义，养成"立义为的"的思维习惯以及执行毅力，进而运用于日常生活之中。例如，为人父时，以慈爱为义的；为人子时，以孝顺为义的；为人君时，以仁政为义的；为人臣时，以敬业为义的。换言之，在不同身份和地位之中，都"立义为的"，恪守本份，尽职尽责，即陈澔《礼记集说》中说的"射己之鹄者，各中其道之当然也"。所以说，君子生平唯道义是求，然后自试于习射之中。不然的话，虽射艺高超，亦与徒邀喝彩的曲艺一般而已。

综上所述，《礼记·射义》说"射者，仁之道也"的立论依据就顺理成章了。所谓"仁之道"就是"居仁"之道，是使人心得以安顿在"仁"这个安宅之内，此即射道的本质所指。然而，<u>道必体而后见，必学而后明，故"居仁"必"由义"</u>。落实在射道的"由义"工夫，其原则就是《射义》说的"射求正诸己，己正而后发"。这两句话包含两大要义：第一，射箭应然的"象义"是"射而正"，故说"射求正诸己"；第二，射箭当然的"义象"工夫是"正而射"，故说"己正而后发"。因此，<u>所谓射道，就是以射箭为载体，立"正"义以为的，而"中"在其中。此"中"不仅指"中靶心"，更是指"中道义"。表面看，射道也是在射箭，都是"求中"而已，其实，真正的射道修炼者是在"求正"，即由"正"义之射来调习己心，使心复归于"仁"的感通而光明正大的状态</u>。换言之，射道是在学习射箭之道的同时，体悟做事之道，体证成人之道——居仁由义之道。这是射道的价值与意义，过去如此，今天如是，将来亦必如是。

◇ 变化气质

北宋大学者张载说："为学大益，在自求变化气质。"[1] 又说："变化气质，孟子曰'居移气，养移体'，况居天下之广居者乎！居仁由义，自然心和而体正。更要约时，但拂去旧日所为，使动作皆中礼，则气质自然全好。"[2] 人的天赋气质有刚有柔，适中的刚柔都是善的，但经后天习气的日积月累，不是过刚就是过柔，甚至于为恶还自以为是。概括张载先生所述，其要义就是：<u>学问之道在自求变化气质，而工夫则在"居仁由义"</u>。

阳明先生说："变化气质，居常无所见，惟当利害、经变故、遭屈辱，平时愤怒者到此能不愤怒，忧惶失措者到此能不忧惶失措，始是得力处，亦便是用力处。"[3] 气质变化是指原有的习惯性的情绪反应开始改变。然而，人在日常熟悉的环境以及顺心的状态之中，难以刺激气质情绪的反应，

---

① 张载《张载集》，《理学丛书》本，北京：中华书局，1978 年（2014 年 12 月重印），第 274 页。

② 张载《张载集》，《理学丛书》本，北京：中华书局，1978 年（2014 年 12 月重印），第 265 页。

③ 吴光、钱明、董平、姚延福《王阳明全集》，上海：上海古籍出版社，1992 年（2006 年 4 月重印），第 154 页。

没有反应则何来变化呢？一旦面临利害得失、经历变故或者遭受屈辱的时候，内心刺激极大，往往会表现出愤怒、惊慌失措等情绪。所谓变化气质，就是在这时做工夫，使平时会愤怒、惊慌失措等情绪的反应不再那么大，甚至不再出现，这时就是工夫的"用力处"，做得到时就是工夫的"得力处"。

孟子说："天将降大任于是人也，必先苦其心志，劳其筋骨，饿其体肤，空乏其身，行拂乱其所为，所以动心忍性，增益其所不能。"（《孟子·告子章句下》）孟子所说的就是一个人"当利害、经变故、遭屈辱"的际遇，此时身心困苦，诸事不顺，往往能够竦动人心，坚忍人性，增益气质的改变，化不能为能。但是，这种极端环境的代价太高，更不是常人可以增益的。射箭之际，虽不至于"当利害、经变故、遭屈辱"这样严重，但每一箭都是直面得失，因此动心忍性，时时体察心性状态，故变化气质，可以居常而见。

《呻吟语》说："射之道，中者矢也，矢由弦，弦由手，手由心，用工当在心，不在矢。"射箭虽然是一种身体运动的技术，但其根本在于心性。表面上是身体动作和气力的结果，其实，持弓审固以至于发射的瞬间，无一不是应心而动。学射之初，由于技术生疏，又求中心切，人的气质特征往往会表露无遗，进而影响到技术动作的发挥，这是射者与旁观者都容易察觉的。等到技术熟练之后，也即动作有模有样，再加上射得又准时，旁观者就难以从射者的动作中察觉到什么，甚至赞誉有加，以为技术高超。然而，此时正是射者"用工当在心"的紧要关头，要在心性上做体察入微的工夫，切勿自欺欺人，错过"射进于道"的时机。

射者在心性上做体察入微的工夫时，受到自身气质的影响，故侧重点会因人而异，但是，大概率都要面对"求中"这一关：越是多中，越想中；越是不中，越求中。这是一个闭环的自限陷阱，自古英雄难出头。要突破此一关，唯有将"射求中"升华至"射求正"，即"立义为的"，自养于平居之日，自胜于无事之时，以至于久而安之，无所射而非义。

今天，国内的传统射箭运动方兴未艾，各种器具、技术、资料等层出不穷，各类相关的兴趣社团和比赛运动亦比比皆是，加上新媒体的助力，气势可谓空前，惟愿其中有那么三五豪杰之士，能够踏实前行，共成射道事业。张唯中先生在《弓箭学大纲》中说："未来的射箭，要应用科学方法来发展它本质上一切的优点，或者能变成最好的团体运动。"对此，笔者认为不仅是应用"科学"的方法来研究发展，更要在孔子、孟子以及阳明子所传承的一贯之道（即"心学"）上，投入生命情感去开发出一片生机。如此，则"射"合理，"道"安心。本书就是结合"科学"与"心学"来加以阐述的一次尝试，虽然书不尽言，言不尽意，但是大义所指总是正的。

射箭虽属"下学"，但"上达"之道就在其中，切莫轻视，慎毋放过。最后，引用阳明先生的教导来与同道者共勉：

> 问上达工夫。先生曰："后儒教人，才涉精微，便谓上达未当学，且说下学，是分下学、上达为二也。夫目可得见，耳可得闻，口可得言，心可得思者，皆下学也；目不可得见，耳不可得闻，口不可得言，心不可得思者，上达也。如木之栽培灌溉，是下学也；至于日夜之所息，条达畅茂，乃是上达，人安能预其力哉！故凡可用功、可告语者皆下学，上达只在下学里。凡圣人所说，虽极精微，俱是下学。学者只从下学里用功，自然上达去，

不必别寻个上达的工夫。"①

　　问："知识不长进，如何？"先生曰："立志用功如种树然，方其根芽，犹未有干，及其有干，尚未有枝，枝而后叶，叶而后花实。初种根时，只管栽培灌溉，勿作枝想，勿作叶想，勿作花想，勿作实想。悬想何益？但不忘栽培之功，怕没有枝叶花实？"②

---

①　邓艾民《传习录注疏》，上海：上海古籍出版社，2012 年，第 28 页。
②　邓艾民《传习录注疏》，上海：上海古籍出版社，2012 年，第 32 页。

中文书籍

[1] 中华书局编辑部《汉魏古注十三经》（附四书章句集注），北京：中华书局，1998 年。

[2] 朱熹《四书章句集注》，《新编诸子集成》本，北京：中华书局，2012 年（2015 年 5 月重印）。

[3] 荀况《荀子》，济南：山东友谊出版社，2000 年。

[4] 楼宇烈《王弼集校释》，北京：中华书局，1980 年（1987 年 2 月重印）。

[5] 杨天宇《周礼译注》，《十三经译注》本，上海：上海古籍出版社，2004 年（2006 年 4 月重印）。

[6] 杨天宇《仪礼译注》，《十三经译注》本，上海：上海古籍出版社，2004 年（2005 年 5 月重印）。

[7] 方玉润《诗经原始》，北京：中华书局，2006 年。

[8] 杨伯峻《列子集释》，《新编诸子集成（第一辑）》本，北京：中华书局，1979 年。

[9] 孙希旦《礼记集解》，《十三经清人注疏》本，北京：中华书局，1989 年（2007 年 8 月重印）。

[10] 程颢、程颐《二程集》，北京：中华书局，1981 年（2019 年 9 月重印）。

[11] 张载《张载集》，《理学丛书》本，北京：中华书局，1978 年（2014 年 12 月重印）。

[12] 陈俊民《蓝田吕氏遗著辑校》，北京：中华书局，1993 年（2012 年 10 月重印）。

[13] 杜佑《通典》，杭州：浙江古籍出版社，2007 年。

[14] 黄佐《泰泉乡礼》，《钦定四库全书》本（经部四）（乾隆四十二年刻本），卷七《乡射礼》。

[15] 谢旻等《江西通志》，《钦定四库全书》史部（雍正十年刻本），卷二十二《书院二》。

[16] 贾谊《新书》，《钦定四库全书》子部一（乾隆四十六年刻本），卷十《礼容语下》。

[17] 沈括《梦溪笔谈》，《钦定四库全书》子部十（乾隆四十六年刻本），卷十八《技艺》。

[18] 班固《白虎通义》，《钦定四库全书荟要》子部（乾隆四十二年刻本），卷上《乡射》。

[19] 李之藻《頖宫礼乐疏》，《钦定四库全书》史部十三（乾隆四十六年刻本）。

[20] 黄淳耀《陶庵全集》卷七，《钦定四库全书》集部六（乾隆四十五年刻本）。

[21] 吴光运《大射礼仪轨》，《奎章阁资料丛书仪轨篇》本，乾隆八年（1743）。

[22] 陈元靓《事林广记》，北京：中华书局，1998 年。

[23] 宋应星《天工开物》，北京：中国社会出版社，2004 年。

[24] 洪应明《菜根谭前后集》，台湾：老古文化事业股份有限公司，1981 年（1998 年 12 月重印）。

[25] 程宗猷《射史》，明崇祯二年刻本。

[26] 顾煜《射书四卷》，清华大学图书馆藏明崇祯十年刻本。

[27] 高颖《武经射学正宗》，杨修龄校定，明崇祯十年刻本。

[28] 小泽潇《武经射学正宗同指迷集译解》，日本：广道馆，昭和二年七月。

[29] 段玉裁《说文解字注》，上海：上海古籍出版社，1981 年。

[30] 颜元《颜元集》，《理学丛书》本，北京：中华书局，1987 年（2009 年 2 月重印）。

［31］允禄等《皇朝礼器图式》，扬州：广陵书社，2004 年。

［32］唐豪《清代射艺丛书》，上海市国术协进会，1940 年。

［33］张唯中《弓箭学大纲》，1934 年。

［34］高明《古文字类编》，北京：中华书局，1980 年（2004 年 7 月重印）。

［35］毛泽东《毛泽东选集》第一卷，北京：人民出版社，1967 年。

［36］吴图南《国术概论》（据商务印书馆版影印），北京：北京市中国书店，1984 年。

［37］陈柱《中庸通义 中庸注参》，《历代文史要籍注释选刊》本，上海：华东师范大学出版社，2011 年。

［38］徐复观《徐复观全集·中国思想史论集续篇》，北京：九州出版社，2014 年。

［39］吴光、钱明、董平、姚延福《王阳明全集》，上海：上海古籍出版社，1992 年（2006 年 4 月重印）。

［40］邓艾民《传习录注疏》，上海：上海古籍出版社，2012 年（2015 年 1 月重印）。

［41］吴震《王畿集》（阳明后学文献丛书），南京：凤凰出版社，2006 年。

［42］陈谷嘉、邓洪波《中国书院制度研究》，杭州：浙江教育出版社，1997 年。

［43］毛宪民《清宫武备兵器研究》，北京：文物出版社，2013 年。

［44］徐启宪《清宫武备》，上海：上海科学技术出版社，2008 年。

［45］孟润成《中国古镞鉴赏》，北京：长征出版社，2004 年。

［46］爱丽丝·罗伯茨《DK 人体大百科》（张卫光主译），北京：电子工业出版社，2018 年。

［47］戴红《人体运动学》，北京：人民卫生出版社，2008 年。

［48］中国国家体育总局《射箭》（中国体育教练员岗位培训教材），北京：人民体育出版社，2001 年。

［49］何洋《我国优秀射箭运动员脑电特征的研究》，北京：北京体育大学出版社，2009 年。

［50］托马斯·M. 斯特纳《练习的心态：如何培养耐心、专注和自律》（王正林译），北京：机械工业出版社，2016 年（2017 年 3 月重印）。

［51］李颙《李颙集》张波编校，西安：西北大学出版社，2014 年。

英文书籍

［1］Tim Baker. 1992. "Bow Design and Performance." The Traditional Bowyer's Bible, Volume One. Ed. by Jim Hamm. Canada：The Lyons Press.

［2］Ray Axford. 1995. Archery Anatomy. London：Souvenir Press Limited.

［3］KiSik Lee and Tyler Benner. 2009. Total Archery—Inside the Archer. CA：Astra LLC.

匆匆 50 多年的光阴，几分风流几分傻，"推倒重来"似乎是一路走来的真实写照，不知者谓我浮躁冲动甚或自命清高，知我者谁？行事之"清高"源自对"人"的一点灵明觉知，并非存心与众不同，毕竟光阴有限，世事无常，不敢过多地愧对人生。

由于喜欢读书，又有所追求，免不了思想多些，需求高一些，自然而然地对中国传统文化情有独钟，从武学、宗教到部分经典史籍都略有涉猎，但学的都是技艺知识，与做人做事还是割裂的，徒生清高之气而已。后来，无意中留意到不少经典中都有"以射言教"的现象，深入些探究才知道这是一门独一无二的学问，一下子把自己的文武细胞全部调动起来，寻思此艺可治"武"之偏刚，又可治"文"之偏柔，实乃文武双修之正道。

笔者不自量力，于 2007 年 8 月放弃不错的工作，以微薄之财力在珠海淇澳岛上租下一条狭长的山谷，亲自垦荒植草，硬是开辟出一个占地 2 500 平方米的射道训练场，以作推广和自我习射研究之用，设施虽然简陋，但环境胜在足够的荒野自然。未曾料到，在朋友的推荐下，也引来了多家媒体的关注报道，因此吸引了几百人次前来造访体验。然而，热闹了一番之后，徒留清凉而已。其间，亦有朋友对射道的前景出谋划策，也着实令人心动不已，只可惜大家都财力有限，还要为三餐打拼，结果也只能聊作未来之愿景。有些朋友就建议不如改用现代弓箭，增加射猎项目，或许会是另一番景象。呜呼！知我者谁？笔者相信，自己用生命情感能够体认得到的，终有一天会有越来越多的人得到身心受用的。

有感于此，笔者于 2009 年 6 月开始，尝试把自己运用现代学科知识研究传统射艺的过程与感悟写成一本书稿，取名为《说射论道》。可是新的问题来了，没有现成的传统射箭解剖学等知识和图画可供参考，为求准确合理，唯有自己动手绘制，这是费时费神的工作，但反过来也帮助自己加深理解以及修正过失。可惜笔者不单拙于口，还拙于文，深感心闪灵光易，手书文字难。虽然读了不少书，但写书还是平生头一遭之事，并且是论述射箭之道的书。此书稿虽然写成，但是冷静之后，还是按下不发了。

2016 年，射道事业将近十周年，应该出本书总结纪念一下吧，不料一写就历时 6 年有多，如今终于完成，这是笔者十多年从事射道研究的一次全面的总结与分享，是全部生命情感灌注在射道上的呈现，虽不全中，不远矣。

2013 年，笔者曾写下两句话作为自我勉励：安养身心法先贤，重整河山待后生。本书较为详细地介绍了射道教学的实践经验，并对射道文化做了不少探索性的思考与阐述，但严格来说并不是"教材"，而是"路标"，标示了射道文化研究的方向、关注点和所及之程度。唯盼本书的出版能够引发国人对此文化核心的关注，把放失之心求回来，并将有限之岁月，投身到无限的事业上来。

曾子曰："士不可以不弘毅，任重而道远。仁以为己任，不亦重乎！死而后已，不亦远乎！"愿与当今往后诸君子共勉。

李军阳
2023 年 7 月于珠海唐家湾